SCHE KARTE
REICHES,
tung der
VÖLKERGRENZEN
RGEBIETEN.
ich und Venjukoff
RMANN.
HES EISMEER
BERING
MEER
KAMTSCHATKA
OCHOTSKISCHES
MEER
SACHALIN
REICH
OSTSIBIRIEN
AMUR PROV.
IRKUTSK
TRANSBAIKALIEN
MANDSCHUREI
JAPANISCHES
MEER
ONGOLEI
JESSO
JAPAN
GELBES
MEER
OSTCHINESISCHES
MEER
ESISCHES REICH
PEKING
Ochotsk
Ajan
Nikolajewsk
Wladiwostok
Irkutsk
Jakutsk
Werchojansk
Kiachta
Urga
Mukden
Tientsin
KIUSIU
SIKOK
Schanghai
Gobi

Andrea
Prehofer

Hadumod Bußmann

Ich habe mich vor nichts im Leben gefürchtet

Hadumod Bußmann

Ich habe mich vor nichts im Leben gefürchtet

Die ungewöhnliche Geschichte der Therese Prinzessin von Bayern

1850–1925

Verlag C.H. Beck

Mit 51 Abbildungen, 4 Karten und 2 Stammtafeln im Text

Vorderer Vorsatz: Landkarte Russlands aus dem Jahr 1877
Hinterer Vorsatz: Landkarte Nordamerikas aus dem Jahr 1875

1. Auflage. 2011
2., durchgesehene und verbesserte Auflage. 2011

3., durchgesehene Auflage. 2012

Satz: Fotosatz Amann, Aichstetten
Druck und Bindung: Druckerei C.H.Beck, Nördlingen
Gedruckt auf alterungsbeständigem Papier
(hergestellt aus chlorfrei gebleichtem Zellstoff)
Printed in Germany
ISBN 978 3 406 61353 1

www.beck.de

Gewidmet sei dieses Buch meiner Mitautorin im Geiste,
der jahrelangen, engagierten Therese-Begleiterin
Evi Neukum-Fichtner,
ohne deren archivalische Recherchen,
umfassendes Sachwissen
und subtiles Gespür für Thereses Wesen und Wirken
diese Lebensgeschichte der Wittelsbacher Prinzessin
nicht entstanden wäre.

Therese,

Prinzessin von Bayern.

Ich sollte wohl —

Ich sollte wohl friedliche Verse nur schreiben,
Ich sollte wohl zahm und vernünftiger sein,
Ich sollt' in beengenden Grenzen wohl bleiben,
Nicht greifen ins stürmische Leben hinein.

Ich sollte wohl gar auch das Dichten verleugnen,
All das, was in mir so lebendig pulsiert,
Und eure verflachenden Formen mir eignen,
Wie eben die Mode die Menschen regiert.

Nein, dazu könn't nie meinen Sinn ihr bezwingen,
Ich bleibe ein Wesen nach eigener Art,
Und wolltet ihr dennoch in Fesseln mich bringen,
Dann werdet ihr seh'n, daß ich stark bin, nicht zart.

Ich will mir erringen die Freiheit, das Weite,
Und denken das will ich, wie mir es beliebt,
Ihr solltet erfahren, daß ich euch nicht scheute,
Und daß euern Zwang es für Kämpfer nicht giebt.

Ich kann ja mein wirkliches Sein nicht verbergen,
Es muß an der Sonne versengendes Licht —
Wohlan denn, ihr Spötter und geistigen Schergen,
Vollführt eures Amtes — ich fürchte mich nicht!

Kämpferisches Gedicht von Prinzessin Therese von Bayern, abgedruckt – ebenso wie ihr Porträt – in Georg Zimmermann: Fürstliche Schriftsteller des 19. Jahrhunderts. München 1895, S. 137. – In der Sammlung ihrer Gedichte datiert auf 14. Februar 1880. (GHA, Nachlass Prinzessin Therese 24)

Inhaltsverzeichnis

Prolog

Dies ist die außergewöhnliche Lebensgeschichte einer Wittelsbacher Prinzessin, der es gelang, sich aus höfischen Zwängen und gesellschaftlichen Erwartungen zu befreien und ihre Vision von einem selbstbestimmten Leben zu verwirklichen.

Als Tochter der toskanischen Prinzessin Auguste von Österreich (1825–1864) und des späteren Prinzregenten Luitpold (1821–1912) erlebte Prinzessin Therese die dramatischen politischen Ereignisse der bayerisch-deutschen Geschichte der Jahrhundertwende als wache, engagierte und wohlinformierte Zeitzeugin aus unmittelbarer Nähe. Viele ihrer Eindrücke hat sie niedergeschrieben und kommentiert, das Themenspektrum reicht vom Deutsch-Französischen Krieg über Absetzung, Entmündigung und Tod Ludwigs II., die Regierungszeit ihres Vaters Luitpold als Prinzregent bis hin zum Ersten Weltkrieg und zum Ende der Wittelsbacher Monarchie.

Stürzte sie der frühe Tod ihrer Mutter in schmerzlich empfundene Einsamkeit und tiefste Niedergeschlagenheit, so sah die Dreizehnjährige sich gleichwohl mit der mütterlichen Erwartung konfrontiert, an der Seite des verwitweten Vaters Repräsentationspflichten und zugleich die stellvertretende Fürsorge für ihn und die drei Brüder zu übernehmen. Sieht man Therese in solche «Kindes- und Standespflichten» eingezwängt, zudem bedrückt von ihrer ebenso großen wie aussichtslosen Liebe zu ihrem psychisch kranken Vetter Prinz Otto und darüber hinaus als Frau in der zweiten Hälfte des neunzehnten Jahrhunderts ohne Aussicht auf eine ihrer Intelligenz und wissenschaftlichen Begabung entsprechende akademische Bildung, so drängt sich die Frage auf, woraus sie diese Kraft schöpfte, von dem durch Herkunft und Tradition vorgezeichneten Weg abzuweichen und sich zu einer leidenschaftlichen Naturforscherin, zur unerschrockenen Weltreisenden und wissenschaftlichen Schriftstellerin zu entwickeln. Welche Bedeutung kamen in diesem Prozess ihrer tiefen Religiosität und ihrer unbeirrbaren Zielstrebigkeit zu, mit denen es ihr schließlich gelang, ihr Lebensideal zu verwirklichen: *Reisen in ferne Länder zu unternehmen u. das auf diesen Reisen gesammelte Material zu Nutz u. Frommen der Wissenschaft zu verarbeiten?*

Mit ungewöhnlicher Wissbegierde und Zielstrebigkeit erarbeitete sie sich seit frühester Kindheit – weitgehend im Selbststudium – nicht nur die Grundlagen für ihre späteren naturwissenschaftlichen Forschungen, sondern lernte nach und nach auch elf europäische Sprachen. Ihr Wissensdurst, ihr Unternehmungsgeist, vor allem aber ihre Sehnsucht nach Freiheit ließen sie später abenteuerliche Reisen unternehmen, die sie über Europa, Nordafrika und Russland hinaus bis nach Nord- und Südamerika führten. Die gesellschaftlichen Vorbehalte, Widerstände und unausbleiblichen Bedrohungen, mit denen sich reisende Frauen im 19. Jahrhundert auf solch wagemutigen Expeditionen konfrontiert sahen, können wir uns heute kaum noch vorstellen. Doch Therese, die auf ihrem Totenbett bekannte: *Ich habe mich vor nichts im Leben gefürchtet,* meisterte alle Gefahren und Entbehrungen. In dieser ihr spät geglückten Symbiose von Forschen, Reisen, Sammeln und Schreiben fand sie den Weg aus einer seelischen *Sackgasse,* und es erschloss sich ihr *eine wissenschaftliche Thätigkeit, welche ausschlaggebend* und bis in ihr hohes Alter *restlos beglückend* für sie werden sollte.

Umfängliche wissenschaftliche Publikationen legen Zeugnis ab von ihren vielfältigen, Disziplinen überschreitenden Interessen, ihrer produktiven Sammelleidenschaft zugunsten Münchner Museen sowie von ihrer schier unermüdlichen wissenschaftlichen Akribie. Der öffentlichen Anerkennung ihrer Leistungen – so die Verleihung der Ehrendoktorwürde durch die Münchner Universität und die Aufnahme als Ehrenmitglied in die Königlich Bayerische Akademie der Wissenschaften – stand sie zurückhaltend, fast beschämt gegenüber, geschah es doch zum ersten Mal, dass diese beiden Auszeichnungen einer Frau zuteil wurden – und zwar zu einer Zeit, als in Deutschland die Tore nicht nur der bayerischen Universitäten für Frauen noch fest verriegelt waren.

Die hier vorgelegte Rekonstruktion dieses bewegten Lebens basiert auf einem bislang noch kaum genutzten reichhaltigen Quellenmaterial, das zum überwiegenden Teil aus Prinzessin Thereses eigener Feder stammt: auf fünf umfänglichen Reisepublikationen in renommierten deutschen Verlagen, auf ihren Tagebüchern aus über fünfzig Jahren, vor allem aber auf zwei im Alter und nach dem Ende der Monarchie verfassten handschriftlichen Manuskripten, zum einen auf dem vermutlich als Vorarbeit für eine (Auto)Biographie gedachten, mehrere hundert Seiten füllenden «Biographischen Material», zum anderen auf der kurz vor ihrem Tod entstandenen Darstellung ihrer unglücklichen Liebe zu ihrem kranken Vetter Otto, der «Geschichte meines Herzens». Zudem liegt ein umfangreicher Briefwechsel Thereses mit Eltern, Brüdern, zahlreichen Verwandten, Freundinnen, Hofdamen und Gelehrten vor, außerdem eine Schatulle mit rund zweihundert exakt datierten Gedichten – Spiegelbilder ihrer seelischen Schwankungen, Zeugnisse ihrer tiefen Frömmigkeit und ihrer grenzenlosen Naturliebe. Dass dieses reiche Quellenmaterial bis heute kaum genutzt im Geheimen Hausarchiv ruht, zeugt gewiss von mangelndem historischen Interesse an einer unverheirateten Prinzessin, vielleicht sogar von geschlechtsspezifischer Blindheit gegenüber den wissenschaftlichen Leistungen von Frauen.[1]

Wer all diese Quellen aufmerksam liest, deren faszinierende Offenheit mit schonungsloser Selbstkritik einhergeht, dem erwächst wie in einem Entwicklungsroman das Bild der ungewöhnlichen Emanzipation einer Fürstentochter – das Bild eines zunächst scheuen, ja ängstlichen und unglücklichen jungen Mädchens, das in harter Auseinandersetzung mit gesellschaftlichen Konventionen und vor allem mit sich selbst zur leidenschaftlichen, wissbegierigen und unerschrocken tatkräftigen Forscherin wird. Dass dieses Bild stark geprägt ist von ihrem sehr persönlichen, bisweilen sachlich anschaulichen, bisweilen humorvoll ironischen, mitunter auch leidenschaftlichen Schreibstil, rechtfertigt die Entscheidung der Biographin, die Stationen dieses Lebens soweit wie möglich durch Originalzitate aus der Feder der Prinzessin zu belegen – zumal sich in absehbarer Zeit wohl kaum die Chance auftun wird, eine eigenständige Publikation ihrer Texte vorzunehmen. Dies ist um so bedauerlicher, als Thereses ebenso kritische wie weitsichtige Stellungnahmen zu den dramatischen Ereignissen und Umwälzungen ihrer Epoche sie als eine politisch mutige und ihrer Zeitzeugenschaft bewusste Persönlichkeit ausweisen, deren schriftliche Hinterlassenschaft eine Quelle von hohem Wert für die Nachwelt darstellt.

1.

Therese, Prinzessin von Bayern, 12. November 1850
Geburt in der Münchner Residenz

«Ihre Kaiserliche Hoheit, die Frau Prinzessin Luitpold sind um halb Ein Uhr Mittag von einer Prinzeßin glücklich entbunden worden.» Mit diesem ärztlichen Bulletin aus der Münchner Residenz wurde die Geburt der Prinzessin Therese bekanntgegeben. «Als den 12. November 1850 die langgewünschte Tochter das Licht der Welt erblickte», notiert die Mutter in ihrem Tagebuch, «war der Vater zu Thränen bewegt u. umarmte seine Frau. Diese fühlte sich überglücklich.»[1]

«Thereschen», wie die Eltern sie zärtlich nennen, wird – obgleich sie ein Mädchen zu einer Zeit ist, in der eigentlich nur Prinzen zählen – von Eltern und Großeltern nicht zuletzt deshalb so freudig begrüßt, weil sie das Glück hat, die erste und einzige kleine Prinzessin in der bayerischen Königsfamilie zu sein. Vor allem aber wird sie als drittes Kind nach zwei gesunden Söhnen geboren, so dass durch die beiden älteren Brüder Prinz Ludwig, den späteren König Ludwig III., und Prinz Leopold die dynastisch notwendige männliche Nachkommenschaft hinreichend gesichert war. Denn der fünf Jahre ältere Bruder Ludwig, der pünktlich neun Monate nach der Eheschließung, am 7. Januar 1845 zur Welt kam, hatte als erster Spross einer neuen Generation die Wittelsbacher etwaiger Sorgen um die königliche Nachfolge enthoben. Zunächst hatte die Luitpold-Familie sogar geglaubt, mit ihrem Ältesten einen unmittelbaren Thronfolger hervorgebracht zu haben – eine Hoffnung, die aber bereits nach acht Monaten zunichte wurde, als das Kronprinzenpaar Prinzessin Marie (1825–1889) und Maximilian (1811–1864) ebenfalls einen Sohn bekamen – den späteren König Ludwig II.

Die Taufe der kleinen Prinzessin auf die Namen Therese Charlotte Marianne Auguste findet zwei Tage nach der Geburt durch den Erzbischof von München-Freising *in großer Gala* im festlichen, in Weiß und Gold gehaltenen Thronsaal der Münchner Residenz statt, in welchem aus diesem Anlass eigens ein Altar errichtet wird. Wie es die Tradition vorgibt, werden als Namensgeberinnen enge Verwandte von Geblüt aus-

«Thereschen», wie sie lange Zeit in der Familie genannt wird, als Baby

gewählt: väterlicherseits ihre sächsische Großmutter und Namenspatin Therese (1792–1854), die Frau von König Ludwig I. von Bayern (1786–1868), außerdem Thereses Großtante Charlotta Augusta von Österreich (1792–1873), Tochter von Maximilian I. Josef von Bayern und vierte Gemahlin von Kaiser Franz I. von Österreich, sowie von mütterlicher Seite die bereits verstorbene sächsische Großmutter Maria Anna (1799–1832), Großherzogin von Toskana.

Die Eltern – der seltene Glücksfall einer Liebesheirat

Der Vater, Prinz Luitpold (1821–1912), hatte sich 1841 in Neapel auf seiner ersten Kavaliersreise in die damals sechzehnjährige toskanische Prinzessin Auguste – «eine anmutige Mädchenknospe» – verliebt. Die notwendige Zustimmung seines Vaters, König Ludwigs I. (1786–1868), zu diesem standesgemäßen Bund lässt allerdings wegen der schwächelnden Gesundheit der Prinzessin auf sich warten. Ihre angegriffene Lunge schien auf ein Familienleiden hinzudeuten, das sich bereits über drei

Thereses Vater Luitpold, Prinz von Bayern (1821–1912). Nach einer Photographie, Stich und Druck von Weger, Leipzig

Generationen fortgepflanzt hatte. Nach einigen zögerlichen familiären Verhandlungen kann die Hochzeit zwischen den beiden Fürstenkindern schließlich am 15. April 1844 im Dom von Florenz stattfinden. Sie wird zu einem Ereignis von großem Gepränge: Zahlreich sind die noblen Hochzeitsgäste, zahlreich ist auch das höfische Gefolge aus München. Kein Wunder, dass man zehn sechsspännige Galawagen benötigt, um vom Palazzo Pitti in den Dom zu gelangen. Fünf Tage später folgt dann der feierliche Einzug des frisch vermählten Paares in München, wo schon auf der Sendlinger Straße der höfische Tross vom Volke mit stürmischen «Lebehochs» begrüßt wird.[2]

Der Wittelsbacher Vater Prinz Luitpold, der spätere Prinzregent

Prinz Luitpold wurde am 12. März 1821 in Würzburg, in dem (ehemaligen) fürstbischöflichen Residenzgebäude geboren. Unter neun Geschwistern ist er das mittlere, fünfte Kind von Prinzessin und Prinz Ludwig von Bayern, dem späteren König Ludwig I. Ihm vorausgegangen

Thereses Mutter Auguste von Bayern, geb. Erzherzogin von Österreich, Prinzessin von Toskana (1825–1864). Gemälde von Josef Stieler (1845) für die Schönheitsgalerie Ludwigs I.

sind zwei Brüder: Maximilian (1811–1864), ab 1848 König Maximilian II. von Bayern, und Otto (1815–1867), nachmaliger König von Griechenland, sowie die beiden Schwestern Mathilde (1813–1862), die spätere Großherzogin von Hessen-Darmstadt, und die im Alter von sechs Monaten verstorbene Theodolinde.

Der Vater Ludwig I. verordnet seinen drei Söhnen Maximilian, Otto und Luitpold einen strengen Unterrichtsplan und erlässt Instruktionen zu deren Erziehung, die er selbst bis in alle Details minutiös überwacht. Von der Vermutung ausgehend, dass er als drittgeborener Sohn wenig Aussicht hätte, König zu werden, entscheidet sich Prinz Luitpold schon früh für die Armee, und zwar wohlüberlegt für die Artillerie, für diejenige Waffengattung, die seiner Meinung nach an die wissenschaftliche Vorbildung, insbesondere in Mathematik, die höchsten Anforderungen stellt. Er erhält vorzüglichen Unterricht in naturwissenschaftlichen Fächern, aber auch in den Künsten, und spielt mit Vorliebe Piano. Großes Gewicht liegt auf körperlicher Ertüchtigung, so dass Luitpold in der Lage ist, ohne Mühen den Starnberger See zwischen Schloss Berg und Possenhofen zu durchschwimmen. Außerdem gilt er als eleganter Mazurka-

Tänzer und passionierter Bergsteiger. Auf Wunsch des Vaters besucht er auch für fortgeschrittenere Studien keine Universität, sondern erhält seine «akademische» Ausbildung durch privaten Unterricht. Er betreibt selbständig intensive Sprachstudien, die es ihm später ermöglichen, sich mit vielen Gesandten in deren jeweiliger Muttersprache zu unterhalten.

Seine militärische Karriere vom Hauptmann bis zum Generalmajor verläuft – selbst für ein Mitglied des Königshauses – überaus zügig: Mit sieben Jahren wird er bereits Hauptmann der Münchner Landwehrartillerie, mit siebzehn Jahren erhält er den Hubertus-Orden; sobald die Volljährigkeit erreicht ist, tritt er in den aktiven Dienst in der bayerischen Armee ein, wird alsbald zum Oberstinhaber des 1. Artillerieregiments ernannt sowie zum Georgiritter geschlagen und übernimmt gleichzeitig das Amt des Großpriors dieses hohen Ritterordens. Mit neunzehn Jahren tritt er in die Reichsratskammer ein, mit zwanzig wird er zum Oberst befördert. Dabei entspricht es ganz dem persönlichen Wunsch des jungen Prinzen, alle militärischen und politischen Funktionen von Grund auf zu erlernen. Schließlich will er ein mögliches *Avancement* nicht seiner Geburt, sondern ausschließlich seinen persönlichen Bemühungen und seiner Befähigung verdanken.

Die habsburgisch-toskanische Mutter

Prinzessin Auguste war das starke Weib der heiligen Schrift – stark im Glauben, stark im Wollen, stark im Vollbringen.[3]

Thereses Mutter Auguste von Toskana ist eine Ur-Urenkelin von Kaiserin Maria Theresia (1717–1780). Ihr vollständiger Titel «Kaiserliche Prinzessin und Erzherzogin von Österreich, Königliche Prinzessin von Ungarn und Böhmen, sowie Großherzogliche Prinzessin von Toscana» verdankt sich der österreichisch-habsburgischen, ungarischen und toskanischen Geschichte. Als Tochter der Großherzogin Maria Anna von Toskana, geb. Prinzessin von Sachsen (1799–1832), und des letzten regierenden Großherzogs Leopold II. von Toskana (1797–1870) wird sie am Karfreitag, den 1. April, im Jahr 1825 im Palazzo Pitti in Florenz geboren. Die Mutter stirbt bereits 1832 an einem Lungenleiden, als Auguste erst sieben Jahre alt ist. Ein ähnlich viel zu früher Verlust der Mutter wird auch Therese widerfahren. Die Erziehung der drei Kinder übernimmt auf Wunsch der

Verstorbenen deren Schwester, die aus dem sächsischen Königshaus stammende und seit 1824 verwitwete Großherzogin Maria von Toskana. Sie erfüllt diese Pflicht mit «wahrhaft mütterlicher Liebe, Gewissenhaftigkeit und Sorgfalt» und lässt ihren Schützlingen eine «durchaus deutsche Erziehung angedeihen»,[4] eine – wie sich bald herausstellen wird – glückliche Voraussetzung für Augustes Ehe mit dem späteren Prinzregenten Luitpold.

Auguste wächst zu einer sehr gebildeten, politisch interessierten, weltoffenen und selbstbewussten Persönlichkeit heran. Auf ihre bevorstehende Ehe und den Umzug von Florenz nach München bereitet sie sich durch intensive Studien vor. Sie beschäftigt sich gründlich mit der bayerischen Geschichte und vertieft ihre Kenntnisse der deutschen Grammatik. Von ihrem südlich-lebhaften Temperament und ihrer anmutigen Erscheinung ist ihr Schwiegervater, König Ludwig I., so fasziniert, dass er sie 1845 durch seinen biedermeierlichen Hofmaler Joseph Karl Stieler (1781–1858) in einer «ungewöhnlich strengen Profilansicht» für seine Schönheitsgalerie in der Residenz (heute in Nymphenburg) malen lässt.[5] Begeistert schreibt er am 3. Mai 1844 seinem Sohn Otto, König von Griechenland, über die zukünftige Schwiegertochter: «Auguste von Toskana, eine große schöne Gestalt, im Profil schön, daß ich überrascht wurde. [...] Dass sie von der königlich sächsischen Familie abstammt, ist nicht zu verkennen, auch in teutscher Aussprache sächsische Mundart, in Bewegung Italienerin, gut, kindlich.»[6]

Die Sympathie zwischen dem bayerischen Schwiegervater und Prinzessin Auguste beruht ganz offensichtlich auf Gegenseitigkeit: Als der sechzigjährige König Ludwig I. sich in die fünfundzwanzigjährige, skandalumwitterte Tänzerin Elizabeth Rosanna Gilbert, genannt Lola Montez (1821–1861), verliebt und ihr nicht nur die bayerische Staatsbürgerschaft verleiht, sondern sie auch noch in den Adelsstand erhebt, kommt es 1848 wiederholt zu tumultuarischen Protesten aus der Bevölkerung, die bis zu einer Schließung der Münchner Universität eskalieren. Der in die Enge getriebene König weigert sich hartnäckig, durch Anhörung einer Abordnung der Aufständischen den Versuch der Versöhnung mit seinem aufgebrachten Volk zu unternehmen. Da vermittelt Prinzessin Auguste unerschrocken und mit diplomatischem Geschick zwischen den beiden Lagern, und zwar so lange, bis die Deputation den gewünschten Zutritt zum König erhält. «Wohl war der Monarch über diese Freimütigkeit und Entschlossenheit anfänglich abwehrend betroffen, aber bald erkannte er den hohen Wert der Seelenstärke und Entschlossenheit seiner Schwiegertochter und spendete ihr späterhin öffentlich das größte Lob, indem er, dieselbe mit ihrer großen Ahnherrin vergleichend, sagte: ‹Und Du bist doch meine Maria Theresia.›»[7]

Trotz ihrer stets gefährdeten Gesundheit bringt Prinzessin Auguste in sieben Jahren ohne Komplikation vier gesunde Kinder zur Welt: Ludwig (1845), Leopold (1846), Therese (1850) und Arnulf (1852).

2.

Die glücklichen Jahre meiner Kindheit
Von der Mutter geleitete Erziehung

Zusammen mit ihren Brüdern wächst Therese in dem großzügigen Palais Leuchtenberg am Odeonsplatz auf und erlebt dort nach eigenen Worten eine *glückliche Kindheit*. Das Familienpalais liegt im Herzen der Stadt, in unmittelbarer Nähe zur Residenz und zum Englischen Garten. Dieses 1817 bis 1820 von Leo von Klenze (1784–1864) nach dem Vorbild des römischen Palazzo Farnese erbaute größte Adelspalais der Stadt gehörte ursprünglich Eugène de Beauharnais (1781–1824), Herzog von Leuchtenberg, einem Stiefsohn Napoleons und Schwager von Ludwig I. Der klassizistische Bau besaß 250 Zimmer, einen Theatersaal, eine Hauskapelle und eine Gemäldegalerie. Die kostbare Innenausstattung war bereits nach St. Petersburg verkauft worden, als Thereses Vater das Palais 1854 mit vielseitiger finanzieller Unterstützung – unter anderem von

Kinderbild von Therese. Künstler unbekannt

Thereses Elternhaus, das Palais Leuchtenberg am Odeonsplatz (heute Bayerisches Finanzministerium)

seinem Vater Ludwig I. – zu einem günstigen Kaufpreis erwerben konnte. In welcher Weise die herrschaftlichen Zimmerfluchten von der Familie Luitpold genutzt wurden, ist unklar.[1] Einmal erwähnt Therese in ihren biographischen Aufzeichnungen den Sportunterricht im *Turnsaal unten* und ein andermal die im Hause über die Stockwerke funktionierende Kommunikation mittels einfachster Technik: *Die Mama ließ durch's Sprachrohr sagen, wir könnten hinunterkommen.*[2]

Von der Mutter geleitete Erziehung: einfach, praktisch, streng u. konsequent

Was in Fürstenhäusern jener Zeit durchaus nicht üblich ist, findet im Hause Luitpold statt: Die ebenso temperamentvolle wie energische toskanische Mutter übernimmt selbst die Erziehung und zum Teil auch den Unterricht ihrer Kinder. Für sie bedeutet dies eine «heilige Pflicht», der sie sich mit ganzem Engagement widmet. «Eine große Freude ist mir zu sehen, wie den Kindern meine tägliche, regelmäßige Überwachung u. Gesellschaft wohlthätig ist, und ihnen opfere ich gerne meine Zeit.»[3] Und ein Jahr später schreibt sie an die Kaiserin von Österreich: «Thereschen ist ein gescheites, lebhaftes Kind, sie lernt gut u. entwickelt sich recht nett, macht mir Freude, aber am meisten Sorge, sie ist die zarteste (die einzig zarte) der Kinder und ihre Erziehung beruht auf mir; in der Palaus habe ich eine treue Helferin, aber die Direktion habe ich.»[4]

Ihr habsburgisches Erziehungskonzept entspricht ganz dem der Wittelsbacher: «Unbedingte und strengste Pflichterfüllung, militärische Pünktlichkeit und Ordnung in allen Dingen, Härte gegen sich selbst, Selbstüberwindung verbunden mit Stärke der Willenskraft, sowie Milde und Rücksicht gegenüber andren – besonders dem Dienstpersonal – Verehrung der Eltern und Liebe für das Vaterland» – so fasst Thereses älterer Bruder Leopold in seinen «Lebenserinnerungen» diese von der Tradition diktierten, wenngleich strengen Erziehungsprinzipien zusammen.[5] Therese hat sich diese auf unbedingte Pflichterfüllung und Gehorsam gegründeten Maximen zutiefst zu eigen gemacht und – was für uns heute befremdlich erscheinen mag – noch im hohen Alter ausdrücklich bedauert, dass Frauen ohne ein weibliches Militärjahr die Möglichkeit verwehrt bliebe, lebensnützliche Disziplin zu erlernen.

Besonderen Wert legt Auguste darauf, dass ihre Kinder nicht zu Zauderern werden, sondern lernen, sich in schwierigen Situationen mit rascher Entschlusskraft für eine Lösung zu entscheiden: «Mein Vater ist unschlüssig, mein Mann ist unschlüssig, ja was soll denn daraus werden, wenn diese Eigenschaft sich bei meinen Kindern verdoppelt!»[6]

Die strenge Erziehung lässt aber dennoch Raum für kindliche Spiele, für fröhliche Geselligkeit und vielfältige Kreativität. *Die Eltern versuchten den Kindern neben dem Lernen das Leben fröhlich zu gestalten. Ein Hauptvergnügen war das Kahnfahren, in welchem die Kinder eine solche Fertigkeit erlangten, dass die Mutter sie schon mit 9 u. 10 Jahren in ganz kleinen Booten sich allein eine Strecke weit in den See* [Bodensee] *hinaus wagen ließ. Dies erzeugte Mut und Sicherheit.*[7] Auch die Inszenierung von kleinen Theaterstücken wird geübt: «Gestern abend spielten mir die vier Kinder eine deliciöse französische Komödie vor, die die 2 Bubis (*so wurden die älteren Söhne von der Mutter genannt)* selbst aus dem Deutschen übersetzt haben, à croquer sah Mädel als Wirtin aus u. spielte sehr gut.»[8]

Früh schon müssen die Kinder bei höfischen Alltagszeremonien

Familienphoto: Therese als Zehnjährige mit Eltern und den Brüdern Ludwig, Arnulf und Leopold (von links). Lithographie (um 1860)

mitwirken: So übt sich Therese in die ihr gebührende weibliche Rolle ein, wenn *sie bei den Familienthees, welche von Zeit zu Zeit stattfanden, die kleine Hausfrau spielen, den Thee bereiten u. einschenken, der Mutter in allem hilfreich an die Hand gehen* darf. Die Mutter genießt den sichtbaren Erfolg ihrer Bemühung, die Kinder zu Selbständigkeit zu erziehen. Sie notiert in ihrem Tagebuch: «Zufrieden mit Therese, hübsche, ruhige Haltung», und ein anderes Mal: «Thereschen bereitet den Thee für 24 Personen, nett, kleines Frauchen.»[9] Allerdings scheint Auguste mit dem Verhalten ihrer Tochter nicht immer ganz einverstanden gewesen zu sein. So stellt sie nach einer längeren Krankheitsphase erleichtert fest: «Ich fühle meine Kräfte wiederkommen, u. in aller Ruhe, aber ernst, setze ich mich ans Werk, in Thereschen den Geist des Widerspruchs und Ungehorsams u.s.w. zu ersticken, sie versteht es ganz gut und hat den Willen, sich zu überwinden.»[10]

Wie früh sich die junge Therese den mütterlichen Wunsch nach

Selbstverantwortung ihrer Kinder zu eigen gemacht hat, bezeugt der Anfang ihres Tagebuches, dessen emphatische Beschreibung ihres zehnten Geburtstages zugleich ein Licht auf die körperliche Nähe zwischen Mutter und Tochter, aber auch auf ihr Verhältnis zu ihrer Erzieherin wirft: *Heute hab ich zehn Jahre, die Mutter hat mich viel herzlicher als gewöhnlich umarmt, und ich habe Fräulein von Palaus mitten im anziehn innig geküßt. Ich bin so froh, daß ich einmal das lang gewünschte zehnte Jahr erreicht habe, denn ich habe gehört, daß man, wenn man so alt ist, kein Kind mehr ist.*[11]

Ein gut katholisches, felsenfestes Christentum

In einem Porträt ihrer Mutter, das Therese 1887 veröffentlicht hat, betont sie besonders deren vorbildhafte *Festigkeit und Willensstärke*, vor allem aber ihr *gut katholisches, felsenfestes Christentum*, das ihr *als Richtschnur für ihr gesamtes Handeln und Wandeln diente.* [...] *Die Kinder sollen inne werden, dass sie nur durch sich, durch das, was sie leisten würden, berechtigt seien, sich besser als Andere zu dünken.*[12]

Wie nachhaltig tief die mütterliche religiöse Erziehung in Therese Wurzeln geschlagen hat, macht die kindliche Euphorie deutlich, mit der sie den lang ersehnten Tag ihrer Kommunion beschreibt: *Heute also, heute ist der glücklichste Tag meines Lebens.* [...], es ist der Tag, an welchem *ich zum ersten Mal das Brot der Engel genoss.* [...] *Wer ist denn dieses glückselige Kind? Ich bin es, ich bin dieses selige Geschöpf, welches seinen Schöpfer in seinem Herzen aufnahm* ...[13]

Diesen in der Kindheit eingeprägten Grundsätzen christlicher Ethik bleibt Therese ihr Leben lang treu. In der Erfüllung der religiösen Pflichten war sie «so gewissenhaft, dass sie auch später auf ihren weiten Reisen ihre sorgfältigen Planungen immer so einrichtete, dass, wenn irgend möglich, selbst um den Preis einer bedeutenden Vermehrung der Beschwerlichkeiten, einer Sonntagsmesse beigewohnt werden konnte. Als sie zum Beispiel einmal im Norden von Griechenland unterwegs war und es schien, dass man an Mariä Himmelfahrt nicht in die Nähe einer katholischen Kirche kommen konnte, erfuhr sie am Vorabend, dass doch ein katholischer Priester nicht weit sei. Sofort wurde der Reiseplan geändert, damit man die Festtagsmesse erleben konnte. Als sich später herausstellt, dass diese Änderung der Route einen räuberischen Überfall

«Heute also, heute ist der glücklichste Tag meines Lebens, es ist der Tag, an welchem ich zum ersten Mal das Brot der Engel genoss.» Mit diesen Worten beschreibt Therese 1862 den Tag ihrer ersten Heiligen Kommunion. (GHA, Nachlass Prinzessin Therese 35)

auf die kleine Karawane der Prinzessin verhindert hatte, schrieb sie dankbarst diese Errettung aus einer drohenden Gefahr dem Schutze Mariens zu.

Wie wichtig es Prinzessin Auguste ist, ihren Kindern eine zuverlässige katholische Basis zu vermitteln, zeigt deutlich ihre anhaltend quälende Sorge, ihr ältester Sohn Ludwig könnte als Nachfolger seines Onkels Otto auf den griechischen Thron berufen werden. Die griechische Verfassung von 1844 verlangte nämlich von dem künftigen Thronerben, dass er gegebenenfalls zum griechisch-nichtunierten Bekenntnis konvertieren müsse. Therese ist tief bewegt und glücklich, als ihre Mutter sie, die Zwölfjährige, als *große Person behandelt* und mit ihr zum ersten Mal in einem längeren vertrauensvollen Gespräch offen über ihre Ängste spricht. Noch bevor diese Gefahr durch die 1862 in Griechenland ausgebrochene Militärrevolution ein für alle Mal gebannt war, hatte die Mutter in ihrem Testament den Vater gebeten, «Ludwig, unseren Erstgeborenen […] inständig recht ins Herz einzuprägen, dass die Krone, auf welche seine Eltern für ihn verzichtet, an eine Bedingung geknüpft war, welche die Eltern ohne Verletzung ihres Gewissens nicht erfüllen konnten.» Und sie fügt hinzu: «dies bitte ich seinem noch jungen Gemüth fest einzuprägen, ehe er durch andere Eindrücke oder Reden gegen das Benehmen seiner Eltern eingenommen werden könnte.»[14]

Frühe Reiseerlebnisse in Bayern und der Toskana

Therese ist von frühester Kindheit an vielfältige Reisen gewöhnt, wenngleich noch nicht in so exotische Gegenden, wie sie sie später unternehmen wird. Aber indem sie ihre Mutter häufig auf Besuchs-, Bade- und Erholungsreisen begleiten darf, lernt sie schon früh die schönsten Gegenden von Bayern kennen und genießen. Und Auguste wird nicht müde, in ihrem Tagebuch immer wieder zu erwähnen, wie «nett, vernünftig» sich die kleine Therese bereits in zartem Alter auf Reisen benimmt: «Teresina carina [...] sie ist mit uns wie eine Erwachsene.»[15] Solche für Therese und ihre Brüder kurzweiligen Unternehmungen führen sie häufiger nach Wildbad Kreuth, dem von ihrem Urgroßvater König Maximilian I. Joseph (1756–1825) zwischen 1820 und 1825 ausgebauten «Neuen Bad», auf Besuch zu ihrem Großonkel Prinz Karl von Bayern (1795–1875) in das Königs- und Herzogsschloss an den Tegernsee, nach Bad Ischl in die habsburgische Kaiservilla oder in das Sommerschloss der Wittelsbacher in Berchtesgaden.

Besonders beeindruckend scheint für die Geschwister eine winterliche Reise in die Toskana gewesen zu sein, über die Prinz Leopold rückblickend in seinen Erinnerungen mit atmosphärischer Anschaulichkeit berichtet. Der seit Beginn des Jahres 1854 kränkelnden Mutter wird empfohlen, den kommenden Winter im milderen Klima ihrer Geburtsstadt Florenz zu verbringen. So bricht Auguste mit ihren vier Kindern im Alter von neun, acht, vier und zwei Jahren und dem «engsten Gefolge»[16] im November 1854 nach Süden auf. Da es noch keine Eisenbahn nach Italien gibt, geht die Fahrt mit eigenen Reisewagen und kräftigen Pferden vonstatten, die alle «zwei deutschen Meilen – also circa fünfzehn Kilometer» – auf den dafür ausgerüsteten Poststationen gewechselt werden müssen. Würde man «wie ein Kurier» reisen, also Tag und Nacht ohne Unterbrechung, hätte man die Reise über die verschneiten Alpen in knapp einer Woche zurücklegen können. Mit Rücksicht aber auf den empfindlichen Familientross und die zum Teil verschneiten Straßen wird nur tagsüber gereist, und so benötigt man gut vierzehn Tage. Wegen häufiger räuberischer Überfälle auf italienischen Landstraßen wird der Tross ab der Grenze von einer Kavallerieeskorte mit je zwei Reitern für jeden Wagen begleitet. Und da die Reise durch Hofberichterstattung öffentlich bekannt war, ergeben sich unterwegs vielfältige Begegnungen – zum Beispiel mit dem berühmten, hochbetagten österreichischen Feldmarschall Graf Radetzky (1766–1858), der besonders bei Thereses Brüdern einen starken Eindruck hinterlässt – und Einladungen auf fürstliche Wohnsitze, zum Beispiel auf das Schloss der Tante Adelgunde von Modena (1823–1914), der Lieblingsschwester des Vaters, die den vielköpfigen Besuch freudig und ausgiebig bewirtet. Der sechsmonatige Aufenthalt an dem eindrucksvollen großelterlichen Hof in Florenz ist die Quelle für Thereses tiefverwurzelte Sympathie für alles Italienische. «Auf der Heimreise von Florenz sprechen die 2 Kleinen italienisch miteinander», notiert die stolze Mutter in ihrem Tagebuch.

3.

Begabt mit ausgezeichneten Talenten
Privatunterricht im Palais Leuchtenberg

Therese fällt schon früh als ein ungewöhnlich begabtes, provozierend wissensdurstiges und ehrgeiziges Kind auf, das – wie ihre Lehrer nicht müde werden zu bezeugen – mit Eifer und Gewissenhaftigkeit dem Unterricht folgt. Wie in Fürstenhäusern damals üblich, findet der «Schulunterricht» nicht in öffentlichen bürgerlichen Institutionen, sondern als Privatunterricht statt, für den erfahrene Gymnasiallehrer und namhafte Gelehrte der Münchner Universität ins Palais Leuchtenberg am Odeonsplatz verpflichtet werden. Dabei geht es in erster Linie um die Bildung der männlichen Nachkommen, lebt Therese doch in einer Zeit, *in welcher jede über das Herkömmliche hinausgehende geistige Beschäftigung junger Damen wie etwas fast Unmögliches angesehen wurde.*[1] In adeligen und großbürgerlichen Kreisen aber war es dennoch erlaubt, dass die Schwestern vom Unterricht ihrer Brüder zumindest in einzelnen Fächern profitieren durften. Die jeweiligen Stundenpläne allerdings weisen geschlechtsspezifisch unterschiedliche Schwerpunkte auf. So steht bei den älteren Brüdern im Hinblick auf deren spätere militärische Laufbahn die körperliche Ausbildung in Turnen, Fechten, Schwimmen und Gewehrexerzieren stärker im Vordergrund.

Der Unterricht, den Therese zum Teil mit dem um zwei Jahre jüngeren Lieblingsbruder Arnulf gemeinsam genießt, findet an allen sechs Wochentagen statt, wobei die Mutter sich regelmäßig um die «schulischen» Fortschritte ihrer Kinder kümmert, wie sie in ihrem Tagebuch ausdrücklich vermerkt: «Ich wohnte der deutschen Stunde von Thereschen bei, war recht zufrieden […] mit der Auffassungsgabe der kleinen Maus.»[2]

Therese ist schon als Kind von einer schier unstillbaren Leselust erfüllt, die sich nur dadurch bändigen lässt, dass man ihr hin und wieder die Bücher versteckt. Nie ist sie glücklicher, als wenn sie mit einem interessanten Buch ungestört in irgendeinem Winkel sitzen kann. Allerdings wird die Auswahl ihrer Lektüre von der Mutter streng kontrolliert. Um

Thereses *lebhafter Phantasie* Zügel anzulegen, werden phantastische und schöngeistige Literatur aus dem Bücherschrank verbannt, ja selbst *harmlose Märchenbücher waren im Kinderzimmer verboten.* Denn für ein künftiges tätiges und praktisches Leben sollten die Kinder das Gehirn nicht an Phantasien gewöhnen.[3] Sosehr die Mutter das Interesse für *instruktive* Lektüre, wie Länder- und Reisebeschreibungen, Geschichtswerke über fremde Völker und Bücher mit naturkundlichen Inhalten fördert, so entschieden verwehrt sie ihren Kindern den Zugang zu belletristischen Texten. So werden Romane – wenn überhaupt – fast ausschließlich zu Sprachstudien oder zu Rechtschreibübungen verwendet. Über diese zensurartige Beschneidung der kindlichen Lektüre hat sich Therese später entschieden hinweggesetzt. In den regelmäßigen Berichten über das, was sie im vergangenen Jahr gelesen hat, tauchen so gut wie alle Klassiker der Weltliteratur auf, selbstverständlich in der Originalsprache.

Ausgenommen von der fürsorglichen mütterlichen Verbannung phantastischer und erbaulicher Texte sind die Schriften von Franz Graf von Pocci (1807–1876) und von Isabella Braun (1814–1886). Dass inkonsequenterweise aus den Büchern des «Kasperlgrafen» Pocci *abends vorgelesen* wurde,[4] deren Hauptfigur Larifari sich durchaus in einer reinen Märchen-und Sagenwelt bewegt, ist wohl einer familiären Tradition zuzuschreiben: Graf Pocci, einer von jenen – wie Bruder Leopold in seinen Erinnerungen schreibt – «nach unseren kindlichen Erinnerungen uralten Leute[n]»,[5] war ein häufiger Tischgast des Großvaters Ludwig I., der ihn schon als Dreiundzwanzigjährigen zum Zeremonienmeister, später dann zum Hofmusikintendanten und schließlich zum königlich-bayerischen Oberstkämmerer ernannt hatte. Die neuesten Bücher der Jugendschriftstellerin Isabella Braun hingegen wurden auf allen weihnachtlichen Gabentischen stets sehnlichst erwartet. Ihr wird Therese Jahre später die Anregung zu ihrer ersten Publikation verdanken.[6]

Da mag dann der Unterricht von Thereses erstem Lehrer, dem Literatur- und Kulturhistoriker Dr. Hyazinth Holland (1827–1918), kaum geeignet gewesen sein, ein gelungenes Gegengewicht gegen das asketische Literaturverständnis der Mutter zu schaffen. Wie Holland selbst angibt, hat er in drei Monaten die ganze deutsche Literaturgeschichte *vorgeführt*, und zwar: «(a) die ganze deutsche Mythologie, sodann (b) die Geschichte der deutschen Dichtkunst, von ihren frühesten Anfängen: die klösterlich-lateinische Dichtung, die volkstümlichen Epen, die ritterliche Kunstepik, die Lyrik der Minnesinger, die Heiligensagen u. Legenden des deutschen Mittelalters».[7] Er stellt seiner Schülerin zwar ein sehr positives Zeugnis hinsichtlich ihrer großen und raschen *Fassungsgabe* aus, rügt aber zugleich vorsichtig ihre *vorkommende Zerstreutheit*. Da kann man nicht ausschließen, dass bei der «Vorführung» einer so geballten Ladung von Literaturgeschichte in derart kurzer Zeit *Zerstreutheit* in Form abschweifender Ablenkung das beste Heilmittel gegen unausweichlich aufkommende Langeweile gewesen sein mag.

Ihr *Lieblingslehrer* in den frühen Unterrichtsjahren ist Ludwig Solereder, der die sechsjährige Therese in Deutsch und in den Anfangsgründen der Naturwissenschaften unterrichtet. Ihre kindliche Zuneigung ist verständlich, erweist er sich doch als sensibel beobachtender Lehrer, wenn er über seine Schülerin urteilt: «Begabt mit ausgezeichneten Talenten, regem Eifer u. seltener Wißbegierde ward es ihr nicht schwer, den gesteigerten Anforderungen vollkommen zu entsprechen, u. wenn auch die geistige Lebhaftigkeit der Prinzessin hin u. wieder beim Unterricht Zerstreutheit zur natürlichen Folge hat, so betrifft dieselbe meist doch immer nur jene Unterrichtsgegenstände, deren Erfassung mehr den Verstand allein, nicht aber auch die Phantasie in Anspruch nimmt; und selbst auch da muss wieder anerkennend hervorgehoben werden, dass die Prinzessin mit echt kindlichem Gemüthe dann aber auch jeder Ermahnung stets ebenso willig Gehör schenkt, als sichtlich – wenn auch nicht immer glücklich – bemüht ist, ihre lebhafte Phantasie zu bezwingen u. auf die geforderte Bahn zu lenken.»[8]

Als Solereder sie 1860 zu ihrem großen Bedauern nach vier Jahren verlassen muss, äußert die Prinzessin die für eine Zehnjährige höchst ungewöhnliche Bitte, er möge ihr doch zuvor noch eine Wiederholung der deutschen Grammatik ermöglichen, denn sie sei von der grundlegenden Wichtigkeit derselben überzeugt. Ohne Zweifel ist dieses früh entwickelte Interesse an Grammatik die Basis für die Geschwindigkeit, mit der sie später je nach aktuellem Bedarf in der Lage ist, sich jeweils kurzfristig die für die nächste Reise benötigte Fremdsprache anzueignen.

Ausgesprochene Vorliebe für Naturwissenschaften

Thereses größte Neugier aber gilt den naturwissenschaftlichen Fächern. Ihr Lehrer Solereder hat durch die Auswahl seiner Aufsatzthemen dieses frühe Interesse seiner Schülerin an der tropischen Pflanzen- und Tierwelt nachhaltig beeinflusst: Unter den Aufsatzthemen befanden sich *Nachbildungen nach Schilderungen aus den Tropen von Humboldt u. Martius, die wohl den Grund zum späteren brennenden Interesse für die amerikanischen Tropen legten,*[9] erinnert sich Therese im Rückblick. Auch das damalige Zeugnis Solereders klingt wie eine Vorwegnahme des Stils ihrer späteren Reisebeschreibungen; er vermerkt: «die Sprache [ist] gewandt, biegsam u. nicht selten poetisch».[10]

Dass das Unterrichtskonzept überraschenderweise stark darauf ausgerichtet ist, unmittelbar anwendbares Wissen zu lehren, wird besonders deutlich im Rechenunterricht, der Kenntnisse über *die Begriffe Ankauf von Staats-Obligationen, Zinsfuß, Münzverwandlungen u. dergleichen* vermittelt.[11]

Dem angebotenen Physikunterricht allerdings vermag die interessierte Schülerin zu ihrem Leidwesen nicht zu folgen – dafür fehlten ihr die ihr verwehrten mathematischen Grundlagen. Denn die weiterführende Unterweisung in der für ihre späteren Studien unerlässlichen höheren Mathematik gestattet der traditionsverhaftete Vater erst der Siebenundzwanzigjährigen, und auch dann nur unter der Bedingung, kein Wort darüber öffentlich verlauten zu lassen. Therese zögert später nicht, *eine empfindliche Lücke* in ihrem Wissen *auszufüllen,* und bei einem angesehenen Professor ein Studium der Mathematik aufzunehmen – auch das ein unmögliches Unterfangen für Frauen in jener Zeit. Ihr aber fällt die Mathematik leichter als die Harmonielehre, und so bringt sie es im Laufe der Jahre bis zur Integral- und Differentialrechnung.

Als der häusliche Privatunterricht ihrem unstillbaren Wissensdurst und wachsenden Interesse für alle Zweige der Naturwissenschaften nicht mehr genügt, sucht sie sich andere Quellen und nutzt die Angebote öffentlicher wissenschaftlicher Institutionen: 1868 setzt Therese als Volljährige ihren Wunsch durch, Privatunterricht am im selben Jahr gegründeten Polytechnikum, dem Vorläufer der heutigen Technischen Universität, in Mineralogie, Experimentalphysik und Chemie nehmen zu dürfen. Im *Winter 1878/79 höre ich mit vielen anderen jungen Damen in der Alten Akademie Vorlesungen von Zittel* [Karl Alfred von,

1839–1904] *über Paläontologie,* [um] *früher Gelerntes aufzufrischen. Es war den Winter vorher das erste Mal gewesen, daß in München derartige Kurse abgehalten worden waren.* […] *Ich folge auch dieses Jahr den Vorträgen mit größtem Interesse u. schreibe fleißig nach.*[12] Diese «Damenkurse» fanden damals noch im «Wilhelminum» statt, dem alten Gebäude der Akademie in der Neuhauserstraße neben der Michaelskirche. Im Laufe der Jahre verfolgt sie dort zum Beispiel eine Serie von geographischen Vorträgen von *dem berühmten* Professor Friedrich Ratzel (1844–1904), dem Begründer der Humangeographie. Mit dieser furchtlosen Zielstrebigkeit führt sie den Gegenbeweis gegen alle zeitgenössischen Vorurteile über die angebliche Unfähigkeit von Frauen zu selbständiger geistiger Arbeit. Sie allein ebnet ihr den autodidaktischen Weg in die für sie so faszinierende Welt der Naturwissenschaften.

Thereses Privatmenagerie

Ich hatte fast mein ganzes Leben hindurch einheimische oder exotische Thiere um mich …[13]

Glücklicherweise fördern Thereses Eltern mit erstaunlicher Gelassenheit die kindliche, zum Teil exzentrische Leidenschaft ihrer Tochter, sich von früh an mit Tieren unterschiedlichster Arten und Herkunft – vom Spanferkel über Murmeltiere bis zu Schildkröten – zu umgeben und sich damit die praktische Anwendung ihrer intensiven naturwissenschaftlichen Studien zu sichern.

Ein Schulaufsatz in der fiktiven Form eines Briefes, den sie mit neun Jahren verfasst hat, zeigt bereits deutlich, was ihr ein Tier bedeuten kann. Der Brief ist an ihre Cousine gerichtet (Erzherzogin Mathilde v. Österreich, 1849–1867): *Liebe Mathilde – Ich habe die letzte Woche eine sehr große Freude gehabt, die mir aber jetzt noch mehr Freude macht. Der Arnulf hat mir ein so niedliches Täubchen geschenkt, daß ich mich den ganzen Tag damit abgebe. Es ist weiß und blaugrau und hat auch einen kleinen Schopf am Kopf. Ich habe es sehr zahm gemacht. Es geht zuweilen im Zimmer herum, aber am liebsten sitzt es neben mir. Wenn ich es rufe, kommt es gleich, denn es kennt meine Stimme Es frisst mir aus der Hand und aus dem Munde, und wenn ich arbeite, sitzt es mir einmal auf dem Kopf, einmal auf dieser Schulter, einmal auf der anderen Schul-*

ter, einmal auf diesem Arm und dann auf dem anderen Arm, und dann auch manchmal auf dem Schoße. Wenn ich auf ihn [korrigiert mit Rot: *es*] *nicht acht gebe, zupft es mich am Kleide oder am Ärmel oder es pickt mich an der Hand. Es ist allerliebst. Es freut mich, wenn Du kommst und es anschaust. Ich hoffe, daß es Dir auf den Kopf oder die Schulter fliegt. Ich glaube, daß es dir recht viel Vergnügen macht. Ich bin Deine Dir treubleibende Cousine Terese. – München, den 1. März 1860.* Darunter die Beurteilung des Textes in Lehrer-Rot: «Sehr brav!»[14]

Offensichtlich wurden die verschiedensten Tiere ganz problemlos im Palais Leuchtenberg in das familiäre Leben eingebunden und durften dort ihr Unwesen treiben: *Nämlich Papa brachte mir Freitag, als ich noch im Bett lag, ein kleines Spanferkel von 4 Wochen ungefähr zum Geschenk; es gewöhnte sich bald ganz gut ein. Es biß nicht, sondern grunzte und* [?] *und schrie fortwährend, warum, weiß ich nicht. Nach vergeblichen Versuchen, ins Bett zu springen, gelang es ihm zuerst mit Nachhülf, und zuletzt sprang es ganz allein wie ein Hund von seinem Behälter ins Bett herein und schlief auf dem Plumeau. Es fraß erstaunlich viel und wird bald einer armen Frau geschenkt: Schade, daß wir es nicht länger behalten konnten, es verpestete das Zimmer aber zu arg.*[15]

Die Beschreibung des Panoptikums ihrer Tierliebe beginnt Therese mit folgenden Worten: *Das Erste, das ich noch als Kind in der langen Reihe der verschiedenartigsten Tiere innerhalb 60–70 Jahre besaß, war ein Kanarienvogel. Diesem folgte ein Laubfrosch, ein gut bestellter Hühnerhof und eine kleine Herde von Kaninchen. An letzteren hatte ich meine helle Freude, aber als besonders geistreich kann ich diese Nager nicht bezeichnen.*[16] Da ist es ihr denn auch überhaupt nicht schwergefallen, sich von einigen Exemplaren dieser fruchtbaren Spezies zu trennen, zumal ihr dieser Entschluss auch noch die Genugtuung einbrachte, *ein gutes Werk* getan zu haben: *Im Stall habe ich 29 Kaninchen … Ich dachte mir, um mich von einigen Kaninchen zu befreien, weil es sind zu viele, ein gutes Werk zu thun. Von den Grauen gebe ich einige armen Leuten, diese brauchen sie nur einige Tage zu nähren, nachher töten sie die Kaninchen, essen ihr Fleisch, welches ihnen gut schmecken wird, u. machen sich entweder aus dem Fell ein warmes Kleidungsstück oder verkaufen dasselbe. Dadurch gebe ich zugleich ein Almosen u. wir befreien uns von einigen Kaninchen.*[17]

Zwei Dinge sind für Thereses Zuneigung zu einzelnen Spielgenossen aus dem Tierreich ausschlaggebend, und das gilt auch später für ihr Zusammenleben mit exotischen Tieren: Einmal ist es ihre Neugier, das Ausmaß unterschiedlicher Intelligenz zwischen den «niederen» und «höherstehenden» Vertretern der Tierhierarchie zu erspüren. So bescheinigt sie weißen Mäusen, *nicht sonderlich intelligent* zu sein, den gewöhnlichen grauen Hausmäusen hingegen, dass sie sich für *hirnwindungslose Säugetiere* als *auffallend geweckt* erweisen, sodass sie aufgrund einer besonderen *feinen Ausbildung der Sinne* in der Lage seien, Gefahren vorauszuahnen.[18] Von Meerschweinchen vermutet sie, dass sie *ihren Verwandten, den Kaninchen, durch Mangel an Verstand nicht nachstehen.*

Der wichtigste Impuls aber für ihre Tierliebe ist die Bereitschaft der Tiere, sich ihrer emotionalen Zähmung zu unterwerfen und positiv auf ihr Verlangen nach Anschmiegsamkeit und körpernahem Umgang zu reagieren, ein Verlangen, das im eher asketischen höfischen Miteinander vermutlich nicht hinreichend befriedigt wurde. Mit großer Hingabe verfolgt sie das Ziel, ihre tierischen Mitbewohner so an sich zu binden, dass diese sie als Herrin von anderen Menschen unterscheiden und (möglichst nur) bei ihr körperlichen Kontakt suchen mögen.

Überraschenderweise gelingt ihr dies in einer höchst ungewöhnlichen Beziehung zu einem Tier, das vielen Menschen wegen seiner unheimlichen nachtaktiven Eigenschaften als dämonisch gilt. *Die ersten, die ich zu meinen teils Haus- teils Zimmergenossen erklärte, waren Fledermäuse, höchst intelligente Geschöpfe, über die ich mich tatsächlich freuen konnte. Die erste Fledermaus, die ich besaß, war eine Mopsfledermaus (Synotus barbastellus), die sich bald an mich gewöhnte* […] *Die etwa sechsstündige Eisenbahnfahrt von München nach Lindau legte sie, an meine Kravatte geklammert, kopfüber ohne irgendwelchen Fluchtversuch zurück.* […] *Ein allerliebstes Thierchen, appetitlich u. gescheidt, welches ich in* […] *kurzer Zeit gezähmt habe.* Dazu Thereses Kommentar: *Fledermäuse verharren in Ruhestellung stets kopfüber an den Hinterkrallen ihrer Flughaut aufgehängt.* […] Ihr *Lieblingsplatz war nach näherer Bekanntschaft die Manchette meines linken Handgelenkes. In diese schlüpfte es hinein, soweit sich Platz zwischen Arm und Manschette ergab; ich vermute, es fand da gesuchte Dunkelheit und Wärme. Zuerst fütterte ich es mit Mehlwürmern, zur Maikäferzeit mit Maikäfern. – Als das Tier krank wurde, eine schwarze Zunge bekam und offensichtlich sehr litt, suchte ich mit schwerem Herzen ihn (meinen armen Zimmergenossen) im Bodensee von seinem Leide zu erlösen. Ich tat es persön-*

Therese im Photostudio, vermutlich mit «Schlupp» und «Buzzi», den beiden Hunden ihrer Brüder

lich, da ich von dem Grundsatz ausgehe, dass, wenn ich ein Tier besonders gern habe, ich die notwendigen körperlichen Prozeduren an ihm selbst vornehme oder genau überwache, damit ihm nicht unnötig wehe geschieht.[19]

Dieser frühe intensive Umgang mit den verschiedensten heimischen Tieren war ohne Zweifel eine hilfreiche Vorbereitung auf ihre späteren systematischen Erforschungen exotischer Tiere aus vieler Herren Länder.

Im Laufe der Jahre Erlernen von elf fremden Sprachen

Als ein wahres Sprachgenie gibt sich die Prinzessin zu erkennen, wenn sie 1911 in einem Lebensabriss lakonisch aufführt: *Im Laufe der Jahre Erlernen von elf fremden Sprachen: Italienisch, französisch, englisch, spanisch, dänisch, neugriechisch, russisch, portugiesisch, schwedisch, holländisch, tschechisch. Von all diesen Sprachen die italienische die am geläufigsten gesprochene und geschriebene, als die durch die Mutter erlernte.*[20]

Was in dieser lapidaren Aufzählung der von ihr beherrschten europäischen Sprachen so selbstverständlich und unproblematisch klingt, täuscht, denn sobald sich diese ihrer Umwelt *unbegreiflich erscheinenden Studien* auf weniger geläufige Sprachen beziehen, stößt Therese auf familiären Widerstand. Weshalb sie sich auch erst nach ihrer Volljährigkeit traut, Sprachstudien nach eigenen Interessen zu betreiben. Doch auch jetzt noch hält sie ihre weitgehend autodidaktischen Bemühungen um Dänisch, das sie zusammen mit Arnulf ab Winter 1871 erlernt, und vor allem Russisch vor ihrer Familie geheim, *da mein ältester Bruder mich immer ‹Blaustrumpf› betitelt u. ich dies nicht liebe.*[21] Dank der ihr eigenen Selbstdisziplin ist sie bereits nach vier Jahren in der Lage, ein dänisches Buch über Staatswirtschaft in der Originalsprache zu lesen.[22] Und schon nach zwei Jahren gelingt es ihr, *endlich ohne irgendeine Hülfe russische Klassiker in der Ursprache in Angriff* nehmen zu können: *Die Ausdauer hat sich gelohnt, denn später konnte ich jedes russische Buch, auch wissenschaftliche, anstandslos mir zu eigen machen.*[23]

Französisch gehört in Adelskreisen zur Alltagskonversation. Von der Dreijährigen berichtet die gerührte Mutter, dass Thereschen ihr am Namenstag einige Strophen eines französischen Verses aufsagte,[24] ab ihrem siebten Lebensjahr erhält sie offiziell, zusammen mit ihrem jüngeren Bruder Arnulf, Französischunterricht. Allerdings gilt für Französisch das Gleiche wie für Englisch: Thereses Sympathie für beide Sprachen hält sich sehr in Grenzen: *Es ist hier zu wiederholen, daß mir seit früher Kindheit das französische Wesen durch seine oberflächlichen Wortspiele, seine banalen Witze, seine beißende Ironie u. seinen Eigendünkel in der Seele zuwider war, u. wenn in einem Gespräch mit Franzosen diese Eigenschaften in Erscheinung treten, meine deutsche Natur sich im Innern stets dagegen aufbäumte.*[25]

Anlass für das *Erlernen der neugriechischen Sprache* ist 1871 ihr erster Besuch bei ihrer russischen Cousine und *Herzensfreundin* Olga, die seit 1867 als Königin von Griechenland in Athen oder auf Korfu lebt. *Es gehört furchtbar viel Geduld u. Ausdauer dazu; sie ist die schwerste Sprache, die ich je gelernt, dazu habe ich eine schlechte Grammatik ... u. dann muß ich mich ganz ohne die geringste Anleitung eines Lehrers oder Sprachübungen durchhelfen.*[26]

Nur wenige Jahre später sind zur Vorbereitung ihrer ersten größeren Reise nach Nordafrika, Spanien und Portugal, die unter der Obhut ihres Bruders Leopold und seiner Frau Gisela stattfindet, Spanisch und Portugiesisch vonnöten; in beiden Sprachen kann sie binnen kurzem bei der Lektüre auf die Unterstützung von Übersetzungen verzichten. Dazwischen wird 1872 *anticipando* neben einer russischen auch eine schwedische Grammatik angeschafft.[27] *Anticipando* vermutlich deshalb, weil ihre Nordreise in diese letzten von ihr noch nicht *besuchten bedeutenderen Länder Europas,* namentlich Dänemark, Schweden, Norwegen, erst neun Jahre später, also 1881, zustande kommt. Diese Reise macht es notwendig, auch noch Holländisch in ihre Sprachstudien einzubeziehen. Und schlussendlich: 1890/91 notiert sie: *In diesem Winter begann ich meine zwölfte u. letzte Sprache zu lernen, nämlich Tschechisch, welches mir durch seine Ähnlichkeit mit dem Russischen keine großen Schwierigkeiten bereitete.* Auslösend für diesen Entschluss ist die zu jener Zeit bereits intensive Freundschaft mit der böhmischen Gräfin Gabriella von Deym, einer langjährigen Hofdame ihrer Tante Adelgunde, die nach deren Tod 1914 in die Dienste von Therese wechselt.

Dank ihrer ungewöhnlichen Sprachbegabung kann Therese nicht nur die Klassiker der europäischen Literatur wie auch sämtliche wissenschaftliche Bücher im Original lesen, sondern sich vor allem aber auf ihren Reisen ohne Dolmetscher mühelos in der jeweiligen Landessprache verständigen. Das hilft ihr, *in das Bildungsniveau, die Gedankenwelt, die Wünsche und Bestrebungen, mit einem Worte, in die Psyche der betreffenden Völker* einzudringen.[28]

Eine überzeugende Gelegenheit, sich auf solch polyglotte Weise souverän behaupten zu können, bietet 1905 ein achttägiger Aufenthalt auf der griechischen Jacht «Amphitris» ihrer Freundin Olga: *Ich spreche fleißig griechisch mit den Schiffsoffizieren, die immer mit uns essen, mit der Dienerschaft, auch mitunter mit der Hofdame, russisch mit der Fürstin Lobanow, mit Olga selbst u. mit ihrer Kammerfrau, italienisch mit den Venetianern, tschechisch mit* [der Hofdame] *Deym, die mich nach Venedig begleitet hatte, deutsch mit Butlar (Graf Theobald Butlar, bayerischer Kammerherr, der mich als Kavalier auf der Reise begleitet hatte), französisch mit Verschiedenen; es ist eine wahre babylonische Sprachverwirrung.*[29]

Was ihr aber grundsätzlich verwehrt wird, ist die Teilnahme am Lateinunterricht. Denn rigoroser noch als für Mathematik galt für Töchter des Adels das Verbot, sich mit dieser angeblich nur für wissenschaftiche Zwecke geeigneten Sprache zu beschäftigen. Sie aber, die angehende Naturwissenschaftlerin, will Latein dennoch, zusammen mit ihrem Bruder Arnulf, erlernen. Dieser Wunsch aber ist für eine Angehörige des weiblichen Geschlechts in einer Zeit, da Gelehrsamkeit von Frauen Männern Angst einflößte, ein skandalöses – weil die Heiratschancen minderndes – Begehren. So sieht sie sich fünfundzwanzig Jahre später, als sie die lateinische botanische Nomenklatur für die Klassifizierung und Beschreibung ihrer Funde aus den brasilianischen Tropen dringend benötigt, gezwungen, die *nöthigen Wörterbücher* anzuschaffen, um *die lateinischen Worte an Hand der Lexika mühsam zu überwinden.*[30]

Mehr Anlage zum Zeichnen und Malen als zur Musik

Gemäß dem weiblichen Erziehungsprogramm finden dagegen Thereses musische Interessen und Begabungen nachhaltige Förderung: Mit fünf Jahren schon nimmt die Mutter sie in *Bilderausstellungen* mit, und von der Zehnjährigen berichtet sie, dass Therese *schon den Zeichenstift führt, ohne Zeichenunterricht genossen zu haben.*[31] Den bietet ihr später Hyazinth Holland, der sie auch in die Grundlagen der Kunstgeschichte einführt, wobei Therese das Kopieren alter Kunstdenkmäler mehr Freude bereitet als die Interpretation literarischer Texte. So erhält sie schon früh Zeichen- und Malunterricht bei Leopold Rottmann (1812–1881), dem jüngeren Bruder des berühmten Landschaftsmalers Carl Rottmann (1793–1850), und im Winter 1869/70 bei dem Landschafts- und Tiermaler Hermann Baisch (1846–1894). Spätere Zeichnungen von geographischen Karten bestätigen *ihre frühe Orientierungsgabe in fremder Umgebung, und* zahlreiche Reiseskizzen und Aquarelle haben Aufnahme in ihre Publikationen gefunden. Dieses Talent und die Freude am Skizzieren und Malen hat sie wohl von ihrem Vater geerbt, der seinerzeit von dem Maler und Radierer Domenico Quaglio (1787–1837) ausgebildet worden war. Das Kopieren von Orientskizzen Leopold Löfflers (1827–1898), das sie mit Engagement und Ausdauer von 1871 bis 1879 in der Neuen Pinakothek betreibt, ist vermutlich Teil beziehungsweise Folge jener praktischen Kunsterziehung und zugleich ein Beleg ihrer Zielstrebigkeit und Ausdauer: *Mein 14tes Bild, meine letzte Copie nach Löffler, brachte ich gestern heim; es ist immer ein Abschnitt in der Dilettantenkunstleistung, wenn man ein in nur 8 Jahren unternommenes Werk endlich zum Abschluß gebracht hat. 8 Jahre habe ich unverdrossen u. mit Ausdauer darin hingearbeitet u. ich bin froh, dass ich es mit einiger Willenskraft auch durchgeführt, denn mehr als einmal hätte ich die Arbeit gern liegen u. stehen lassen u. hätte sie für immer aufgegeben.*[32]

Auf Thereses eigenen Wunsch hin gehört Klavierspielen seit ihrem siebten Lebensjahr zu ihrem täglichen Übungsprogramm. Allerdings scheint ihre Münchner Lehrerin Karoline Auer mit den erzielten Fortschritten nicht immer ganz zufrieden gewesen zu sein. So gesteht Therese unumwunden: *Hier ist zu ergänzen, dass ich durch meine Zerstreutheit beim Klavierunterricht meine Lehrerin einmal tief kränkte, dass ich mit dem Fingersatz immer in Konflikt gerieth u. dass ich gar keinen Sinn für klassische Musik entwickelte, dagegen Freude an Volksliedern u. Opern aus der ersten Hälfte des 19ten Jahrhunderts, namentlich aber an italienischer Musik hatte, somit gerade keinen hohen musikalischen Standpunkt einnahm. Aber bis in mein hohes Alter freut es mich, nach der Erinnerung Melodien aus meiner Jugend auf dem Klavier aufzuführen.* Die erwachte Lust der Vierzehnjährigen am Klavierspielen wird durch ein unerwartetes Präsent verstärkt: *Dieser Tage, letzten Samstag, schenkte mir der Onkel Karl ein schönes Piano-Forte, das einen wunderschönen tiefen, klingenden Ton hat und das auch von außen ein feines, dunkles Holz hat.*[33] Mit diesem Geschenk kann Therese nun endlich ihre musikalischen Neigungen am eigenen Instrument ausleben. Denn als der Vater 1866 Thereses Wunsch *in diesem Winter Zitter oder Singen oder Spanisch zu lernen* nicht erfüllt, kommentiert das die enttäuschte Tochter: *Papa wollte dies Jahr kein Geld mehr für Stunden ausgeben.*[34] Doch auch hier gibt sie nicht auf und nutzt elf Jahre später einen *ruhigen Landaufenthalt*, um *allein mit dem Instrument vertraut zu werden.*[35] Mit der Zither knüpft sie an Wittelsbacher Traditionen an, nennt man doch ihren Großonkel Maximilian (1808–1888), Herzog in Bayern, noch heute den *Zithermaxl.* Insgesamt waren Thereses musikalische Vorlieben zeitlebens mehr auf folkloristische denn auf klassische Kompositionen ausgerichtet. *Ich sehe sehr gerne gutgespielte, vornehme Schauspiele u. Trauerspiele, höre weniger gern Opern außer einfachere deutsche u. italienische Musik. Das Absitzen klassischer oder Wagner-Opern, geschweige denn anderer, kann mir geradezu zur Pein werden.*[36] Dafür reagiert sie zeitlebens besonders empfänglich auf kirchliche Musik: *Zum Niederknien schön* empfindet sie die herrliche Kirchenmusik in Russland.[37] Und nachdrücklich betont sie immer wieder ihre Faszination von den musikalischen Leistungen in den verschiedenen oberbayerischen Dorfkirchen und gesteht, dass sie dieser einfache Gesang viel mehr anspricht als die gekünstelte Kirchenmusik in den Städten.[38]

Freude an körperlichen Übungen: Rudern, Reiten, Bergsteigen, Radfahren

Mit siebzehn Jahren begründet Therese in ihrem Tagebuch, warum sie an dem sportlichen Unterricht im Palais Leuchtenberg mit so großer Begeisterung teilnimmt: *Seit Neujahr nehme ich Gymnastik, was mich sehr unterhält, wenn ich es im Turnsaal unten nehme. Da turne ich etwas am Barren und am Reck, springe über das Seil und klettere an den Sprossen hinauf; wenn ich dann zweimal in der Woche in meinem Matrosenanzug ohne Crinoline bin, dann ist es erst recht lustig, weil ich mich frei bewegen kann.*[39] Die intensiv betriebene körperliche Ertüchtigung, die für die Brüder Vorbereitung auf ihre militärische Karriere bedeutet, hat für Therese eine ganz andere, sehr persönliche Funktion: Sie will durch physisches Training Freiheit, Kraft und Eigenständigkeit gewinnen, sie will sich ohne Zwang und Ritual frei bewegen, Strapazen aushalten, mit einem Wort: den eigenen Kräften vertrauen können.

Von daher überrascht es nicht, dass sie den frühen Tanzunterricht als Vorbereitung auf gesellschaftliche Anlässe nur bedingt genießt. Die Mutter scheint Verständnis für ihre elfjährige Tochter zu haben: «Kleiner Jugendball im Haus. Therese, die an solchen Vergnügungen stets theilnimmt, wird durch dieselben weder im Lernen zerstreut, noch wird ihre Eitelkeit oder Gefallsucht im Geringsten dadurch geweckt. Im Gegentheil, sie ist unglücklich, wenn sie sich zu solchen Gelegenheiten hübscher ankleiden muß.»[40] Dies um so mehr, wenn sie dazu Reifröcke tragen soll, die sich auf Ausflügen im engen Wagen verhakeln.

In der Stadt sind der Nymphenburger Kanal und der Biedersteiner

See nahe gelegene geeignete Orte, um im Winter mit den Eltern spontan zu gemeinsamem Schlittschuhlaufen aufzubrechen, während mancher Nachmittag in der wärmeren Jahreszeit zu Ausflügen in die heimische Umgebung genutzt wird, die die Mutter zur besonderen Freude der Kinder mit ihrem Gefolge, den «Suiten», unternimmt, so «nach der Menterschwaige, nach Großhesselohe, wo die Eisenbahnbrücke, damals ein erstaunliches Werk, erbaut wurde, nach Schleißheim und Dachau und nach Fürstenried.»[41]

Vor allem aber reizt Therese der mit Leidenschaft und Durchhaltevermögen betriebene Reitsport, und das nicht nur im Englischen Garten und auch nicht nur auf zahmen und gefügigen Tieren. *Ich reite auf den Ausflügen auf einem kleinen, zugerittenen Pferd: Die Sachverständigen sagen, ich sitze sehr gut zu Pferd, u. ich fühle mich auch sehr sicher. Ehe ich mit den Ungezogenheiten des Thieres bekannt war, ging es mir zweimal durch. Das zweite Mal in einem Tempo, daß ich meinen Hut verlor, doch glücklicherweise meinen Kopf nicht, u. so war ich nur bedacht, mich im Sattel zu halten u. mit aller Kraft beider Arme die Zügel zu zerren, sodaß es zuletzt parieren u. still stehen musste. Die Anderen glaubten schon, ich würde abgeworfen werden.* […] *Dieser Schimmel hat nämlich die löbliche Gewohnheit durchzugehen u. hat schon eine Dame abgeworfen. Doch gerade diese seine Eigenschaft hat für mich einen Reiz,* denn *ein so ungezogenes Rösschen durch List und Kunst zu beherrschen, ist unterhaltend.*[42]

Diese verschiedenen sportlichen Übungen sollten sich später als eine gute Vorbereitung für jene körperliche Gewandtheit und Stählung erweisen, die es ihr auf ihren abenteuerlichen Reisen ermöglichten, große Strapazen und Entbehrungen mit Leichtigkeit zu ertragen, so zum Beispiel einen *neun-stündigen Ritt auf den primitiven griechischen Holzsätteln durch öde, räuberverdächtige Berggegenden*[43] oder Bergtouren, auf die sie bis ins vorgerückte Alter nicht verzichtete, so dass sie mit über sechzig Jahren noch in der Lage war, ohne spürbare Mühen den Ätna oder den Parnass zu besteigen.

Villa AmSee – mein geliebtes Tusculum am Bodensee

Diese unbändige Lust an ausgelassener körperlicher Betätigung in freier Natur findet ihre Erfüllung und Steigerung vor allem während der Lindauer Sommeraufenthalte der Familie in der Villa AmSee am Bodensee.

Villa AmSee in Lindau, Thereses geliebtes Tusculum.
Ansicht um 1860. Gouache

Seit frühester Kindheit ist dies der Ort für regelmäßiges Schwimmen, mutiges Kopfspringen, wildes Rudern und Segeln. Um dem stets um ihre Sicherheit und Gesundheit besorgten Vater *Beruhigung zu verschaffen,* dass sie sich – sollte sie einmal mit einem dieser *winzigen, sehr schwankenden Boote kentern* – selbst zu retten in der Lage sei, führt sie ihm vor, wie sicher auch sie, und nicht nur ihre Brüder, in voller Kleidung zu schwimmen imstande ist. Eine Fähigkeit, die vor allem für ihre wilden Segelfahrten vonnöten war, denn in ihrer ausgesprochenen Vorliebe, allein und noch dazu bei Sturm zu segeln, scheut sie keine Gefahren, und *je wilder die Wellen heranrollen u. das Boot herumwerfen, um so gehobener ist* ihre *Stimmung,* sie *jauchzt den wilden Elementen entgegen.*[44] Als einmal bei einem solchen Segelausflug mit Bruder Ludwig *mitten im See die Focca bricht* und sie von den *großartig wilden Wellen bis auf die Haut durchnässt wird,* fühlt sie sich erst richtig in ihrem Element.[45] Sie liebt es, *im späteren Herbst allein im Kahn auf den See* hinauszufahren, *sei es unter Tags, um im nahen Schilf, im Kahn selbst, stundenlang ungestört zu lesen, sei es um bei den herrlichen Sonnenuntergängen, den Dämmerstunden u. den stillen Mondnächten auf der weiten Wasserfläche zu sinnen u. zu träumen.*[46] Da überrascht es dann nicht mehr, dass sie später einmal keine Transportmühen scheuen wird, *eine columbianische Canoa, einen ächten Einbaum,* in die Hafenbucht der Villa AmSee

«Meine columbianische Canoa, ein ächter Einbaum, ist auch schon in den Amseer Hafen eingerückt.» Von der leidenschaftlichen Ruderin Therese 1888 am Amazonas erworben

transportieren zu lassen, den sie auf ihrer zweiten Südamerikareise erworben hatte.[47]

Für Therese ist diese Idylle am Bodensee – ihr *geliebtes Tusculum* – trautes Refugium seit allerfrühester Kindheit. Hier erlebt sie die große Verbundenheit der Landbevölkerung mit dem Königshaus, wenn die Lindauer einen schwimmenden Fackelzug als Huldigung für ihren Vater inszenieren, hier lernt sie freundschaftlich-geselligen Verkehr mit Verwandten kennen, hier kostet sie auf zahlreichen Ausflügen in die angrenzende Schweiz schon frühzeitig die Vorzüge des Umherstreifens in der Natur aus: *Ich kann nicht sagen, welcher Genuß es mir ist, womöglich ohne Führer, zu Fuß in dieser überwältigenden Natur zu wandern.* [...] *Gerade das Gefühl der Freiheit u. totalen Unabhängigkeit, das Gefühl der Unbestimmtheit, wie weit man gehen u. wo man bleiben wird, dieses vollkommene Handwerksburschenleben* [...] *ist das unendlich Anziehende der Fußtouren.*[48]

4.

In meinem Herzen ging etwas entzwei
Der frühe Tod der Mutter

Prinz Luitpold von Bayern mit seiner Gemahlin Auguste – kurz vor deren Tod. (1862/63)

In meinem Herzen ging etwas entzwei, das nie mehr ganz wurde

Das Familienleben im Palais Leuchtenberg gilt nach zeitgenössischen Maßstäben als spartanisch und die Erziehung als streng, doch wachsen die Kinder unbesorgt und in einer liebevoll-warmherzigen Atmosphäre auf, was sich wohl nicht zuletzt dem guten Einvernehmen zwischen den Eltern und der Liebe und schrankenlosen Zuwendung der Mutter zu den Kindern verdankt. Doch früh schon wird diese glückliche Kindheit von der labilen Gesundheit Augustes überschattet, deren Lungenleiden aus jungen Mädchenjahren sich immer häufiger bemerkbar macht. Als dann 1857, auf ärztlichen Beschluss hin, die gefährdete Patientin die Wintermonate ganz im Hausinnern verbringen soll, nimmt sie diese geduldprüfende Einschränkung gelassen hin – ja, statt zu klagen, genießt sie förmlich diesen Zustand, denn diese *freiwillige Gefangenschaft in den letzten sieben Wintern ihres Lebens ersparten es ihr, sich von der Familie zu trennen*, um in wärmeren Gefilden den Winter zu verbringen. So kann sie sich mehr der Erziehung der Kinder widmen, *als wenn sie bei völliger Gesundheit, gemäss ihrer Stellung, am Hof- und Gesellschaftsleben in München hätte teilnehmen müssen.*[1] Vor allem aber genießt Therese die so gewährte permanente Anwesenheit der Mutter. Seit ihrem siebten Lebensjahr bedeutet es für sie höchste Seligkeit, wenn sie gelegentlich in deren Zimmer allein mit ihr essen, ihr Gesellschaft leisten, ihr am Krankbett vorlesen und mit ihr *über vernünftige Dinge* sprechen darf. Doch prägen diese frühen beängstigenden Erfahrungen mit der Krankheit der Mutter Thereses Wesen nachhaltig, so dass sie später selbst vermutet, dass *das öftere Erkranken der heissgeliebten Mutter, die Sorge um sie, das vom Kinde selbst gewünschte Stillsitzen am Bett der Kranken, sie nach Möglichkeit zu pflegen u. zu zerstreuen,* [...] *das ernst veranlagte Kind mit der Zeit noch ernster gestimmt habe.*[2]

Im April 1864 wird der zwanzigste Hochzeitstag der Eltern als kleines Familienjubiläum mit besonderer Innigkeit begangen. Das Fest allerdings sollte, wie Therese es formuliert, der *Schwanengesang werden eines seltenen ehelichen und häuslichen Glückes, eines harmonischen Familienlebens, wie es sich nicht häufig finden wird.*[3]

Denn nach heftigen Fieberanfällen und qualvoller Atemnot stirbt die Mutter mit nur neununddreißig Jahren. Mit ergreifender Ausführlichkeit schildert die dreizehnjährige Therese in ihrem Tagebuch über vierzehn Seiten hin die Sterbestunde: *Den 25ten hatte sie sich noch nicht so krank geglaubt, doch den 26ten früh 3 zehn schellte sie ihrer langjährigen, treuen Kammerfrau u. sagte ihr mit größter Bestimmtheit: ‹Ich werde sterben.› Als die treue Dienerin dieser Überzeugung entgegentreten wollte, erwiderte meine Mutter: ‹Mache nur Licht, dann wirst Du sehen, dass ich sterbe. Rufe gleich meinen Mann u. meine Kinder u. sorge, dass die zwei kleinen bei meinem Tode dabei sind.›* [...] *Ich höre noch ihre Worte: ‹Die Hoheit will die Kinder haben.› Sie waren für mich wie ein Donnerschlag, denn ich begriff ihre Bedeutung sofort. Aus tiefstem Schlaf heraus stürzte ich, an allen Gliedern zitternd, in die nothwendigen Kleider u. flog die Treppe hinab zu meiner Mutter. Ich fand meinen Vater an ihrem Sterbebette sitzend: sie hatten sich das letzte Lebewohl gesagt. Ich kniete mich zu meiner Mutter auf die linke Bettseite, an der mein Vater saß; nach u. nach fanden sich die Brüder ein: Arnulf schloß sich an mich, die großen standen am Fußende des Schmerzenslagers. Und nun begann die Mutter von uns Abschied zu nehmen, von Jedem einzeln u. für Jeden die passenden Ermahnungen klar u. deutlich, wenn auch mit fliegendem Athem, uns an's Herz legend. Ich sollte sie bei Vater und Brüdern ersetzen, ich sollte an ihrer Stelle den Jüngsten zur ersten Heiligen Kommunion vorbereiten. Tief u. maßgebend für das ganze Leben gruben sich diese letzten Worte der sterbenden Mutter tief in die Seele ein. Wir vier Kinder schluchzten laut, u. als man uns mahnen wollte, um die Sterbende nicht zu beunruhigen, sagte sie klar u. vernehmlich: ‹Laßt sie nur weinen, es ist ja ganz natürlich.›*

Es folgte der Abschied von der Umgebung, von den Erziehern. Sie bestimmte noch das Kleid, in welchem sie begraben sein wollte: ‹Dein Lieblingskleid› fügte sie bei, an ihren Mann sich wendend. Dann wünschte sie, ich möchte ihr ihre Lieblingsbibelsprüche vorsagen: ‹Was nützt es dem Menschen wenn er die ganze Welt gewinnt, an seiner Seele aber Schaden leidet› u. ‹Herr, auf Dich habe ich gehofft, laß mich nicht zu Schanden werden›. […] Ihre Züge verklärten sich immer mehr, sie sagte noch: ‹Wie schön, so schön habe ich es mir nicht gedacht.› Sie meinte wohl das Sterben. […] Als sie die Augen für immer geschlossen, brach mein Vater am Sterbelager buchstäblich zusammen. Man legte mich ihm in die Arme, meinend, ‹er habe ja mich›. Das war natürlich kein Ersatz … Nicht nur mein Vater war gebrochen, wir waren es ja Alle.

In meinem Herzen ging etwas entzwei, das nie mehr ganz wurde.[4]

Du sollst der Engel in der Familie sein!

Dieser frühe Verlust hat Therese jäh aus einer behüteten Kindheit gerissen. Über lange Zeit hinweg lässt sie die Trauer in einen bedrohlichen Zustand von Schwermut und Verzweiflung abgleiten. In ihrem Testament hatte die Mutter bereits 1857 – da war Therese knapp sieben Jahre alt – wie beschwörend die Worte festgehalten, die sie auf dem Totenbett ihrer Tochter auf die Seele bindet: «Du, meine Tochter, mein innig geliebtes Kind, Du sollst der Engel in der Familie sein. Fehlt die Mutter, hast Du die schöne Aufgabe, sie zu ersetzen, den Vater mit Liebe zu pflegen und zu erheitern, ihm Gesellschaft zu leisten, wenn die Pflichten [...] die Brüder ins Leben hinaus rufen. Und weiter, Du sollst die Vermittlerin zwischen Vater u. Brüder sein, wenn ein Mißverständnis entstanden wäre, Du mußt durch kindliche Liebe, Gehorsam, mit Klugheit gepaart, des Vaters Herz gewinnen, durch Liebe, Freundlichkeit u. Gefälligkeit das Vertrauen der Brüder, so ihre Rathgeberin werden, ihre Anliegen dem Vater vortragend, u. ihn bewegend zu Gunsten der Brüder, die kleinen Fehler, die sie begehen, in des Vaters Augen mildern, u. dabei an die Mutter denkend, ihr Andenken im Herzen der Brüder wach haltend! Mein Segen wird mit Dir sein bei diesem Werk. [...] Sollte Dir, mein Kind, bestimmt sein, das Vaterhaus zu verlassen, so suche Dir im neuen Vaterland alle Herzen zu gewinnen, vor allem das des Gatten, an dem Du angetraut wirst, durch milder Güte Nachsichtigkeit, gepaart mit Festigkeit, kein haarbreit von dem Wege der Pflicht weichend, welche wir Dir von Kindheit auf gelehrt haben.»[5] Therese nimmt diesen Auftrag ihr Leben lang zutiefst ernst. War schon der Schmerz grenzenlos, so fühlte sie sich durch diese plötzliche Verantwortung und aufgebürdete Fürsorgepflicht maßlos überfordert: *Ich stand mit dreizehn Jahren einer Lebensaufgabe gegenüber, die mich zu erdrücken drohte.*[6]

Der Vater heiratet nicht wieder. Fast scheint es so, als ob er sich als Witwer ganz auf diesen töchterlichen Beistand verlassen wolle: «Mögest Du immer mehr der lieben verklärten Mutter gleichen, die segnend auf uns Alle herabblickt», schreibt er an die Sechzehnjährige, als er ihr zum Namenstag gratuliert.[7] Therese erfüllt diese *Kindes- und Standespflichten* achtundvierzig Jahre lang bis zum Tod des Vaters. Für sie bedeutet dies vor allem eine empfindliche Einschränkung ihrer persönlichen Freiheit. Nur das tägliche, pünktlich auf 6 Uhr 30 anberaumte gemeinsame Frühstück mit dem Vater bleibt ihr stets ein Herzensbedürfnis, ist es doch die einzige Zeit, in der sie – besonders in späteren, politisch turbulenten Zeiten – den Vater ganz für sich allein hat. Große Überwindung dagegen kostet es sie, sich mehr und mehr an ungeliebte höfische Rituale anpassen zu müssen – ohne dabei ihre Abneigung merken zu lassen. Denn der Vater zählt – wie aus zahlreichen Erwähnungen in ihren Aufzeichnungen hervorgeht – zunehmend auf ihre Präsenz bei Audienzen, Soirées, Diners und Künstlerbällen. Zudem läuft das höfische Jahr nach einem prall gefüllten Festkalender ab: Es beginnt mit dem Neujahrsempfang des

Regenten, gefolgt von Hofkonzerten, dem offiziellen Hofball zur Faschingszeit, dem «Zapfenstreich» auf dem Max-Joseph-Platz am Vorabend des väterlichen Geburtstags am 11. März, dem «Georgi-Ritterfest» im April und weiteren Festlichkeiten bis hin zum Oktoberfest und dem weihnachtlichen Hochamt in der Hofkirche. Dazu kommen zahlreiche Verwandtschaftstreffen, Familienfeste, Tanzveranstaltungen und die von Therese wenig geliebten Theaterbesuche.

Doch zieht sie natürlich auch einen persönlichen Gewinn aus diesen repräsentativen Pflichten. So nimmt sie täglich an den berühmten *väterlichen Tafeln* teil, die nachmittags um 4 Uhr beginnen und zu denen jeweils *ein intimer Kreis von Bekannten, vor allem Künstler u. Offiziere,* geladen sind. Dabei lernt sie, ihre Schüchternheit im Umgang mit Menschen mehr und mehr zu überwinden. Gleichzeitig genießt sie die vielfältigen intellektuellen Anregungen, die sich bei diesen Gelegenheiten aus Gesprächen mit *Weltberühmtheiten* wie dem Chemiker Justus von Liebig (1803–1873) oder dem Erzgießer Ferdinand von Miller d. Ä. (1813–1887) für sie ergeben.

Im privaten Alltag muss sich Therese seit dem Tod der Mutter in einem stark männlich geprägten Umfeld zurechtfinden. Noch mehr Wert als bisher wird auf strikten Gehorsam gelegt, so dass «bei einem Befehl oder Anruf die Kinder mitten im Satz aufzuhören hatten», so beschreibt die langjährige Hofdame Johanna von Malsen im Rückblick, was sie vermutlich aus dem Munde von Therese gehört hat: «Auf Ordnung und Pünktlichkeit wurde streng gesehen, so daß die Prinzessin noch in ihrem Alter erzählen konnte, sie sei ein einziges Mal in ihrem Leben bei ihrem Vater eingetreten, als die festgesetzte Stunde bereits geschlagen hatte, und ein bloßer Blick desselben sei ihr Mahnung genug gewesen, dass dies niemals mehr vorkam, auch nicht, als sie erwachsen war.»[8]

Die beiden älteren Brüder treiben mit Eifer ihre soldatischen Karrieren voran und widmen alle freie Zeit ihrer Jagdleidenschaft. Seit ihrer Volljährigkeit werden sie immer häufiger zu repräsentativen Aufgaben herangezogen, so dass sich ihr Alltag mehr und mehr außerhalb des familiären Lebens im Palais abspielt. Um so wichtiger ist für Therese die Beziehung zu dem um zwei Jahre jüngeren *Lieblingsbruder Arnulf,* die zeitlebens von zärtlicher Zuneigung und großer gegenseitiger Offenheit geprägt ist. Die Nähe der beiden spiegelt sich in ihrem über fünfzig Jahre andauernden intensiven Briefwechsel wider. Die großen Brüder nennen Arnulf ironisch spöttelnd *Thereses Goldkäfer,* Therese selbst nennt ihn

Thereses Vater und ihre drei Brüder

Der Vater Prinzregent Luitpold (1821–1912)

Prinz Ludwig (1845–1921), der spätere König Ludwig III.

Prinz Leopold (1846–1930)

Prinz Arnulf (1852–1907)

ihr *Alter ego*[9]. Und mit der Anrede *Du siebenfach versiegeltes Buch der Schweigsamkeit* spielt sie humorvoll auf seine Wortkargheit und sein geringes Mitteilungsbedürfnis an.[10]

Ich habe hier keinen Menschen, dem ich mein Herzeleid klagen könnte

In den entscheidenden Jahren ihrer Entwicklung zum Erwachsensein erlebt sie diesen Alltag als bedrohlich. Sie fühlt sich eingeengt von den rigiden Erwartungen der höfischen Umwelt und unverstanden in einer Atmosphäre, in der militärischer Ruhm und fürstlicher Jagdsport das Leben bestimmen. Wie fremd ihr diese Welt gewesen sein muss, lässt sich erahnen, wenn man sich in die «Lebenserinnerungen» ihres Bruders Leopold vertieft, die über weite Strecken aus minutiösen Beschreibungen von prunkvollen höfischen Veranstaltungen, euphorisch erlebten Kriegsabenteuern und dem Erringen stolzer Jagdtrophäen bestehen.

So sehnt sie sich nach einer weiblichen Vertrauensperson, bei der sie Verständnis für ihre Einsamkeit, ihre innere Ausweglosigkeit und lähmenden Selbstzweifel finden könnte. In ihrem Tagebuch zieht die Fünfzehnjährige eine berührende Bilanz ihrer seelischen Verlassenheit: *So lang die Mama lebte, war ich glücklich, seit der Zeit bin ich es nicht mehr, d.h. zeitenweise schon, aber nicht im Allgemeinen. Ich muß Jemand haben, den ich sehr liebe.* […] *Nach Mama's Tod hatte ich* [die Erzieherin] *Palaus, der ich fast Alles anvertraute, die ich um Rath fragte; nun ist sie nicht mehr bei mir, u. da ich mit ihr nie allein bin, kann ich sie nichts fragen. Für die Gräfin* [Redwitz?] *u. Frl. Korb* [Nachfolgerin von Baronin Palaus] *fühle ich noch kein Vertrauen, u. wenn ich Etwas sagte oder fragte, wurde ich darüber gezankt oder kurz abgefertigt. Nun habe ich den Muth verloren; wahrscheinlich fragte ich auf eine unartige, unrechte Art, aber ich fühlte mich abgestoßen.* […] *Arnulf, den ich frage, ist meistens noch zu jung dafür oder zu unerfahren.* […] *Ludwig kann ich nicht fragen, weil er immer Dummheiten macht, wenn ich was fragen will, u. Leopold, der ist zu streng u. endigt die Sache kurz; vielleicht thue ich ihm Unrecht, aber ich fühle wenig Vertrauen zu ihm. Zum Papa habe ich leider auch zu wenig Vertrauen, er endigt die Sachen kurz, u. sogar ihm das Geringste sagen oder ihn nur um eine Kleinigkeit zu bitten, kostet mir furchtbar viel Überwindung*. Und wie beschwörend fügt sie hinzu: *Später hoffentlich werden sich die Sachen anders gestalten, denn ich soll ja dem Papa eine Stütze sein, das war der ausgesprochene Wunsch der Mama im Testament u. auf dem Sterbebett.*[11]

In dieser Situation bleibt Therese kaum etwas anderes übrig, als sich in die Obhut der für sie verantwortlichen Erzieherinnen zu schicken. Zu ihrer ersten Erzieherin, Henriette Freiin von und zu Palaus, liebevoll «Aja» genannt, die sie von Geburt an bis zu ihrem fünfzehnten Lebensjahr betreute, hatte sie ein sehr vertrautes, wenngleich in früherer Zeit auch recht spannungsgeladenes Verhältnis, über das sie in ihren schriftlichen Aufzeichnungen mit großer Offenheit berichtet. So scheut sie sich nicht, reumütig ihrem Tagebuch ihr ungebührliches Verhalten gegenüber der eigentlich verehrten Palaus in aller Offenheit zu bekennen: *Was that ich gestern, nein, was that ich, Palaus beleidigen und ungezogen mit ihr sein. Sie sagte mir da, was ich ja nicht thun sollte, ich aber machte mein lächerliches Gesicht und that es doch; sie sagte mir, ich soll beim Aus- und Anziehn ruhig bleiben, ich aber war immer mehr unruhig. Am Abend hat mir Palaus Alles auseinandergestellt, wie ich vor der Kammerjungfer sie beleidigt habe, wie ich Gott beleidigt habe und wie ich meiner Mama weh thun würde, wenn sie es wüßte, und wie es Sünde gegen Gott ist.*[12]

Ihre Rolle als mütterliche Stellvertreterin fiel der Baronin Palaus gewiss nicht immer leicht, ist sie doch ständig dem kritischen Vergleich mit der verstorbenen Mutter Auguste ausgesetzt. So beklagt die trauernde Dreizehnjährige ganz unverhohlen das ihrer Meinung nach ungute pädagogische Verhalten ihrer Erzieherin und vergleicht es mit dem ihrer Mutter. Sie tut das auf sehr einsichtsvoll-sensible Weise, die wie ein wehmütiger Nachruf auf die Verstorbene klingt: *Seit einiger Zeit will es mit dem Lernen nicht recht gehen. Ich bin zerstreut, weiß aber nicht warum; ich bekomme schlechte Noten und werde gezankt. O wie anders ist der Zank von der Mama wie der von der Palaus. Die Palaus zankt, indem sie sich ärgert und mich dadurch auch, statt dass ich es mir zu Herzen nehme. Die Mama verweist mit Milde u. Ernst u. Ruhe, ihre Worte gehen mir zu Herzen. O, eine Mutter ist unersetzbar, nur sie allein liebt ihre Kinder am Meisten.*[13] Doch im Laufe der Jahre zählt Palaus so gut wie zur Familie, und als sie 1883 sterbenskrank daniederliegt, betreut Therese sie während *der letzten 9 Tage ihres Lebens Tag u. Nacht*. Sie gedenkt ihrer später in einem einfühlsamen Porträt: *Mit ihr konnte ich alle Familienangelegenheiten besprechen, alles Intime, sie wußte u. kannte ja Alles.*[14]

Ein sehr viel härteres Regiment als Thereses Erzieherin scheint die gestrenge Gräfin Therese von Montmartin-Dürckheim ausgeübt zu haben. Seit 1854 in Wittelsbacher Diensten, war sie zunächst Hofdame der Mutter Auguste, bleibt aber nach deren Tod im Hause, um ihrerseits ein Auge auf Thereses Erziehung zu haben. Therese widersetzt sich standhaft ihrer Herrschaft und schützt – böse Erfahrungen haben sie das gelehrt – ihr geheimes Tagebuch vor deren neugierigen Schnüffeleien. Ein Jahr nach dem Tod der Mutter stellt sie fest: *Ich glaube, länger unter dem Regiment der Dürckheim hätte mich zu einem recht trotzigen, eigensinnigen, bösen Mädchen gemacht. Ich bin jetzt noch bös genug! Sie hat es einfach nicht verstanden, mich zu erziehen, das fühle ich.*[15] Doch als nach mehr als einem halben Jahrhundert die einstige ungeliebte Erzieherin im neunundneunzigsten Lebensjahr durch den Tod erlöst wird, trauert Therese aufrichtig: *68 ½ Jahre hatte sie Freud u. Leid mit unserer Familie getheilt: sie war unter den bei u. mit uns Lebenden die Einzige noch, welche meine Mutter gekannt u. auf das höchste verehrt hatte; mit ihr konnte ich über die liebe, schöne Vergangenheit sprechen – u. nun war auch dies vorüber. Ein neuer Lebensabschnitt.*[16]

Eine solche Freundschaft gibt es nur einmal im Leben: Olga Konstantinowna Romanowa

Einen Menschen aber gibt es für Therese, mit dem sie zweiundsechzig Jahre lang, von ihrem dreizehnten Lebensjahr an bis auf dem Totenbett, eine innige, rückhaltlose, von beiden Seiten tief empfundene Freundschaft verbindet: Es ist ihre gleichaltrige (weitläufig verwandte) Cousine und *Herzensfreundin* Olga Konstantinowna Romanowa (1851–1926), die Tochter der Prinzessin Alexandra Jossifowna, einer Nichte von Thereses Großmutter, die ihrerseits eine Schwester von Olgas Großvater Josef von Sachsen-Hildburghausen ist. Daher bezeichnen sich die fast gleichaltrigen Freundinnen Therese und Olga als «Cousinen».[17] Olgas Vater ist der Großfürst Konstantin Nikolajewitsch Romanow, ein Bruder des Zaren Alexander II. (1818–1881).

Therese ist von Olgas selbstsicherem Auftreten von Anfang an stark beeindruckt. Mit kindlicher Detailfreude und offensichtlich großer Bewunderung schildert sie ihre erste Begegnung in München: *Donnerstag den 3ten December [1863] kam um ½ 11 Uhr Abends von Wien der Großfürst Constantin mit seiner Frau (32 Jahre alt) Alexandra, geborene Prinzessin von Sachsen Altenburg, Geschwisterkind vom Papa [...]. Freitag war Familientafel im Wintergarten, wozu ich kam. Ich machte dort die Bekanntschaft mit der 12jährigen Olga, welche sehr schön und größer als ich ist. Die Mutter ist ebenfalls sehr groß und schön. Der Vater ist sehr artig. Olga spricht deutsch ebensogut wie französisch und sogar lieber. [...] Samstag den 5ten kam Olga um 1 Uhr zu mir u. blieb bis 10 Uhr Abends. Um 1/2 2 Uhr führte ich sie spazieren und ließ ihr München sehen. Wir stiegen auch in die Bavaria, gingen in die Basilika u. Auerkirche und zuletzt auf die neuen Anlagen, wo mir Olga sehr viel erzählte, auch mitunter interessant. [...] Zu Haus angekommen, zogen wir uns an; sie aß mit uns bei Tisch u. war decoltirt. Nachdemselben spielten wir Billard mit ihr, was sie sehr unterhielt. [...] Es that mir sehr leid, bald v. Olga scheiden zu müssen; sie versprach mir, ihre Photographie zu schikken u. mir zu schreiben. – Sie trägt kurze, fliegende Haare, hat sehr vielen und schönen Pelz, wird sehr streng gehalten, auch im Essen, hat auch sehr elegante Kleider und ist sehr fromm u. nett. Sie gefällt mir sehr gut.*[18]

Dies sollte der Beginn einer ungetrübten Freundschaft werden, wie Therese sie schwärmerisch in ihrem Tagebuch immer und immer wieder schildert. Sie ist tief beeindruckt von Olgas Wesen, ihren frommen (griechisch-orthodoxen) Anschauungen und dem für sie ungewohnt offenen Gedankenaustausch zwischen ihnen. Um die geliebte Cousine nur irgendwo in der Welt, und sei es nur für wenige Tage oder gar Stunden, zu treffen, scheut Therese bis ins hohe Alter keine noch so langwierige und beschwerliche Reise. Diese unerschütterliche Treue in menschlichen Beziehungen entspringt einer großer Begabung zu Freundschaft. 1890, siebenundzwanzig Jahre nach ihrer ersten Begegnung, fasst Therese das Wesen echter Freundschaft sowie die Innigkeit und Intensität ihrer Beziehung zu Olga in überschwengliche Worte: *Es ist vielleicht nicht die leidenschaftliche, stürmische Liebe von einst, aber es ist eine Liebe so fest u. unverrückbar wie die ewigen Gesetze, die Gott gegeben, eine Liebe so tief wie ein unergründliches Meer u. eine Liebe so ruhig u. friedlich wie das milde, sänftigende Mondlicht, welches sich über stille Fluren ergießt. Es ist eine Liebe, die nicht leidet [...] Es ist eine Liebe, die in unbeschreiblichem Seelenfrieden des wirklichen Genießens, des unbestreitbaren, unbezweifelbaren Besitzes sei u. zufrieden ist, die nicht fragt,*

Prinzessin Therese mit ihrer gleichaltrigen Cousine und Herzensfreundin Königin Olga von Griechenland. (September 1882)

zweifelt u. bangt, sondern sich hingibt rückhaltlos, willenlos, die in der Gegenliebe u. dem wortlosen Verständniß das eigene Leben findet u. eher an sich selbst irre werden könnte als an derjenigen, die sie der höchsten, reinsten Liebe u. Freundschaft in allen Lebenslagen würdig befunden hat. Eine solche Freundschaft gibt es nur einmal im Leben u. in manchen Existenzen gar nicht; Selig, wem sie Gott verliehen, es ist ein Glück über all Maßen u. reine Seligkeit hienieden, für die es keine Worte geben kann.[19]

5.

Du mußt heiraten, sonst fällst Du uns allen zur Last
Thereses unglückliche Liebe zu ihrem Vetter Otto

Endlich volljährig

Den 12ten Nov 68 wurde ich volljährig, was in meinem Leben wenig ändert, da ich schon seit Ende Mai ziemlich selbständig war u. meine Zeit, wie früher, eifrigst zum Studieren verwende.[1] Dennoch bedeutet dieser Einschnitt mehr, als Therese im Rückblick zum Ausdruck bringt. Während die Volljährigkeit ihrer Brüder jeweils mit aufwendigen Festlichkeiten, prunkvollen Ordensverleihungen, militärischen Beförderun-

«Den 12ten Nov 68 wurde ich volljährig, was in meinem Leben wenig ändert, da ich schon seit Ende Mai ziemlich selbständig war u. meine Zeit, wie früher, eifrigst zum Studieren verwende.»

Königin-Mutter Marie, Thereses vertraute Tante, die Mutter der Prinzen Ludwig und Otto. (1880)

gen, einem eigenen Wagen und Pferd und dem Beginn größerer gesellschaftlicher Freiheit gefeiert wurde, verschärft sich für Therese durch diesen Einschnitt bedrohlich das Gebot der Stunde: *Du mußt heiraten, sonst fällst Du uns allen zur Last.*[2]

Sie empfindet diese Gespräche über *Heirathensollen, wie sie sich zu Hause fortwährend wiederholen,* als bedrohlich. In ihr wächst das Gefühl, etwas Überflüssiges zu sein, *das man ernähren muß und dessen man gerne los werden möchte.*[3] Nichtsdestotrotz sieht sie ein, dass Tradition und Umstände ihr kaum eine Wahl lassen: *Die Stellung meinen Brüdern gegenüber war nicht leicht. Einer von ihnen, als er merkte, ich wollte mich nicht binden, gab mir zu verstehen, daß es der Familie wegen doch wohl nothwendig sei. Wir befanden uns in kleinen Verhältnissen, u. wenn ich zu Haus bliebe, war dies eine Last für Alle. Dieser Standpunkt quälte mich namenlos durch Monate u. Jahre. Ich sollte mich für die Familie opfern.*[4]

Dennoch ist Therese unerschütterlich dazu entschlossen, das ihr abverlangte höfische Rollenmodell einer (wider Willen) verheirateten Prinzessin nicht erfüllen zu wollen und auch nicht erfüllen zu können – und das hat tiefere Gründe. Daran ist nicht zuletzt das mütterliche Vermächtnis schuld.

Schloss Hohenschwangau mit Prinzen- und Kavaliersbau

Geschichte ihres Herzens

In ahnungsvoll vorausschauender Sorge hatte ihre Mutter in ihrem «Letzten Willen» ihrer Schwägerin und vertrauten Freundin, der Königin Marie von Bayern (1825–1889), die stellvertretende mütterliche Fürsorge für ihre Tochter Therese ans Herz gelegt – sollte «Thereschen» solche Obhut je benötigen.[5] So kommt es dazu, dass Therese seit ihrem dreizehnten Lebensjahr jeden Sommer längere Zeit auf Schloss Hohenschwangau verbringen darf, dem Sommerwohnsitz ihrer Tante Marie, der Witwe des zwei Monate vor Thereses Mutter verstorbenen Königs Maximilian II. von Bayern.

In diesem romantischen Schloss, das einst König Maximilian II. als mittelalterliche Ruine erworben und im neugotischen Stil aufgebaut hatte, öffnet sich für Therese eine völlig neue Welt: *Ich war im eigenen Heim in einer Atmosphäre aufgewachsen, in welcher von einer klugen Mutter alles Positive gepflegt wurde und man nicht viel anderes wußte, als der Pflicht zu leben. Nun that ich einen Blick in ein Dasein voll Poesie, voll Romantik und Pflege altdeutscher Sagen und es ging wie eine neue Welt für mich auf. Das durch bescheidenere Mittel eingeengtere Leben zu Hause war auf eine praktische Existenz, welche uns Kindern wohl die Zukunft bringen würde, zugeschnitten. Das Leben bei der geliebten*

Wandbild in Schloss Hohenschwangau:
Hochzeit des Schwanritters mit der Tochter der Herzogin von Bouillon

Tante richtete sich schon durch die größere sociale Stellung u. die in größerem Stil aufgebaute Lebensführung auf noblen Genuß.[6]

Vor allem aber trifft Therese dort seit 1864 jeden Sommer mit ihren beiden Vettern zusammen, dem im selben Jahr mit knapp neunzehn Jahren zum König gekrönten Ludwig II. (1845–1886) und seinem um drei Jahre jüngeren Bruder Otto (1848–1916). Sie, ihre drei Brüder und die beiden lebhaften Vettern sind altvertraute Spielkameraden aus der frühen Münchner Kinderzeit. Zwischen Therese und dem um zwei Jahre älteren liebenswürdigen und höchst empfindsamen Vetter Otto entwikkelt sich sehr bald schon eine enge jugendliche Freundschaft, so dass sie ihrem Tagebuch anvertraut: *Den Otto hab ich so gerne, als wenn er mein leiblicher Bruder wär.*[7] Für Therese aber bleibt es nicht bei dieser geschwisterlichen Zuneigung, für sie sind diese sommerlichen Begegnungen in Hohenschwangau der Beginn einer ebenso unerfüllten wie ausschließlichen – und darum wohl einzigen und beständigen – Liebe ihres Lebens. In ihrer autobiographischen Rückschau mit dem nahezu programmatisch klingenden Titel «Geschichte meines Herzens» von 1924 gesteht sie, dass ihr schon im Alter von dreizehn Jahren klar war, dass sie Otto lieber hatte als *Vater und Brüder, lieber als alle anderen Menschen auf der Welt.*

Prinz Otto von Bayern (1848–1916), «der Gefährte meiner Jugend» (um 1870)

Ihre frühe Liebe ist zunächst von so selbstloser Zuneigung getragen, dass sie, als sie erfährt, dass sich Otto in ihre Cousine und liebste Freundin Olga verliebt hat, alles daransetzt, dass diese Verbindung zustande kommen möge – was aber an Ottos unstetem Wesen scheitert, der trotz Thereses wiederholten Ermahnungen *sichtlich krankhaft* drei Jahre lang zaudert, die von Olga mehrfach angemahnte Photographie der Bittstellerin zu übersenden.

Wenngleich nicht völlig überrascht, erfährt Therese aus der Zeitung, dass Olga sich inzwischen für eine *politische Heirath* mit dem dänischen Prinzen Georg, König von Griechenland, entschieden hat: In St. Petersburg – so berichtet die Presse – haben *Kanonenschüsse* die Verlobung der *Großfürstin Olga mit dem König von Griechenland* verkündet. Therese ist verwirrt, bestürzt. Sie ist unglücklich für Otto und sorgt sich um seine Reaktion auf diese Nachricht, zugleich aber malt sie sich die Folgen dieser Verlobung für ihre Freundschaft mit Olga aus, denn *nun ist das Langbefürchtete eingetroffen, sie ist Braut und kommt nicht mehr hierher, nie mehr vielleicht sehe ich sie, der Verhältnisse wegen.*[8] Dieses «der Verhältnisse wegen» bezieht sich auf die feindseligen bayerisch-griechischen Beziehungen: Schließlich war ihr Onkel Otto (1815–1867), der ältere Bruder ihres Vaters, 1862 durch einen unblutigen Aufstand vom Thron vertrieben worden, nachdem er als Wittelsbacher Prinz dreißig Jahre lang glücklos Griechenland regiert hatte. Sein von der Nationalversammlung gewählter Nachfolger aber ist eben der dänische Prinz Georg, der sich – nach Thereses Auffassung – *als unrechtmäßiger König* auf den griechischen Thron gesetzt hatte. *Bayern hat Griechenland nicht anerkannt u. so können wir auch Olga nicht als rechtmäßige Königin der Hellenen betrachten. Sie kann als solche nie nach Bayern, wir kaum nach Griechenland kommen. Es ist aus, für immer aus.*[9] Diese düstere Vorhersage sollte sich allerdings nicht bewahrheiten.

Aus der – wenngleich flüchtigen – Episode zwischen Otto und Olga begreift Therese mehr und mehr, dass sie sich von Otto stärker angezogen fühlt als dieser sich von ihr. Bescheiden, schüchtern und anspruchslos, wie Therese zu jener Zeit ist, schätzt sie sich bereits überglücklich, wenn Otto sie *zum Thee führt*, wenn er sie – wiewohl ein schlechter Tänzer – als Tanzpartner begleitet, oder wenn er sie vor seiner Italienreise zum Abschied am Krankenbett aufsucht – gegen den Willen ihrer gestrengen Erzieherin Gräfin Dürckheim, die dies *für nicht passend* hält, aber mit dem Einverständnis ihres Vaters.

Zwischen Vetter und Cousine entwickelt sich eine tiefe seelische Übereinstimmung, die Therese in ihrem Tagebuch immer wieder mit bewegenden, gelegentlich auch recht pathetischen Worten beschreibt. Seine empfindsame Persönlichkeit skizziert sie aus späterer Rückschau mit großer Einfühlung: *Er war unbewußt liebenswürdig, nicht berechnend, nicht gesucht, sondern gerade durch seine bescheidene Liebenswürdigkeit äußerst gewinnend. Zu dieser liebenswürdigen Bescheidenheit gesellte sich eine Einfachheit u. Natürlichkeit, die anziehen mußte. Offen u. gerade in seinem Wesen war er unerschütterlich fest, wenn es galt, seine Überzeugung zu vertreten.*[10]

Was sie aber besonders anzieht, ist *sein religiöses Seelenleben; er war fromm u. überzeugungstreu u. wirkte, mich zu Gott führend, wohlthätig auf meine Seele zurück, indem er mich zum Beten ermunterte.* Aber auch sein verlässliches Verhalten im Alltag und in allen Beziehungen zur Außenwelt beeindruckt sie. *Er war ein Charakter, bereit für das, was er einmal als Recht erkannt hatte, durch das Feuer zu gehen. Dazu beseelte ihn eine seltene Güte, ein seltenes Wohlwollen für die Menschheit, welche mich an die meines Vaters gemahnte. All diese edlen Charakterzüge zogen mich an u. im Umgang mit ihm fühlte ich mich gehoben, fühlte ich mich ein besserer Mensch zu werden.*[11]

Therese hütet das Geheimnis ihrer tiefen Zuneigung zu ihrem Vetter vor ihrer neugierigen Umwelt. Leicht fällt ihr das nicht angesichts der Vorhaltungen von Vater und Brüdern, die über Jahre hin hartnäckig versuchen – und das nicht zuletzt aus finanziellen Erwägungen –, ihr einen standesgemäßen Gemahl zuzuführen.

Die widerspenstige Heiratskandidatin

Dennoch setzt sie sich mit Entschiedenheit und erstaunlicher Menschenkenntnis – ebenso unerschrocken wie energisch – gegen (mindestens) sieben ernsthafte, potentielle Heiratskandidaten erfolgreich zur Wehr. Auch wenn Therese diese möglichen Bewerber in ihren «Tagebüchern» und in der «Geschichte meines Herzens» nur verschlüsselt erwähnt, lassen sich diese ins Spiel gebrachten standesgemäßen Freier mit einiger Gewissheit nach Herkunft und Rang identifizieren.

Den ersten Anwärter präsentiert ihr der Vater wohl mehr aus dynastischen denn aus einsichtigen menschlichen Gründen, wenn er mit ungewöhnlicher Ausdauer über mehrere Jahre lang eine Verbindung des Hauses Wittelsbach mit dem Hause Habsburg durch eine Ehe seiner einzigen Tochter mit dem acht Jahre älteren, weitläufig verwandten Erzherzog Ludwig Viktor (1842–1919) herzustellen versucht. Er ist der jüngste Sohn von Thereses Großtante Erzherzogin Sophie (1805–1872) und dem Habsburger Erzherzog Franz Karl von Österreich (1802–1878). In Thereses Wahrnehmung handelt es sich bei ihm zwar um *eine sehr vornehme*, ihr aber *über die Maßen unsympathische Verbindung*. Mit erstaunlichem Selbstbewusstsein begründet sie ihre Abneigung: *Dieser Mensch ist mir ein Dorn im Auge, er ist mir gräßlich; schon öfters neckte man mich mit ihm, man sagte, er würde mich heirathen; für so einen danke ich. Er soll boshaft, herzlos sein, nicht sehr begabt, dabei nur dem Vergnügen nachgehend, macht dumme Streiche in Fülle, und den soll ich heirathen? Das fällt mir nicht ein.* Und erleichtert fügt sie hinzu: *Das eine tröstet mich, er sucht sich eine wunderhübsche Frau, ein Ideal, Mathilde* [Thereses früh verstorbene Cousine, Tochter von Luitpolds Schwester Hildegard] *war ihm nicht schön genug, wenn es so ist, will er mich gewiß nicht haben, da ich häßlich bin. Ich bin aber dessen froh, denn um mich zu heirathen, mit all meinen Mängeln, muß mich jemand aufrichtig und wahrhaftig lieben.*[12]

Doch der Vater lässt nicht locker. Zu Thereses Entsetzen lädt er die

Großtante und als Schwiegermutter vorgesehene Erzherzogin Sophie nicht nur zum Frühstück ein, sondern veranlasst auch, dass sich Therese persönlich von ihr bei ihrer Abreise am Bahnhof verabschieden muss: *Sie war besonders zärtlich mit mir, betrachtete mich oft u. sprach sich bei Papa günstig über mich aus! Auch das noch! Warum ich gerade denen Leuten gefalle, wo es mir unangenehm ist?* [...] *Hat sie mich so betrachtet, um zu wissen, ob ich für ihren Sohn passe? Es wäre schrecklich.*

Eine neuerliche Begegnung mit Ludwig Viktor verstärkt Thereses Abneigung gegen den hartnäckigen Kandidaten: *Er amüsiert sich den ganzen Tag, tanzt wie ein Herr, gibt eine Gesellschaft um die andere, beschäftigt sich nicht und macht nur den ganzen Tag Besuche. Gibt es etwas Geisttödtenderes, etwas Schädlicheres, besonders, wo es seine Unterhaltung ist, alle Leute lächerlich zu machen. Er hat nur Interesse für Toilette und für elegante Damen, die auch ein böses Zünglein haben; er ist immer geschniegelt, gestriegelt, pomadiert, parfümiert, ein Geck durch und durch. Vermögen hat er auch keins.*[13] Ein weiterer Grund ihres Widerstands: Sie scheut sich vor einem Ortswechsel nach Wien, *wo das Leben nur so hingeworfen wird, wo es gar keinen Werth außer zu Vergnügen hat, wo man sein Leben verjubelt, wo man in den Strudel mit hineingerissen tanzt und tanzt wie im Wahnsinn, bis man ins Grab hineintanzt, um dann zu einem erschrecklichen Erwachen im Jenseits zu ernüchtern.* [...] *Unter solchen Umständen wäre das Heirathen für mich das größte Unglück, und deßhalb flehe ich täglich so inständig zu Dir, mein Gott, dieses Unglück von mir abzuwenden.*[14]

Offensichtlich zeigt Therese in ihrer Beurteilung dieses lästigen Bewerbers eine um vieles hellsichtigere Menschenkenntnis als ihr Vater, denn Ludwig Viktor sollte in die österreichische Hofgeschichte eingehen einerseits zwar als Kunstkenner und Mäzen, andererseits aber vor allem als skandalumwitterte Figur, der seine homophilen und transvestitischen Neigungen unverhohlen zur Schau stellt und vor gewalttätigen Händeln nicht zurückschreckt. Sein Bruder, Kaiser Franz Josef (1830–1916), verbannt ihn daher aus Wien nach Schloss Klesheim, wo er 1915 wegen Geisteskrankheit unter Kuratel gestellt werden muss.[15]

Fast gleichzeitig mit Ludwig Viktor präsentierte sich im Jahr 1868 ein anderer *fremder, zugereister Prinz* als Bewerber. *Wir waren bei Tisch nebeneinander gesessen, Otto und der zugereiste Prinz. Dieser hatte die eingehendsten Gespräche mit mir geführt u. ich hatte ahnungslos sein*

Wohlgefallen erregt. Nun wollte er von Otto *noch Genaueres wissen u. schließlich sagte er ihm, ich sei seine Wahl.* In Thereses Wahrnehmung und Urteil ist der Neunzehnjährige *ein noch recht unfertiger Junge voll Witz u. Leben, dem man nachsagte, er denke jeden Augenblick an eine Andere.*[16]

Vermutlich handelt es sich bei diesem Freier um den russischen Fürsten Sergius Leuchtenberg (1849–1877), einen Neffen des Zaren. Therese nennt im Tagebuch nur seinen Vornamen *Sergius*, ergänzt aber später in der «Geschichte meines Herzens» lakonisch, dass sie diesen *Sergie* bald ganz vergaß, *bis 9 Jahre später eine feindliche Kugel ihn auf dem Feld der Ehre zu Boden* streckte, und sie fügt hinzu, dass er kein Deutscher war. Zu dieser Bemerkung passt ein Hinweis in der Zeitschrift «The Nation 25», der die vermutete Identität bestätigt, denn dort wird unter dem 1. November 1877 vermerkt, dass «Prince Sergius Leuchtenberg, a nephew of the Czar» den Tod fand. – Offensichtlich hat Otto bei diesem russischen Fürsten die Rolle des geheimen Vermittlers übernommen, was die Attraktivität des Fürsten für Therese zu erhöhen scheint, denn ihre Überlegungen werden zeitweilig überraschend konkret: *Ich muß es mir doch genauer erzählen lassen u. fragen, ob Sergius eine Antwort erwartet, ob Otto in Correspondenz mit ihm steht, dann kommen die Fragen wegen Religion* [Sergius ist griechisch-orthodox], *Vermögen, wo etablieren. Alles muß reichlich überdacht werden.*[17]

Doch dafür bleibt ihr kaum Zeit, denn schon wenig später erfährt sie, dass wohlmeinende Verwandte einen anderen entfernten Vetter als Ehemann für sie vorgesehen haben, eine neue Gefahr, die sie listig abwendet, indem sie sich gegen den Betreffenden mit *ausgesuchter Unhöflichkeit*[18] benimmt. Vermutlich handelt es sich bei diesem «Vetter» um den Lieblingsbruder der Kaiserin Elisabeth von Österreich («Sisi»), um den kurz zuvor verwitweten Herzog Karl Theodor in Bayern (1839–1909), genannt «Gackel», der später als Augenarzt berühmt wurde. Die von ihm in München gegründete Augenklinik «Carl Theodor» existiert noch heute. Auch diesmal findet Therese wieder entschiedene Worte. *Von jeher hegte ich eine Abneigung gegen ihn u. einen Mangel an Achtung; er bot mir keinen Halt in religiöser Beziehung, u. er zeigte wenig Gemüth. Er war ein Verstandesmensch durch u. durch, und einen solchen suchte ich nicht.* Gerechterweise aber fügt sie hinzu, *dass dieser Dritte in Frage Kommende doch in seiner ernsteren Richtung u. seinen anregenden Verstandeseigenschaften noch weit besser zu mir gepaßt hätte als die zwei oberflächlichen jungen Herren, von welchen vorher die Rede* war.[19]

Schließlich schaltet sich nach 1870 auch noch der von ihr hochverehrte väterliche Freund aus der toskanischen Linie, Onkel Nando (Ferdinand IV. von Toskana, 1835–1908) als fürsorglicher Heiratsvermittler ein und versucht, einen *sehr vornehmen älteren Prinzen* in Thereses Gunst zu bringen. Doch auch diesmal bleibt sie standhaft, gesteht aber aufrichtig, dass der von Onkel Nando *in Aussicht Genommene* ein Mann *von seltener Güte u. Frömmigkeit, von tadellosem Charakter* [sei], *an dem nichts zu bemängeln war* und den sie *wohl achten u. ehren* könne, *aber lieben nicht.*[20] Dennoch gibt Onkel Nando nicht auf und bedrängt Therese drei Jahre später mit einem weiteren Kandidaten – wiederum ohne Erfolg.

Einen neuen Köder wirft der Vater aus, als er 1875 die lang ersehnte Vergnügungs- und Studienreise nach Tunis, Algerien, Portugal und Spanien gestattet – allerdings unter der Obhut ihres älteren Bruders Leopold und dessen Frau Gisela. Mit dieser nur zögerlich gewährten Reise in den Süden verbindet der Vater vor allem die Hoffnung, Therese möge in der Vielzahl der zu erwartenden Kontakte einen ihr genehmen Prinzgemahl finden. Aber auch diesmal erfüllt sich dieser fürsorglich-autoritäre Wunsch des Vaters nicht, obgleich zwei ernsthafte Bewerber es darauf abgesehen hatten, sie ihrer *Freiheit zu berauben.* Doch als Therese nach eigenen Worten *einem stolzen Lande seine Königin geben* und (vermutlich) den sieben Jahre jüngeren spanischen König Alfons XII. (1857–1885) heiraten soll, da *stimmte das Alter nicht recht, u. das Ganze beruhte auf irrthümlicher Auffassung.* Ironisch fügt Therese hinzu: *So mußte sich das Volk begnügen, die ‹novia del rey› nur wie eine Erscheinung begrüßt zu haben.*[21]

Nach ihrer Rückkehr in München ist sie sichtlich erleichtert, *wieder in der Heimath zu sein* und sich nicht *im fernen Auslande auf immer gebunden zu haben.*[22] Dieser letzte Vorstoß beschließt die familiären Anstrengungen, vor allem die des Vaters, die eigenen politischen und ökonomischen Ressourcen durch eine renommierte standesgemäße Versorgung der einzigen Tochter zu stärken – sei es durch einen Habsburger Prinzen, einen russischen Fürsten, einen studierten Wittelsbacher «Vetter» oder einen spanischen König. Vermutlich hat der Druck des resignierenden Vaters auch etwas nachgelassen, nachdem durch die Ehen seiner beiden Söhne die angestrebte Wittelsbach-Habsburger Allianz hinreichend gefestigt worden war: Ludwig hatte 1868 Marie Therese, Erzherzogin von Österreich-Este (1849–1919) und Leopold fünf Jahre später die Kaisertochter Gisela, Erzherzogin von Österreich (1856–1932), geheiratet.

Ich habe meine Freiheit nicht an einen Mann verkauft, den ich nicht lieben konnte

Um den fortwährend drohenden Möglichkeiten einer erzwungenen Konvenienzehe mit einem ungeliebten Gemahl gegebenenfalls glaubwürdig widerstehen zu können, wappnet sich Therese vorbeugend mit öffentlich präsentablen Argumenten, mit denen sie sich gegen derartige Ehewünsche zur Wehr setzen kann. Wie verzweifelt sie nach überzeugenden Gründen gegen das Heiraten sucht, verrät eine längere, beklemmende Schilderung ihrer (angeblichen?) körperlichen Gebrechen, die sie ihrer Meinung nach als Ehefrau untauglich, gar unzumutbar machen. In ihrem Tagebuch zählt sie drastisch eine Fülle solcher besorgniserregender gesundheitlicher Defekte auf wie verschleimte Lungen, Brustkatarrh, Asthma, Blutgeschmack im Munde, zweimal Blut im Auswurf, Schärfe,[23] Druck auf dem Kopf, plötzliche Schmerzen in den Füßen, zeitweises Ohrenreißen, Neigung zu entzündeten Augen, Drüsenleiden bis zu Ohnmachtsanfällen … Ihr Resumée: *Alles habe ich nun da hereingeschrieben, um im Falle ich je in die Möglichkeit versetzt wäre zu heirathen, es überlesen zu können u. darauf mein ‹Nein› begründen zu können, denn gerade in den wichtigen Momenten fallen einem oft die Gegengründe nicht ein. ‹Schärfe› besonders erbt sich mit großer Wahrscheinlichkeit fort und ich möchte keinem Wesen das zumuthen, was ich dadurch zu leiden habe.*[24]

Für Therese steht nach wie vor fest, was sie bereits Weihnachten 1869 in ihr Tagebuch schrieb: *Wieder fühlte ich so recht deutlich, dass mein Herz ihm gehörte u. nur ihm, u. dass sein klares u. festes Stehen im Glauben, seine Bescheidenheit im Verkehr mit seinen Nächsten, sein Wohlwollen u. seine Leutseligkeit gegen die Menschen u. endlich sein ernstes pflichttreues Wesen, das keine Falschheit kannte, Alles Eigenschaften waren, welche weit die brillanteren Eigenschaften seiner vermeintlichen Concurrenten überragten u. einzig u. allein mir die Gewähr eines Seelenverständnisses für das ganze Leben* [gaben].[25]

Ihr Leidensweg, in der höfischen Öffentlichkeit als Opfer einer mehrjährigen ungewollten Brautschau bloßgestellt zu sein, endet erst 1880, und zwar durch eigenen Entschluss. Um sich dem belastenden Druck ihrer Umwelt, sie in einen angemessenen Ehestand zu nötigen, endgültig entziehen zu können, übernimmt die inzwischen Dreißigjährige das Amt der Obersten Vorsteherin und Äbtissin des Münchner Damenstiftes zur Heiligen Anna, das traditionsgemäß von unverheiratet gebliebenen Wittelsbacher Prinzessinnen geführt wird. Vorgängerin in diesem Amt war unter anderen ihre Tante, Prinzessin Alexandra Amalie (1826–1875), eine Schwester ihres Vaters. Diesen Schritt muss man als ein deutliches Signal verstehen, mit dem sie sich gemäß ihrer Losung «IHN oder keinen» zu einem Leben als Unverheiratete bekennt. Seltsamerweise erwähnt sie selbst diesen Schritt nirgends, es existiert auch keine Abbildung von ihr in Ordenstracht. Doch ein anonymer Augenzeuge berichtet, dass sie bei Hoffeierlichkeiten gelegentlich mit «anmuthiger Würde in dem hermelinverbrämten schwarzsammeten Schleppgewand, den von Diamanten gehaltenen Schleier auf dem schlicht zurück gestrichenen Blondhaar, das die sehr stark gewölbte Stirne umrahmt, als Aebtissin des St. Annaordens repräsentiert habe».[26] Und kurz vor ihrem Tod legt sie in ihren Anordnungen über die Art und Weise ihrer Aufbahrung fest, dass ihr Sarg von ihrem Hermelinmantel als Äbtissin umhüllt sein möge.

Bleibt die Frage, welche Stärke ihr aus der Entscheidung: *Ich habe meine Freiheit nicht an einen Mann verkauft, den ich nicht lieben konnte,*[27] für die Bewältigung ihres weiteren Lebens zuwächst. Denn für Therese ist dieses Vorgeführtwerden als unwillige heiratsfähige Prinzessin um so belastender, als sie den wahren Grund ihrer Verweigerung – «ihn oder keinen» – nicht preisgeben kann, da sie fürchtet, dass man ihr den ohnehin spärlichen Kontakt zu Otto ganz verwehren würde. Gleichzeitig aber mehren sich bedrohliche Anzeichen, die zu ernsthaften Sorgen um die psychische Stabilität des jungen Prinzen Anlass geben.

Bereits mit vierzehn Jahren war Therese ein befremdliches Verhalten von Otto aufgefallen: *Eine Episode aus dem Sommer 1865, dem letzten vor erlangter Volljährigkeit: Wir gingen, wie fast immer in großer Gesellschaft spazieren, als er plötzlich auf mich zutrat, nach einem vor ihm befindlichen Gatter, das seitwärts führte, griff u. mir mit flehend verzweifelter Stimme sagte: ‹Thereschen, wenn Du mich liebst, so gehst Du mit mir. Die Worte ‹wenn Du mich liebst› packten u. betäubten mich u. ich konnte nicht anders, als ihm folgen, war es doch er, der dieses Zeichen von Liebe von mir forderte ... Ich wäre für ihn durch das Feuer gegangen. Genau war ich mir bewußt, dass diese ungewöhnliche Handlung, uns von der übrigen Gesellschaft zu entfernen, einen Sturm von Entrüstung hervorrufen würde, aber da gab es für mich keine Wahl, bis er das Gatter fahren ließ u. verzweiflungsvoll die Worte herausbrachte: ‹Es geht nicht.›*[28]

Erst Jahre später wird Therese klar, *dass an diesem Weg, den die Gesellschaft gewählt, sich für ihn quälende Ideen knüpften u. er gehofft hatte, ihn vermeiden zu können.*[29] Sie begreift, dass jene plötzliche Angstattacke vor einem scheinbar harmlosen Gatter ein frühes deutliches Symptom einer latenten psychischen Störung war, die aber damals unausgesprochen blieb. Das ist keineswegs verwunderlich, wird doch eine Verharmlosung der Symptome des offensichtlich labilen Gemütszustandes des jungen Prinzen durch Beurteilungen der ihn betreuenden Ärzte unterstützt, deren optimistische Diagnosen wohl vor allem der Beruhigung der besorgten Eltern dienen sollten: So äußert 1865 Ottos Mutter gegenüber Therese und deren Brüdern, dass *der langjährige Hausarzt, welcher ihn habe aufwachsen sehen,* geäußert habe, *daß, wenn er einmal erwachsen sein würde, all diese Eigenheiten vergehen würden.* Doch genau das Gegenteil tritt ein: *Als die Erziehung ein Ende genommen u. hiemit die letzten Schranken fielen, welche die krankhaften Handlungen noch mühsam eingedämmt hatten, dann wucherten Willensschwäche u. fixe Ideen ungehemmt empor.*

Offensichtlich reichen die Anfänge seiner Erkrankung noch weiter zurück, denn Therese berichtet von Beobachtungen, *dass er schon damals, im Alter von höchstens sechs oder noch weniger Jahren, durch fixe Vorstellungen gequält worden* sei.[30] 1909 trifft sie auf eine *Dame, welche als Kind mit ihm gespielt,* die sich erinnert, dass Otto *schon mit fünf Jahren deutliche Anzeichen seines letzten Krankheitsbildes hatte.*[31] Solchen Auffälligkeiten von ungewöhnlichem Verhalten wurde in jener Zeit – sei es aus bewusster Verdrängung, aus Unwissenheit über krankhafte seelische Zusammenhänge oder aus politischem Kalkül – keine professionelle Aufmerksamkeit zuteil. Über die Bedrohlichkeit von Ottos psychischen Störungen ließ sich zum damaligen Zeitpunkt auch um so leichter hinwegsehen, als bei ihm Ausbrüche von Ängsten, Aggressionen und Halluzinationen immer wieder mit längeren Phasen von völliger Normalität, ja, von sanfter Liebenswürdigkeit wechselten.

Will man sich ein umfassendes Bild von Ottos Krankengeschichte machen, ist man auf höchst unterschiedliche Quellen angewiesen: Zum einen sind es Thereses zeitnahe, ausführliche autobiographische Tagebuchaufzeichnungen, in denen sie über Jahre hin bis zu seinem Tod aus großer innerer Betroffenheit heraus detailliert festhält, welche Veränderungen sie bei ihren regelmäßigen Begegnungen in Fürstenried beobachtet hat. Trotz der zeitlichen Distanz noch immer von starker Emotionalität geprägt, fasst sie in der «Geschichte meines Herzens» kurz vor ihrem Tod die Entwicklung seines Leidens noch einmal zusammen und fügt hinzu: *Ich schreibe dies Alles hier nieder, da sich später eine ganze Legende u. die unrichtigsten u. verlogensten Erzählungen über seine Erkrankung im Volke breit machten, indessen die Eingeweihten wußten, dass er wohl schon mit diesen traurigen geistigen Veranlagungen das Licht der Welt erblickt hatte.*[32]

Die anderen Zeugnisse sind neuere wissenschaftliche Publikationen aus psychiatrischer Sicht, Untersuchungen, die allerdings irritierenderweise zu unterschiedlichen Ergebnissen kommen, obwohl sie sich jeweils auf eine sorgfältige Durchsicht derselben überlieferten Krankenakten stützen. Die einen bilanzieren im Bewusstsein der «unlösbaren Schwierigkeiten retrospektiver diagnostischer Zuschreibungen», dass Otto nach heutigen Kriterien an einer «paranoid-halluzinatorischen Psychose aus dem schizophrenen Formenkreis» gelitten habe.[33] Diese Diagnose hält der Heidelberger Psychiater Heinz Häfner für wenig wahrscheinlich, und unter Rückgriff auf eine frühere Hypothese vermutet er eine durch Syphilis ausgelöste progressive Paralyse.[34] Dieses Urteil passt perfekt in das politische Grundkonzept des Autors, das von einer Entmachtung («Beseitigung») König Ludwigs II. ausgeht. Auf diese Weise kann er gleichzeitig die Vermutung widerlegen, die beiden Brüder hätten an einer erblich bedingten Geisteskrankheit gelitten. Bleibt anzumerken, dass das, selbst wenn Otto an Syphilis erkrankt gewesen sein sollte, eine bis in die Kindheit zurückreichende psychische Erkrankung keineswegs ausschließen würde.

Des Prinzen Otto Kindheit und Jugend

Vielfach werden die von väterlicher Kälte und emotionaler Askese gekennzeichneten Erziehungsprinzipien, unter denen Ludwig und Otto heranwachsen, für deren abweichende beziehungsweise auffällige Verhaltensweisen verantwortlich gemacht. Und in der Tat: Trotz vergleichbarer sozialer Herkunft von Prinz Otto und Prinzessin Therese unterscheidet sich das familiäre Klima ihrer beider Jugend und Erziehung ganz erheblich voneinander. In der zugänglichen Literatur finden sich allerdings nur wenige authentische Details über Ottos Kindheit, so dass auch die einzige Biographie über den «Schattenkönig» überwiegend aus kurzen Hinweisen in Beschreibungen über Ludwig II. schöpfen kann.[35]

Prinz Otto wird als zweiter Sohn der Königin Marie (1825–1889), der Tochter des preußischen Prinzen Wilhelm, und des – seit wenigen Wochen regierenden – Königs Maximilian II. von Bayern (1811–1864) am 27. April 1848 in der Münchner Residenz geboren. Ein in politischer und privater Hinsicht höchst turbulenter Frühling hatte im Revolutionsjahr für viel Aufregung gesorgt. Seit Anfang März griffen die mitteleuropäischen demokratisch-liberalen Bestrebungen nach Bayern über und führten zunehmend zu Unruhen und Aufständen. Gleichzeitig spitzte sich die Krise um das weder standesgemäße noch generell akzeptable Verhältnis König Ludwigs I. zu der vermeintlichen spanischen Tänzerin Lola Montez (1818–1861) immer mehr zu. Zwar wurde sie aus der Stadt verwiesen, doch Gerüchte über ihre heimliche Rückkehr führten zu neuen Unruhen, so dass der König schließlich zugunsten seines Sohnes abdanken musste. Man schob es auf diese fortwährenden politischen Aufregungen, denen die schwangere Schwiegertochter Marie ausgesetzt war, dass Prinz Otto frühzeitig als Siebenmonatskind auf die Welt kam und daher lange Zeit von schwächlicher Konstitution war.

Im Unterschied zu Therese, die in der familiären Geborgenheit einer glücklichen Elternehe aufwächst, überlassen Max II. und Marie die Erziehung ihrer Söhne Ludwig und Otto weitgehend Erziehern und Lehrern. Die beiden verbringen eine äußerst strenge und höchst spartanische Kindheit und Jugend: Karge Ernährung soll der körperlichen Abhärtung dienen. Den kühlen, ungeliebten Vater erleben die Söhne vor allem als strafenden, der vor eigenhändiger körperlicher Züchtigung nicht zurückschreckt. Oberstes Prinzip der prinzlichen Erziehung ist die militärische Disziplin. So hat der fünfzehnjährige Otto beim Tod seines Vaters bereits ein ausgedehntes Exerzitium im Kadettenkorps absolviert und die Beförderung zum Oberleutnant erworben. Zudem nutzt der ältere Bruder Ludwig bei jeder Gelegenheit, seinen privilegierten Stand als Erstgeborener gegenüber dem jüngeren Otto auszuspielen.

Doch trotzdem und bei aller wesensmäßigen Verschiedenheit der beiden Brüder ist ihr Verhältnis zunächst nah und solidarisch. Als Prinz Ludwig 1864 durch den jähen Tod seines Vaters mit knapp neunzehn Jahren zum König gekrönt wird, ist ihm der jüngere Bruder häufig ein persönlicher Ratgeber, eine notwendige Stütze oder gar Vertretung bei vielfältigen kulturellen und politischen Ereignissen, etwa bei der Eröffnung des Münchner Oktoberfestes,[36] beim historischen Metzgersprung,[37] auf Repräsentationsreisen oder bei Theaterveranstaltungen, wenn er zum Beispiel seinen Onkel Otto, den ehemaligen König von Griechenland, im Juni 1865 in eine Vorstellung von «Tristan und Isolde» begleiten muss. Selbst als Liebesbote muss Otto ihm zu Diensten sein, denn als es darum geht, die berechtigte Ungeduld der ihm unglücklich anverlobten Braut Sophie (1847–1897), der jüngeren Schwester der in die Geschichte als Sisi eingegangenen Kaiserin Elisabeth, zu beschwichtigen, trägt Ludwig seinem Bruder auf: «Tröste und beruhige sie vollkommen und sage ihr, daß du glaubst, meine Zuneigung verwandle sich in Liebe.»[38]

Als Otto 1866 volljährig ist, macht sich der regierungsunwillige königliche Bruder immer häufiger den liebenswürdigen Charme und die Leutseligkeit von Otto zunutze, indem er ihn nicht nur zu offiziellen politischen Repräsentationsaufgaben verpflichtet, sondern auch als Vertreter des Königshauses noch im gleichen Jahr 1866 als Hauptmann im Infanterie-Leibregiment in den Preußisch-Österreichischen Krieg entsendet. Zwar geht der Krieg für Bayern – an der Seite von Österreich – verloren, doch Otto wird mit dem Ritterkreuz 1. Klasse ausgezeichnet. Offensichtlich aber haben später beklemmend drastische Kriegserlebnisse im Deutsch-Französischen Krieg 1870/71, an dem er neben Thereses Bruder Leopold als Mitglied des Generalstabs teilnimmt, seinem labilen Zustand so zugesetzt, dass *Sein Bruder* [...] *ihn deßhalb aus dem Feld zurück*[rief], *denn seines Bleibens an der Front, bei seinem Regiment, war nicht mehr* –, das berichtet die junge Therese, die diese Entwicklung mit großer Anteilnahme verfolgt. *Zum ersten Mal* wird ihr in dieser Zeit *der Schleier von den Augen gerissen: Was ich schon länger geahnt hatte u. mir nie hatte eingestehen wollen,* [wurde] *beim rechten Namen genannt ... Ein alter Großonkel hatte in meiner Gegenwart meinem Vater seine Krankheit als die gleiche wie die unserer gemeinsamen Tante*[39] *bezeichnet, u. es war für mich, als wenn alle Himmel einstürzten. Es war namenlos ... Eine Welt von Elend that sich auf für ihn u. für mich, u. für uns Beide eine hoffnungslose Zukunft.*[40]

Nicht nur Kriegserlebnisse scheinen Ottos Befinden nachhaltig negativ beeinflusst zu haben, auch gewisse innenpolitische Konstellationen widersprechen seinen bayerisch-patriotischen Gefühlen. Das gilt besonders für den von Kanzler Otto von Bismarck abgepressten sogenannten «Kaiserbrief», mit dem König Ludwig II. von Bayern dem preußischen König Wilhelm I. die Kaiserwürde des neugegründeten Deutschen Reiches antragen sollte. Mit diesem eilends betriebenen Akt wollte man anderen Fürsten oder dem Reichstag zuvorkommen. So wird König Wilhelm von Preußen (1797–1888) am 18. Januar 1871 in dem Versailler Spiegelsaal zum deutschen Kaiser ausgerufen. Ludwig II., der als der ranghöchste Fürst der kleindeutschen Nation galt, bleibt dieser Proklamation fern. Er lässt sich statt dessen von seinem Onkel Luitpold und seinem Bruder Otto vertreten, der bei dieser Veranstaltung gezwungen ist, seinen abgrundtiefen Preußenhass mannhaft zu überspielen: «Ach, Ludwig, ich kann Dir gar nicht beschreiben, wie unendlich weh und schmerzlich es mir während jener Zeremonie zumute war, wie sich jede Fiber in meinem Innern sträubte und empörte gegen all das, was ich mit ansah. Welchen wehmütigen Eindruck machte es mir, unsere Bayern sich da vor dem Kaiser neigen zu sehen; ich war eben von Kindheit an so was nicht gewöhnt, mein Herz wollte zerspringen. Alles so kalt, so stolz, so glänzend, so prunkend und großtuerisch und herzlos und leer … Mir war's so eng und schal in diesem Saale, erst draußen in der Luft atmete ich wieder auf.»[41] Um wieviel mehr noch hätte Otto bei dieser Zeremonie gelitten, hätte er von den fragwürdigen finanzpolitischen Machenschaften hinter dieser Kaiserproklamation gewusst.

Auch Therese vertritt in ihrem Brief vom 22. Januar 1871 an den Vater zunächst einen antipreußischen Standpunkt: *Gestern also wurden die Verträge angenommen.* Dazu ihr Kommentar: *Bei uns ist … nicht geflaggt; über einen unabwendbaren Zwang (moralischen Zwang des Eintrittes) wird man sich doch nicht freuen.* Doch aus späterer Einsicht korrigiert sie diesen Standpunkt: *Ich war mir damals der Tragweite des Wiederentstehens eines deutschen Reiches noch nicht klar. Jahrzehnte später, so z. B. gelegentlich meiner überseeischen Reisen, begriff ich den ganzen Werth desselben.*[42]

Von der Residenz nach Schloss Nymphenburg

Das ursprünglich gute Einvernehmen zwischen den beiden Brüdern Ludwig und Otto verschlechtert sich in dem Maße, wie Otto durch das Fortschreiten seiner Krankheit für die benötigten Stellvertreterdienste immer untauglicher wird. Als Anzeichen auffälliger Verhaltensweisen mit zunehmender Stärke auftreten – wie psychomotorische Erregungszustände, Halluzinationen, Zwangsvorstellungen, Schreianfälle bis hin zu Verfolgungs- und Größenwahnideen, dazu ein mehr und mehr aus den Fugen geratender Tag-/Nachrhythmus sowie Verweigerung von Nahrungsaufnahme und (angebliche) Besuche bei Münchner Prostituierten –, sieht sich sein königlicher Bruder veranlasst, Otto 1872 aus seiner städtischen Winterwohnung in der Münchner Residenz nach Schloss Nymphenburg umzusiedeln. Dort darf er sich zunächst noch frei bewegen und auch einzelne Reisen unternehmen. Für die damalige Zeit liegt das Schloss weit außerhalb der Stadt, und Prinz Otto, der keinerlei Einsicht in seinen Krankheitszustand zeigt, empfindet diese Verbannung aufs Land als ungerechtfertigte Freiheitsberaubung. Er nimmt daher jede Gelegenheit wahr, ihr zu entrinnen. So auch an Fronleichnam, am 27. Mai 1875, als er heimlich in der Münchner Frauenkirche am Festgottesdienst teilnimmt und beim *Confiteor* durch die Kirche stürmt, sich vor dem Erzbischof auf den Altarstufen niederwirft und laut schreiend Sünden bekennt, die er so wohl nie begangen haben kann.[43] Durch diesen Auftritt *kam vor versammeltem Volk seine lang verheimlichte Krankheit zum Durchbruch u. man mußte ihn gewaltsam entfernen.* Um weiteres Aufsehen zu vermeiden, wird über dieses «Hofgeheimnis» eine strikte Pressezensur verhängt. Für Otto bedeutet es *eine engere Internierung in seinem bisherigen Schloßaufenthalt, an welche sich später eine Überführung in einem ferner der Hauptstadt gelegenen Schlosse* [Schleißheim] *anreihte.*[44] Ludwig II., der mit großer Betroffenheit auf das Fortschreiten von Ottos Krankheit reagiert, lässt ihn 1878 entmündigen.

Je kränker Otto wird, je weniger Kontakt Therese zu ihm haben kann, desto mehr wächst ihre Zuneigung. Sie klammert sich an die Erinnerung glücklicher Zeiten: *Wie war Alles jetzt so ganz anders als wie früher. Früher brachten wir so viel Zeit ungestört zusammen zu, trösteten uns gegenseitig in unseren unangenehmen oder schmerzlichen Angelegenheiten, sprachen von Gott und Religion, von allem Hohen u. Schönen, ich las ihm erhabene Gedanken, die ich aus Büchern cogniert, u. er trug mir Gedichte vor. In diesen Zwiegesprächen offenbarte sich mir immer wieder seine ganze Seele, fromm, vornehm u. edel. Ich verstand ihn so gut in seinem weichen Gemüth.*[45]

In der Stadt verbreitete sich das Gerücht, ich hätte mich mit ihm verlobt

Ob und inwieweit Otto Thereses Liebe erwidert hat, lässt sich nur vorsichtig vermuten, da es von ihm selbst keinerlei schriftliche Äußerungen aus jener Zeit gibt. Aber dass das Ganze nicht nur ein Hirngespinst von Therese war, legen mannigfaltige Gerüchte nah, die Therese von verschiedenen Seiten immer wieder zugetragen wurden und die sie in ihrer Hoffnung auf einen glücklichen Ausgang ihrer Liebe bestärken konnten.

So besucht Otto *in der letzten Zeit seiner Freiheit, also um die Mitte der siebziger Jahre,* öfter Thereses Bruder Ludwig, *mit dem ihn eine innigere Freundschaft verbindet als mit den übrigen bayerischen Vettern. Nach diesem Besuch äußerte mein Bruder zu seiner Frau: ‹Ich glaube …* [Otto] *will Thereschen heirathen›, u. diese Worte wiederholte sie mir. Fast blieb mir das Herz stehen aus Seligkeit, ich wäre ja am Ziel meiner Wünsche gewesen. Aber in der mir innewohnenden Schüchternheit wagte ich nicht zu fragen, was er eigentlich gesagt, was meinen Bruder zu diesem Eindruck bewogen. Ich antwortete nur leise u. mit bebender Stimme ‹es wäre mir ganz recht›.*[46]

Auch ihre über Ottos Zukunft besorgte Tante Marie scheint den Gedanken an eine Ehe zwischen ihrem Sohn Otto und Therese erwogen zu haben. Selbst nach dem öffentlichen Eklat an Fronleichnam im Mai 1875 erschreckt sie Therese immer wieder durch Andeutungen in diese Richtung, die Therese lange Zeit – aus Scheu und Angst vor Missverständnissen – unkommentiert lässt – bis endlich im Spätherbst des Jahres offene, vertrauensvolle Gespräche zwischen ihr und Tante Marie stattfinden. Als sich herausstellt, Marie habe vermutet, dass Thereses Abwehr gegenüber Heiratsplänen möglicherweise auf egoistischen Motiven beruhe, *um thun zu können, was man wolle* […] *und studieren zu können,* kann Therese nicht anders, als ihr standhaftes Schweigen zu brechen. *Wie ist mir? Es ist eine so große Veränderung in meinem Leben vor sich gegangen, eine Veränderung, die ich früher kaum für möglich gehalten! Ich habe mit seiner Mutter gesprochen!* Neun handschriftliche Seiten füllt die ausführliche Erzählung über dieses zögerlich behutsame Bekenntnis, in dem sie ihrer mütterlichen Tante endlich, endlich alles gestehen kann und bei ihr auf eine für sie unerwartet mitfühlende, verständnis- und liebevolle Reaktion stößt: *Und so sprachen wir lange* [...], *denn ich war ihr noch nie so nahe gestanden wie in dieser Stunde u. sie war noch nie so aus sich, aus ihrem verschlossenen Charakter herausgetreten mir gegenüber als jetzt.*[47] – Dass es Marie ernst war mit diesen Zukunftsvisionen, erfährt Therese noch einmal dreizehn Jahre später, zwei Jahre nach Maries Tod: *Gestern wurde mir gesagt, daß seine Mutter geäußert habe: ‹Man sagt zwar, daß Heirathen unter Verwandten nicht gut sei, aber ich hätte doch garnichts dagegen, wenn ...* [Otto] *u. Thereschen sich heirathen würden.›* Und Therese fügt hinzu: *Auch jetzt noch* [1890] *beglückt mich das Bewußtsein ihrer mütterlichen Liebe u. daß sie mich wirklich gern als ihr eigen Kind an das Herz geschlossen hätte, als die Erwählte ihres Sohnes. Und nun, da ich weiß, daß ihrer Umgebung dieser ihr Wunsch nicht fremdgeblieben, nun begreife ich, warum sie mich, als seine Mutter im Sterben lag, immer vorgeschoben zu ihr, immer gefunden, mein Platz sei an ihrer Seite, mich wie das Kind des Hauses betrachteten u. behandelten, sie wußten, wie nah ich ihrem Herzen stand* [...] *O mein Gott, wie verdiene ich solches Glück!* [48]

Dass Thereses übrige Familie mit ähnlichen Vermutungen beschäftigt war, bestätigt eine vorsichtige Nachfrage ihrer Tante Adelgunde (1823–1914), der Schwester und Vertrauten ihres Vaters, die Therese 1882 noch einmal in Verlegenheit bringt: *Gestern frug mich meine T. ‹Nicht wahr, er (d.h. sie nannte seinen Namen) hat Dich immer besonders gern gehabt?› Ich antwortete bejahend, dann sprach ich vom Vertrauen, das er mir immer gezeigt, u. nach einer Äußerung von mir sagte sie ‹Ich bilde mir immer ein, er hat dich heirathen wollen›, worauf ich erwiderte ‹ich wüßte nichts davon›; auf dieses hinauf sagte sie, ‹Aber du warst einmal in ihn verliebt.› Ich antwortete weder ja noch nein, sondern sprach von unseren Kinderjahren, in denen wir uns immer gestritten, u. so ging das peinliche Gespräch glücklich vorüber; ich konnte nicht ‹Nein› u. wollte nicht ‹Ja› sagen; sie ahnt trotz Allem nicht, daß er jetzt noch mein ganzes Sein erfüllt.*[49]

Im gleichen Jahr bringt auch ihr Onkel Nando (Ferdinand IV. von Toskana) die Sprache noch einmal auf das Gerücht einer Verlobung mit Otto. Therese notiert in ihrem Tagebuch: *Vor wenigen Tagen hatte ich ein Gespräch, das mich mächtig bewegte. Mein Onkel, mein einziger väterlicher Freund seit meinen Jugendjahren, der damals, als ich jung war, vor mehr denn 20 Jahren mein Geheimniß errieth, das ich ihm nie gestand, u. der seit undenklicher Zeit nie mehr darauf anspielte, sodaß ich vollständig vergaß, daß er es je geahnt, dieser nun sagte neulich auf so liebe Weise ‹Es sei ihm leid, daß nichts daraus geworden›, worauf ich tiefbewegt mit schmerzlichem Lächeln erwiderte ‹Du denkst wirklich noch daran!› Und dann äußerte er sich so lieb über ihn, wie er ihm gefallen damals u. wie er wohl nicht so krank sein würde, wenn ich die Seine geworden wäre; doch ich mußte ihm diesen Glauben zerstören, denn er war ja als Kind schon unheilbar krank, u. da hätte gar nichts der unerbittlichen Krankheit eine Wendung geben können. Und er sprach noch fort u. fragte dies u. Jenes über ihn. Da wir aber nicht allein waren, berührte mich die Conversation peinlich, weil ich auf unberufene Lauscher rechnen mußte, u. ich brach sie ab.*[50]

Ottos Verbannung nach Schloss Fürstenried

Inzwischen hat Ludwig, der eine Unterbringung Ottos in einer psychiatrischen Anstalt ablehnt, ihn 1881 schließlich von Schloss Nmphenburg nach Schloss Fürstenried umgesiedelt. Als kurfürstliches Jagdschlösschen unter Kurfürst Max Emanuel (1662–1726) im Jahr 1715 erbaut, wurde Fürstenried seither von den bayerischen Herrschern unregelmäßig zu ländlichen Hoffesten genutzt. Mit Genehmigung König Ludwigs II. wird es 1881 von der königlichen Zivilliste an die Vermögensverwaltung des Prinzen Otto verkauft und im Hinblick auf die Bedürfnisse des königlichen Patienten gründlich saniert, umgebaut und erweitert. Neben mehreren großen hellen Räumen im Hochparterre verfügt der Prinz über einen Wintergarten, eine Kegelbahn und seit 1886 sogar über eine eigene (heute nicht mehr erhaltene) Kapelle, die mit ursprünglich für die Schlosskirche von Herrenchiemsee vorgesehenen Gemälden ausgeschmückt war. Für Prinzessin Therese ist diese Hofkapelle nach bedrückenden Begegnungen mit Otto ein häufiger Ort der Zuflucht, des Gebetes.

Hinsichtlich der angemessenen Unterbringung des nach dem Tod König Ludwigs II. nunmehr rechtmäßigen bayerischen Königs Otto I.

*Wachbataillon vor Schloss Fürstenried.
Dort besucht Therese den kranken König Otto bis zu dessen Tod
über vierzig Jahre lang regelmäßig.*

beruhigt der «Bayerische Kurier» das verunsicherte bayerische Volk am 10. Juli 1886: «Der Aufenthaltsort unseres unglücklichen Königs ist eines Fürsten würdig; das ganze Arrangement, die Einrichtung, der Ton, der im Schlosse herrscht, kurz alles trägt fürstliches Gepräge, und man darf sich in den weitesten Kreisen davon überzeugt halten, daß die maßgebenden Faktoren, vor allem die Kuratoren, ihr ganzes Bestreben darauf richten, die Würde der umflorten Majestät in jeder Weise zu wahren.»[51]

Sogenannte «Prinzenärzte» übernehmen in monatlichem Wechsel Ottos Betreuung: Angeleitet werden sie von dem Psychiater Bernhard von Gudden (1824–1886), der auch im Entmündigungsverfahren von Ludwig II. das entscheidende, letztlich aber fragwürdige Gutachten erstellt hat. Die therapeutischen Maßnahmen bei Otto reichen von mehrstündigen belehrenden Moralpredigten, die vom Hofmediziner Franz Xaver von Gietl (1803–1888) und von Ottos Beichtvater gemeinsam abgehalten werden, bis zu so befremdlichen Therapien wie magnetische Verfahren oder Faradisation – also Anwendung von elektrischem Strom – und der Verabreichung von sogenannten «Stahlbädern» in Form von kalten Duschen oder körperlicher «Roborierung» (Stärkung) durch Bäder. Dazu kommen «Mutterlaugenextract», kalte Regenbegießungen und Abreibungen, eine Verabreichung von Chloralhydrat und Morphium als abendlich einzunehmende Hypnotika sowie Eisenpräparate zur Anämieprophylaxe.[52]

Für Therese aber entfallen mit diesem Umzug in das noch weiter als

Schloss Nymphenburg vor der Stadt liegende Schloss Fürstenried die bisherigen «spontanen» Begegnungen, wie sie sich hin und wieder mehr oder weniger zufällig im Park von Nymphenburg ereignet hatten. *Sie* ist fest davon überzeugt, dass diese – dem Patienten sehr wohl bewusste – Isolierung, ja Freiheitsberaubung, zur Verschlimmerung seiner psychischen Situation beiträgt. Eine Einsicht, mit der sie beim damaligen Stand der Psychiatrie offenbar alleine dasteht. Deshalb steigert sie sich immer mehr in die Vision, eine karitative Fürsorge für ihn zu übernehmen. Doch ihre Bitte, sich zu seiner Betreuung als Krankenschwester ausbilden lassen zu dürfen, wird abgeschlagen – eine Begründung ist nicht überliefert. War etwa das Ansinnen für eine Prinzessin unziemlich, oder fürchtete man Schwierigkeiten mit dem bestallten pflegerischen Fachpersonal?

Es bleibt ihr nur, diesen Wunsch in ihre schlaflosen Nächte zu verbannen: *Und so träumte ich einen Traum, so schön u. so sterbenstraurig, ich träumte die seine zu sein, nicht im gewöhnlichen Sinn des Wortes, sondern nur um ihn zu pflegen, zu pflegen treu bis zum Tode oder – bis zur Genesung. Dann wäre ich gegangen, denn als gesund hätte er mich nicht mehr gebraucht. Aber es gibt auch keinen Weg hierzu – gar keinen …*

Unter dem Titel «Zwei Einsame» findet sich das folgende auf den 10. Oktober 1882 datierte Gedicht von Therese – neben nächtlichen Traumvisionen ihre poetische Form der Trauerbewältigung:

Du wirst von keiner lieben Hand gepflegt,
Von keines Weibes Zärtlichkeit umhegt
Es wird Dir nie ein liebes Wort gesagt,
Nach deinen Herzenswünschen nie gefragt.
Du bist allein, vereinsamt das Gemüth
Dein junges Leben vor der Zeit verblüht;
Verstoßen von den Menschen und verlacht
Wirst um den Rest von Freiheit du gebracht.
Nur eine weiß ich, die dir treu verblieb […]

6.

Ich bin zu einem Sonderling gestempelt worden
Facetten eines Selbstporträts

Die Entschiedenheit, mit der Therese an der Vision einer Liebesbeziehung zu Otto über ein halbes Jahrhundert lang, allen zerstörten Hoffnungen und Widerständen zum Trotz, unbeirrbar festhält, ist verblüffend, wenn nicht gar unglaubwürdig. Wo verbirgt sich die Besonderheit ihres Charakters, der einerseits so viel emotionales Durchhaltevermögen, Widerstandskraft, energische Zielstrebigkeit, Unerschrockenheit und – Leidenschaftlichkeit in sich birgt, andererseits aber voller Brüche und Extreme zu sein scheint.

Mit schonungsloser Offenheit gewährt Therese in ihren Tagebüchern Einblick in diese Widersprüche ihres Wesens, vor allem auch in seine düsteren, schwermütigen Stimmungen, an denen sie seit dem Tod der Mutter bis in ihre dreißiger Lebensjahre hinein leidet. Als sich ihre Cousine Olga außerstande sieht, irgendwelche charakterlichen Schwächen an ihr zu erkennen, geht das vollständig über Thereses *Fassungsvermögen,* und sie vermutet, *ihre Freundschaft für mich macht sie blind in dem Punkte, denn ich finde so furchtbar viel an mir auszusetzen u. finde mich selber so unausstehlich, dass es mir absolut unmöglich scheint, dass es den anderen nicht auch so scheint.*[1] Solche kritische Selbstreflexion bildet den Unterton vieler Bekenntnisse, die die scheinbar nicht zu vereinenden Gegensätze in ihrem Empfinden und Handeln beschreiben: *Ich bin doch nur ein schwaches Weib u. trotzdem fühle ich Männerkraft in mir, u. dieser Widerspruch verursacht einen fortwährenden Kampf. – Manchmal geht mein Gehirn und meine Gedanken mit mir spazieren u. da ist mir so wirr in meinem armen Kopf. Da wühlt es in ihm, als müßte er darüber zu Grunde gehen; die tollsten Ideen fahren mir durch den Sinn, wie stiller Wahnsinn packt mich u. ich weiß kaum mehr, was mit mir vorgeht. Was ist das für ein Prozeß? Verbrennt da übermäßige, chemische Substanz in meinem Gehirn?*[2]

In ihren autobiographischen Aufzeichnungen erscheint Therese zunächst als ein sehr ernsthaftes, eher scheu und verschlossen wirkendes

Geschöpf, das aber trotzig und zielbewusst aufbegehren kann, wenn ihm oder jemand anderem Unrecht geschieht. Doch Impulsivität und Spontaneität widersprechen dem Idealbild einer Prinzessin, daher muss sie solche Gefühlswallungen, die bisweilen zu leidenschaftlichen Ausbrüchen führen können, ebenso wie ihre leichte Verletzbarkeit hinter einer Maske von anerzogener Beherrschtheit verbergen: *Ich bin ein Stock, so theilnamslos nach Außen, ich leide darunter, denn ich möchte manchmal den Menschen, die mir lieb sind, um den Hals fallen und ihnen sagen, dass ich sie gerne habe, u. ich bringe es nicht zu stande.*[3] Diese Maske ist ihr durch ihre verborgene Liebe zu Otto zur Selbstverständlichkeit geworden. *Man findet mich manchmal heiter, schöne Heiterkeit! Wenn die nämlich wüßten, wie zerrissen, wie elend, wie todesmatt es in mir aussieht! Ich spiele gut die Comödie des Lebens, ich spiele sie mit verzweifelter Ironie.*[4] Und an anderer Stelle: *Ahnt denn ein Mensch, dass ich manchmal meine, die inneren Leiden zerreißen mich, während ich lächle und heiter erscheine?*[5]

Mit ihrer schonungslosen Selbstanalyse forscht sie nach den Wurzeln ihrer Schwächen. So fragt sie sich: *Bin ich ehrgeizig? Nein, eher stolz, aber nicht stolz auf meine soziale Stellung, nein, stolz auf meine Menschenwürde, auf meine Freiheit; ich will ein Mensch sein in der wahren Bedeutung des Wortes, ich will durch den Menschen, durch mich selbst was gelten, nicht durch meine Stellung. Ich will ein Mensch sein, der das Gute will u. auch vollbringt, der sich selbst vergißt, um der Pflicht zu leben, der mit festem Willen sein eigener Herr ist und nicht der Sklave seiner Launen u. Schwächen.*[6]

Die Antwort auf die Frage nach ihrem Ehrgeiz ist einleuchtend: *Vor Ehrgeiz schützt mich ein mächtiger Damm, meine grenzenlose Schüchternheit. Nun bin ich 22 Jahre und ich bin noch nicht weniger verlegen als früher. Ich habe keine hochtrabenden, ehrgeizigen Wünsche für die Zukunft, ich wünsche mir ein bescheidenes, verstecktes Loos, unabhängig von gesellschaftlichen Einflüssen, eine Stellung, in der sich unbehindert der Mensch entwickeln kann, wie Gott ihn angelegt.*[7] In dieser *unüberwindlichen Schüchternheit,* diesem *unglaublichen Mangel an Selbstbewußtsein* vermutet sie die Ursache dafür, *die schönsten u. wichtigsten Augenblicke* in ihrem jungen Leben durch ihr *scheues, quälendes Schweigen* verpasst zu haben.[8] Dahinter verbirgt sich eine – zeitweilig von Todessehnsucht bedrohte – depressive Grundstimmung. Nicht immer gelingt es ihr, sich gegen solche düsteren Anwandlungen erfolgreich zur Wehr zu setzen. In anderen Momenten allerdings weiß sie sich mehr und mehr durch tatkräftige äußere Aktivitäten zu helfen, zum Beispiel indem sie sich spontan dazu entschließt, ihre Wohnung im Münchner Palais farblich umzugestalten, um so einen *ein wenig erfrischenderen, aufheiternden Eindruck auf meinen ernsten Charakter hervorzubringen,* [...] *um das unnütze ‹gloomy›, was in mir liegt, zu zerstreuen u. zu paralysieren.*[9]

Lange Jahre hindurch ist ihr geheimes Tagebuch ihr intimster Gesprächspartner. Das Selbstbild, das sie dort von sich entwirft, ist das einer mutlosen, kränkelnden, unglücklich verliebten, einsamen, unverstandenen jungen Frau, die einzig in ihrer unerschütterlichen Gläubigkeit und der daraus resultierenden Gottergebenheit Rückhalt findet. In ergreifend innigen Selbst- beziehungsweise fiktiven Zwiegesprächen mit Gott beichtet sie ihm rückhaltlos ihre existentiellen Abstürze und erfleht sich von seinem gnädigen Walten immer wieder Erlösung aus tiefsten seelischen Nöten. So bewahrt sie ihre gottergebene Frömmigkeit davor, ihrer Schwermut und Todessehnsucht nachzugeben: *Ich habe Gott gebeten, er möge meinen Verstand nicht in die Brüche gehen lassen, damit dieser Kummer meinem Vater erspart würde: wegen meiner selbst habe ich nicht darum gebeten, denn es gibt Fälle, in welchen die Gedanken eines Wahnsinnigen eine geringere Qual sind als die eines vernünftigen Menschen.*[10]

Eine andere Quelle für das Aufspüren ihrer Befindlichkeiten ist das intime Konvolut ihrer 230 Gedichte, die sie in Schönschrift sorgfältig aufgezeichnet und genau datiert hat. Viel mit sich allein, verschafft ihr das Abtauchen in poetische Welten Erleichterung, wie sie es in «Wohltat des Dichtens» am 9. Juni 1877 zum Ausdruck bringt:

Wenn meine Seele voll zum Überfließen
Und mich des Denkens Last zu Boden drückt
Dann muß in Schrift ich Wort an Worte schließen
In dichterischer Weise ausgeschmückt.

Dann ruht der Schmerz in mir auf Augenblicke
Als wenn erschöpft er durch das Dichten wär
Und kann ein Dankgebet ich auf zum Himmel schicken
Und stammeln: Momentan leid' ich nicht mehr.

Ganz besonders aber fehlt ihr die Genugtuung, sich durch eine verantwortungsvolle Tätigkeit nützlich und gebraucht fühlen zu dürfen. Ihr Wunsch nach einer sinnvollen karitativen Aufgabe stößt an die engen Grenzen, die ihrer Rolle als Prinzessin gesetzt sind. Wonach sie sich in ihrer abgeschirmten Tatenlosigkeit leidenschaftlich sehnt, ist ein *entschieden abgegrenzter Wirkungskreis,* der sie aus der Nutzlosigkeit ihres Daseins erlösen könnte.

Zwar ist sie eingebunden in ein kulturell vielseitiges höfisches Leben, das interessante Begegnungen und Erfahrungen für sie bereithalten könnte, doch ihr *schaudert vor Prunk u. Etiquette, vor Hofleben und Hofansichten, wo die Ideen in eine Schablone gepreßt werden, wo man sich von alten Vorurtheilen im Höchsten: in der persönlichen Freiheit beschränken lassen muß, wo man leben muß nicht wie man ist, sondern wie althergebrachte Sitten u. Unsitten es verlangen. Der Mensch geht verloren, er bleibt eine willenlose Puppe nach vorgeschriebenem Muster.*[11] Sie beklagt die *Leere* ihres Lebens, das nutzlose *Brachliegen* ihrer Kräfte.[12]

So bleibt ihr nichts anderes, als sich zur Betäubung hinter ihren Büchern zu verkriechen, in die Wissenschaft zu flüchten, was jedoch in ihrer Umwelt auf Unverständnis, ja, auf für sie höchst schmerzhafte Ablehnung stößt. *Das, was mich zum Arbeiten in geistiger Beziehung treibt u. zwingt, ist der Überrest einer alten eingeimpften Gewohnheit, die mir zur zweiten Natur geworden ist, es geschieht aber mechanisch ohne eigentliche Freude, ohne reges Interesse an der Sache, es ist wie eine Uhr, die geht, weil sie aufgezogen ist, weil sie mal dazu da ist zu gehen, aber nicht, weil sie gehen will. Zum Streben nach Gelingen des Unternommenen fehlt der Ehrgeiz; man arbeitet, um zu arbeiten, um etwas zu thun, um seine anderen Gedanken auf etwas ein wenig zu fixieren, man arbeitet nicht, um zu erringen. Mein ganzes Innere ist todt.*[13] Aber doch auch wieder nicht so tot, als dass sein altes Feuer nicht doch wieder geweckt werden könnte: *Die Bücher, die trockene Gelehrsamkeit, die sind nur ein Wall, hinter dem sich ein äußerst leidenschaftlich, ein tief u. mächtig empfindendes Gemüth verschanzt hat, um überhaupt dieses Leben ertragen zu können; sonst müßte ich ja schon längst am eigenen Feuer verbrannt sein. Und die Menschen halten mich für kalt u. gefühllos u. ahnen nicht, welcher Vulkan unter dieser kalten Hülle tobt u. arbeitet.*[14]

Es wird noch eine geraume Zeit dauern, bis ihre wissenschaftliche

Neugier sie so herausfordert, dass die Arbeit am Schreibtisch ihr nicht mehr Betäubung, sondern eine starke innere Erfüllung bedeutet. Doch die Wende kündigt sich an: Anlässlich ihres zweiten Griechenlandaufenthalts bei ihrer Freundin Olga im Jahr 1883 beschreibt sie in bewundernswerter Selbstanalyse ihre innere Entwicklung zu einem selbstsicheren Menschen, der durch passiven Widerstand seine Prinzipien durchzusetzen versteht: *Hier fühle ich, wie ich mich seit 12 Jahren verändert, seit wir zum letzten Male einen längeren Aufenthalt zusammen gehabt. Ich bin freier, selbständiger, selbstbewußter geworden, selbstbewußter in dem Sinn, daß ich mich nicht mehr so peinlich wie damals darum kümmere, was die Menschen sagen, aber das hatte damals seine Berechtigung; ich war zu der Zeit noch imprägnierter von den Lebensregeln, die man mir nach vollendeter Erziehung auf den Lebensweg mitgegeben hatte, ich war gänzlich abhängig u. mußte notgedrungen mit den Faktoren, d. h. den Meinungen u. Ansichten um mich herum rechnen, ich durfte das eigentliche Leben u. Weben meines Herzens nicht verrathen* [...] *Nun ist es anders geworden. Dank gerade diesem Verstecken meiner Wünsche u. meines Trachtens habe ich mir durchgeholfen u. den Anderen die Waffen aus der Hand gewunden; meinem stillen, unbemerkten Widerstande konnten sie nichts anhaben, u. so bin ich dahin gekommen, wohin ich wollte. Ich habe meine Freiheit nicht an einen Mann verkauft, den ich nicht lieben konnte. Sein Bild ist in meinem Herzen geblieben.* [...] *Ich bin zu einem Sonderling gestempelt worden u. als solcher habe ich eine Unbeschränktheit der Handlungen, die ich als gewöhnlicher Mensch nie hätte erlangen können. Ich habe mit Rücksicht, Passivität u. Beharrlichkeit mein Publicum erzogen, u. schließlich war doch ich es, die gesiegt hat.* [...] *Ich bin mir stolz bewußt erreicht zu haben, was ich immer gewollt: entweder ihn oder keinen. Und das gibt mir eine herrliche innere Sicherheit u. ich könnte die ganze Welt in Schranken rufen u. ich verstecke meine Gefühle u. Ansichten nicht mehr, weil sie nicht mehr zu einer Waffe gegen mich werden können.*[15]

7.

Könnte ich nur als Koffer mitgehen! Von der Brautschau zur Schriftstellerei

Ich will gerne auf einen Theil meines Nadelgeldes verzichten

Viele Jahre lang hat Therese ihre Brüder und Vettern von ganzem Herzen beneidet, wenn diese wie selbstverständlich zu ihren Kavaliersreisen in alle Teile Europas aufbrachen. Solche Reisen, die im 18. und 19. Jahrhundert Teil der Erziehung und Bildung adeliger Jünglinge beziehungsweise angehender Fürsten waren, gehörten zur Entwicklung des Mannes. «Der suchende, irrende und findende Mann füllt ganze Bibliotheken. Egal ob Christoph Columbus oder Robinson Crusoe, das Schreiten des Knaben zum jugendlichen Helden und schließlich zum reifen Manne verlangt das Bestehen unendlicher Prüfungen und Abenteuer auf seiner Lebensreise.»[1] Der Jüngling soll andere Länder und Menschen kennenlernen, an fremden Höfen Eindrücke sammeln und persönliche, für die Zukunft einträgliche Beziehungen knüpfen.

Und was ist für bildungshungrige und freiheitsbesessene Prinzessinnen vorgesehen? Wiederholt klagt Therese beim Abschied von den fortreisenden Brüdern oder anderen Familienmitgliedern: *Alles geht fort, u. nur ich pappe an der heimathlichen Scholle!*[2] Als sie 1875 von den südeuropäischen Reiseplänen ihres Bruders Leopold und seiner Frau Gisela erfährt, versetzt das Therese – wie sie ihrem Bruder Arnulf schreibt – in eine *gehörige Aufregung: Ich beneide sie so schrecklich darum; nicht, dass ich* es [ihnen] *nicht gönne, aber ich möchte gerne auch so etwas sehen. Wenn ich denke Spanien, Algier u. gar die canarischen Inseln zu bereisen, da könnten mir die Augen übergehen aus lauter Seligkeit. Und überdieß glaube ich, dass Gisela Reisen lange nicht so genießt wie ich. Könnte ich nur als Koffer mitgehen. Manchmal finde ich es wirklich schade, dass leblose Gegenstände in so schöne Gegenden kömmen, ohne was davon zu haben; Du findest diesen Gedanken vielleicht toll, u. doch kam er mir schon öfters, wenn ich mein eigenes Gepäck auf Reisen betrachtete u. dachte: ‹schade, dass dies nun keine mit Vernunft begabten Wesen sind u. nicht das genießen können, wozu ihnen Gelegenheit gegeben wäre.›*[3]

Die Reisesehnsucht macht Therese erfinderisch: Mit allen Mitteln versucht sie zu erreichen, den Bruder auf dieser Reise begleiten zu dürfen. Auf Arnulfs Warnung, sie möge sich «keine allzu sanguinischen Hoffnungen machen, der Gedanke [sei] schön, doch die Ausführung dürfte wohl auf Schwierigkeiten stoßen»,[4] antwortet sie ihm postwendend: *Nun will ich Dir meine Idee auseinandersetzen; ich möchte u. könnte nur mitgehen, als wenn ich eine zweite Hofdame wäre* [...] *Dann könnte sie, wenn im Wagen gereist wird, mit der Suite fahren,* wie dies früher schon öfter bei Reisen mit den Brüdern geschah. *In der Bahn, auf dem Schiff pp. bräuchten dieselben nicht mehr Rücksicht haben als für eine andere Dame, vielleicht sogar weniger.* [...] *Dann versteht sich, dass sie auf mich in ihrem Reiseplan keine Rücksicht nehmen u. so verfahren, als wäre ich nicht mit, d. h. dass ich selbstverständlich keinen Willen habe, denn um nur einen Theil dieser Herrlichkeiten zu sehen, unterwerfe ich mich ja gerne Allem u. verzichte auf das, was man allenfalls noch sehen könnte u. die Geschwister nicht sehen wollen.* [...] *Auf diese Art kann ich die Geschwister ja nicht genieren, u. was die Ermüdung angeht, so könnten sie, meine ich, durch Hörensagen wissen, dass in diesem Punkte ich sie gewiß nicht störe u. aufhalte.*[5]

In einem ersten Schritt versucht Therese, mit diesen Argumenten ihre Schwägerin auf ihre Seite zu bringen, wobei sie in einem Postskriptum noch darauf hinweist, *dass es doch angenehm sein müßte, jemand mit sich zu haben, der des Spanischen so ziemlich mächtig ist, denn mit Französisch geht es dort nicht, u. angenommen, sie würden auch portugiesisches Gebiet berühren (vielleicht Madeira?), so wäre ich gerne bereit, mir noch einen Begriff des Portugiesischen anzueignen, was mir in einigen Wochen wohl möglich sein könnte, da ich schon etwas Sprachenroutine besitze.* Die Antwort der Schwägerin fällt günstig aus.

Die nächste Hürde könnte nun der Vater sein, dessen Einwilligung zugleich die notwendige finanzielle Unterstützung bedeuten würde, *denn* – so Therese – *so viel Geld habe ich nicht.* Und mit haushälterisch rührendem Durchblick fügt sie hinzu: *Wenn man abrechnet, was ich in einem Winter an Geld, Holz, Essen, Licht zu stehen komme, wird die Reise nicht so unendlich hoch kommen.* Ihr letzter Trumpf: *Ich will gerne auf einen Theil meines Nadelgeldes verzichten.*[6]

Tunisreise 1875

Groß ist die Freude, als der Vater schließlich der freiheitsdurstigen, mittlerweile Fünfundzwanzigjährigen gestattet, den Bruder Leopold auf dieser fünfmonatigen Vergnügungs- und Bildungsreise zu begleiten, die nach Nordafrika, Portugal und Spanien führen soll. Die väterliche Erlaubnis stützt sich vor allem – wie könnte es auch anders sein – auf die Hoffnung, Therese möge in der Vielzahl der zu erwartenden Kontakte endlich einen ihr genehmen Prinzgemahl finden. Diese fürsorglich-autoritäre Absicht des Vaters erfüllt sich erwartungsgemäß nicht, wohl aber der von der Tochter leidenschaftlich gehegte Wunsch nach einer selbstbestimmten Lebensaufgabe: Die fünf Jahre später veröffentlichte Publikation «Ausflug nach Tunis» wird für sie zum Wendepunkt ihrer Existenz. Denn was ursprünglich als Bildungs- und Eheanbahnungsreise geplant war, wandelt sich für sie schon bald zu einem ersten Vorgeschmack auf spätere Sammel- und Forschungsexpeditionen. Kein Wunder also, dass die Vorbereitungszeit für ihre wissenschaftlichen Ansprüche viel zu knapp bemessen ist, *um Vorstudien in Völkerkunde, Botanik, Mineralogie p.p. zu machen* […] *Man müßte 10 Augen haben.*[7] Und wie nicht anders zu vermuten, kehrt sie *reich beladen mit überall gesammelten ethnographischen Gegenständen, mit Pflanzen u. Thieren, portugiesischen und spanischen Büchern und spanischen Musiknoten* nach München zurück.[8] Vor allem aber birgt ihr Reisegepäck einen reichen Schatz an Notizen und Aquarellen, ohne die der aus dieser Reise resultierende publizistische Einstieg in ein neues, erfülltes Leben nicht hätte gelingen können.

Zunächst aber ist die Aussicht auf die geplante fünfmonatige Reise von höchst widersprüchlichen Gefühlen überlagert. Auf der einen Seite steht die Erfüllung eines lang gehegten Wunsches unmittelbar bevor, auf der anderen Seite aber wird Therese von einer ohnmächtigen Stimmung überwältigt: Aus Angst, Otto könnte während ihrer langen Abwesenheit sterben, fleht sie zu Gott, er möge ihr ein Hindernis schicken, damit sie nicht reisen muss. *Meine Willensstärke ist abhanden gekommen, ich möchte manchmal mich hinlegen, um nicht mehr aufzustehen, die*

Menschen um Erbarmen anflehen, mir die Wahrheit [über die Krankheit von Otto] und *nicht mehr und nicht weniger zu sagen, meinem Vater mich zu Füßen werfen, ihm Alles, Alles gestehen u. ihn bitten, mich nicht fortzulassen, nicht fortzulassen in dieser Unsicherheit, mit dieser Wunde im Herzen.*[9]

Doch die Reisevorbereitungen sind weit fortgeschritten und lassen keine Verzögerungen und schon gar keinen Verzicht mehr zu: Die siebenköpfige Reisegruppe hat sich zusammengefunden. Die Route steht in groben Umrissen fest, die notwendigen Pässe sind besorgt, alle Fahrpläne erkundet, Transporttickets und Hotels gebucht. Die Rundreise wird in der zweiten Hälfte November angetreten, sie führt über Italien (Neapel, Malta, Palermo) nach Nordafrika (Tunis, Algier, Oran), dann über Gibraltar nach Malaga, Sevilla, Cadiz, Lissabon, Porto, Coimbra, Valencia, Perpignan und schließlich über Paris und Frankfurt zurück nach München. – Bereits auf Malta können die Reisenden offiziellen Auftritten bei einem Admiral und dem Gouverneur nicht entgehen. Doch Therese genießt den *ganzen Ton der englischen Gesellschaft, die Biederkeit u.* [die] *wahre, nicht phrasenhafte Höflichkeit der Engländer* gefällt ihr *zehnmal besser als der Umgang mit den romanischen Völkern.*[10] Besuche am spanischen und portugiesischen Hof sind ebenso geplant wie Abstecher zu kulturellen oder technischen Sehenswürdigkeiten, die spontan unterwegs ausgehandelt werden. Hier erweist sich Thereses Sprachtalent von unschätzbarem Nutzen, da sie mühelos die nötigen Gespräche mit Einheimischen führen kann.

Der Wechsel vom europäischen zum afrikanischen Kontinent wird für sie zum tiefgreifenden Erlebnis, so dass sie vermutlich, zumindest für eine geraume Zeit, die wehmütigen Fesseln an die Heimat abwerfen kann: *Es war der erste Anblick von Afrika – ein überwältigender Moment! Wovon wir alle schon in der Kindheit hören, was die Meisten aus uns von Jugend auf zu sehen wünschen und kaum je zu erreichen hoffen können – es lag uns Wenigen, Bevorzugten nun wirklich und unentreißbar vor Augen. Und was für ein Heer von Ideen, Fragen und Gefühlen erweckt nicht in uns ein neuer Weltteil mit seinen fremden Menschen, seiner fremden Vegetation, seiner geschichtlichen Vergangenheit, seinen uns so ganz fernab liegenden Eigentümlichkeiten!*[11]

Die neue Lebensaufgabe: Forschen – Reisen – Schreiben

Den Grundstein zu Thereses Reiseschriftstellerei bildet der auf ihren Notizen von 1875 beruhende Aufsatz «Ausflug nach Tunis», zu dem die damals bekannte Jugendschriftstellerin und Freundin des Hofes, Isabella Braun, die noch unbekannte Autorin 1880 angeregt hat. Therese leistet zunächst Widerstand, zaudert, will sich nicht schreibend der Öffentlichkeit stellen. Doch dann nimmt sie die Aufforderung von Isabella Braun an und verspricht, anlässlich der Feier der 700jährigen Regentschaft der Wittelsbacher einen Beitrag für die «Jugendblätter für christliche Unterhaltung und Belehrung» zu verfassen. Das Honorar spendet sie einer Stiftung. Der Text verbindet lebendige, anschauliche Beschreibungen nordafrikanisch-arabischer Eindrücke und Erlebnisse mit sozialkritischem Anspruch, und dies, wo nötig, gestützt auf sorgfältig zitierte Literatur über die Stadt Tunis am Mittelmeer. Bei keiner Pflanzen- oder Tierart fehlt der wissenschaftlich verbürgte lateinische Name.

Bereits mit den ersten Sätzen gelingt ihr ein faszinierendes Wechselspiel aus exakter Sachbeschreibung und poetischem Flair: *Langsam fuhren wir in die Nacht, in das endlosscheinende Meer hinaus. Das Schiff rollte stark und im Kielwasser hatten wir schwaches Meerleuchten, wohl erzeugt durch Millionen von Noctiluceen (Noctiluca miliarris), deren Leuchtkraft bei jeglicher Art Reibung und somit auch bei bewegter See sich äußert. Manchmal blitzte es wie flüssiges Silber auf, dann verschwand es nach und nach und das Mondlicht trat an die Stelle dieser leuchtenden, mikroskopischen Urtiere.*[12]

Man glaubt mit den Augen Thereses zu sehen, wenn sie Stimmungen, Landschaften und Flora schildert: *Das Graugrün der Oelbaumblätter und der riesigen Opuntienhecken (Opuntia vulgaris) stimmt dem Auge wohlthuend zur rötlichgelben Färbung des Bodens. Kamelherden ziehen durch die stille Gegend, und dort windet sich aus einer Lichtung eine Karawane heraus. Lautlos schreiten die gebräunten Leute einzeln zwischen und hinter ihren beladenen Wüstentieren einher; kein Wort verkürzt die Zeit, belebt den beschwerlichen Marsch. Weiter weg glänzen weiße Zelte von Straßenarbeitern herüber, Neger sind neben dem Wege beschäftigt und von Zeit zu Zeit begegnet man einem einsamen Reiter, der, in Seinen Wollmantel dicht gehüllt, in seine Gedanken vertieft, wie weltverachtend nichts um sich her zu bemerken scheint.*[13]

Therese genießt den Sturm auf dem Meer wie damals als Kind die

Unwetter über dem Bodensee: *Bei jeder größeren Welle, wenn durch das unsanfte Hinunterfallen des Schiffes der Gischt aufspritzte, stob es wie ein Silberflimmer links und rechts auseinander und die Schaumkämme der ferneren Wogen zeichneten sich in bläulichem Lichte wie ein fließender Metallstrom auf den schwarzen, erregten Fluten. Und so ging weithin, weithin, so weit das Auge im Finstern reichen konnte, Berg und Thal und Thal und Berg, und es gähnte der düstere Abgrund und es zischte und tobte die aufgewühlte Tiefe. Es war herrlich, großartig! und ich stand allein draußen in der Nacht; in Mitten der entfesselten Elemente, wie ein Spielball geworfen von Wind und Wellen, und o so unendlich klein und ohnmächtig gegenüber dem Kampfe der Natur und gegenüber Demjenigen, welcher größer und gewaltiger ist als alles Andere!* [14]

Von Architektur und Inneneinrichtungen ist Therese dann besonders fasziniert, wenn diese in ihrer ursprünglichen Gestalt erhalten geblieben sind. Missfällig registriert sie dagegen den häufig anzutreffenden *schlechtesten abendländischen Geschmack* und verurteilt die [missverstandene] *Nachäffung europäischer Möbilierung.* Doch wenn *Ursprünglichkeit erhalten geblieben ist, dann schien uns* die *Situation wie ein zur Wahrheit gewordenes Märchen aus tausend und einer Nacht.*[15]

Fernab beschreibt sie mit innerer Distanz ihre Beobachtungen fremder Gebräuche, wenn sie beispielsweise schildert, wie ein Haremswächter auf dem Schiff seine *arme Schutzbefohlene in den Schiffsraum zu Kisten und Ballen* befördert, *wo sie während der ganzen Fahrt wie eine Gefangene verschwunden* bleibt.[16] Im überfüllten Basar ist sie Zeugin, wie ein *Janitschar oder Consulatsdiener mit rücksichtslosen Stockschlägen auf die Rücken der im Wege stehenden Menge* einschlägt, *ein Verfahren, bei welchem sich der freidenkende Europäer empören würde, das aber der ruhige Orientale wenigstens scheinbar gleichgültig über sich ergehen läßt.*[17] Wenn das Leiden das von Christen ist oder war, reagiert sie emotionaler. Als sie b*eim Durchstreifen des Basars mit seiner abwechslungsreichen Welt* auf *einen säulengeschmückten kleinen Platz* stößt, *auf welchem vor nicht allzulanger Zeit Menschenhandel getrieben und auch Christensklaven verkauft wurden,* hält sie inne: *nun ist die Stelle verödet, aber es klebt ihr immer noch die Schande an, daß hier Brüder ihre Brüder, Menschen ihre Mitmenschen wie gemeine Ware verschachern konnten!*[18] Sachlich stellt sie fest, dass die Juden *von ihre*[n] *Mitbürgern schlecht behandelt* [werden] und *durch den jahrhundertelangen Druck auf eine niedere sittliche Stufe gesunken* [sind].[19] Gegen schwarze Frauen empfindet sie Abneigung: Während man *unter den Männern, ein meist muskulöser, kräftiger und großer Menschenschlag, ganz annehmbare, fast schöne Gesichter findet, gehören die Negerweiber zu dem Häßlichsten, was die Natur in dieser Hinsicht hervorgebracht hat, namentlich wenn das Alter anfängt, Falten über die schwarzen Wangen zu legen und die immensen Lippen sich blauer und blauer färben.*[20]

Therese ist Kind ihrer Zeit, wenn sie die besuchten Länder mit gängigen Vorurteilen und unter dem Aspekt einer möglichen Kolonisierung betrachtet. Da ihrer Meinung nach diese *nicht zu heißen Striche des schwarzes Weltteiles mit ihren weiten, unbebauten, spärlich bewohnten Ländereien immer mehr dazu dienen werden, dem teilweis übervölkerten Europa auszuhelfen,* so könnte es sich für eine *civilisierte Nation* lohnen, *sich mit der Zeit der Herrschaft über dasselbe zu versichern; das vorhandene Menschenmaterial ist begabt und industriell und wenn auch zum Teil verdorben, so doch gemäß dem Ausspruch verschiedener Kenner dortiger Verhältnisse, civilisationsfähiger als die westlicher liegenden Stämme Nordafrikas, und könnte, von gesunden europäischen Elementen durchsetzt, einem neuen Aufschwung entgegengehen.*[21]

Die Reaktion auf diese erste Veröffentlichung war in jeder Hinsicht ermutigend, und Isabella Braun wird nicht müde, Therese über entsprechende positive Reaktionen zu unterrichten: «Wen ich noch darüber hörte, ist voll von der freudigen Anerkennung der schriftstellerischen Schönheit, Herzog Max sagt das nämliche wie Dr. Holland, daß Ihre Schreibweise ganz an jene des Kaisers Maximilian [von Mexiko] gemahne.»[22] Kurt Hüther, der Direktor der Glyptothek und Neuen Pinakothek, zugleich langjähriger Mitarbeiter der «Jugendblätter», gratuliert Isabella Braun zu ihrer neuen Autorin: «Namentlich der farbenglühende Schluß des Aufsatzes erinnerte mich lebhaft an Martius' berühmte Reise nach Brasilien, und das ganze liest sich so angenehm, dass es eine wahre Freude ist. Lassen Sie die gute Hoheit ja nicht in Ruhe: sie darf uns anderen Menschenkindern aus ihrem Schatzkästlein auch schon Spenden geben, uns Alten zur Bereicherung, den Jungen zur Belehrung.»[23]

Therese begreift allmählich, dass sie am ersehnten Wendepunkt ihres Lebens angekommen ist und bekennt zurückblickend: *Dieser geographische Aufsatz gab meiner ganzen späteren, schriftstellerischen Thätigkeit die entscheidende Richtung. Nun hatte ich das meiner geistigen Veran-*

lagung angemessene Arbeitsfeld gefunden. [...] Schon der erste Wurf auf diesem Gebiet gelang u. es erschloß sich mir eine wissenschaftliche Thätigkeit, welche ausschlaggebend u. bis in mein hohes Alter restlos beglückend für mich wurde.[24]

8.

Die geistreichste Frau, die mir im Leben begegnet ist
Charlotte Lady Blennerhassett

Für uns Frauen liegt die Rettung nur darin,
dass wir uns von uns selbst befreien.[1]

Sorrent, der 14te April 1880

Noch in einem anderen Sinne wird das Jahr 1880 zur Wende in Thereses Leben. Seit mehreren Jahren schon hatten sich bei ihr gesundheitliche Störungen gehäuft, Störungen, die sich durch depressive ebenso wie physische Einbrüche beängstigend bemerkbar gemacht hatten. Der besorgte, wenngleich über die wahren inneren Ursachen ahnungslose Vater schlägt daher der nun schon Neunundzwanzigjährigen eine dreiwöchige Erholungsreise nach Italien vor und engagiert die von ihm geschätzte Lady Charlotte Blennerhassett als begleitende Dame. Sollte der Vater diese Wahl allein getroffen haben, so spricht es für seine Hellsichtigkeit, ausgerechnet diese hochgebildete Frau als Reisegefährtin für seine anspruchsvolle Tochter zu bestimmen.[2] Sie ist eine zutiefst gläubige Katholikin, vielseitig gebildet und weitgereist. In dieser sieben Jahre älteren, intellektuell wie lebenspraktisch begabten Privatgelehrten, Schriftstellerin und Mutter sollte Therese eine ihr lebenslang innigst zugetane Freundin finden, mit der sie von Anfang an alles besprechen konnte: *Politik, Literatur, Wissenschaft, Lebensphilosophie, schriftstellerische Thätigkeit, Gemüthsangelegenheiten, Familienereignisse.*[3] Vor allem aber verdankt sie ihr die Erlösung aus einem *verfehlten Leben,*[4] denn Charlotte lässt nicht davon ab, Therese immer wieder dazu aufzufordern, ihrem durch höfische Zwänge zur Untätigkeit verurteilten Leben durch schriftstellerische Arbeit eine aktive Wende zu geben.

Der Erfolg der gemeinsamen Erholungsreise bleibt nicht aus. Therese versichert ihrem besorgten Vater: *Lady B. war die denkbar bestgewählte Reisebegleiterin; sie hatte schon früher längere Zeit in Rom verbracht, kannte die dortigen gelehrten Kreise u. hatte persönlich die römische Geschichte, namentlich der christlichen Ära so vollständig inne, daß sie die ganze Reihe der Päpste aus dem Gedächtniß hersagen konnte. Zu diesen seltenen historischen Kenntnissen gesellte sich ein großes Kunstverständniß u. gründliche kunsthistorische Studien. An der Hand dieser Führung wurde das Durchwandern Roms ein belehrender Genuß.*[5] In den Briefen an den Vater berichtet Therese ausführlich von den zentralen Höhepunkten der Reise, von den Kunstschätzen Roms, dem Zauber von Neapel, der Privataudienz bei Papst Leo XIII. bis zur herausfordernden Besteigung des Vesuvs: *Da die Eisenbahn noch nicht eröffnet ist, fertigte ich den Aschenkegel auf Schusters Rappen ab, was ich gar nicht anstrengend fand.*[6] Noch nach siebenunddreißig Jahren erinnert sich Therese in ihrem als Manuskript überlieferten Nachruf auf Lady Blennerhassett: Charlotte *klagte nie über Unbequemlichkeiten, über Mangel an Comfort, sie fügte sich in alles mit dem besten Humor der Welt und wusste den verschiedenen sich ergebenden Situationen stets auch die beste, mitunter eine komische Seite abzugewinnen. Ihr scharfer Verstand verleitete sie nie zu spöttischen, verletzenden Äußerungen, zu allzu scharfen Urteilen; vor diesen bewahrte sie ihre Gutmütigkeit.*

Das zentrale emotionale Ereignis dieser Reise aber findet weder in ihren Briefen an den Vater und an ihren Bruder Arnulf noch in ihrem rückblickenden «Biographischen Material» Erwähnung. Um so deutlicher aber spricht ihr Tagebuch über die unvergleichlichen gemeinsamen Sorrenter Tage: *Diese Wochen schlossen noch einen Segen in sich; ich habe in ein fremdes Herz blicken dürfen, in eine Seele, die viel frömmer u. demütiger ist als ich es bin. Wir haben uns gefunden an einem herrlichen, unvergeßlichen Abend in einer sinnenbestrickenden Natur.* [...] *Und wie nun an dem märchenhaft schönen Abend die Außenwelt zurück u. die Gefühlswelt ungestört heraustrat, da wagte ich eine Bemerkung darüber, daß ich mir früher eine andere Idee von ihr gemacht hatte, u. da gab ein Wort das andere, u. ich hielt nicht zurück mit meinen tiefsten Empfindungen u. sie nicht mit den ihren, u. so verbrachten wir Augenblicke des Verständnisses wie selten, wenigstens wie ich sie selten gekostet.* [...] *Sie war so lieb, so lieb, es ging mir beseligend zu Herzen; den folgenden Abend plauderten wir wieder lang in die Nacht hinein, am nämlichen Ort, am nämlichen Fleck, es war der 14te April.*[7]

Dieses Datum, der vierzehnte April, bleibt lebenslang ein unvergessener Gedenktag, an dem sich die beiden Frauen mit Dankbarkeit an das Wunder ihrer Begegnung in den Sorrenter Tagen erinnern und sich ihrer unverbrüchlichen Freundschaft vergewissern. Zum ersten Jahres-

Charlotte Lady Blennerhassett, geb. Freiin von Leyden (1843–1917) im Alter von etwa 40 Jahren

tag findet Charlotte sensible Worte, um ihre Dankbarkeit auszudrücken: «Ich danke Ihnen für Ihre lieben, aus dem Herzen kommenden und dahin gehenden Worte. Sie haben es seit einem Jahr meisterhaft verstanden, alle zwischen uns bestehenden Unterschiede nach Innen und nach außen zu ebnen, zu überbrücken, und wie Sie selbst sagen, mich zu nehmen wie ich bin, mit Allem, was Sie, wenn Sie es eingestanden hätten, entfremdet oder abgestoßen haben würde. Solche gute Thaten bringen Ihnen den verdienten Lohn in Gestalt rückhaltloser und vollständiger Hingebung und Liebe.»[8] Und sechs Jahre später ergänzt sie: «Sie haben mir eine große Freude gemacht und mich tief gerührt, indem Sie mich an einen der seltenen Feiertage des Lebens mahnten, da mir das Glück zu Theil ward, von Ihnen nicht nur gefunden zu werden, sondern, was ungleich mehr werth ist, Sie zu finden, wie Sie es ja auch sehen, auf immer! Sie werden mich gewiß nicht mißverstehen, wenn ich sage, daß so fern es liegt, nichts mir wünschenswerther erschiene, als Sie noch einmal wieder so zu genießen und für mich zu haben wie damals. Denn seit Therese weiß ich, daß das Herz sich ausruht, wenn man verstanden wird, auch wenn man nichts sagt.»[9] Zum 70. Geburtstag schenkt Therese 1913 der Freundin einen Bildband über Neapel, den sie ihr widmet mit den Worten: *Für immer gefunden!*

Prinzessin Therese, um 1885

Leider sind Thereses Briefe an Charlotte nur sehr lückenhaft überliefert. Die Ursache hierfür erläutert Therese selbst: *Warum ich eigentlich eine gewisse Scheu hatte Ihnen zu schreiben, war, daß bei Ihrer Vertrauensseligkeit, welche ich auf der Reise zu beobachten Gelegenheit hatte, Sie die Briefe herumliegen lassen u. mir der Gedanke, daß Briefe, welche ich an Sie richte u. die nur für Ihre Augen berechnet sind, auch von anderen inspiziert werden könnten, ein ganz unerträglicher ist. Leider bin ich durch Erfahrungen in diesem Punkte genug gewitzigt, um nicht vorsichtig geworden zu sein.* Therese vergisst von da an selten, Charlotte zu bitten, den Brief nach der Lektüre dem Kamin zu übergeben, was die Adressatin anscheinend unwidersprochen beherzigt hat.

Charlotte Lady Blennerhassett, geb. Freiin von Leyden

Charlotte von Leyden (1843–1917) stammt über ihre Mutter aus einer jüdischen, ehemals wohlhabenden, zum Katholizismus konvertierten Bankiersfamilie. Charlottes Vater Karl Joseph August Graf von Leyden ist Grundbesitzer, bis 1869 gehört ihm das Renaissanceschlösschen Maxlrain bei Bad Aibling. Als königlicher Kämmerer ist er Mitglied im Reichsrat.

Die ebenso intelligente wie wissbegierige Charlotte war in ihrer Kindheit ähnlichen Einschränkungen ausgesetzt, wie Therese sie erdulden musste. Als Frau wurde ihr Bildung und Zugang zu akademischen Bildungsstätten verwehrt – Wissenschaft war eine Domäne des männlichen Geschlechts. Charlotte las, ebenso wie Therese, leidenschaftlich gern. *Auf dem Landsitz ihres Vaters stahl sie sich, noch halbes Kind, mit irgendeiner interessanten Lektüre versehen, in einen verborgenen Winkel des Schlosses, um ungestört ihrem Lesehunger zu fröhnen.*[10] Ein überliefertes «Verzeichnis der seit Anno 59 von mir gelesenen Bücher», das die Lektüre der Sechzehn- bis Zweiundzwanzigjährigen auflistet, umfasst ein erstaunlich weites Spektrum: religiöse Schriften, Geschichtliches und Biographisches, Memoiren und Bücher zu Literatur, Kunst und Poesie, wobei alle Titel in den jeweiligen Originalsprachen gelesen und studiert werden, vor allem in Französisch und Deutsch, aber auch in Englisch (Milton und Byron), Italienisch (Dante und Tasso) und Spanisch (Calderón und Caballero). *Ihr lebhafter Geist verlangte nach Nahrung – in ihrer Familie jedoch unterstützte man die ungewöhnlichen Veranlagungen der jungen Charlotte keineswegs.*[11]

Wie Therese besucht auch die Freundin Charlotte keine öffentliche Schule, sondern erhält häuslichen Privatunterricht. Weil es in gehobenen Kreisen der damaligen Zeit zum guten Ton gehört, in einer französisch sprechenden Umgebung aufzuwachsen, schickte man sie mit zwölf Jahren zur weiteren Erziehung in das Internat vom «Sacré Cœur Kloster Blumenthal» an der Grenze zu Holland. 1858 kehrt sie im Alter von fünfzehn Jahren nach Schloss Maxlrain zurück. Aus finanziellen Gründen aber muss zu ihrem großen Leidwesen dieser Lieblingsort ihrer Kindheit bereits 1869 an Graf Ludwig Arco-Zinneberg verkauft werden.[12] Die Familie lebt von da an in ihrer Münchner Stadtwohnung in der Brienner Straße 18, wenige Schritte entfernt von Thereses Wohnsitzen, sei es das Palais Leuchtenberg oder die Residenz.

Da die Tore der Universitäten in Bayern noch bis 1903 für Frauen verschlossen blieben, ist Charlotte ebenso wie Therese weitgehend auf ein autodidaktisch-akademisches Studium angewiesen. Auch ihr wird die Teilnahme am Latein- und Mathematikunterricht verwehrt. Auch sie wird wegen ihrer Flucht in die Welt der Bücher und der Wissenschaft als «Blaustrumpf» bezeichnet. Notgedrungen sucht auch sie ganz bewusst, ihre literarische Neugier vor der Umwelt zu verbergen: «Unglücklicherweise ohne Talent für die Musik und auch ohne Begabung für [...] das Ausschneiden in Leder, ziemlich gleichgültig für die Toilette, hatte ich mich daran gewöhnt, das Leben von der ernsten Seite zu nehmen; meine

Beschäftigungen trugen den Stempel davon und zum größten Unglück hatte ich auch noch die Unvorsichtigkeit gehabt, einige lateinische Stunden zu nehmen. Dieser letzte Umstand machte das Maß voll, man erfuhr es ganz gegen meinen Willen, und seitdem beschuldigt man mich, auch Griechisch zu verstehen; meine besten Freundinnen beschworen mich, mein eigenes Wesen zu ersticken und auszulöschen; man sagte mir ganz leise ins Ohr, dass die Männer mich fürchteten und man faßte meine Verurtheilung in einem einzigen Namen zusammen ‹bas-bleu›.»[13]

Nach der Rückkehr aus dem Internat ist Charlotte auf die Rolle einer Heiratskandidatin reduziert, und seit ihrem siebzehnten Lebensjahr macht sie ähnliche Erfahrungen wie Therese mit aufgezwungenen Freiern. Erschwerend für Charlottes Situation ist der Umstand, dass das Vermögen der Familie nur reicht, um sich «knapp standesgemäß über Wasser zu halten, keineswegs aber, um Charlotte in den Rang einer begehrten Erbin aufsteigen zu lassen».[14] Ihr Biograph Victor Conzemius glaubt beurteilen zu können, «dass weder ihre Mitgift noch ihre weiblichen Reize von der Art waren, dass Verehrer sie umschwärmten».[15] Therese sieht das aus ihrer Perspektive ganz anders: *Sie war damals eine sehr anziehende Erscheinung, hatte eine reizende Gestalt, schönes ovales Gesicht mit vor Lebendigkeit sprühenden Augen und galt zumindest als sehr hübsch.*

Zwei geplante Ehe-Projekte scheitern an pekuniären Bedingungen. Charlotte leidet zunehmend unter dem Zwiespalt zwischen ihren intellektuellen Ansprüchen und den hindernden Rollenerwartungen ihrer Umwelt. Sie fühlt sich als «sitzen gebliebene Heiratskandidatin» öffentlich bloßgestellt und entflieht bei nächster sich bietender Gelegenheit aus dem Dunstkreis der Münchner «Aasgeier des Gesellschaftstratsches». Als sich ihr die Möglichkeit bietet, eine ehemalige Pensionsfreundin auf einer mehrmonatigen Reise nach Belgien und Paris zu begleiten, sagt sie spontan zu. In Paris, wo sich ihr vielfältige neue Kontakte mit Theologen, so mit Félix Antoine Dupanloup (1802–1878), dem Bischof von Orléans, eröffnen, stößt sie vor allem aber auf eine Gruppe von imponierenden adeligen Frauen, die sich den liberalen Katholiken angeschlossen hatten und deren intellektuelle und religiöse Selbständigkeit Charlotte nachhaltig faszinieren.

Wo Prinzessin Therese sich dem familiären Drängen von Vater und Brüdern, ihre persönliche Freiheit einer standesgemäßen Ehe zu opfern, konsequent widersetzt und sich den ihr vorgeführten Freiern hartnäckig und erfolgreich verweigert, geht Charlotte nach zwei gescheiterten Verlobungen[16] – mehr der Pflicht als dem Herzen gehorchend – eine Vernunftehe ein. Charlotte hatte ihren späteren Ehemann, den irischen Landlord Sir Rowland Blennerhassett (1839–1909), 1867 in Rom kennengelernt. Die beiden verloben sich bereits nach sechs Wochen und heiraten am 9. Juni 1870 in der Münchner Basilika der Benediktiner von St. Bonifaz. In den folgenden zehn Jahren verfasst die junge autodidaktische Historikerin ihre ersten wissenschaftlichen Aufsätze und bringt außerdem vier Kinder zur Welt: ihre Tochter Maria Carola (1876) und ihre drei Söhne: Arthur (1871), Paul (1878, er stirbt nach zwei Monaten) und William/Willy (1882).

Einer größeren Öffentlichkeit bekannt geworden ist Charlotte Blennerhassett durch ihre ungewöhnliche Beziehung zu dem um vierundvierzig Jahre älteren hochangesehenen Münchner Theologen Ignaz von Döllinger (1799–1890). Die in mehreren hundert Briefen überlieferte (und mittlerweile publizierte) Korrespondenz lässt ein beeindrukkendes Porträt der ungewöhnlich vielseitigen Fähigkeiten der sprachgewandten Charlotte entstehen. Die Bekanntschaft der beiden hatte sich überraschend schnell zu einer vertrauensvoll väterlichen Beziehung zwischen der zweiundzwanzigjährigen wissensdurstigen jungen Frau und dem angesehenen Wissenschaftler entwickelt, eine Beziehung, die über zwanzig Jahre andauert. Der Dialog, den die beiden Sprachkünstler – je nach Lust und Thema zwischen Deutsch, Englisch, Französisch, Italienisch und Spanisch wechselnd – schriftlich miteinander führen, spiegelt ein berührendes menschliches Einvernehmen zwischen den ungleichen Briefpartnern. Dass ein solch geistvoller und gleichberechtigter Austausch möglich war, verdankt sich nicht zuletzt Döllingers für die damalige Zeit ebenso ungewöhnlichem wie fortschrittlichem Frauenbild. So findet sich schon gleich zu Anfang der Korrespondenz eines der ganz seltenen, entwaffnenden Bekenntnisse zur Wertschätzung von weiblicher Klugheit und Gelehrsamkeit im 19. Jahrhundert: «Von einer intelligenten, natürlich begabten und durch ernste Lektüre gereiften Dame kann auch der größte Gelehrte immerdar lernen, weil eben das Weib oft gerade das am besten sieht und beurteilt, was den Geistes-Augen des Mannes sich entzieht oder von ihm übersehen oder auch unrichtig gesehen wird. Ich habe z. B. von Ihnen, meine liebe Freundin, so jung Sie sind, doch schon gar Manches gelernt, oder an Ihrem Urtheile, Ihrer Auffassung mich orientiert. Gott hat die volle Erkenntnis der Dinge nicht den Männern allein gegeben, sondern er hat sie, wie alle anderen Güter, zwischen den beiden Geschlechtern wenn auch ungleich, getheilt, und sind daher beide wie in andern Dingen so auch in dieser Beziehung aufeinander angewiesen.»[17]

Dieses Urteil über die weiblichen geistigen Fähigkeiten aus dem Munde des renommierten Theologen ist um so überraschender, bedenkt man die fast gleichzeitige Polemik des Münchner Anatomen und Physiologen Theodor von Bischoff (1807–1882), der 1872 mit aggressiv-abwertenden, scheinbar wissenschaftlichen Argumenten zu beweisen versuchte, dass die biologische Ausstattung der Frau, ihr zu kleines Gehirn und ihr Geschlechtsleben, sie nicht zu einem wissenschaftlichen Studium befähigen.[18] Döllinger fügt mit achtundsechzig Jahren seiner Ansicht über die Gleichwertigkeit der Geschlechter noch ein sehr persönliches, auf seine damals vierundzwanzigjährige Briefadressatin gemünztes Urteil hinzu: «Wenn ich jetzt auf mein langes Leben zurückblickend alle Mädchen und Frauen, mit denen ich je bekannt geworden, mir in die Erinnerung rufe, so muß ich sagen: Charlotte übertrifft sie alle. In solcher Fülle sind keiner andern die schönsten Gaben Gottes in den Schoß gefallen.»[19]

In dieser Weise geistig geschult und durch leidvolle Erfahrungen emanzipatorisch gerüstet, trifft Charlotte auf Therese. Trotz aller Verschiedenheiten in der persönlichen Lebensgestaltung und in ihren wissenschaftlichen Interessen finden sich auffällige Parallelen zwischen den beiden gelehrten «Dilettantinnen»: Beiden Schriftstellerinnen wird binnen eines Jahres die Ehrendoktorwürde der Münchner Universität verliehen, beide sind für eine Mitgliedschaft in der Königlich Bayerischen Akademie vorgesehen, die im Falle von Charlotte Blennerhassett an den Statuten scheitert, für Therese sich in der Ehrenmitgliedschaft realisieren wird.[20]

Therese und Charlotte – eine ungewöhnliche Beziehung

Charlotte tut sich schwer, Thereses hochadelige Herkunft zu vergessen. Mit großer Entschiedenheit wehrt Therese immer wieder die unterwürfigen Gesten der Freundin ab. So verbittet sie sich beispielsweise die Förmlichkeit des Handkusses, worauf Charlotte in ihren Briefen häufiger anspielt: «Darf ich Ihre Hand auch schriftlich nicht küssen, so umarme ich Sie in dankbarster Verehrung und großer Liebe, Ihre Charlotte.»[21] Oder: «In Eile und dankbarer Liebe, Königliche Hoheit die Hand küssend, was nie gelingt, Charlotte Blennerhasset.»[22] Charlotte hält dennoch selbst nach fünfundzwanzigjähriger Freundschaft an dieser zeremoniellen Geste fest, wenn sie schreibt: «Ich küsse Ihre liebe Hand in der einzig möglichen Weise.»[23]

Als allerdings Charlotte schon nach kurzer Freundschaft deutlich den Wunsch äußert, das «Sie» durch ein «Du» zu ersetzen, reagiert Therese darauf mit schonungsvollem Schweigen, was Charlotte ihrerseits richtig zu deuten weiß und in ihrem nächsten Brief ausdrücklich bestätigt: «Bevor wir uns trennten, hatte ich einige Male versucht, […] Sie auf Umwegen dazu bringen zu wollen, mir zu sagen: ‹schreibe Du›. Sie sagten jedoch nichts, und ich verstand, daß Sie Ruhe brauchten. Da Ihre Augen dasselbe bezeugten, schwieg ich still.»[24] Also bleibt es trotz aller emotionalen Nähe lebenslang beim gegenseitigen «Sie» und von Charlottes Seite bei den mehr oder minder floskelhaft devoten, dankbaren und verehrungsvollen Grüßen einer «gehorsamen Dienerin und threuesten Verehrerin».

Therese scheint zu Beginn der Freundschaft erst vosichtig tastend Vertrauen aufzubauen: *Ein Zweifel quält mich, und den müssen Sie mir lösen, ohne zu fürchten, mir weh zu thun. Sie äußerten einmal, daß Sie von denen, die Sie gerne haben, nicht gerne Abschied nehmen u. nun kommen Sie auf die Bahn, wie ich abreise (was mich übrigens sehr freute). Da gibt es nur zwei Möglichkeiten: entweder sind Sie Ihrem Grundsatz untreu geworden, oder ich gehöre nicht zu denen, von welchen Sie nicht Abschied nehmen wollen. Diese letztere Alternative schmerzte mich, aber wenn es auch so ist, sagen Sie es nur, ich bin an das Härteste gewöhnt.*[25] Charlotte klärt den Zweifel in unmissverständlicher Weise: «Sie wissen es ja, unser Lebewohl war gesagt worden, dort oben in Ihrem Zimmer, mit mir unvergeßlichen Gefühlen. Als ich am letzten Abend Ihres Hierseins mir aber dachte, ich könne Sie noch einmal sehen, widerstand ich der Versuchung nicht. Wenn das die andere Alternative genannt werden müßte, dann wäre es um die Logik ein trauriges Ding.»[26]

Obwohl die beiden Freundinnen in München in leicht erreichbarer Nachbarschaft wohnen, können sie sich nicht so häufig sehen, wie sie es wünschen. Therese verbringt die Abende mit dem Vater, Charlotte ist durch ihre heranwachsenden Kinder und eine häufig kränkelnde Mutter stark belastet. Während der Abwesenheit ihres Ehemannes, der oft über mehrere Wochen in London seinen Parlamentspflichten nachgeht, muss Charlotte die gesamte Familienbürde tragen. So ist sie zwischen häuslicher Verantwortung, dem Drang zum Schreiben und dem Verlangen nach freundschaftlichem Kontakt hin- und hergerissen: «Eine Familienmutter ist ein Ballon captif. Mein ganzes Herz zieht mich zu Ihnen.»[27] Oder: «Königliche Hoheit, [...] Alle Tage denke ich an Sie, allein ich bin zu einer Schreibmaschine herabgewürdigt, und habe heute allein 20 Seiten Manuskript der schwierigsten Gattung für meinen Gebieter übersetzt. Vom Verlassen des Hauses war gar keine Rede; ich sehe nicht mehr, was ich schreibe, so müde bin ich! Das wird wenigstens noch 3 Tage so fortgehen, dann eile ich zu Ihnen. Haben Sie Geduld und Nachsicht mit mir, ich bitte demüthig, aber dringend darum.»[28] Und an späterer Stelle «Ich bin halb tot, gehetzt wie ein Hase, und muß schließen, so leid es mir ist.»[29]

Mit sanfter Hartnäckigkeit wirbt Lady Charlotte um die Freundschaft der «Königlichen Hoheit» – so die Anrede in den ersten Briefen. Im Laufe der Jahre verdichten sich die familiären Kontakte zur königlichen Familie: Luitpold, der die Wichtigkeit der Freundschaft seiner Tochter mit Charlotte erkannt hat, lädt sie als häufigen Gast zu seiner berühmten Mittagstafel und als Begleiterin zu Theateraufführungen ein. Charlotte ihrerseits empfindet große Zuneigung und Dankbarkeit für seine «väterliche Güte», wie sie Therese schreibt: «Darf ich bitten, meinem geliebten Herrn und Gönner, Seiner Königlichen Hoheit, dem Prinz-Regenten, die ehrfurchtsvollsten Wünsche, durch Sie, Königliche Hoheit, mit der Versicherung zu Füßen legen zu dürfen, dass seine Gnade und geradezu väterliche Güte mir täglich gegenwärtig sind.»[30] Und als Pendlerin zwischen ihrer doppelten «Heimat» Deutschland und England, dem parlamentarischen Arbeitsplatz ihres Mannes, gesteht sie: «Der Begriff des Vaterlandes ist mir in seiner Person verkörpert. Er hat Sie mir auch mitgeschenkt, und unzählige Male das Herz aufgerichtet. Fern von Allem, was Heimath und Vergangenheit in meinem Leben bedeuten, bin ich nur umso inniger mit ihm verbunden.»[31]

Therese ihrerseits übernimmt die Patenschaft für den spätgeborenen jüngsten Sohn William, der im Oktober 1882 zur Welt kommt. Allerdings scheint sie ihre Zustimmung ursprünglich in Erwartung einer Patentochter gegeben zu haben. Charlotte baut vor: «Also natürlich bleibt es dabei: Von einem Buben wollen Sie nichts wissen; ein glückliches kleines Mädchen gehört unter Ihre Flügel, liebe Königliche Hoheit, und wird, wenn Sie es nicht selbst anders bestimmen, Marie-Therese getauft. Ich liebe Ihren Namen sehr, erstens weil es der Ihrige ist, und dann weil die Heilige, die ihn wählte, [...] mir lieb ist, und zudem wird das Kind im Oktober [der 15. Oktober ist der Namenstag der Namenspatronin Therese] wohl zur Welt kommen. Aber wie gesagt, es steht bei Ihnen, nicht bei mir. Ich habe keine vorgefaßte Meinung.»[32]

Zwei adelige Schriftstellerinnen in solidarischer Unterstützung

«Jedenfalls sind unsere Bahnen in einem gewißen Sinn
parallel gegangen und wir können wohl beide sagen:
‹Es ist Mühe und Arbeit gewesen, und darum ist es köstlich gewesen.›»[33]

Trotz unterschiedlicher Lebensbedingungen – hier die mit einem meist abwesenden irischen Politiker verheiratete historische Schriftstellerin und quasi alleinerziehende Mutter von drei Kindern, dort die in höfisches Reglement und familiäre Rücksichten eingebundene naturwissenschaftlich orientierte Prinzessin – ist für beide Frauen die Vereinbarkeit von Alltag und Wissenschaft ihr gemeinsames existentielles Problem. Anregung und Unterstützung bei den jeweiligen Vorhaben nehmen daher einen breiten Raum in ihren Gesprächen und Briefen ein.

Therese verdankt der Freundin ihre Erlösung aus einem *verfehlten Leben,*[34] denn Charlotte lässt nicht davon ab, Therese immer wieder dazu aufzufordern, ihrem durch höfische Zwänge zur Untätigkeit verurteilten Leben durch schriftstellerische Arbeit eine aktive Wende zu geben. Ohne diesen Einfluss hätte Therese wohl nicht den Mut gehabt, sich auf den Weg zur wissenschaftlichen Reiseschriftstellerin zu begeben. So nennt sie bereits 1880 bei Erscheinen ihres ersten Aufsatzes «Reise nach Tunis» die Freundin *als geistige Urheberin des Ganzen. Die* freut sich ganz besonders über den Erfolg dieser Veröffentlichung der vordem so zögerlichen Prinzessin: «Königliche Hoheit – nicht ohne innige Freude habe ich diesen Morgen die Allgemeine Ztg. gelesen. Wer weiß besser als ich, daß diese Brosamen an einem so reichen Tisch, wie der Ihrige es ist, eigentlich gar nicht zählen. Wüßten es die Andern, sie müßten Ihre Bescheidenheit unendlich mehr bewundern als die mitgetheilte Probe Ihres Talentes. Aber es ist doch gut, daß Alles so gelang, und im Druck nehmen Sie sich vortrefflich aus. Die Seemännische Sprache, die ich schon im

Manuskript bewunderte, in ihrer technischen Gewandtheit, gibt der Sache Kraft und Ton. Von Herzen also gratuliere ich, Sie wissen warum, und wie nahe mir von nun an Alles gehen wird, was von Ihnen kömmt.» Therese reagiert irritiert, abwehrend, ähnlich wie später bei ihrer Ehrenpromotion: *Es sind Ihre Gefühle, Ihre Theilnahme, über die ich Freude empfinde, nicht über die Zeitungsöffentlichkeit. Im Gegenteil, letztere brachte mich ganz auseinander u. ich habe mich noch lange nicht darüber beruhigt.*

Auf Charlottes Rat hin hatte sich Therese zunächst mit dem kürzlich verstorbenen Dichter Nikolai Alexejewitsch Nekrassow (1821–1878) beschäftigt. Doch die wissbegierige Naturwissenschaftlerin kann sich mit solch literaturwissenschaftlichen Studien nicht so recht anfreunden, sie bezeichnet diesen Vorschlag sogar als einen *Umweg*. Da sie sich aber, *um diesen politischen Dichter zu verstehen, in die russische Geschichte, die soziale Entwicklung Rußlands vertiefen* musste,[35] dient ihr diese Lektüre als nützliche Vorbereitung für ihre 1882 geplante Russlandreise und für ihre 1885 noch unter Pseudonym erschienene Veröffentlichung «Reiseeindrücke und Skizzen aus Rußland». Charlotte reagiert mit großer Freude auf die Übersendung des Buches, ein «schönes vollendetes, abgerundetes und gelungenes Werk». Und durch eigene entbehrungsreiche Erfahrungen motiviert, fährt sie fort: «Sie sind den Weg der Arbeit, der Forschung, des emsigen Sammelns und glücklichen Vollendens gegangen [...] Das literarische Handwerk, die schriftstellerische Thätigkeit [...] veredeln das innere Leben und stellen ihm lösungswürdige Aufgaben. Wer sich einmal ihm zugewendet hat, dem ist die Arbeit liebgeworden und die Einsamkeit vertraut. Der beste Theil des Lohnens, den sie bringen, liegt in den Opfern, die sie auferlegen, und der Bescheidenheit, die sie lehren: Ars lunga, vita brevis. – Ich weiß gewiß, daß wir uns darin in vollständigem Einklang befinden.»[36]

In den folgenden Jahren bereitet Charlotte ihre dreibändige Biographie der Schriftstellerin Madame de Staël (1766–1817) vor, die zwischen 1887 und 1889 gleichzeitig auf Deutsch, Englisch und Französisch erscheint – das beeindruckende Werk einer Frau, die als Autodidaktin in nächtelanger Schreibtischarbeit dieses – wie sie selbst ironisch schreibt – «Kleinod deutscher Literatur» erarbeitet hat. Obwohl erschöpft, versucht sie allen ihren Pflichten nachzukommen, doch «mein moralischer Muth steht, was ihm eigentlich selten passiert, auf Null.[37] Und: Ich habe als Mutter das Gefühl eines Steins, der einem Abgrund zurollt, nur daß ich es weiß, aber der Stein nicht.»[38] Drei Monate später vergleicht sie ihren Zustand mit einem «Galeerensträfling ohne jegliche Ruhe und Landparthie». Die gleichzeitige Bewältigung von Schreib- und Erziehungspflichten reibt sie auf: «Freundin löst sich in Tinte auf, und Willi [der jüngste Sohn] bestreitet hartnäckig die Existenz eines göttlichen Wesens. ‹Il est mort›, sagt er, ‹je le sais, je l'ai vu›. Was Kinder mit so etwas meinen?»[39]

Möglicherweise nicht zuletzt auch aus finanziellen Gründen ringt Charlotte sich dennoch in rascher Folge einen Aufsatz nach dem anderen für die *Deutsche Rundschau* ab, gleichzeitig aber arbeitet sie an mehreren Projekten, zunächst an einer Studie über «Talleyrand» (Berlin 1894), anschließend an einer Biographie über «Gabriele d'Annunzio» (Berlin 1901). 1903 erscheint dann die vielbeachtete Arbeit über «Chateaubriand. Romantik und Restaurationsepoche in Frankreich», in die – nach ihren eigenen Worten – ihre «ganze Weltanschauung» eingegangen ist.[40]

Auch dieses Werk profitiert von dem produktiven Austausch mit Therese: «In der sicheren Überzeugung, dass Sie keine Zeit für mein jüngstes Geisteskind übrig haben, meine geliebte theure Prinzessin, habe ich das Ihnen bestimmte Exemplar auf meinem Schreibtisch in München liegen lassen: Sie entgehen ihm doch nicht, und hier [in London] fehlt mir jeder Anhaltspunkt über die Aufnahme, die dem Buch geworden ist. Nur einige Fachleute waren oder sind zufrieden, und die Freunde, die eine Behandlung des Stoffes meinerseits wünschten, bereits in die Ewigkeit eingegangen. So kann ich von Freude an der gethanen Arbeit nicht mehr sprechen und hoffe, Gott wird in Seiner Barmherzigkeit das Opfer der Vereinsamung und die Plage, die mit jedem solchen Werk verbunden ist, nicht ganz verwerfen. Königliche Hoheit haben dazu geholfen, in Lindau, mit unvergeßlicher Geduld und Liebe! – Noch einmal den innigsten, aufrichtigsten Dank dafür und auf Wiedersehen.»[41]

Charlotte liest und prüft gründlich, was Therese schreibt und publiziert, sie spart dabei aber auch nicht mit aufrichtiger Kritik. So reagiert sie am 21. September 1897 auf das Manuskript des Brasilienbuchs: «Meine geliebte Prinzessin, heute bin ich weiter als gestern in Ihrer schönen Arbeit vorgedrungen, verzeihen Sie deshalb, wenn ich nochmals schreibe. Sie haben große Fortschritte gemacht, im Styl und in der Darstellungsweise, wenn Sie mir in dieser Form den Ausdruck meiner Bewunderung gestatten. Nicht nur um der ganz außerordentlichen, physischen Leistungen und wissenschaftlichen Ausbeute willen wird Ihr Buch gelesen werden. Es gibt oft in überraschend treuen und reichen Bildern den Eindruck dieser Tropenarten. Umso wichtiger erscheint es, Sie auf einige Kleinigkeiten aufmerksam zu machen, die bei polyglotten Schriftstellern ganz unvermeidlich sind. Es entschlüpfen Ihnen Wortbildungen, die nicht deutsch sind.» Es folgt eine mit beckmesserischer Akribie angefertige Liste von stilistischen Verfehlungen. Und fürsorglich fügt Charlotte abschließend hinzu: «Ich habe mir diese kleinen Notizen gemacht, weil man, nicht gewarnt, leicht auf einer schiefen Ebene sich fortbewegt.»[42]

9.

Freiheit war es, wonach ich leidenschaftlich lechzte
Reisen in die Selbstbestimmung

Befreiung von den Fesseln der Konvention!

Die jeweils hart erkämpften Reisen verschaffen Therese eine – zumindest zeitweilige – Lösung aus den Fesseln familiärer Pflichten, höfischer Repräsentation und antiquierter Standesvorschriften, hatte sie doch zeitlebens unter den standesgemäßen Einschränkungen gelitten, denen sie als Prinzessin tagtäglich ausgesetzt war. So war es ihr zum Beispiel zu Lebzeiten des Vaters nicht erlaubt, sich anders als *mit dem blaulivrierten Lakaien hinter sich durch die Straßen Münchens* zu bewegen, dies zu einer Zeit, «als die andern Mitglieder des Königshauses schon längst mit dieser alten Sitte gebrochen hatten».[1] Selbst um den Odeonsplatz zu überqueren und die Königinmutter Marie in der Residenz zu besuchen, *mußte erst der mühsame Apparat Hofdame u. Lakai in Bewegung gesetzt werden.*[2] Das war eine aus früheren Zeiten stammende höfische Gepflogenheit, die – wie Bruder Leopold beschwichtigend schreibt – «angeblich in Wien und Berlin noch rigoroser galt, denn dort war es den ‹Damen der regierenden Häuser› grundsätzlich verboten, sich überhaupt zu Fuß durch die Stadt zu bewegen».[3] Therese – gehorsam und aufmüpfig zugleich – beschreibt mit unverhohlener Ironie den alljährlichen Ortswechsel von der Lindauer Sommervilla AmSee nach München: *Ich werde unter sicherer Obhut nach München escortiert* [...], *durch Papas Vermittlung unter ‹herrlicher› (‹herrlich› von Herr d.h. Cavalier) Escorte, wie man einen Gefangenen von einem Gefängniß zum anderen übersiedeln macht.*[4] Selbst einen harmlosen Ausritt in den Englischen Garten darf sie nicht allein unternehmen: Sie wird von einer vierfachen Begleitung, von einer Hofdame und drei männlichen Beschützern, escortiert. So hat es der polnische Historienmaler Jan Chełmiński (1851–1925) auf einem Gemälde von 1878 festgehalten.

Thereses Ausritt im Englischen Garten, escortiert von reicher Begleitung (1878)

Auf den von ihr initiierten Reisen lässt Therese nicht nur die beengenden höfischen Vorschriften hinter sich, sie entkommt zugleich – wenigstens für kurze Zeit – den ihr von der sterbenden Mutter aufgetragenen, belastenden *Kindes- und Standespflichten,* der schwesterlichen Fürsorge für das Seelenheil der Brüder, vor allem aber auch der tagtäglichen Verfügbarkeit für den achtundvierzig Jahre lang als Witwer mit ihr in einem Haushalt zusammenlebenden Vater. Aber nicht nur die familiären Pflichten und Einschränkungen lasten auf ihr, sie fühlt sich auch in dem höfischen Umfeld menschlich fremd, ohnmächtig ausgesetzt einem missgünstigen Klima. So erlebt sie jedesmal ein Wechselbad zwischen Fortsein und Zurückkommen: *Kaum in München angelangt, wieder all die Nadelstiche u. all die alten vergessenen Plackereien u. Kränkungen am Horizont auftauchen, wie Lenau singt, daß all die alten ‹Kränkungen aus ferner stiller Versenkung›* herauskommen. [...] *Der ganze Wust der zum Wahnsinn treibenden moralischen Stiche taucht wieder auf, gespensterhaft, unentrinnbar.*[5] Sie steigert sich in eine tiefe Ablehnung der Menschen ihrer Umwelt: *Ich habe einzelne Menschenstudien gemacht* [...] *u. Resultate wenig erfreulicher Art erhalten. Das Unleidlichste am Menschen ist der Mangel an Gemüth, der Mangel an gutem Willen, Andere zu verstehen, das böswillige Entgegenkommen gegen anderer Freundlichkeit, das böswillige Auffassen anderer Thaten, mit einem Worte das Fehlen der Herzensmilde u. der schonenden Liebe zum Nächsten.*[6]

Als eine *Klosterfrau, eine alte, liebe,* die ihr *besonders sympathisch ist, Therese* auf ihre Reisen anspricht und fragt: *Was haben Sie denn davon? Was konnte ich antworten! Ja, was habe ich davon? Nutzen für den Himmel, keinen. Es ist eine Betäubung, eine Anregung, ein Vergessen dessen, was mich wahnsinnig machen könnte, wenn ich Jahr aus Jahr ein darauf dächte; wie eine krankhafte Leidenschaft scheint mir manchmal meine Reisepassion, u. doch liegt ein Segen für mich darin, denn es zieht mich auf Monate ab von dem wehen Punkte, bei dessen bloßer Berührung ich wie getroffen innerlich aufschnelle.*[7] Es ist ihr eine *unbeschreibliche Wohlthat,* wenn sie sich *dieser Pflicht mitunter entledigen konnte, u. dieses war es, was vornehmlich beitrug, für mich das Reisen zu einem Hochgenuß zu gestalten.*[8]

Ihr häufig zitiertes Credo lautete: *‹Freiheit, Freiheit› war es, wonach ich leidenschaftlich lechzte, Befreiung von den Fesseln der Konvention.*[9]

Der Mitternachtssonne entgegen (1881)

Die positiven Reaktionen auf ihren *Tunis*-Aufsatz bestärken Therese darin, ihren neuentdeckten Lebenssinn, den Zusammenklang von Forschen, Reisen und Schreiben, noch energischer in die Tat umzusetzen. Mit großer Eile, zugleich aber mit der ihr eigenen Gründlichkeit, macht sie sich an die Vorbereitungen für ihre erste eigenständige Expedition. So gelingt es ihr endlich, mit dreißig Jahren, im Sommer 1881, zu einer selbstverantworteten Forschungsreise aufzubrechen; als Ziel hat sie sich die skandinavischen Länder bis über den Polarkreis hinaus vorgenommen. (Vgl. die Karte ihrer Reiseroute im Anhang, S. 319)

Der Besuch Nordeuropas war ihr seit *Kinder- und Jugendjahren als etwas unvergleichlich Interessantes erschienen.* Sie hoffte, so schreibt sie in der Einleitung ihrer Reisebeschreibung «Über den Polarkreis»[10], für ihre *ausgesprochene Vorliebe für Naturwissenschaften* gerade in Skandinavien ein reiches Betätigungsfeld vorzufinden. Schwerpunkte sollten die *eigenartige Thierwelt, Pflanzengeographie und Geologie* bilden, außerdem die Beobachtung der *skandinavischen Nomaden und die beachtenswerten Temperaturverhältnisse Norwegens.*[11]

Max Auer,
«Mein Diener und treuer Begleiter auf allen Reisen»

Die Vorbereitung dieser Polarreise steht ganz unter dem Einfluss von Alexander von Humboldt (1769–1859), dessen Bücher Therese schon in frühester Jugend fasziniert haben. Strikt folgt sie dem von ihm vorgezeichneten Dreischritt: erstens wissenschaftliche Zielsetzung, Planung, Vorbereitung, zweitens Durchführung und drittens wissenschaftliche Aufarbeitung. Sie liest landeskundliche beziehungsweise geographische Werke, dazu tier- und pflanzenkundliche, historische, statistische und völkerkundliche Quellen wie «Peschels Völkerkunde», dazu aktuelle Zeitschriften und Magazine wie «Petermanns Geographische Mitteilungen» und «Réclus, Nouvelle géographie universelle».

Auf diese Weise *reichlich versehen mit vorbereitenden Notizen aller Art und bewaffnet mit schon vor Jahren erworbenen Sprachkenntnissen,* begibt sich die *kleine Reisegesellschaft* im Juni 1881 auf den *Weg der zweieinhalb Monate dauernden Expedition.* Die standesübliche und maßgeblich vom Vater beeinflusste Auswahl ihrer dreiköpfigen Begleitung besteht aus dem «Reisemarschall Ludwig Freiherrn von Malsen, bzw. Kavalier», einer «begleitenden Dame» und einem «Diener», dem *getreuen Ekkehard* Max Auer, der ihr von da an auf allen größeren Unternehmungen zur Seite stehen wird.[12]

Um nicht als bayerische Prinzessin erkannt zu werden und sich einen authentischeren Einblick in fremdes Leben verschaffen zu können, wohl auch um finanzieller Vorteile willen, reist sie grundsätzlich – damaligem Usus entsprechend – *inkognito*, ihr Reisepass ist ausgestellt auf den Namen *Gräfin Elpen*. Den Namen «Elpen» hatte auch ihr Bruder Arnulf als Pseudonym benutzt. Schon auf ihrer ersten Griechenlandreise hatte sie die Wohltat des anonymen Reisens gespürt: *Meiner schüchternen Natur entspricht letzteres ganz besonders, da fühle ich mich frei, unbeachtet, ist mir wohlig zu Muthe, da bin erst ‹ich selbst›*. Und im Rückblick fügt sie erläuternd hinzu: *Alles Conventionelle war mir von Herzen zuwider, das gemäß der prinzlichen Stellung ‹Auf dem Piedesthal stehen› eine stete wahre Pein. So aber, unerkannt, konnte ich untertauchen in der Menge, mich unbefangen bewegen, Mensch sein unter Menschen, u. das bildete für mich mit ein Hauptreiz aller Reisen.*[13]

Ende Juni 1881 startet die Reisegruppe über Eisenach, Lübeck und Kiel nach Kopenhagen. Dort fordert das berühmte Thorwaldsen-Museum einen Pflichtbesuch, war ihr doch der in Kopenhagen geborene Bildhauer Bertel Thorwaldsen (1770–1844) durch seine Mitwirkung an der innerarchitektonischen Ausgestaltung des elterlichen Palais Leuchtenberg von klein auf vertraut. Es war ihr Großvater Ludwig I., der eine persönliche und künstlerische Beziehung zu dem dänischen Künstler gepflegt und ihm für den großen Speisesaal des Münchner Palais den (nachmals) berühmten «Alexanderfries» in Auftrag gegeben hatte.[14] Thereses Eindruck und Urteil: *Das Thorwaldsenmuseum ist wunderschön, namentlich interessant, wenn man die Antiken kennt u. Vergleiche anzustellen vermag. Bei einzelnen Werken ist der große Meister den Alten fast gleich gekommen.*[15]

Von Kopenhagen aus geht es mit Schiff und Eisenbahn weiter, über Göteborg zu einem flüchtigen Besuch nach Christiania (dem heutigen Oslo) und von da ab in einer vierundzwanzigstündigen Bahnfahrt nordwärts, zügig der Mitternachtssonne entgegen. Die Zeit drängt, denn die *Entfernungen in Skandinavien sind keine geringen, und zudem befördern sowohl Eisenbahnen als Dampfschiffe den Reisenden auf höchst gemüthliche Weise.*[16] Ab Trondheim beginnt die Fahrt auf dem Schiff entlang der Küste über den Nördlichen Polarkreis nach Bodø. Dort wird um Mitternacht ein *kleiner Berg* bestiegen. *Der Anblick von da oben bei der eigenthümlichen Beleuchtung u. der großartigen, einsamen Gebirgswelt wird mir unvergeßlich sein.* […] *Die Landschaft ist großartig; ein Berg überbietet den anderen an wilden, phantastischen Formen, an kühnen Spitzen und jähen Abstürzen, doch am schönsten ist im Hintergrund von Bodø das Sulitelmagebirge in blendendweißen Schnee gehüllt, zwischen den wilden zackigen Gipfeln ausgedehnter Schneefelder.* Dichter Nebel und Regen lassen die Fahrt durch die Lofoten zu einer leichten Enttäuschung werden, das gleiche Schicksal trifft die Reisegruppe in Tromsø und am Nordkap, das zweimal umsegelt wird. Doch Therese lässt sich in ihrer Faszination vom Norden durch das Wetter nicht irritieren: *Der Anblick ist wirklich großartig, die Regen- und Nebelstimmung, in der wir es sahen, vermehrt nur den ernsten Eindruck, den es macht.* Zu Schiff, Wagen und Pferd durchforscht die Reisegruppe Norwegen. Selbst der *Galdhøpigg,* Norwegens höchster und gletscherreichster Gipfel mit einer unvergleichlichen Rundsicht, wird *in 16stündiger Reit- u. Fußtour mittels stundenlanger Schnee- u. Gletscherwanderung, theilweise angeseilt, erstiegen.*[17]

Der Rückweg nach Trondheim führt über Bardu, Vardø und Hammerfest, von wo aus die Reise auf dem Landweg nach Bergen beginnt. Der Abschied von Hammerfest endet allerdings *bei Schneeluft* mit einem Bad im sechs Grad kalten Eismeer: *Ein zu kühner Sprung auf die nasse und glatte Landungstreppe* verursachte ein *Ausgleiten beider Füße.*[18] Von Bergen geht es weiter mit dem Schiff. Die stürmische Seefahrt rund um die norwegische Südspitze nach Christiania ist ganz nach Thereses Geschmack. Wie einst auf dem Mittelmeer ist sie auch jetzt wieder von den entfesselten Naturgewalten fasziniert: *Diese 2 Tage werden mir unvergeßlich sein, denn sie waren wundervoll; von früh bis Abends auf Deck hatte ich Gelegenheit, die großen, hohen Wellen anrollen u. an den Klippen zerstäuben zu sehen. Der Gischtflug kam hoch über das Deck u. unser Schiff schlingerte dermaßen, daß Alles wie die Affen an Stricken, Ketten pp angeklammert hing, um nicht umgerissen zu werden. Von den vielen Damen, welche an Bord waren, war ich einen Nachmittag die allereinzige, welche nicht dalag. Je ärger es that, desto lieber war es mir. […] Von etwa 300 Passagieren waren nur ca. 6 gesund an Deck, darunter ich. Ich konnte mich an dem wundervollen Schauspiel nicht satt sehen u. das über die Schären gepeitschte Meer war herrlich. […] Die aufgeregte See ist ein unbeschreiblich großartiger Anblick, der sich mit nichts vergleichen läßt.*[19]

Was die landschaftlichen Reize anbelangt, fällt Thereses Vergleich zwischen Norwegen und Schweden zugunsten von Norwegen aus, dafür aber entschädigt Schweden durch Poesie und historische Reminiszenzen, vor allem aber gefallen ihr *die Schweden besser als die Norweger, u. die unabsehbaren, einsamen Wälder Wermelands p. waren mir entschieden sympathisch. Wir waren in Dalarne (am Siljansee), wo wir die schönen Trachten sahen, dann in Fálun im berühmten Kupferbergwerk, in Upsala u. schließlich 4 Tage in dem wunderhübschen Stockholm, welches es aber doch mit Lissabon u. Neapel durchaus nicht aufnehmen kann.*[20] Auch Gripsholm, *das alte, düstere Schloß mit seiner düsteren Geschichte*[21] wird nicht ausgespart.

Der umfangreiche Reisebericht von 342 Seiten erscheint erst acht Jahre nach der Nordlandexpedition, weil Therese bereits knapp ein Jahr nach der Skandinavienfahrt nach Russland aufbricht. Die anschließende Aufarbeitung des überreichen russischen Materials zieht sich über drei Jahre hin, wobei die Autorin bis zu dessen Erscheinen 1885 gleichzeitig an beiden Reisebüchern arbeitet – nicht selten bis zur völligen Erschöpfung. Doch damit noch nicht genug, denn schon werfen die komplizierten Vorbereitungen der für 1888 geplanten Brasilienexpedition ihre Schatten auf Thereses Schreibtisch voraus. So erscheint das Polarkreisbuch erst 1889, bestens plaziert im renommierten, auf Reiseliteratur spezialisierten Leipziger Brockhaus Verlag, und zwar wieder unter dem durchsichtigen Pseudonym «Th. von Bayer», das einen männlichen Verfasser zumindest nicht ausschließt. Das Buch ist mit fünf «Tafeln» ausgestattet, mithin mit Abbildungen, die zum Teil auf Thereses eigenen Photos beruhen. Während sie mit Fußnoten sparsam umgeht, ist das Buch mit einem umfangreichen Namen- und Sachregister von rund 650 Stichwörtern versehen – vermutlich in der Hoffnung auf einen nicht nur touristisch interessierten Leserkreis.

Wie auch im Russlandbuch wechselt die Darstellung zwischen Szenen persönlicher Begegnungen, bezwingender Landschaftsbilder und eingestreuter ausführlicher Belehrungen über historische und landeskundliche Details, über skandinavische Nomaden, Lebensart, Bräuche, Vegetation und Tierwelt. So nutzt die Autorin die Beschreibung der *tagesklaren* Nachtstunden, die *mitternächtliche Bergwanderungen* ermöglichen, um auch ausgiebig auf die ungewöhnlichen Temperaturverhältnisse einzugehen. Stößt sie beim Muschelsammeln auf eine *Napfschnecke*, so ist deren Beschreibung Anlass zu einem gelehrten Exkurs über die Gattung der Wasserschnecken.[22] Kostet sie in Norwegen zum ersten Mal – neben *Lachs und Rennthierbraten* – das landesübliche Fladbrød, so erläutert sie ausführlich, dass es sich dabei um *eine papierdünne Scheibe* handelt, *ungegohren, von Farbe graubraun*, die aus *Roggen- und Gerstenmehl besteht* und *auf einer eisernen Platte gebacken wird. An Haltbarkeit, aber auch an Härte und Schmackhaftigkeit läßt dieses Brot nichts zu wünschen übrig.*[23] Sie interessiert sich für die funktionierenden *Wanderschulen ebenso* wie für die sogenannte *Landhändlerei*, und wägt die Vorteile einer solchen zentral gesteuerten, flächendeckenden Belieferung von lebenswichtigen Gütern bis in die abgelegensten Orte kritisch ab gegen die offenkundigen Nachteile der damit verbundenen unkontrollierbaren Preistreiberei.

Die öffentliche Reaktion auf das Buch ist überraschend lebhaft, vermutlich auch mit neuen Impulsen versehen durch die 1893 vom deutschen Kaiser Wilhelm II. unternommene Nordlandreise. Die Rezension spricht von einem «mit außerordentlichem Fleiße, großer Sachkenntnis und sauberstem Style geschriebene[m] Buche», das ihm ein sehr hohes augenblickliches Interesse verleiht, wobei jedoch hervorzuheben bleibt, dass dasselbe von dauerndem Werthe ist und Jedem, der den hohen Norden Europa's besuchen will, zur Orientierung über alles Wissenswerthe in jenen Ländern nicht dringend genug empfohlen werden kann. Der Preis beträgt 6 Mark, was mit Rücksicht auf die saubere Ausstattung als mäßig bezeichnet werden muß.» [24]

Quer durch das russische Zarenreich (1882)

Unter völliger Geheimhaltung macht sich Therese, kaum zurückgekehrt von ihrer Nordlandreise nach München, bereits während der folgenden Wintermonate an die Vorbereitungen einer Forschungsreise durch das russische Zarenreich. Mit Eifer studiert sie Generalstabskarten, Fahrpläne und geographische Handbücher. Zwar beherrscht sie die russische Sprache *ziemlich geläufig*, doch gilt es nun, *durch erneutes Conversationsstudium mich zu praktischer Verwendung derselben vorzubereiten; die klassische russische Literatur hatte ich in ihren Hauptwerken gelesen. Die russische Geschichte u. russischen culturellen Verhältnisse waren mir durch meine schriftstellerische Arbeit über den Dichter Nekrassow wohlbekannt. Ich hatte Jahre hindurch allerhand Bücher über Rußland genau durchstudiert u. war dadurch in Rußland so heimisch, daß eine Reise dorthin gleichsam nur mehr einer Prüfung glich, ob ich das Land durch meine Studien richtig erfaßt* [habe] *oder nicht.*[25]

Motiviert durch die Freundschaft mit ihrer gleichaltrigen, aus Russland gebürtigen Cousine Olga hatte sich Therese schon früh *mit russi-*

scher Sprache, Literatur und Geschichte beschäftigt [...], *nicht minder gründlich mit den russischen Volksgebräuchen, socialen Verhältnissen und staatlichen Einrichtungen.*[26] 1868 erwähnt die Achtzehnjährige in ihrem jährlichen winterlichen Lektürebericht ein *Reisewerk über Russland,* und in seinem Erscheinungsjahr 1877 stürzt sie sich sofort auf das vielgepriesene Buch «Russia» von Sir Wallace, vormals Donald Mackenzie (1841–1919).[27]

Wohlgerüstet bricht sie nach Russland auf. Den äußeren Anlass für diesen letztendlich doch kurzfristig anberaumten Reisetermin bietet eine Panrussische Ausstellung in Moskau, von der sich Therese einen Überblick über die gesamte russische Kultur und Industrie verspricht. Denn ihr vordringliches Ziel ist ein politisches: Es geht ihr in erster Linie darum, die unter ihren Zeitgenossen herrschenden gesellschaftlichen, wirtschaftlichen und kulturellen Vorurteile gegenüber Russland durch eigene Anschauung zu überprüfen, um ihre positiveren Ansichten über das Land glaubwürdig dokumentieren zu können, *da die meisten gar keine oder eine sehr mangelhafte oder, was noch schlimmer ist, eine verkehrte Vorstellung* [von Russland] *haben.*[28] Denn: *Was bei uns über das große Slawenreich zu erfahren war, erwies sich zu oft als unrichtig.* [...] *Vielleicht ist dies aber auch so erlogen wie die meisten Nachrichten, die uns über Rußland zukommen.*[29] Mit der Veröffentlichung des Berichts über ihre Russlandreise will sie daher die zu ihrer Zeit verbreiteten, ihrer Meinung nach tendenziösen Presseveröffentlichungen widerlegen, um so *einen bescheidenen Beitrag zur Kenntnis von Land und Leuten im Osten unseres Weltteiles zu liefern.*[30]

Wie schon bei der Skandinavienreise findet auch der Aufenthalt in Russland unter dem Schutz eines erfolgreich durchgehaltenen Inkognitos statt. Allerdings bedeutet diese, von Therese so geschätzte Anonymität auf Reisen aber auch zugleich Verzicht auf traditionell übliche Empfehlungsschreiben, die ihr den Zugang zu befreundeten Herrscherhäusern oder einflussreichen Kontaktpersonen ermöglicht hätten. Durch das Inkognito sollte diesmal besonders gewährleistet sein, dass *wir die Zustände sahen und über sie hörten, wie sie wirklich sind, und nicht wie man sie uns, wenn wir mit Empfehlungsschreiben bewaffnet gewesen wären, vielleicht gemildert hätte vorführen wollen.*[31]

Sie freut sich noch nachträglich: *Mein mit großer Umsicht in's Werk gesetztes Incognito war nämlich vollständig gelungen, u. wie wir auch noch später erfuhren, ahnte die russische Regierung nicht, wer sich un-*

ter dem Namen einer Gräfin X ungeniert in allen Winkeln Rußlands herumtrieb.[32] Dies ist erstaunlich, denn schließlich reiste sie ja nicht ohne Gefolge.[33] Das Unternehmen fordert von allen Beteiligten ein hohes Maß an Gesundheit und Ausdauer, bedenkt man, dass in vier Wochen insgesamt 7447 Kilometer zurückgelegt werden müssen. (Vgl. die Karte ihrer Reiseroute im Anhang, S. 320) Dank der streng chronologischen Kapitelabfolge des Russlandbuches und der zahlreichen ausführlichen Briefe an Vater und Bruder Arnulf lässt sich diese akribisch vorbereitete und auch korrekt nach Zeitplan durchgeführte Reise bis ins Detail genau verfolgen: Sie startet am 3. August 1882 um elf Uhr vormittags mit dem Expresszug von Wien nach Graniza, wo die galizisch-russische Grenze ohne formale Schwierigkeiten passiert wird. Nach zwanzig Stunden ist Warschau, nach weiteren neununddreißig Stunden – über Minsk und Smolensk – das erste Reiseziel Moskau erreicht. *Wenn ich sagen müßte, daß Warschau mir gefällt, müßte ich lügen. Es ist eine interessante, aber keine schöne Stadt. Auch die alten Adelspaläste sind gar nicht imposant.* [...] *Am Interessantesten ist der Straßenverkehr, das Volksleben, die eigenthümlichen Fuhrwerke, darunter schon ächt russische, das Militär.*[34]

Ganz anders lautet Thereses Urteil über Moskau, von dem sie ihrem Vater und Bruder begeistert vorschwärmt: *Moskau ist schön, hat all meine Erwartungen übertroffen u. ich bin mit jedem Tage lieber hier.* [...] *Wir wohnen unmittelbar dem Kreml gegenüber, dessen alte Umfassungsmauern u. -thürme sich in der Moskwa spiegeln. Darüber erheben sich unzählige Kirchen u. (weitere) Thürme. Es herrscht auf den Straßen das regste Leben u. man kann sich manchmal kaum der Wagen erwehren. Ich mache mir Land u. Leute zu einem wahren Studium, u. durch jahrelange Vorbereitung wird es mir gar nicht schwer, in das von uns Verschiedene einzudringen u. mich den Eingeborenen gegenüber zu Recht zu finden. – Es gibt unglaublich viel alte Kunstindustrie, von deren Existenz ich zwar* [...] *schon fast Alles genau wußte, aber die ich doch persönlich in Augenschein nehmen wollte. Die ächt russische Arbeit kennt sich bald leicht von der ausländischen u. orientalischen weg; im selben Stil wird jetzt noch gearbeitet, u. bietet dies den Hauptstock der ‹(panrussischen) Ausstellung›.* [...] *Wir waren schon zweimal in der Ausstellung u. sahen erst vielleicht den sechsten Theil; es wird mir ganz schwül, wenn ich denke, wie viel noch zu bewältigen ist, um all das anzusehen, was Rußland in der*

Gegenwart produziert. Schade, daß so wenig zu uns von diesen Sachen dringt.[35]

Bei der knapp bemessenen Terminplanung reicht die Zeit zwar für eine mehrtägige Dampferfahrt auf der Wolga, für einen Abstecher nach St. Petersburg müssen allerdings karge eineinhalb Tage genügen. Dass das Kapitel über diese Stadt in ihrem Buch dennoch rund sechzig Seiten umfasst, wirft ein bezeichnendes Licht auf ihre Arbeitsweise: Sie stützt sich hier ganz offensichtlich weitgehend auf ältere Reiseberichte und Reiseführer. Sie schwärmt: *Petersburg ist wunderschön, ganz nach meinem Geschmack mit seinem vielen Wasser, es gefällt mir unbeschreiblich gut. Es hat eine herrliche Lage an dem großen Strom mit all seinen prächtigen Palästen u. vergoldeten Kuppeln u. Spitzen, die sich in schiffbelebtem Wasser spiegeln. Etwas reizendes sind die Newainseln mit ihren Villen u. Gärten; ich wüßte bei keiner anderen Hauptstadt eine so reizende Sommerfrische in solcher Nähe von Staub u. Stadtlärm. Wir waren in Jawskoje Sselol* [heute: Puschkin], *welches sehr schön ist, in Pawlowsk, auch mit reizendem Garten, außerdem in der berühmten Eremitage mit ihren Kunstschätzen, in der Isaakskathedrale, Kasankirche, dem Berginstitut, der Peter Pauls Festung, dem Haus Peter des Großen.* […] *Wir nützten unsere Zeit aus.*[36]

Obwohl Olga mit ihrer Familie zu Thereses Reisezeit nicht in ihrer Heimat Russland weilt, ist Therese trotzdem neugierig und begierig auf Pawlowsk, Olgas Geburtsort, vor allem auf das Familienschloss des Großfürsten Konstantin, dessen Inneneinrichtung sie detailliert beschreibt. Ihre nahen persönlichen Beziehungen zu den Besitzern hat sie allerdings während der öffentlichen Besichtigung nicht erwähnt. Im Buch jedoch kann sie nicht ganz umhin, ihre Cousine Olga bei der Beschreibung der Zimmer wie zufällig ins Spiel zu bringen: *Sogar ein von der den griechischen Königsthron einnehmenden ältesten Tochter mit einem Geibelschen Vers beschriebenes Blatt lag noch auf dem Schreibtische der Großfürstin, als hätte sie erst gestern an ihm gesessen.*[37]

Der zweite Teil der Reise, die Expedition nach Südosten durch die Steppe bis zur Krim, mithin zu den Kosaken und Kalmücken, ist ebenso abenteuerlich und strapaziös wie faszinierend, dabei voller Widrigkeiten, was Transport, Quartiere und Verpflegung betrifft. Statt mit der komfortablen russischen Eisenbahn, kann sich die Gruppe hier nur in einem vierrädrigen, holprigen Holzwagen fortbewegen; statt gediegener Hotels gibt es jetzt Übernachtungen unter freiem Himmel oder in Poststationen, wo Trunkenbolde grölen und es vor Bettwanzen wimmelt. Einmal nächtigen sie – in Teppiche eingehüllt – auf dem Fußboden bei nomadisierenden Kalmücken. *Aber all das vergißt sich u. hat auch seinen Reiz. Die Eindrücke, die ich daran mitgenommen, möchte ich um Vieles nicht hergeben, sie sind unvergeßlich großartig.*[38] Sie genießt besonders die Steppe, *man ist vollständig verloren in einer solchen Graswüste, so weit das Auge reicht ebener Horizont, kein Baum, kein Strauch, kein Haus* [...], *unwillkürlich richtet man sich nach den Gestirnen, um seine Richtung einzuhalten.*[39]

Nach Überquerung des Schwarzen Meeres bei ruhigem Seegang von Sewastopol nach Odessa vollzieht sich die Rückfahrt am 31. August zügig und ohne Aufenthalt über Kiew, Krakau und Wien nach München. *Endlich* [...] *hatten* wir die *große Schlinge vollendet, welche uns binnen weniger Wochen durch das ganze europäische Rußland führte, von seinem äußersten Westen bis weit hinein nach Osten und von seinem unwirtlichen Norden bis tief hinunter nach den lachenden Gestaden des Südens. Es war eine Reise gewesen, lehrreich und genußreich wie wenig andere* – so lautet der resümierende letzte Satz ihres sechshundertseitigen Reiseberichts.[40]

Besonders breiten Raum in ihren Beschreibungen nimmt die Panrussische Kunst- und Industrieausstellung ein, deren großflächiges Areal fünf- bis sechstausend Aussteller aus zirka sechzig Branchen beherbergt. Gestützt auf den nur in russischer Sprache vorliegenden Gesamtkatalog, beschreibt Therese Schritt für Schritt ihren mehrtägigen Rundgang durch die unendliche Warenfülle und verliert dabei nie ihr Ziel aus den Augen, die in den Nachbarländern durch die Presse verbreitete vermeintliche industrielle, technische und künstlerische Rückständigkeit Russlands durch überzeugende Gegenbeispiele zu widerlegen. Dabei wird zunehmend deutlich, dass Therese – ganz im Gegensatz zur allgemeinen Fortschrittsbegeisterung der Gründerzeit – den zivilisatorischen Errungenschaften der Industrienationen mit unverhohlener Skepsis gegenübersteht, immer wieder finden sich bei ihr Äußerungen, in denen sie die *beengenden Schranken unserer Hyperzivilisation* beklagt.[41]

Dennoch ist ihr Interesse an der technischen Entwicklung von Russlands Industrie und Handwerk, die sie immer wieder – zugunsten des Zarenreichs – mit westeuropäischen Standards vergleicht, so groß, dass sie selbst bei der Besichtigung von Herren- und Damentoiletten mit Genugtuung feststellt, dass diese *durch ihre geschmackvolle Eleganz und ihren vornehmen Reichtum kühn mit den Pariser Toiletten* zu konkurrieren vermögen.[42] Diese positive Einschätzung russischer Leistung und Lebenshaltung im Vergleich zu ihren Erfahrungen in anderen Ländern taucht in allen möglichen Zusammenhängen auf, etwa wenn es um die Einrichtung von Gefängnissen oder Kinderbetreuungsstätten geht oder um die sympathische Fremdenfreundlichkeit, die Höflichkeit der Beamten sowie die Reinlichkeit von Hotels und Gasthäusern. Ja, angeblich bleiben selbst die *Staatsschulden weit hinter den Staatsschulden Frankreichs, Englands und auch Spaniens zurück.* So kann ihr Fazit lauten: *Wir haben hiermit gesehen, wie es Rußland gelungen, es in Riesenschritten den westeuropäischen industriellen Einrichtungen nachzuthun, sich von der Abhängigkeit vom Auslande ziemlich loszulösen und in der Ausstellung den glänzenden Triumph der Entfaltung einer Vielseitigkeit und Reichhaltigkeit, würdig einer Weltausstellung, zu feiern.*[43]

Im Unterschied zu früheren und späteren Reisen richtet Therese diesmal ihr besonderes Augenmerk auf alles, was mit der Situation von Frauen zu tun hat. Dabei wird spürbar, dass sie dies vor dem Hintergrund eigener Erfahrungen tut, wie die ihr lange verwehrten selbstbestimmten Reisen, den allenfalls nur heimlich möglichen Erwerb von Mathematik- und Lateinkenntnissen, von einer praktischen Ausbildung zu einem selbständigen Beruf ganz abgesehen. Sie ist selbst überrascht, dass auch in dieser Hinsicht ihre optimistische Voreingenommenheit durch positive Beobachtungen gestützt wird: *Meine Sprachkenntniß hilft mir sehr, mich in allen Kreisen umzuthun u. das durchzusetzen, was ich einmal sehen u. ergründen will; so war ich gestern zudringlich genug, freilich mit vieler Mühe, in ein Frauenkloster zu dringen u. an der Hand einer sehr gebildeten, liebenswürdigen Nonne einen Einblick in das russische Klosterleben zu erhalten, das unserem sehr ähnlich ist.*[44] Besonders beeindruckt ist sie von der toleranten Einstellung der russisch-orthodoxen Nonnen gegenüber anderen Konfessionen, insbesondere gegenüber dem Katholizismus.

Der weitverzweigten Verbreitung von Mädchengymnasien *bis in die kleinsten und entlegensten Städte des Landes* schreibt Therese es zu, dass *es nicht selten* [ist], *in Rußland jungen Damen zu begegnen, welche, ohne im geringsten ihre Weiblichkeit dabei einzubüßen, gut lateinisch sprechen und in der Konversation unserer jungen Damenwelt fern-*

liegende Themata zu behandeln vermögen.[45] Nach der allen gesellschaftlichen Schichten zugänglichen gymnasialen Ausbildung ist sie ferner beeindruckt von den weiterführenden Ausbildungsstätten, insbesondere solchen für Lehrerinnen und Medizinerinnen. Sie rühmt die Leistungen russischer Ärztinnen, denen *medizinische Kreise* [...] *eine erkleckliche Zahl wertvoller gelehrter Fachschriften* verdanken und deren praktische Leistungen *auch auf chirurgischem Gebiet denen der männlichen Ärzte keineswegs* nachstehen.[46] Welch ein aufgeklärtes Zeichen, bedenkt man die in Deutschland zu Thereses Zeit besonders in der Medizin noch immer vorherrschende frauenfeindliche Einstellung. Durch umfassende intellektuelle Förderung wird *die Frau auf eigene Füße gestellt und in die Lage gebracht, sich selbständig ihr Brot zu verdienen, indessen in Ländern, in denen die Frauenbildung im argen liegt, Tausende von weiblichen Wesen, die nicht durch Heirat versorgt werden, ihre Tage unter größten Entbehrungen und im bittersten Elende dahinschleppen.*[47]

Eine gänzlich andere, wenngleich der Vergangenheit angehörende Art von Frauenschicksal erfährt Therese auf der Krim bei der Besichtigung der Frauengemächer in der ehemaligen Chanresidenz, *jene*[n] *nun verödeten Räumen, in welchen einst die armen Weiber ihr unsagbar langweiliges, jeder höheren Regung bares Leben vertrauerten* [...]. *In uns bäumte sich der Frauenstolz auf bei der Erinnerung an diese erniedrigende, sklavische Existenz unserer Mitschwestern*, und sie fügt hinzu: *eine Existenz, die ihnen noch heutigen Tages überall beschieden ist, wo der Islam seine Triumphe feiert.*[48]

Wider die ewigen Zeitungslügen über Rußland

Das Russlandbuch erscheint kurz vor Weihnachen 1884 (mit der Jahresangabe 1885) *als Frucht vieljähriger Studien, gekrönt durch die Reise 1882*. Bewusst wählt Therese auch hier wieder das Pseudonym «Th. von Bayer» und ist empört, dass eine insgesamt positive, aber *durchsichtige Kritik in der Allgemeinen Zeitung* ihr Pseudonym aufdeckt.[49] *Dies Besprochenwerden in der Öffentlichkeit, dieses Preisgeben meiner Gedanken aller Welt, empfand ich wie eine Ohrfeige.* Und: *Ich hätte mich am liebsten auf Tage u. Wochen vor den Menschen verkriechen mögen u. wäre erst wieder erschienen, wenn das erste Erstaunen über meine*

Kühnheit ein Buch zu schreiben u. zu veröffentlichen u. gar solch ein Buch, sich etwas würde gelegt haben. Ich sage ‹solch ein Buch›, denn sein Inhalt stand in grellem Gegensatz zu den ewigen Zeitungslügen über Rußland, welche bei den Meisten die einzigen Kenntnisse sind, die sie über dieses Reich besitzen. Ich war darauf gefaßt, daß bei diesen Leuten mit ihrer vorgefaßten Meinung ein Sturm der Entrüstung würde losbrechen u. das Ergebniß langer, gründlicher Arbeit einfach mit einem Hohnlächeln der Verachtung würde abgethan werden.[50]

Doch es kommt anders, als Therese befürchtet hat: *Die erste Kritik setzte ein, Fachschriften besprachen mein Buch, u. mein Weg in der geographischen Literatur war gemacht. Ich erhielt von verschiedenen Seiten Aufforderungen, Aufsätze in Zeitschriften geographischer Natur zu liefern; ich kam ihnen nicht nach, denn ich wollte meine Kräfte nicht zersplittern u. dachte schon an die Ausarbeitung eines zweiten Buches. Von all meinen Büchern ist wohl keines so viel gelesen worden wie mein erstes – aus Neugierde, wie ich wohl schreibe, u. sensationslüstern, was ich wohl über Rußland Pikantes zu sagen hätte.*[51]

Da sie jedoch das Reisen und Schreiben nur zu gern gegen eine andere, von ihrem Herzen diktierte Lebensform eingetauscht hätte, ärgert sie sich *über den Erfolg, ich hätte ihn fortschleudern mögen, weil er mich drückte, er war mir ganz zuwider, weil er sich mir wie eine Art Ersatz aufdrängte, ein schlimmer Ersatz! Und es war ja nichts für das Herz dabei.* […] *Das Bewußtsein, daß ich meine Arbeit überhaupt nur hatte leisten können, weil ich nicht die Seine geworden, daß ich den Erfolg nur um diesen Preis hatte haben können, das gerade machte mir den Erfolg so verhaßt. Wäre ich sein Weib, wäre ich das geworden, was einzig ich mein ganzes Leben gewünscht u. noch wünsche, so hätte ich nie Zeit gefunden, ein Buch zu schreiben. Welch anderes Leben wäre das gewesen als das jetzige! So kalt u. Tod ist die Wissenschaft, so warm der wahre Beruf einer Frau. Wenn ich wenigstens die Gelehrsamkeit gewünscht hätte u. den Frauenberuf von mir gestoßen, so aber sehne ich mich seit 20 Jahren nach letzterem, zwar nur unter der Form für ihn, mit ihm u. habe nach ersterem nur gegriffen, mich zu betäuben. Es liegt eine Ironie darin, wenn ein ungewünschtes Schaffen gelingt u. ein erstrebtes versagt wird.*[52]

Es gibt wenige Zeugnisse darüber, wie die engere Familie und die höfische Gesellschaft auf die abenteuerlichen Reisen und die Schriftstellerei ihrer unverheirateten Prinzessin, Äbtissin und Tochter reagiert haben.

Um so aufschlussreicher ist der Dankesbrief an Therese von ihrem königlichen Vetter Ludwig II., dem die Prinzessin das Russlandbuch geschickt hatte. Für seine aufrichtige Begeisterung über den Text findet er spontan ganz und gar unpathetische, ja verständnis- und liebevolle Worte, die auf eine von gegenseitiger Sympathie getragene persönliche Beziehung deuten. Am 5. Januar 1885 schreibt Ludwig II. aus Schloss Linderhof an seine Cousine Therese:

«Liebe Cousine: [...] Noch denselben Abend, an dem Dein mir hochwillkommenes Werk in meine Hände gelangte, nahm ich es auf eine Schlittenfahrt nach einer einsam im Ammerwald gelegenen Alphütte mit und vertiefte mich in dasselbe. Schon stundenlang habe ich mit dem wachsten Interesse darin gelesen. Es bereitet mir einen großen Genuss, Deine so trefflich geschriebenen Schilderungen von Land und Leuten des ehrwürdigen Slawenreiches näher kennen zu lernen. Empfange, liebe Cousine, meinen herzlichen Glückwunsch zur Vollendung dieser gediegenen schriftstellerischen Arbeit, welche Dir gewiß für immer einen ehrenvollen Autornamen verbürgt u. Dich hiedurch für die darauf gewendete Zeit und Mühe reichlich entschädigen wird. Nochmals Dir freundlichst dankend, bin ich Dir, liebe Cousine, meine besten Grüße sendend, stets Dein getreuer Vetter Ludwig.»[53]

25 Jahre später – Noch einmal Russland (1907/1910)

Noch einmal sollte sich für Therese ein Vierteljahrhundert später die Notwendigkeit zu mehrjähriger intensiver Beschäftigung mit dem slawischen Osten bieten: Anlass hierzu war der plötzliche Tod ihres Lieblingsbruders Arnulf, der 1907 in Venedig auf der Heimreise von einer siebenmonatigen Jagdexpedition durch den Kaukasus und Zentralasien an einer *tückischen Influenza* gestorben war. Sie wurde von vielen Seiten bedrängt: *Man wünschte Arnulfs Biographie zusammenzustellen. Zu dieser Arbeit war ich zu haben, wie ich auch zur Trauerrede geholfen. Ich wühlte in Arnulfs Briefen an seinen Vater u. an mich, um Material zu liefern, ich durchblätterte seine Reisetagebücher, um Auszüge daraus zu machen, ich studierte seine Leistungen auf der Kriegsakademie u. die Urtheile u. Zeugnisse seiner militärischen Lehrer, um auch diese Seite seines Wesens beleuchten zu können, endlich saß ich stundenlang mit Therese* [seiner Witwe] *zusammen, um eine möglichst getreue Charac-*

terschilderung von ihm zu entwerfen.[54] Die Zusammenstellung seiner Biographie wird für die tief getroffene Schwester zu einer mehrjährigen Trauerarbeit mit wissenschaftlich literarischen Mitteln: *Seine Reisebriefe u. seine Reisetagebücher enthielten so viel interessante Beobachtungen u. Beschreibungen von nahezu unbekannten Gegenden, daß ich lebhaft dadurch angeregt war u. es schade fand, all diese Notizen auf ewige Zeiten zu begraben. Und so entschloß ich mich, nach beiden Quellen eine Reisebeschreibung zusammenzustellen, möglichst mit seinen Worten. Wenn diese Arbeit auch nicht den wissenschaftlichen Apparat verlangte wie meine Reiseberichte,* [...] *so lag doch hier für mich eine besondere Schwierigkeit,* [...] *aus Bruchstücken eine Beschreibung von Ländern zu geben, die ich nie gesehen. So mußte ich mich, ehe ich an die Arbeit ging, um so genauer in der betreffenden geographischen u. ethnographischen* [Literatur] *umsehen, mich so zu sagen in diese Länder einleben; nebenbei liefen auch kleine Orientierungen über die Flora u. Fauna dieser fernen Gebiete. Eine große Hilfe war für mich die Kenntniß der russischen Sprache, welche mir wichtige Quellen aufschloß, u. ferner meine Kenntniß weiter Strecken des russischen Reiches, wodurch ich manche Analogie fand u. nach dem europäischen Rußland manches im asiatischen Rußland verstehen u. beurtheilen konnte, vor Allem die aus Westen nach Asien zugewanderte russische Bevölkerung.*[55]

Die opulent ausgestattete und reich illustrierte Publikation erscheint 1910 unter dem Titel «Des Prinzen Arnulf von Bayern Jagdexpedition in den Tian-Schan» im Münchner Oldenbourg Verlag. – Es sollte zugleich Thereses letztes Buch sein.

10.

Ich war wie von Stein
Der Tod ihres Vetters Ludwig II.

Der Vater wird Prinzregent

Am 13. Juni 1886 stirbt Thereses Vetter Ludwig II. im Alter von nur einundvierzig Jahren unter tragischen Umständen im Starnberger See. Thereses Aufzeichnungen zufolge, hatten vom Winter 1885/86 an *die kommenden Ereignisse ihren Schatten vorausgeworfen. Der König wurde immer absonderlicher, die Staatsmaschine begann nicht mehr regelrecht zu arbeiten. Der hohe Herr hatte sich ganz abgesperrt, die Familie hatte ihn, wie mir scheint, schon etwa ein Jahr nicht mehr gesehen, auch mit den Ministern verkehrte er nicht mehr persönlich, u. sogar der Verkehr mit der Dienerschaft wurde immer eigenartiger.*[1]

Immer deutlicher murmelte man bald in diesen, bald in jenen Kreisen, daß das Staatswohl unbedingt eine Änderung verlangte.[2] Eine solche Änderung aber bedeutete, dass im Fall der geplanten Entmündigung Ludwigs II. Thereses Vater Luitpold die Regentschaft für dessen rechtmäßigen Nachfolger, seinen zur Regierung unfähigen Bruder Otto, übernehmen musste. *Mein Vater war still, wortkarg, in sich gekehrt, nahezu trübsinnig u. ließ nie eine diesbezügliche Bemerkung fallen. Er hatte sein ruhiges, zurückgezogenes Leben so lieb, das er seit dem frühen Tod meiner Mutter führte, er verkehrte gern ungezwungen mit seiner militärischen Umgebung u. mit einer Schar Künstler, die er schon lange freundschaftlich kannte. Nun sollte er plötzlich, im vorgerückten Alter von 65 Jahren, an die breite Öffentlichkeit treten, die Zügel der Regierung ergreifen – u. unter welchen Umständen! Das war viel verlangt … Das kostete seine Freiheit, das Glück seiner alten Tage. Doch das Staatswohl heischte es u. der Staat fragt nicht nach dem Wohl des Einzelnen.*

Wer meinen Vater in jenen Wochen schwersten Opfers tagtäglich umgeben wie ich, in jenen Wochen des Widerstreites für einen fast ängstlich gewissenhaften Character wie den seinen, ‹Muß ich oder geht der Kelch an mir vorüber?›, wer dies gesehen, der weiß, was er namenlos, ja übermenschlich gelitten, stumm, dumpf vor sich hinbrütend. – Da kam der Tag der Entscheidung. Der unabweisbare Schritt war vor dem Volk, war vor der ganzen Welt gethan. Die unerträgliche Spannung ließ nach einigen Tagen nach, doch es war der Qualen noch nicht genug.[…][3]

Es kam der 13te Juni, der unselige Pfingstsonntagabend. Mein Vater hatte aufmerksam gemacht, ob nicht der Aufenthalt in Berg für den geistesgestörten König gefährlich sei, die maßgebenden Kreise meinten ‹Nein›, u. so fügte er sich der scheinbar besseren Einsicht. Wie gewöhnlich war mein Vater zur Ruhe gegangen. Da wurde er in der Nacht zum 14ten fünfmal geweckt, richtiger gestört, zuerst mit der Nachricht, der König sei vom abendlichen Spaziergang noch nicht heimgekehrt, dann mit der Nachricht, man suche den Garten ab, u. so ging es weiter, bis es hieß, man habe König u. Arzt im See ertrunken gefunden. An Schlaf war natürlich nicht mehr zu denken. Als ich in der Frühe um halb sieben Uhr wie alltäglich zum Frühstück kam, theilte mir mein Vater die Schreckenskunde mit. Ich blieb buchstäblich erstarrt u. konnte keinen Gedanken fassen, ein Abgrund hatte sich vor mir aufgethan, ein düsterer, unergründlicher Abgrund. Als mein Vater sagte, daß nach diesem Tag die Truppen vereidigt würden, fragte ich ganz geistesabwesend, die unerwartet u. urplötzlich geschaffene Lage mit keinem Gedanken erfassend: ‹Auf wen?› – ‹Natürlich auf Otto›, war die Antwort. Da kam ich erst zu mir u. begriff erst, daß wir den König verloren u. einen neuen König hatten.[4]

Therese ist von dem Tod ihres auf ungeklärte Weise ums Leben gekommenen Vetters zutiefst erschüttert: *Wie viele Jahre verteidigte ich ihn voran gegen all die lieblosen Stadtgeschwätze, auf die Gefahr hin, mißverstanden zu werden! Und dazu hatte ich bei seinem Tod die Empfindung eines wirklichen persönlichen Verlustes, weil er immer gut und gnädig und gerecht gegen mich gewesen war. Was mußte ich da erst empfinden bei dieser wirklich entsetzlichen Todesart.*[5]

Thereses Sicht auf den Tod von Ludwig II.

Diese «wirklich entsetzliche Todesart» ist für Therese um so belastender, als sie kraft ihres religiösen Grundverständnisses den Verdacht, es könne sich um einen Selbstmord handeln, nicht auf sich beruhen lassen kann. Daher lüftet sie 1920 in ihren biographischen Aufzeichnungen ein über dreiunddreißig Jahre lang gehütetes Geheimnis, das ihr *nach dem unseligen Ereigniß* [...] *unter dem Siegel der strengsten Verschwiegenheit* mitgeteilt worden war. Ihre Gewährsperson: *eine mir sehr anhängliche Persönlichkeit, welche mir seit unserer Kindheit freundschaftlich nahe stand, sich in unmittelbarer Nähe des Königlichen Kreises befand u. zweifelsohne in diese Angelegenheit mit verwickelt war.* [...] *Aber jetzt, da sämtliche dabei Betheiligten nicht mehr am Leben, u. zwar z. Th. seit langem nicht mehr am Leben sind u. ich selber alt bin, nicht weiß, ob mir noch weitere Jahre beschieden u. diese, das Andenken des Königs vom Selbstmord reinigende Aussage nicht mit in's Grab nehmen möchte, halte ich mich sogar verpflichtet zu sprechen: Eine gerade am Starnbergersee befindliche hohe Dame hatte, es läßt sich errathen wer, sie war eigenartig veranlagt wie der König, u. ein herbes Geschick wollte, daß sie geraume Zeit später durch Mörderhand fiel, also, diese hohe Dame hatte im Geheimen einen Befreiungsplan in's Werk gesetzt u. hievon den König verständigen lassen. Ein Kahn wartete den 13ten Juni Abends nicht weit vom Gartengitter von Berg, seeaufwärts, den Fliehenden aufzunehmen. Der König hatte nur beim Gitter in das Wasser zu treten, das Gitter im Wasser zu umgehen, jenseits desselben das Ufer wieder zu gewinnen oder im seichten See mit der Zeit den Kahn zu erwaten. Die weitere Flucht, dem Gebirge zu, sollte zu Wagen erfolgen. Augenscheinlich drängte der König auf seinem Spaziergang deßhalb zum Gitter, augenscheinlich wollte er daselbst nicht die Begleitung der Wärter, weil er richtig dachte, beim Fluchtversuch mit dem Arzt allein leichter fertig zu werden. Und so kam das Unglück. Sei es, daß der Arzt dachte, der König wolle in den Wellen den Tod suchen, sei es, daß er gewahr wurde, sein Schützling wolle fliehen, es kam zum zeugenlosen Kampf, in welchem Beide das ungewollte Ende fanden. Der Kahn wartete u. wartete ... Als der angesagte hohe Flüchtling nicht erschien, suchte endlich der Kahn das Weite; die Schiffer glaubten, der Plan habe sich zerschlagen. Ja, er hatte sich zerschlagen, aber nicht in dem Sinn, den sie meinten. So endete ein einfacher Befreiungsversuch, von dem man zwar zur damaligen Zeit bald da, bald dort etwas munkelte, über den aber nie etwas Sicheres zu erfahren war. Dieser Versuch, statt die Freiheit zu bringen, brachte unbeabsichtigt, aber nach einigem Rathschluß, den Tod.*[6]

Bedrohliche Fahrt nach Elbingenalp zur Königinmutter Marie

Zu raschem Handeln stets bereit, übernimmt Therese spontan die elfeinhalbstündige *Wagenfahrt* von der Münchner Residenz nach Österreich zum Sommersitz der Tante Marie in Elbingenalp im oberen Lechtal, um der Mutter des Königs die Schreckensnachricht vom Tod ihres Sohnes zu überbringen. Glücklicherweise reist Therese dabei unter dem Schutz der üblichen höfischen Begleitung, denn die Fahrt nach Tirol nimmt mehr und mehr bedrohliche Züge an. Die Bevölkerung reagiert nicht nur mit Trauer, sondern mit offener Empörung auf den mysteriösen Tod ihres «Märchenkönigs», der sich besonders im Oberland bei seinen einsamen Kutschenfahrten und Ausritten als höchst spendabler Landesherr erwiesen und vor allem mit seinen Schlösser- und Wegbauten der ländlichen Bevölkerung Arbeit und Verdienst gebracht hatte:

Alles schwarz von Menschen vor der Residenz, Alles schwarz vor unserem Palais. Zuerst war es noch still, dann bildeten sich einzelne Gruppen auf den Straßen, Ordonanzen ritten hin u. her, Offiziere liefen, Einer sagte eifrig etwas dem Anderen, endlich wimmelte es von Volk, die Erregung wuchs u. man wußte nicht, was werden sollte. Ich hätte mich verzweifachen wollen, so wie noch nie in meinem Leben, einentheils war es mir schrecklich, meinen Vater u. die Residenzstadt zu verlassen in einem Augenblicke, wo nicht möglich war zu wissen, wie es sich entwickeln würde, andererseits zog es mich mit tausenden Fäden zu ihr, zur unglückseligen Mutter. Und ein entsetzlicher Gedanke nahm immer deutlicher Gestalt an: ER war nun König! ER, mein Alles, das in diesem Zustand! Um 10 Uhr leisteten ihm die Truppen den Eid als König u. um 12 Uhr sollte er proklamiert werden! Und ich war nicht mehr hier zu dieser Zeit, das war vielleicht das schwerste Opfer, das ich seiner Mutter brachte. Um ½ 11 verließ ich die Stadt und reiste ununterbrochen bis 1 Uhr weniger 20 Minuten Nachts; war das eine Reise, ich habe nie eine so entsetzliche gemacht. Man sehnte u. man fürchtete anzukommen. Wir wußten nicht, ob seine Mutter schon Alles wußte; wir dachten die ganze Reise nur an das Eine, Gräßliche, aber ich war wie von Stein; weinen konnte ich nicht. Aus Wagen, die uns auf dem Wege Bießenhofen–Füßen entgegenkamen, wurden wir angerufen: Ist es wahr, daß der König todt ist? Und von uns kam die herzzerreißende Antwort: Er ist todt. Dann kam Füßen [Füssen]*, der Ort, an dem ich so oft mit dem König gewesen in den frühen glücklicheren Jahren. Dort war eben die Todesnachricht unge-*

kommen, und es gährte unter den Leuten; es schmeckte nach Revolution. Bald war sowohl der begleitende Herr wie der Lakai [Max Auer] *von je einem Haufen gedrängt, umringt, u. es fielen grauenhafte Reden, die Leute ballten die Hände u. es hätte nur eines unvorsichtigen Wortes bedurft, um die Wuth in hellen Flammen aufschlagen zu machen. Die Momente, bis der frischbespannte Wagen vorfuhr, waren gräulich u. unvergeßlich, denn wie wir zwei Damen die Treppen des Gasthauses herunter wollten, drangen aufgeregte Haufen aus der Wirthsstube u. Worte gellten an mein Ohr, deren Bedeutung zu entsetzlich ist, um je vergessen zu werden. Wir zogen uns wieder nach oben zurück u. es fiel mir ein Stein vom Herzen, als wir später endlich im Wagen saßen u. von dannen fuhren, aber erst athmete ich auf, als – es ist schlimm zu sagen – der bayerische Grenzpfahl hinter uns lag! Dann kam all die weitere wohlbekannte Gegend bis Reutte u. endlich, schon bei Nacht, der Weg durch das obere Lechthal. Es regnete u. regnete u. paßte ganz in unsere Stimmung. 12 ½ Uhr Nachts erreichten wir Elbigenalp nach 10 ½ stündiger Wagenfahrt; zu Fuß wanderten wir den Ort hinauf, die armen Leute, die meine Ankunft nicht ahnten, nicht zu wecken. 1 Uhr weniger 20 Minuten erreichten wir das bescheidene Haus, in welches so namenlose Trauer eingezogen war.*[7]

Beim Abschied von der schmerzgeprüften Tante bringt diese *mühsam die Worte heraus, die innigsten, die sie* Therese *sagen konnte: ‹Du weißt ja, ich liebe Dich wie eine Tochter›, worauf sie, über mich gebeugt, mit vor Schmerz u. Innigkeit besonders ausdrucksvoller Stimme die Worte sprach: ‹Mein drittes Kind!›* […] *O ja, das bin ich auch seit mehr als 20 Jahren, seit ich ihn geliebt, ich rechnete mich immer zu ihrer Familie, u. mein ganzes Denken u. fühlen war von da an nicht mehr in dem Kreise, in dem ich leben mußte, sondern in dem, in welchem mein Herz zu leben wünschte.*[8]

Da Thereses Vater Luitpold als Onkel und nächster Blutsverwandter die Regentschaft für den rechtmäßigen, aber nicht regierungsfähigen König Otto übernimmt, hat er von nun an zugleich auch als Vormund über Ottos persönliches Schicksal zu bestimmen. Die plötzliche öffentliche Anteilnahme an den Lebensumständen des in Fürstenried unter ärztlicher Aufsicht und abgeschirmt gegen die Öffentlichkeit einsam lebenden Königs, an dessen Namens- und Geburtstagen die ganze Stadt beflaggt ist, belastet Therese um so mehr, als sie sich machtlos fühlt gegen entstellende Berichterstattungen über Ottos Krankheit und sein trostloses Dasein in Fürstenried: *Es wird mit jedem Tag schwerer zu tragen u. es entwickeln sich Consequenzen, die ich niemals geträumt. Nun spricht alles von ihm, auf ihn richten sich die Blicke des ganzen Landes, Millionen nennen ihn Vater – u. s. w. … Seine Krankheit wird in's Unnatürliche verzerrt, die tollsten Dinge werden erzählt u. ich stehe diesem ohnmächtig gegenüber […] ich hatte ihn u. seinen Zustand wie ein Heiligthum gehütet seit Jahren; niemand sollte wissen, daß ich ihn sehe, niemand sollte seinen Zustand ahnen.*[9]

Vor allem aber stellt sie sich – damit ihren Vater unterstützend – entschieden auf die Seite derjenigen, die sich gegen die immer wieder geforderte formale Absetzung des rechtmäßigen Königs Otto aussprachen und die Aufhebung der stellvertretenden Regentschaft zugunsten einer Nachfolge Luitpolds als König wollten. Anläßlich eines *schlechtgewählten Ausdruck*[s] der «Neuesten Nachrichten», die einen «Regierungswechsel» vom «Prinzregenten» zum «König» kurzweg als «Titelveränderung» verharmlost hat, schreibt sie aufgebracht an ihren Vater: *Es ist doch keine gewöhnliche, einfache Titelveränderung wie z. B. vom Baron zum Grafen, sondern eine Titelveränderung, welche die Absetzung eines Anderen in sich schließt u. einen Titel usurpiert, der von Rechts wegen nur einem Einzigen gehört, es sei denn, er habe freiwillig darauf verzichtet, ihn allein zu führen, wie z. B. der Großvater (König Ludwig I.).*[10]

Ein solcher Verzicht aber kann von einem Geisteskranken nicht geleistet werden, allein dessen Tod kann den Thron freimachen: *Es war mir nämlich durch die ganze Zeit der Regentschaft meines Vaters stets ein höchst peinlicher Gedanke, daß viele Leute in Bayern mit Ungeduld auf den Tod des Königs warteten, damit dem Zustand der mit manchen Schwierigkeiten verbundenen Regentschaft ein Ende werde. Vom Standpunkt dieses peinigenden Gedankens aus hätte ich, um ihn los zu werden, wünschen müssen, daß man den König abgesetzt hätte u. mein Vater König geworden wäre. Aber ich zog es natürlich vor, diesen mich wahrhaft marternden Gedanken weiter zu erdulden, als daß ich, um ihn los zu werden, meinem Vater die Krone auf dem Wege der Absetzung des Landesherrn gewünscht hätte, aus dem einzigen Grunde, weil ich jegliche Art Absetzung als Unrecht ansah.*[11]

Vor dem Hintergrund solch prekärer Voraussetzungen kann man es Therese nachfühlen, wie sehr sie seit dem Antritt der Regentschaft ihres Vaters am 28. Juni 1886 unter den nie versiegenden politischen und publizistischen Diskussionen zwischen Befürwortern und Gegnern dieser Regierungskonstellation litt.

Veränderte Lebensumstände

Darüber hinaus fällt es Therese nicht leicht, sich mit den durch die politischen Ereignisse für sie gründlich veränderten Lebensumständen abzufinden: *Seit dem 13ten Juni war (übrigens) nicht nur unser Leben nach außen, sondern auch das meines Vaters nach innen ein anderes geworden. Mein Vater gehörte nicht mehr mir, er gehörte vor Allem seinem Land, das gemüthliche, stille Leben zu zweit war zerstört, die Regierungsgeschäfte, die Repräsentationen nahmen ihn vor Allem in Anspruch, für die Tochter blieb nur mehr der Rest an Zeit. Dazu war mein Vater oft müde vom Arbeiten u. anderen Interessen oft wenig zugänglich. Ich fühlte mich vereinsamt.*[12]

Aber nicht nur in dieser Hinsicht muss sich Therese mit der neuen Situation auseinandersetzen. Die Beziehungen zwischen ihrer Familie und der *übrigen Welt* sind seit der Königstragödie von Peinlichkeiten überschattet, die ihr für ihr *ganzes weiteres Leben eine unheilbare Menschenverachtung einflößten*, denn *Streber und Schmeichler wagten sich in geradezu beleidigender Weise an uns heran.*[13] […] *Die Erfahrungen, welche sich an die Königstragödie knüpften, hatten meine Meinung über die Menschen nicht günstig gestaltet und mir nur eine große Verachtung, ja Ekel vor den Menschen eingeflößt. Wie viel Egoismus, Streberthum, Kriecherei, Schmeichelei,* und sie gesteht, dass sie Lust gehabt habe, *vor den Leuten auszuspucken!*[14] Als Beleg führt sie folgende kränkende Episode an: *Als ich kurz nach der Katastrophe einem einflußreichen Herrn von nicht hoher Abkunft gegenüber äußerte, warum denn in diesen schweren Tagen der Beamte N.N. nicht bei seinem König ausgeharrt habe, erhielt ich zur Antwort: ‹Man wird sich doch nicht auf ein sinkendes Schiff begeben.› Ich empörte mich namenlos über diese gemeine Lebensauffassung; mir scheint, im Gegentheil, in einem solchen Augenblick wird man das sinkende Schiff nicht verlassen u. mit seinem Herrn u. Gebieter in Treue untergehen.*[15]

Durch die politische Situation – insbesondere durch die unbedingte Loyalität gegenüber ihrem Vater – gezwungen, persönlich öffentlich Stellung zu beziehen, erfährt Therese neue Wesenszüge an sich selbst. Ihre Begründung: *Ich habe in den letzten paar Monaten so schrecklich viel erlebt, durchdacht u. Menschen kennengelernt, mit einem Worte so viel unmöglich scheinende Erfahrungen gemacht u. wurde durch die Verhältnisse gezwungen mich umzusehen, erforschend u. handelnd*

Therese in höfischem Gewand mit Buch – zwischen Repräsentieren und Forschen (um 1890)

aufzutreten, daß ich Dinge zu leisten im Stande war u. bin, die [ich] *mir bei meiner Naturanlage früher ganz unmöglich gedacht hätte. Leicht wird es mir trotzdem nicht …*[16]

Umzug vom Palais Leuchtenberg in die Residenz

Ein weiterer Umstand belastet Therese, und ihn zu ertragen kostet sie große Überwindung: Ein Umzug aus dem Elternhaus, dem Palais Leuchtenberg, in die Residenz wird für ihren Vater und damit gleichermaßen auch für sie unumgänglich. Sie muss das Haus verlassen, dessen *Wände Geschichten erzählen könnten von durchweinten Stunden, von Aufregungen der bevorstehenden Wiedersehen, von Seligkeit nach einem Beisammensein, von Kummer um ihn, um seine Krankheit, um mein verfehltes Leben. Das ganze Leben meines Herzens habe ich in diesen Räumen, in diesem Hause durchlebt u. durchlitten, fast immer allein, ungetheilt, unverstanden. Mit schwerem Herzen verließ ich das Vaterhaus. […] Aber da gab es kein Überlegen, die Kindespflicht rief, ich gedachte des Versprechens, das ich meiner sterbenden Mutter gegeben. Die Tochter gehört zum Vater.*[17]

Der Vater bezieht die «mehr prächtigen als gemütlichen ‹Steinzimmer› am Kaiserhof, während sich seine Tochter in den kleinen und niederen sogenannten ‹Blauen Zimmern› über den Hofgartenzimmern einrichtet», berichtet Adalbert von Bayern.[18] Therese hat sich in der Residenz nie wirklich wohl gefühlt: *Es war kein abgeschlossenes Familienleben u. mehr noch als im Palais gehörte man fortan der Allgemeinheit. Aber so mußte es ja jetzt sein.* Nur das seit dem Tod der Mutter gemeinsam mit dem Vater eingenommene Frühstück bleibt auch weiterhin die einzige Gelegenheit zu einem persönlichen Zusammensein.[19]

Therese erkennt aber auch, dass dieser neue Lebensabschnitt seine positiven Seiten hat. Vieles sei interessant, *ja so interessant, wie es wenigen Sterblichen beschieden sein wird. Von Jugend auf liebte mein Vater einen kleinen, geselligen Kreis. Seit er einen eigenen Haushalt führte, gab er tagtäglich Tischeinladungen, alte Hausfreunde, frühere Erzieher, Regimentskameraden, sommerliche Jagdgäste, Künstler. Nachdem mein Vater Regent geworden, erweiterte sich naturgemäß der Kreis. Hoch u. nieder, Civilisten u. Militärs aus dem ganzen Land, Künstler, Gelehrte, Forschungsreisende, Diplomaten, Staatsmänner aus den benachbarten u. befreundeten Staaten, Industrielle, Gutsbesitzer, abwechselnd die eigenen Minister, fremde Minister, Alles, was irgendeinen Namen hatte u. durch München reiste, wurde zur Tafel gezogen.*[20]

Und so sah ich über ein Vierteljahrhundert hindurch, von 1886 bis 1912, tagtäglich während der Stadtsaison u. vorübergehend auf dem Land Bekannte u. Freunde bei Tisch, hatte immer einen eingeladenen Herrn neben mir, mit dem ich die ganze Tischzeit hindurch sprechen konnte, hörte allerhand Meinungen, wurde der Interessen der verschiedensten Berufsklassen inne, erfuhr, was sich in ferner Welt zutrug; es wurde über Politik, Wissenschaft, Kunst, Landwirtschaft, über Alles, Alles debattiert. Kurz u. gut, mein geistiger Horizont erweiterte sich, meine Conversationsgeläufigkeit entwickelte sich zum besseren, meine angeborene Schüchternheit wich einem sichereren Auftreten im Verkehr. Es war Übungssache. Diese universelle Ausbildung, wie sie mir geboten war, hat vielleicht keine andere Standesgenossin an die Seite zu setzen, denn ich wüßte keinen Hof, an welchem, wie bei meinem Vater, ein solch vielseitiger, tagtäglicher, ungezwungener Verkehr stattfand oder stattfindet. Aber ich genoß es auch dankbar u. brachte ein gehöriges Rüstzeug von zu Hause mit, denn ohne daß der Grund schon gelegt ist, hilft einem alle gelehrte Conversation nicht sonderlich viel.[21]

Am Sterbebett der Königinmutter Marie

Noch eine weitere positive Seite aber hat die unliebsame räumliche Veränderung, denn von nun an lebt Therese in der Residenz mit der Königinmutter, ihrer hochverehrten Tante Marie, unter einem Dach, so dass sie *öfters ganz ungezwungen ohne Begleitung zu ihr hinaufgehen kann u. gemüthlich mit ihr plaudern. Früher wenn ich sie aufsuchen wollte, mußte erst der mühsame Apparat Hofdame u. Lakai in Bewegung gesetzt werden, u. dann traf ich sie oft nicht. Jetzt konnte sie mich rufen lassen, wenn sie wollte, u. ich konnte ihrem Ruf immer folgen. Unvergeßlich ist mir, daß, als ich schweren Herzens Abends das Elternhaus verlassen hatte u. mein neues Heim betrat, sie in meiner neuen Wohnung auf mich gewartet, mich zu begrüßen u. mir durch Aufstellen u. Überreichung einiger Kleinigkeiten trachtete, die fremden Räume gleich behaglich u. heimisch zu gestalten.*[22]

Durch diese neue räumliche Nähe wird die Beziehung zwischen Therese und Marie noch enger. Beide verbindet nicht zuletzt das zwischen ihnen nunmehr offene Geheimnis von Thereses unglücklicher Liebe zu dem kranken Sohn Otto, ein Geheimnis, dem Marie eine gewisse Weihe verleiht, indem sie zwei Jahre vor ihrem Tod beschließt, Therese einen Ring zu schenken: *Niemehr seit ich erwachsen war wollte ich einen Ring anlegen, weil ich den nicht haben konnte, den allein ich wollte, den von ihm, u. sollte auch kein anderer je meine Hand schmücken.* [...] *Gestern ließ sie mich wieder rufen u. hatte Ringe zum Aussuchen; sie hatte mir einen mit einem Stein in seiner Lieblingsfarbe zugedacht, aber keinen gefunden, u. so suchte sie einen anderen aus, u. ich ließ ihn mir von ihr an den Goldfinger der linken Hand stecken, an den Finger, an welchem nach italienischer Sitte meine Eltern den Trauring trugen. An seiner Statt sollte sie ihn mir anstecken, darauf hielt ich besonders, u. gerade an diesem Finger sollte er stecken als mein Trauring, der mich nun auch äußerlich an ihn bindet, nachdem ich ihm im Herzen schon mehr als 22 Jahre angehöre. Seine Mutter wunderte sich über die Wahl des Fingers; ich werde ihr ein ander Mal die Ursache dieser Wahl mittheilen u. sie wird sie begreifen.* [...] *Mit beseligendem Glücksgefühl, in das sich doch so viel Wehmuth mischte, verließ ich sie, vor anderen Augen ängstlich meinen Schatz verbergend, den ich küßte u. wieder küßte. Dann drehte ich den Stein nach abwärts, nach der Handfläche, daß der Ring wahrhaftig aussah wie ein Ehering, was er ja auch für mich ist, u. konnte mich nicht satt daran sehen. Heute sandte ich ihn zum Gravieren; es fällt weniger auf, wenn ich die unvergeßlichen Worte hineingravieren lasse, als wenn sie es thut, u. sie erlaubte mir hineinschreiben zu lassen, was ich wollte, u. ich sagte ihr schon vorgestern, was hineinkommen würde.*[23]

Als Marie im Frühjahr 1889 in Hohenschwangau im Sterben liegt, verbringt Therese die letzten Tage an ihrem Totenbett, und es gelingt ihr, was sie sich seit langem gewünscht hat: Sie findet einen passenden Augenblick, um der Sterbenden das *Abschiedsversprechen* zu geben, mit dessen Formulierung sie sich schlaflos nächtelang gequält hatte: *‹Du weißt ja, daß ich dich liebe wie eine zweite Mutter.› Da machte sie eine Bewegung gegen mich, soviel es ihre schwachen Kräfte u. ihre liegende Lage erlaubte; ich verstand, daß sie mich bei sich haben wollte, ganz nah bei sich, erhob mich vom Stuhle, auf dem ich an ihrem Lager gesessen u. kniete mich vor ihr nieder; sie nahm meinen Kopf mit mütterlicher Zärtlichkeit in ihre Hände, sagte mit inniger Stimme ‹Liebes Kind›, küßte mich u. segnete mich auf die Stirne, welche ohnedies schon in ihrer rechten Hand ruhte, denn ich hatte meinen Kopf auf ihren Schoß gepreßt. Dies waren die Weiheaugenblicke dieses heiligen Abschiedes für das Leben!* […] *Als ich mich wieder erhoben, sah ich, wie bewegt sie war, dann faßte sie sich wieder u. sprach: ‹Ich gehe jetzt zur Mama› (meiner Mutter). Dies klare Sprechen vom Tode brachte mich ganz außer Fassung. Aber nachdem sie so klar u. ruhig davon sprach, brauchte ich mich jetzt nicht mehr zu scheuen, ihr das zu sagen, was ich ihr sagen mußte, daß auch ich daran dachte, u. was zu hören ihr doch ein Trost sein mußte, u. so sprach ich mit vor Schmerz u. Innigkeit zitternder Stimme: ‹Ich verspreche Dir heilig, daß ich treulich für ihn sorgen werde.›* […] *Mein kühnstes Wünschen u. Hoffen war erfüllt, meine brennende Sehnsucht gestillt: ich hatte ihr das heilige Versprechen für ihr armes, verlassenes, krankes Kind gegeben u. hatte von ihr den heiligen Muttersegen erhalten, der auf mir ruhen soll mein Leben lang.*

Mit diesem Versprechen erreicht Therese, was sie sich seit langem ersehnt: Sie erhält eine offizielle Erlaubnis zu (immerhin) jährlich zwei Besuchen bei Otto in Fürstenried. Bis zu seinem Tod im Jahr 1916 besucht sie von da an den von der Welt abgeschiedenen, völlig vereinsamten königlichen Patienten in jedem Frühjahr und Herbst. Die wechselvollen Eindrücke und Erlebnisse bei solchen Besuchen schildert sie in ihrem Tagebuch mit großer Empathie und sensibler Genauigkeit. Zudem erhält sie in regelmäßigen Abständen medizinische Bulletins über das Befinden des Patienten aus der Feder von dessen Hofmarschall Philipp Freiherr von Redwitz. Dreizehn solcher Berichte sind erhalten. Sie gleichen sich von Jahr zu Jahr und schildern monoton und unbeteiligt das aktuelle physische und psychische Befinden Ottos. So auch der Bericht vom 1. Oktober 1907:

«Durchlauchtigste Prinzessin, Gnädigste Prinzessin und Frau!

Eurer Königlichen Hoheit erlaube ich mir unterthänigst zu berichten, dass das physische Befinden Seiner Majestät des Königs während des ganzen Sommers ein sehr gutes war, der psychische Zustand ist immer der gleiche. – Der Gartenbesuch war ein sehr ausgiebiger im abgelaufenen Monat September, so im Durchschnitt täglich 8,3 Stunden, welcher Umstand selbstverständlich auf den Schlaf von gutem Einfluß war, indem im September eine Durchschnitts-Schlafdauer von täglich beinahe 8 Stunden zu verzeichnen ist. Die Nahrungsaufnahme war, wenn auch wie immer – unregelmäßig, doch sehr befriedigend. Das Aussehen Seiner Majestät ist sehr gut, der gestrige Allerhöchste Namenstag konnte leider nicht zu den guten Tagen gerechnet werden, indem seine Majestät derart von Sinnestäuschungen beeinflußt war, daß Allerhöchstderselbe nur wenig Nahrung zu sich nehmen konnte und nicht dazu kam, von der im Auftrag Eurer Königlichen Hoheit aufgestellten Früchteschachtel Notiz nehmen zu können. – In tiefster Ehrfurcht/Eurer Königlichen Hoheit/untertänigster/Freiherr von Redwitz.»[24]

11.

Mein Lebensideal: Reisen in ferne Länder
Sehnsucht nach der Tropenwelt

Grenzgängerin zwischen naturwissenschaftlichen Disziplinen

Ungeachtet aller politischen und persönlichen Veränderungen lässt Prinzessin Therese nicht ab von ihren lang gehegten Reiseplänen zum südamerikanischen Erdteil mit seinen Regenwäldern, der Üppigkeit seiner Pflanzenwelt und exotischen Fauna. Diese tief in ihr verwurzelte Sehnsucht nach der Tropenwelt, gepaart mit unbändiger Reiselust, die sie schon durch ihre Tunis-, Nordland- und Russlandreise unter Beweis stellte, lässt sich in diesem Fall bis in ihre frühe Kindheit zurückverfolgen, als sie – angeregt durch die mütterliche Lektüreauswahl – entsprechende Natur- und Reisebeschreibungen mit großer Hingabe verschlang. Seine Erfüllung findet dieses Verlangen aber erst zwischen 1888 und 1898, als sie innerhalb von zehn Jahren dreimal dieses *Wunderland jenseits des Oceans* bereist, *wo die Natur ihre reichsten Gaben ausgeschüttet und zu einem Bilde vereinigt hat, welches auf der weiten Erde seines Gleichen kaum mehr finden kann.*[1]

Die Idealisierung dieses tropischen *Wunderlandes* hat nicht zuletzt auch mit der rasanten industriellen und technologischen Entwicklung des 19. Jahrhunderts zu tun, die in vielen Kreisen zu einer verbreiteten Europa- und Zivilisationsmüdigkeit geführt hatte. Auch Therese hegt mit zunehmendem Alter wachsende Vorbehalte gegen den ungestümen Fortschrittsglauben ihrer Zeit. Sie begegnet den Errungenschaften der Industrienationen mit Skepsis. Mehr und mehr wird für sie die freie Natur und Wildnis zu einer Gegenwelt hierzu und auch zu der höfischen Lebenskultur, die sie als *beengende Schranken* der *Hyperzivilisation* empfindet.[2]

Vor allem aber ist ihr unstillbarer Forscherdrang ein nachhaltiger Impuls, endlich das in Jahrzehnten in einsamem Selbststudium erworbene

Bücherwissen durch authentische Erfahrungen vor Ort zu überprüfen und zu ergänzen. Solche Freude am Entdecken und Verstehen unbekannter Zusammenhänge wird ergänzt durch eine stark ausgeprägte Sammelleidenschaft, die sie schon in ihrer Kindheit von keiner Reise zurückkehren ließ, ohne nicht – im Wettstreit mit ihrem Bruder Arnulf – neue Schätze von Gesteinsproben und botanisierten Pflanzen mitgebracht zu haben.

Diese Lust am Aufspüren und Zusammentragen von unbekannten oder interessanten Objekten hat bis in unsere Tage sichtbare Spuren in den Münchner Sammlungen hinterlassen: Während sie 1888 den Zweck ihrer ersten Südamerikareise in die brasilianische Tropenwelt lapidar damit umreißt, *die Tropen kennen zu lernen, womöglich Indianerstämme aufzusuchen und Pflanzen, Thiere und ethnographische Gegenstände zu sammeln*,[3] geht es ihr auf ihrer zehn Jahre später erfolgten zweiten Südamerikareise vor allem darum, *möglichst viel botanische, zoologische, anthropologische und ethnographische Gegenstände für die bayerischen Staatsmuseen aufzuspüren bzw. käuflich zu erwerben*, sie zu ordnen, zu bestimmen und zu beschreiben. Im Einklang mit dem Fachgrenzen übergreifenden, universalwissenschaftlichen Bildungsideal Alexanders von Humboldt präsentiert sie sich mit diesen globalen Forschungszielen als unerschrockene Grenzgängerin zwischen den verschiedensten naturwissenschaftlichen Fächern. Und dies zu einer Zeit, in der sich die einzelnen Disziplinen bereits immer mehr spezialisierten und theoretisch fundierten. Diese wissenschaftsgeschichtliche Entwicklung mag unter anderem Ursache dafür sein, dass Therese von seiten ihrer männlichen Kollegen eine rückhaltlose Anerkennung als eigenständige Fachwissenschaftlerin mehr oder weniger verwehrt blieb.

Auf Wittelsbacher Spuren

Mit ihrer stark ausgeprägten wissenschaftlichen Reisemotivation unterscheidet sich Therese deutlich von den Zielen anderer reisender Frauen des 19. Jahrhunderts, die ihre Sehnsucht nach Freiheit durch Flucht aus einer einschränkenden Gesellschaftsordnung mit unterschiedlichen persönlichen Vorwänden rechtfertigten: mit gesundheitlichen Argumenten wie Kaiserin Elisabeth von Österreich (1837–1898) und die englische Reiseschriftstellerin Isabella Bird (1831–1904), mit religiös-missionarischen Motiven wie die Weltumrunderin Ida Pfeiffer (1797–1858) oder mit so elementaren Bedürfnissen wie die weitgereiste Gräfin Ida Hahn-Hahn (1805–1880), die gestand: «Ich reise, um zu leben.»[4]

Mit ihren naturwissenschaftlichen und ethnologischen Interessen reiht sich Prinzessin Therese ganz in die Wittelsbacher Reise- und Sammeltradition ein, eine Tradition, der zum Beispiel die «Münchner Königliche Ethnographische Sammlung» (das heutige Museum für Völkerkunde) den Grundstock ihres Reichtums an außereuropäischen Kulturgütern verdankt: Auf Befehl ihres Urgroßvaters, König Maximilians I. Joseph, der ein großer Freund und Förderer der Naturwissenschaften war, hatte die Bayerische Akademie der Wissenschaften bereits 1817 die beiden Münchner Naturforscher, den Zoologen Johann Baptist Ritter von Spix (1781–1826) und den dreizehn Jahre jüngeren Botaniker Karl Friedrich Philipp Ritter von Martius (1794–1868) beauftragt, das Land am Amazonas zu erforschen.[5]

Mit achtunddreißig Jahren wagt Therese ihre erste Expedition nach Brasilien. Die Vorbereitungen für die auf vier Monate angesetzte Reise in die Tropen fordern ihren ganzen Einsatz. So arbeitet sie sich in jeder freien Minute durch Berge von naturkundlichen Publikationen, studiert vor allem Pflanzen-und Tierbücher. Außerdem nimmt sie in den Münchner *Glashäusern* einen privaten Kurs über Palmen – *zum Schrecken des manchmal überfragten jungen Gärtners.* Sie will auf diese Weise die verschiedenen Palmenarten *durch Augenschein kennen lernen, um sie dann womöglich in deren Heimath wiedererkennen zu können.*[6]

Termin- und Routenplanung – ohne Baedeker und zuverlässiges Kartenmaterial

Die Forschungsreisen durch Süd- und Nordamerika werden Therese insgesamt mehr als eineinviertel Jahr von Familie und Hof fernhalten. Zeitpunkt und Ausdehnung dieser Expeditionen sind nicht zuletzt abhängig von Thereses Rücksicht auf den unter schwierigen Umständen regierenden Vater, denn der Prinzregent verzichtet nur ungern auf ihre Gesellschaft. So finden alle Reisen in den Sommer- und Herbstmonaten statt, wenn der Prinzregent sich mehr der Jagd als seinen Repräsentations- bzw. Regierungsgeschäften widmet. Die gründliche und ökonomische Zweck- und Terminplanung stützt sich auf eine minutiöse Erkundung der verschiedensten touristischen Faktoren: Beachten der Regen- und Trockenzeiten, Festlegung der Route mit allen Zwischenstationen und potentiellen Sammel- und Besichtigungsorten, Vergleich der Schiffs- und Bahngesellschaften und ihrer Fahrpläne sowie die Möglichkeiten landesüblicher Transportmittel. Auch die Beschaffung von Spezialkarten und Reisetagebüchern von anderen Expeditionen, die zur Anregung für den eigenen Reiseplan dienen könnten, ist schwierig und zeitaufwendig. Die Fülle der in Thereses Nachlass aufbewahrten Notizen, Handzettel und Listen, die die mühsame Vorbereitung einer solchen Südamerika-Expedition im 19. Jahrhundert spiegeln, durchforscht man mit wachsender Bewunderung.

Reisebegleitung und Aufgabenverteilung

Da der Vater in Anbetracht der abenteuerlichen Expeditionspläne seiner Tochter streng darauf achtet, dass Therese stets standesgemäß reist, wird auf die Zusammenstellung der jeweils dreiköpfigen Begleitung große Sorgfalt verwendet. Die Auswahl ist nicht einfach, da Therese von allen Teilnehmern neben einer spontanen Reisebegeisterung große Flexibilität, Unerschrockenheit, starke Nerven, vor allem aber eine robuste körperliche Kondition und ein eisernes Durchhaltevermögen verlangt – *schwachnervige und turnerisch nicht durchgebildete Personen* kommen von vornherein nicht in Frage.[7] Allerdings ist sie als verantwortungsbewusste Reiseleiterin um das Wohl ihrer Gefährten stets einfühlsam besorgt. So wählt sie einmal auf ihrer zweiten Südamerikareise in Kolumbien selbstlos den harten Ziegelboden als Schlafstätte, um dem kranken Diener die einzig verfügbare, landesübliche Pritsche zu überlassen, ein Zeichen dafür, dass die Prinzessin – fernab von höfischer Etikette – souverän genug ist, traditionelle Geschlechts- und Standesrollen außer acht zu lassen.[8]

Dass Frauen im 19. Jahrhundert angeblich mehr zur Unterhaltung als zu wissenschaftlichen Zwecken reisen – so die landläufige Meinung in der Reiseliteratur –, trifft auf Therese in keiner Weise zu. Bestes Beispiel dafür ist die wohl durchdachte Aufgabenverteilung innerhalb der Expeditionsgruppe, die nicht immer den geschlechtsspezifisch geprägten Rollenvorgaben entspricht: *Der Hofmarschall als dienstthuender Kavalier* ist verantwortlich vor allem für die pünktliche Beschaffung der Reiseunterlagen sowie für die organisatorische Durchführung und finanzielle Abwicklung der Reise. Die buchhalterische Akribie, mit der er die Einnahmen und Ausgaben auflistet und dabei kein noch so winziges Detail außer acht lässt, ist in der Sammlung aller Belege, inklusive der Bankabrechnungen, zuverlässig dokumentiert.[9] Wobei der mehrfache Wechsel der Währungen im Verlaufe der Reise – auf der zweiten Südamerikareise sind es siebzehn Währungen! – vermutlich erhebliche mathematische Ansprüche an den Finanzmarschall stellt. Der vertraute Diener Max Auer, der vor allem für den komplizierten Transport wertvoller Sammelfunde nach Europa verantwortlich ist, hat seine Jagdfertigkeiten als Schmetterlingsfänger so perfektioniert, dass er sogar während des Reitens reiche Beute einbringt. Auch Therese scheut sich nicht einmal in quirligen Städten, ihr Netz herauszuholen und mitten in einer Menschenmenge auf Insektenjagd zu gehen. Findet sie in Unterkünften Ungeziefer, wird dieses sogleich für die Wissenschaft gesichert. Gesammelte Pflanzen legt sie *hoch zu Maultier während des Schrittreitens in das Herbar ein.*[10] Die jeweilige Hofdame hat die Aufgabe, beim *Umlegen der Herbarpflanzen* zu helfen, *Fische in Leinwand einzunähen*, wozu auch sie geschickt die Zeit der langen Ritte zu nutzen weiß.[11]

Therese selbst übernimmt das Bestimmen, Präparieren und Etikettieren der Beutetiere, überdies ist sie allein zuständig für die Organisation des Herbariums, vor allem aber für Auswahl und käuflichen Erwerb ethnographischer und anthropologischer Objekte. Gemeinsam mit ihrer Hofdame dokumentiert sie die Expeditionen photographisch, wobei die Hofdame mit einer Plattenkamera arbeitet, während Therese eine erst 1887 erfundene Rollfilmkamera bedient. In dieser Hinsicht können die beiden als Pionierinnen der Reisephotographie gelten. Zehn Jahre später erlauben neue Drucktechniken die Reproduktion dieser Photos in ihrer Publikation über das westliche Südamerika. Außerdem fertigt Therese zur Unterstützung ihrer Erinnerung mit zartem Bleistift flüchtig hingeworfene Skizzen der bereisten Gegenden an.

Die Expeditionsausrüstung

Die umfangreiche Expeditionsausrüstung, die für jede Reise genauestens durchgeplant wird, entspricht keineswegs der einer adeligen Vergnügungsreisenden des 19. Jahrhunderts. So verrät die Liste der zweiten

Südamerikareise Erfahrung und professionellen Zuschnitt: *Zelte, Feldbetten, Moskitonetze, Koch- und Beleuchtungsapparate, Schlafsäcke, einige Wasserfiltriermaschinen, Material zum Abbalgen von Säugetieren und Vögeln und Präparieren von Fischen, außerdem eine Zange zum Schlangenfangen, ein Fischernetz und ein paar Fischangeln, mehrere große Blechkisten mit aufschraubbarem Deckel zum Transportieren von Fischen und größeren Reptilien, einige Dutzend Gläser zum Aufbewahren von Eidechsen, Amphibien und sonstigen in Spiritus oder Formalin zu konservierenden Tiere, außerdem Schmetterlingsnetze mit langen, zusammenschraubbaren Stöcken, Fläschchen mit Zyankali zum Töten und Papiertüten und Zylinder aus Pappe zum Verwahren von Insekten, Schachteln mit Korkboden zum Aufstecken solcher Kerfe, welche nicht in Papier transportiert werden können, Blechbüchsen, bestimmt, die gesammelten niederen Tiere vor Ameisen zu schützen, drei Herbarien, von denen eines den Flächeninhalt eines größeren Koffers hatte, endlich eine Anzahl gedruckter, an Bindfaden befestigter Etiketten, welche nur mehr, mit Fundortangabe und sonstigen Notizen versehen, an die gesammelten Objekte festgebunden zu werden brauchten, und eine Menge anderer Etiketten, um auf Gläser geklebt oder zu Insekten hingesteckt zu werden. Einige Thermometer, ein Barometer, das Höhen bis zu 5000 m zu ermitteln erlaubte, ein Gewehr zur Jagd auf größere Tiere und eine Vogelflinte.*[12]

Kein Wunder, dass bei einer Zollkontrolle in Kolumbien *28 Kolli* [d. h. Frachtstücke] *mit Sammelrequisiten und Expeditionsausrüstung* unter großem Zeitaufwand inspiziert werden müssen.[13]

Finanzierung aus vielerlei Quellen

Seit Mitte des 19. Jahrhunderts werden in Deutschland durch geographische Gesellschaften und Stiftungen Forschungsreisen unterstützt. Allerdings sind diese finanziellen Zuwendungen ausschließlich männlichen Reisenden vorbehalten. Frauen reisen weiterhin in den allermeisten Fällen auf eigene Kosten. Gegen Ende des 19. Jahrhunderts aber profitieren sie wenigstens allmählich von der Gründung staatlicher Museen für Völkerkunde, wie sie in vielen Städten entstehen: Durch den Verkauf der auf ihren Fernreisen gesammelten ethnographischen Objekte erzielen sie so nicht selten eine nachträgliche Finanzierung ihrer Unternehmungen.[14]

Prinzessin Therese ist aufgrund ihrer Herkunft privilegiert. Sie ist finanziell weitgehend unabhängig und kann daher die Ergebnisse ihrer Sammeltätigkeit großzügig den begierigen Münchner Institutionen vermachen. Auch wenn sie versucht, sparsam zu reisen, verbraucht sie viel Geld. Und die anschließende Veröffentlichung ihrer Reisewerke verschlingt nocheinmal erhebliche Summen. Zwar ist Therese für sich persönlich höchst anspruchslos, sie spart aber nicht mit Ausgaben, wenn es um die Verbesserung der Reiseausrüstung oder um eine schnellere oder bequemere Transportmöglichkeit geht.[15] – Eine finanzielle Unterstützung der Reisen durch den sparsamen Vater beschränkt sich – den diversen erhaltenen Reiseunterlagen zufolge – allein auf die einmalige Summe von 3000 Mark für die Italienreise im Jahr 1880.[16] Therese selbst besaß nach damaligen Begriffen ein ansehnliches Vermögen: Nach dem Tod der Mutter hatte sie 40 000 Gulden[17] in bar aus dem Heiratsgut und 35 600 Gulden in Wertpapieren geerbt, und zudem vermachte der Großvater Ludwig I. seiner «Lieblingsenkelin» 10 000 Gulden.[18] Nach der Einführung der Deutschen Reichswährung in Bayern im Jahr 1876 dürfte Therese über ein Barvermögen von rund 150 000 Mark verfügt haben. Vermutlich aber haben die Zinsen (sie lagen damals bei etwa vier Prozent) dennoch nicht ausgereicht, die Kosten der größeren Reisen aus den Erträgen des eigenen Vermögens zu decken.

Zeitgleich mit dem Einsetzen ihrer wissenschaftlich ambitionierten Reisen wie der Skandinavienreise (1881) erscheint in den Rechnungsbüchern als weitere Einnahmequelle die «Abatialkasse». Seit 1880 bekleidet Prinzessin Therese das Amt der Obersten Vorsteherin und Äbtissin des Münchner «Damenstifts zur heiligen Anna». Trotz sorgfältigem Recherchieren in den spärlichen Akten bleibt die Frage unbeantwortet: In welchem Umfang wurden der amtierenden Äbtissin, die für die Auswahl der «Stipendiatinnen» zuständig war, finanzielle Zuwendungen zuteil? Als Quelle ist man in unzulänglicher Weise auf den «Königlich Bayerischen adeligen Damenkalender» angewiesen, demzufolge seit Ludwig I. die «jeweilige Äbtissin ein jährliches Abatialeinkommen zu genießen habe, welches von dem Könige festgesetzt wird».[19] Vermutlich wurden mit Therese Sondervereinbarungen getroffen, denn aus den Rechnungsbüchern des Damenstifts ist abzulesen, dass sie offensichtlich kein regelmäßiges Einkommen erhielt.[20] Aus den Reisekostenunterlagen aber wird deutlich, dass die Reisen der Prinzessin und Äbtissin ab 1881 teilweise oder ganz aus dem Stiftungsfonds (mit-)finanziert wurden. Die beträchtlichen Beträge, die jeweils als Einnahmen «aus der Abatialkasse zu Reisezwecken» ausgewiesen sind, stehen jedesmal in unmittelbarem zeitlichen Zusammenhang mit den unternommenen Reisen.[21] So trägt das Damenstift zum Beispiel die Kosten für die Schiffspassage nach Brasilien im Jahr 1888, denn im Rechnungsbuch folgt unmittelbar auf eine Gutschrift von 1800 Mark «Von der Abatialkasse zu Reisezwecken» der Eintrag von Ausgaben für «4 Billetten 1ter Klasse Lissabon-Manàos 1795,20 Mark».[22]

12.

Nach Amerika zu wissenschaftlichen Zwecken
Drei Expeditionen in die Neue Welt

Erste Südamerikareise: Die Brasilianischen Tropen (1888)

Die standesgemäße Reisebegleitung auf der ersten Südamerikaexpedition wird angeführt von dem königlich bayerischen Kammerjunker und General der Kavallerie, Freiherrn Maximilian von Speidel (1856–1943), der, ein Sohn eines Jugendfreundes von Thereses Vater, als Hofmarschall bereits den Prinzregenten auf Reisen begleitet hatte.[1] Als «Dame» steht Baronin Franziska von Lerchenfeld Therese zur Seite und außerdem der schon seit der Skandinavienreise bewährte Diener Max Auer, der sich für diese Reise spezielle *taxidermische Fertigkeiten* angeeignet hat, um mit diesem Wissen die Haltbarkeit der erjagten Beutetiere sicherstellen zu können. (Vgl. die Karte ihrer Reiseroute im Anhang, S. 321)

Am Spätnachmittag des 14. Juni 1888 verlässt Therese unter dem schon bewährten Pseudonym «Gräfin Elpen» an Bord des Liverpooler Dampfers «Manauense» den Hafen von Lissabon – unbekannten Begegnungen und Abenteuern entgegen: *Wenn man das erste Mal den Ocean quert und liegt des Nachts bei Wellenrauschen schlaflos in seiner Koje, da keimen mitunter in der Phantasie alle Schreckbilder einer Reise auf hoher See empor und wachsen sich riesengross aus. Nur dünne Wände trennen den kühnen Herrn der Schöpfung von einem gähnenden Abgrund, welcher 6000–7000 m in die Tiefe geht.* […] *Das schwankende Fahrzeug weiss man den Elementen auf Gnade und Ungnade preisgegeben, und wenn sich ein Unglück ereignet, kann das Schiff mit Mann und Maus untergehen, ohne dass je eine lebende Seele das Wie und Wo in Erfahrung bringt. Bei solchen Betrachtungen fühlt der Mensch eine unverantwortliche Waghalsigkeit, fühlt er sich ohnmächtig und verlassen; – aber das sind nur Stimmungen, durch eine halbwache Einbildungskraft erzeugt. Ist der lichte Tag wieder am Himmelszelt heraufgezogen und schimmert das Meer wieder in unendlicher Bläue, dann*

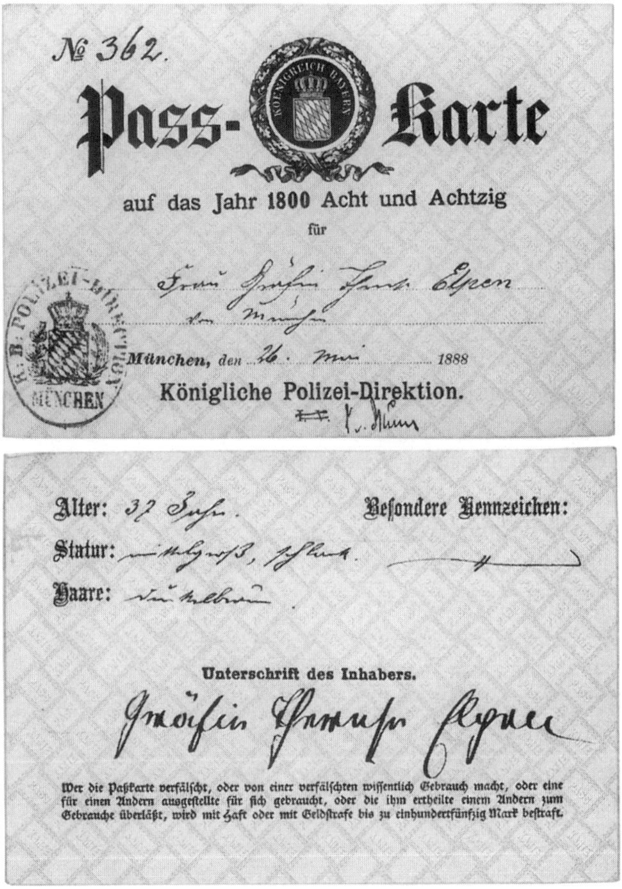
№ 362.

Pass- Karte

KOENIGREICH BAYERN

auf das Jahr 1800 Acht und Achtzig

für

Frau Gräfin Therese Elpen

von München

München, den 26. Mai 1888

Königliche Polizei-Direktion.

K. B. POLIZEI-DIRECTION MÜNCHEN

Alter: 37 Jahre.

Besondere Kennzeichen:

Statur: mittelgroß, schlank.

Haare: dunkelbraun.

Unterschrift des Inhabers.

Gräfin Therese Elpen

Wer die Paßkarte verfälscht, oder von einer verfälschten wissentlich Gebrauch macht, oder eine für einen Andern ausgestellte für sich gebraucht, oder die ihm ertheilte einem Andern zum Gebrauche überläßt, wird mit Haft oder mit Geldstrafe bis zu einhundertfünfzig Mark bestraft.

Passkarte, ausgestellt auf den Inkognito-Namen «Frau Gräfin Therese Elpen», unter dem Therese alle größeren Expeditionen unternommen hat.

verschwinden diese Hirngespinnste, wie der Frühnebel vor der aufgehenden Sonne zerrint.[2]

Nach zwölf Tagen erreicht das Schiff die an der Mündung des Amazonas gelegene Stadt Pará (do Belém). Von dort aus geht es auf dem bis zu mehreren Kilometern breiten Strom, der von zahlreichen *Uferseen* von unterschiedlicher Größe begleitet wird, westwärts bis nach Manáos zur Mündung des Rio Negro: *Es war eine wunderbare Tropenwelt, die sich da vor uns aufgethan hatte, der einsame, kleine See mit seiner überwuchernden Vegetation, die auf allen Seiten in den malerischsten Gehängen über das Wasser hereindrängte, die leuchtenden Strahlen des Tagesgestirnes, die durch das grüne Laubwerk spielten und auf den stillen Fluthen glitzerten, Alles in ein Meer von Licht tauchend, die buntgefiederten Bewohner der Lüfte und farbenprächtigen Schmetterlinge, welche Leben und Bewegung in das Ganze brachten, endlich die mächtigen, schneeweissen, am Grunde rosa angehauchten Nympheen mit ihren riesengrossen, schwimmenden Blättern, welche in solcher Umgebung zu schauen wenig Sterblichen vergönnt ist – es war ein Bild, bei dessen Anblick man von dem Gefühle überwältigt wurde, hiermit die Herrlichkeiten der Schöpfung bis auf die Neige ausgekostet zu haben.*[3]

Eine dreizehntägige abenteuerliche Fahrt auf dem Rio Negro und dem Amazonas führt sie schließlich zurück zum Ausgangspunkt Pará. Von dort bringt sie ein Küstendampfer nach Süden bis nach Rio de Janeiro. Notwendige Zwischenstationen entlang der Küste werden zu kürzeren Landausflügen genutzt. Von Rio de Janeiro aus geplante Abstecher durch die Provinzen Minas Gerais, Espirito Santo und Sao Paulo sind in das Programm eingebunden.[4]

Furchtlos allen Gefahren trotzen

Therese, die vor keinerlei Strapazen zurückschreckt, verlangt von allen Mitgliedern der Gruppe dieselbe Bereitschaft sowie den Verzicht auf jeglichen Komfort. Die unerbittliche Durchführung des vorgenommenen Programms erinnert an militärische Operationen, bei denen Thereses Begleiter sich ihrem Regiment widerspruchslos unterwerfen müssen. So sind mehrtägige zehnstündige Ritte in einem *bei der Kavallerie üblichen Marschtempo* keine Seltenheit, ebenso wie Nachtlager mit mehreren fremden Personen oder sogar mit Tieren in einem Raum, der laut, kalt, feucht, manchmal voll Ungeziefer ist. Weder extreme Hitze noch Kälte, noch eine Lungenentzündung, Höhenkrankheit und schwere Malariaanfälle, ein zerbrochener Gepäckkarren oder ein Rippenbruch bei einem Pferdesturz können die unerschrockene Prinzessin in ihrem rastlosen Reisetempo bremsen.

Transport zu Lande und auf dem Wasser

Dennoch: Thereses detailgenau ausgetüfteltes Reiseprogramm stößt in Brasilien immer wieder auf unvorhersehbare Hindernisse, die ihre Geduld auf eine harte Probe stellen und oft eine Revision der ursprünglichen Planung notwendig machen: *Um dieses fortwährende Mißlingen unserer Pläne zu erklären muß gesagt werden, daß man nämlich hier zu Lande von einer Stadt bis zur nächsten nicht weiß, wie die Verbindungen sind u. folglich erst immer an Ort u. Stelle etwas über Weiterbeförderung erfahren kann. So kömt man in einer Stadt an, meint, ein Schiff zu finden, das Schiff ist tagsvorher ausgelaufen u. man sitzt tagelang da, auf ein anderes zu warten. Man will einen Zug benützen; Niemand weiß, wann die Züge gehen, so begibt man sich selbst auf die Station, die womöglich dreiviertelstunden entfernt ist, um daselbst die traurige Gewißheit zu erlangen, daß der Zug entweder fort ist oder nur ein paar Mal oder gar nur einmal die Woche verkehrt. Für den ganzen Norden Brasiliens existiert gar kein Eisenbahnfahrplan u. kein Fahrplan der Küstendampfschifffahrt [...] So läßt sich also auch gar nichts vorher combinieren wie in Europa u. bleibt die Weiterbeförderung dem guten Glück überlassen. Dies letztere war uns aber bisher nicht günstig.*[5]

Insbesondere von den brasilianischen Eisenbahnen sind die verwöhnten europäischen Reisenden immer wieder enttäuscht. Selbst wenn endlich der richtige Anschluss zum gewünschten Zielort gefunden ist, garantiert das noch keineswegs eine pünktliche Ankunft, wie schon die erste Erfahrung lehrte: Die achtundzwanzig Kilometer lange Eisenbahnfahrt von *Fortaleza nach Maranguape, die unsere erste in Brasilien war, flößte uns gerade keine grosse Achtung vor dem brasilianischen Bahnbetrieb ein. Mitten unterwegs, auf einer unbedeutenden Steigung, blieb unsere Lokomotive stehen. Es war ihr der Dampf ausgegangen, ein Ereigniss, welches sich nach Aussage unserer eingeborenen Mitreisenden tagtäglich wiederholt und welches letztere mit den ironischen Worten begrüssten: ‹Está cansada› (Sie ist müde).*[6]

Um so überraschter ist die Reisegruppe, als sie in Rio de Janeiro in der «Staatsbahn Dom Pedro II», der *wichtigsten Eisenbahn Brasiliens, einem auf der Höhe der Zeit stehenden Betrieb* begegnet. Die Bahn legt durchschnittlich vierzig Kilometer in der Stunde zurück, Nachtfahrten sind nicht vorgesehen. *Die Lokomotiven haben vorn einen breiten Pflug zum Wegräumen von Hindernissen, eine Einrichtung, welche sich in diesen halbcivilisierten Ländern jedenfalls als nützlich erweist.*[7] Wird das Gelände zu steil und unwegsam, wie zum Beispiel auf der Strecke von Rio de Janeiro zu dem ungefähr achthundert Meter höher gelegenen Petrópolis, so wandelt sich der Betrieb in eine Zahnradbahn, und es beginnt *das Emporschieben unseres Waggons durch eine Lokomotive.*[8] Einen akustischen Kulturschock allerdings lösen die nach nordamerikanischer Sitte eingeführten Lokomotivglocken aus. Sie ersetzen zwar das *bei uns übliche schrille Pfeifen* auf angenehmere Weise durch den Klang einer Kirchenglocke, für Thereses Ohren aber klingt es eher *befremdend, wenn man jene hehren Töne, welche in Europa der Ankündigung frommer und feierlicher Handlungen vorbehalten sind, gleichsam entweiht findet im Dienste des prosaischen modernen Verkehrswesens.*[9]

Auch bei Wasserfahrten muss die Reisegruppe hinsichtlich Pünktlichkeit und Bequemlichkeit mancherlei Unwägbarkeiten geduldig hinnehmen, in vielen Fällen noch verstärkt durch schwer einschätzbare Hindernisse und Gefahren: *Um 1 Uhr Nachmittag steuerte endlich der erwartete Raddampfer in den Rio Doce herein, ein elendes kleines Schiff, weit kleiner als sämmtliche auf dem Bodensee fahrenden Passagierdampfer.* [...] *Dem unmittelbar bevorstehenden Passiren der berüchtigten Barre* [einer Sandbank] *sahen wir mit einigem Bangen entgegen. Es ist diese Barre eine der schlimmsten der ganzen Ostküste Brasiliens. Oft können Schiffe wochen- ja monatelang weder in den Fluss ein- noch aus dem Fluss auslaufen. Größeren Schiffen ist das Einlaufen nur bei Hochfluth, vereint mit Südwind, gut möglich. Für kleine Dampfer bleibt das Auslaufen bei Gegenwind immerhin sehr bedenklich. So sind schon viele Schiffe beim Versuch, die Barre zu passiren, verloren gegangen.*

Von offizieller brasilianischer Seite spielt man die Gefährlichkeit dieser Sandbank herunter, Thereses persönliches Erlebnis aber bestätigt die kursierenden Warnungen aus der Bevölkerung als sehr begründet: *Unser armes, kleines Dampfschiff musste mitten durch eine haushoch kochende und wirbelnde Brandung hindurch. Es rollte und stampfte, ächzte und krachte auf unbeschreibliche Weise. Bald bäumte sich sein Bug hoch empor, bald drehte sich eines der Räder über unseren Köpfen in der Luft. Bald meinte man, der Kiel müsse im Wellenthal aus Wassermangel auflaufen, im nächsten Augenblick erwartete man zu kentern, dermaßen legte sich das Schiff auf die Seite; endlich hatte es den Anschein, als ob das arme zerbrechliche Ding über diesem tollen Herumgeworfenwerden aus allen Fugen gehen müsse. Im wilden Toben und*

Tosen der aufgeregten Elemente verhallte die Donnerstimme des Kapitäns meist ungehört. Wie wahnsinnig rannten die Matrosen umher, helfend einzugreifen, wo es Noth that […]. Wir saßen auf Deck und klammerten uns mit allen Kräften an, um nicht über Bord zu gehen. Dies dauerte einige lange Minuten, während welcher hochaufspritzende Gischt uns ringsum einhüllte. Dann hatte sich unser kleines, tapferes Schiff über die Barre weggekämpft und schwamm stolz und siegesbewußt auf der ziemlich ruhigen See.[10]

Wo keine offiziellen Schiffsverbindungen vorhanden sind, müssen private Lösungen gefunden werden. So bleibt keine andere Wahl, als für die geplante Expedition durch den Küstenwald zu einem Indianerstamm, der zu den Lippenteller tragenden Botokuden zählt, ein «*Canoa*» anzumieten. Mit ihm ziehen wir *in die Wildnis hinaus, ohne Sicherheit, unser Ziel zu erreichen. Unsere Canoa war ein ächter, riesig langer Einbaum aus Amarelloholz und hatte sechs Bänke. Diese Bänke waren aber nicht für uns bestimmt, sondern für die Canoabemannung. Letztere setzte sich zusammen aus vier ruderführenden Leuten, nämlich zwei Negern, einem Indianer und einem Weißen, und aus dem Steuermann, ebenfalls einem Neger, welcher stehend mit einem Handruder das Fahrzeug lenkte. Uns war in der Mitte der Canoa ein langer, bankloser Platz reservirt, über welchem sich eine Cuberta, ein Halbcylinder aus Palmstroh wölbte, bestimmt, die Sonnenstrahlen abzuhalten. Auf das Flurholz hatte man uns eine Strohmatte und eine Matraze gelegt, und hier mussten wir nun den ganzen langen Tag auf orientalische Weise am Boden kauern, den Rücken notdürftig durch unser Handgepäck gestützt.*[11]

Reisende Damen sind etwas Unerhörtes

Dass reisende Damen Aufsehen erregen, erfahren Therese und ihre Gefährtin in Brasilien häufiger, so einmal, als sie auf der Suche nach Essbarem versuchen, ihren *knurrenden Magen durch einen Spaziergang* […] *zwischen Palmstrohhütten und einer farbigen Bevölkerung hindurch* zu vergessen. Da geriet *halb Maranguape* [bei Fortoleza, im Nordosten] *in Aufregung, ein Zeichen, wie selten Ausländer und namentlich Ausländerinnen diesen Ort besuchen. Zudem waren wir überhaupt als reisende Damen etwas Unerhörtes, da die Brasilianerinnen der besseren Klasse fast auf orientalische Weise von der Öffentlichkeit ausgeschlossen*

Reisezelt am Rio Doce in Mittelbrasilien, mit Reisemarschall Maximilian von Speidel und Thereses Hofdame. Nach einer daselbst aufgenommenen Photographie, 1888. Vermutlich die einzige erhaltene Abbildung, die Prinzessin Therese auf außereuropäischen Reisen zeigt.

werden.[12] Von daher ist es auch zu verstehen, dass einheimische Ansiedler, die sich über eine neu projektierte Eisenbahnstrecke zum Rio Doce die Köpfe erhitzen, *den abenteuerlichsten Gerüchten Gehör schenken. So wurden wir zwei Damen auf unserem Ritt durch* [den Bundesstaat] *Espirito Santo für verkleidete Ingenieure gehalten, welche gekommen, das Terrain in Augenschein zu nehmen und die Verhältnisse zu studiren. Denn, dass Damen nur aus Interesse für Land und Leute eine so beschwerliche Reise unternehmen könnten, schien ihnen geradezu unerhört.*

Allerdings gibt vermutlich auch die äußere Erscheinung der Reisenden zu mancherlei Spekulationen Anlass. Da Kleiderkonventionen und Mode Therese ja von Kindheit an lästig gewesen sind, fällt es ihr um so leichter, sie auf Reisen als Zeichen der verachteten *Hypercivilisation* fast genüsslich zu ignorieren: *Seit fünf Tagen stiessen wir in der Urwaldwildniss zum ersten Male wieder auf eine richtige Fazenda und hiermit auf mehr Civilisation. Für civilisiertere Verhältnisse war unsere äußere Erscheinung inzwischen aber fast unmöglich geworden. Denn in Folge der nun neuntägigen Reit- und Canoatour durch den Urwald, bei welcher wir Wind und Wetter ausgesetzt waren, alle grobe Arbeit selbst verrichten mussten und dabei kein Kleid zum Wechseln hatten, spielten unsere Anzüge dermaßen in allen Farben, dass man uns, unter eine Stadtbevölkerung versetzt, wohl einer milden Gabe für würdig hätte erachten können. Sogar die an unseren Gewändern, in Ermangelung von anderem*

Murahütte – ein auf Pfählen ruhender Palmstrohbau mit schwingenden, mosquitonetzumhüllten Hängematten. Photographie von Therese, 1888

Material, mit Zuckerschnaps vorgenommenen Putzversuche blieben ziemlich erfolglos.[13]

Als die Gruppe von Santo Espirito aus ihren Ausflug zu den brasilianischen Botokuden vorbereitet, werden *Reisekleider europäischen Schnittes [...] in Verwahrung gegeben, und es wurde eine Kleidung angelegt, passend sowohl zum Reiten wie zum Fusswandern im Waldesdickicht. Kleiderwechsel gab es keinen, um das Gepäck nicht unnütz zu beschweren; doch sparten wir nicht an warmen Hüllen, uns vor Regen und Nachtkühle zu schützen.*[14] Dem Vater berichtet sie nach der Rückkehr von Santo Espirito: *Von der Verfassung unserer Kleidungsstücke macht man sich keinen Begriff; die europäische Polizei würde uns vielleicht in ihre Obhut nehmen.*[15]

Unzivilisierte Nachtquartiere

Gemeinsame Übernachtungen auf Matratzenlagern, auf dem Kajütenboden oder im Lagerraum des Schiffsinneren, unterwegs in Herbergen in einem Raum, gelegentlich zusammen mit anderen fremden Reisenden, sind keine Seltenheit, nicht zu vergessen die zusätzliche, nicht unbedingt lautlose nächtliche Gesellschaft von Fledermäusen, Eidechsen, Geckos, Spinnen und anderem Getier. Doch kein Quartier ist für Therese zu schlecht, um nicht eine *genaue Besichtigung der Wände, Ecken und Böden* vorzunehmen, wobei ihr einmal im Morgengrauen der Fang einer *sehr langbeinigen, ockergelben Krabbenspinne von 2,4 cm Körperlänge* gelingt.[16] Trotzdem zieht es Therese vor, wenn möglich im Zelt zu übernachten. Und noch einen weiteren Vorteil bietet das Übernachten im Freien, das ihr von früheren Reisen in den Norden Europas und nach Russland wohlvertraut ist: Man kann *in nächtlicher Stille, der Ruhe hingegeben, ungestört hinhorchen auf den Pulsschlag der Natur, ihren geheimnisvollen Stimmen lauschen und, durch keine Schranken von ihr getrennt, sich gleichsam mit ihr eins und in ihr aufgehend* fühlen. Therese bekennt, dass sie eine *wahre Leidenschaft* hegt *für das Schlaflied, welches uns so u. so alt im Urwald in süße Träume wiegt[e], das Frosch-, Kröten-, Jaguar- u. Affenconcert, das mir hier in der Stadt entschieden abgeht.*[17]

Neugier auf die landesübliche Küche

In der Überzeugung, dass auch die Küche zur Kultur eines Landes gehört, nützt Therese jede Gelegenheit, die einheimischen Essgewohnheiten unvoreingenommen zu studieren. Wer nicht auf ausschließlich vegetarische Kost eingeschworen ist, findet reiche Abwechslung in der fleischhaltigen Küche, deren Angebot naturgemäß von dem jeweiligen Weidmannsheil der einheimischen Jäger abhängig ist. Aber selbst hier kann sie es nicht lassen, das Aufgetischte mit zoologischer Genauigkeit zu analysieren: Am Rio Negro besteht die Abendmahlzeit *aus dem Jagdergebniss des Hausherrn. Es wurde uns eine Paka (Coelogenys Paca Wagn.) vorgesetzt, ein Nagethier, welches bräunlichen Pelz hat und gleich den Meerschweinchen in die auf Amerika beschränkte Familie der Hufpfötler (Subungulata) gehört. Ausser seinem schmackhaften, an das des Kaninchens erinnernden Fleische trug man uns auch dasjenige eines Armadills auf. Es war dies ein zweiter, in Brasilien sehr gemeiner Wildbraten, der uns trotz seines etwas süsslichen Geschmackes ebenfalls mundete. Färbung und Panzer des erlegten Thieres nach zu schliessen, stammte dieser Braten vom Langschwänzigen Tatu (Praopus novemcinctus L.), der in Brasilien verbreitetsten Gürtelthierart.*[18]

Ein anderes Mal werden sie mit einem *Papageienbraten* konfrontiert, der *von zwei Arten Kamutangas (Chryswotis rhodocortytha Salvad.) stammt, prachtvollen, großen Kurzflügelpapageien, welche wir diesen Morgen, von einem der schwarzen Soldaten frisch erlegt, nach dem Aldeamento bringen sahen.* Allerdings hält sich der kulinarische Genuss dieses ungewöhnlichen Bratens in Grenzen: *Das Fleisch der uns zubereiteten Thiere war schwärzlich, sehr zäh und schmeckte wie das irgend eines anderen Wildgeflügels.*[19]

Erstaunlich unempfindlich reagiert Therese, wenn ihr ein eben noch lebendes Tier wenig später zur Abendmahlzeit serviert wird: *Eine Tartaruga (Podocnemis expansa Schw.) von etwa 80 cm Länge, eine dieser häufigsten und wichtigsten Lurchschildkröten des Amazonasgebietes, kroch frei in Haus und Hof herum. Sie stammte aus dem Rio Negro und war mittelst einer Sararáca*, das heisst eines Harpunenpfeiles, erjagt worden. Unsere Ankunft setzte ihrem Leben ein frühzeitiges Ende. Es wurde ihr der Kopf abgehauen und abends erschien sie in verschiedentlichen Zubereitungen auf der Tafel. Das für uns Ausgehungerte leckere und ausgezeichnete Mahl bestand aus Schildkrötenbraten, Schildkrötenleber und -schinken und aus Reis, welcher in Schildkrötenbutter gekocht war. Eine solche Butter gewinnt man sowohl aus dem Fett wie aus den Eiern des Tieres und bringt sie in den Handel als Küchenfett, als Beleuchtungsstoff und zum Kalfatern,*[20] einer Methode, um die Nähte zwischen hölzernen Schiffsplanken zu verdichten.

Moskitoattacken, Masern, Gelbfieber und Malaria vor Augen

Es grenzt an ein Wunder, dass Therese trotz der ungewohnten, zudem häufig wechselnden klimatischen Herausforderungen und trotz verschiedener gesundheitsgefährdender Situationen nie ernstlich erkrankte. Den besorgten Vater beruhigt sie brieflich: *Wir nehmen uns in dem ungewohnten Klima furchtbar in Acht, meiden die Sonne, bleiben in den Mittagsstunden meistens an irgendeinem kühlen, schattigen Ort. u. – essen gar kein Obst, nicht einmal von den herrlichen Bananen! Auch das Baden (im Freien) ist zu vermeiden, eine weitere Entbehrung, wenn man wasserumgeben ist u. sich zugleich den ganzen Tag in condensiertem Dampf auflöst.*[21]

Vernünftigerweise verzichtet sie auch auf eine Fahrt zu den Crichaná-

Indianern am Rio Negro. Denn Erkundigungen bei Einheimischen haben ergeben, dass die Gegend von dem gefürchteten Wechsel- oder Sumpffieber bedroht ist, das heißt, dass der Rio Negro *in ungewohnt hohem Maasse malariaverpestet [sei] und daß ausserdem am ganzen Flusse die Masern derart herrschen, daß die Indianer in Massen dahinsterben.* Daher gebot die Vernunft *ein Aufgeben der verlockenden Weiterreise.*[22]

Dies die sachliche Darstellung in ihrem Reisebericht. Die wahren Zusammenhänge allerdings vertraut sie, wieder zurück in München, ihrem intimen Tagebuch an: *Sein* [Ottos] *Bild hat mich begleitet in den Urwald, an die Ufer des Amazonas u. dort war es sein Bild, einzig die Erinnerung an ihn, die mich zurücktrieb aus einem gefährlichen Unternehmen. Wir waren in eine höchst ungesunde Gegend gelangt, in welcher uns der Tod von einem Tag zum anderen drohte; da stieg sein Bild vor mir auf, der ganze Jammer seiner Existenz, seine Einsamkeit, seine Verlassenheit u. ich dachte ‹wenn ich nun sterbe, so kann ich nichts mehr für ihn wirken.* […] *Und da wurde mir mein Leben, das in der Beziehung auf mich keinen Werth für mich hat, mir plötzlich werth u. überaus theuer u. eine Tagereise vor dem sehnlichst gewünschten Ziel kehrte ich plötzlich um – aus Liebe zu ihm!* […] *Die Leute wissen nicht, warum ich scheinbar feige oder vernünftig umgekehrt,* […] *aber seit jenen Stunden im fernen Innern Brasiliens, in der Pflanzenwildnis Amerikas habe ich begriffen, daß ich einen Zweck habe zu leben u. nicht zu ersetzen bin, daß ich, wenn ich ihn je wahrhaft geliebt, nicht aus meinem Interesse an Ländern u. Völkern meine Tage aufs Spiel setzen darf. Denn thäte ich dies, so hätte ich mich lieber als ihn!*[23]

Kein Wort darüber im Brasilienbuch. Statt dessen kommentiert sie dort den Verzicht auf die Erkundung der Crichaná-Indianer mit der ironisch-makabren Bemerkung: *Nun – es sollte nicht sein, dass wir* die Crichaná-Indianer *zu Gesicht bekamen, und bewahrte dies unsere Knochen vielleicht vor dem Schicksal, zu Pfeilspitzen oder Flöten verarbeitet zu werden.*[24]

Reitunfälle und Pflanzenlawinen

Verblüffend ist immer wieder die humorvolle Gelassenheit, mit der Therese höchst bedrohliche Situationen schildert, wie sie sich vor allem auf gefährlichen bis waghalsigen Ritten zutragen. So wäre ein nächtlicher

Ritt durch unwegsames Urwaldgelände fast in einer Katastrophe geendet: *So lange wir Tageslicht hatten, ließen sich all die primitiven Wegzustände noch ertragen. Aber von 6 Uhr an war es stockfinstere Nacht: Und nun fühlten sich Mensch und Tier noch viel unsicherer, als es natürlich ebenso wie bisher über Piloten* [Rammpfähle] *und geländerlose Brücken hinweg, durch Furten hindurch und an Abgründen entlang ging. Unser vorausreitender Führer hatte eine kleine Laterne angezündet und an seinem Steigbügel befestigt. Der matte Schimmer derselben zeigte uns jetzt nothdürftig den einzuschlagenden Pfad. Trotz dieser bescheidenen Beleuchtung war der Führer auf eine große, hohe Holzbrücke gerathen, welche nur Anfang und Ende hatte, in deren Mitte aber ein schwarzes Nichts uns engegengähnte. Ein Schritt weiter – und unser Hausherr Herr Proto do Cachoeiro wäre in den Fluss hinabgestürzt. Nun galt es, in der Dunkelheit die Furt zu suchen. Der Fluss war tief und breit, das Wasser klatschte um unsere Thiere und spritzte hoch an uns herauf. Doch diese einzelnen Momente störten uns nicht die Romantik des einsamen Nachtrittes durch den Urwald.*[25]

Mit ähnlicher Beherrschtheit schildert Therese das überwältigende Erlebnis einer Pflanzenlawine: *Als wir einem waldigen Abhang entlang ritten, entstand urplötzlich ein mächtiges Dröhnen und Krachen hoch oben zu unserer Linken. Wir wussten nicht, was das zu bedeuten habe, und horchten erwartungsvoll auf. Ein Theil des über uns gelegenen Waldes schien sich losgebrochen zu haben und abgerutscht zu sein, und nun stürzten die zu Tode getroffenen Waldriesen, Alles mit sich fortreissend, unter donnerähnlichem Getöse zu Thal. Ein blatt- und astloser Riesenstamm ragte im Gleiten noch senkrecht empor, gerieht dann ins Wanken, legte sich nach abwärts und wurde kopfüber mit all dem in Aufruhr gerathenen Pflanzenchaos in die Tiefe geschleudert. Es war ein überwältigend grossartiges Schauspiel.* Ohne Dramatisierung fügt Therese hinzu: *Kaum etliche Minuten vorher hatten wir die nun unter Vegetationstrümmern begrabene Stelle passirt.*[26]

Als sie selbst Opfer eines Reitunfalls wird, schildert sie diese Situation ohne Selbstmitleid. Bei einem Ausflug von Petrópolis aus reitet die Gruppe auf einem halb zugewachsenen, tief eingeschnittenen Saumpfad steil bergauf. *Ein gestürzter Baumstamm lag auf solche Weise über dem Weg, dass wir für einen Augenblick absitzen mussten und kaum die reiterlosen Thiere mit den Damensätteln darunter wegschlüpfen konnten.* [...] *Plötzlich beeinträchtigte das Tiefüberhängen eines Bambus-*

gebüsches die freie Bahn noch mehr, und ehe ich, die an der Spitze ritt, es nur denken konnte, war mein Pferd unter mir durch und ich, abgestreift, Kopf voraus nach rückwärts auf den Boden gelangt. Eine schmerzhafte Prellung des Rückgrates war die Folge des Sturzes. (So meinten wir. Thatsächlich aber hatte ich mir, wie sich einige Monate später herausstellte, eine Rippe gebrochen).[27] Da wie immer keine Zeit zu verlieren war, muss die Unternehmung am nächsten Tag wie geplant fortgesetzt werden: *Wieder sassen wir im Sattel, und weiter ging es den Berg hinunter. Das Reiten wie das Gehen waren mir heute zur Qual. In Folge des gestrigen Sturzes schmerzten mich alle heftigeren Bewegungen und solche konnten begreiflicherweise nicht vermieden werden.*

Auch der Wechsel vom Pferd auf einen *mit Maulthieren bespannten, federnlosen* Postwagen bringt begreiflicherweise keine Erleichterung. Im Gegenteil: Die *Maulthiere zogen an, und nun sausten wir dahin auf löchererfüllter Strasse, über Stock und Stein, durch Wasserlachen und morsche Brücken. Wir mussten uns bei jedem Stosse wie Affen an die Stangen klammern, um nicht hinauszufliegen, und mehr als einmal drohte der alte Marterkasten aus den Fugen zu gehen. Ein Marterkasten war der Wagen am meisten für mich, denn jedes Strassenloch, aus welchem wir emporgeschleudert wurden – und deren gab es viele –, presste mir, in Folge der Erschütterung meines geschädigten Thoraxes, einen unterdrückten Schmerzensschrei aus.*[28]

Von der Bergbauschule bis zur Käserei

Auch die Besichtigung verschiedener sozialer Einrichtungen gehört für Therese zum unerlässlichen Reiseprogramm, wie zum Beispiel in Rio de Janeiro *das großartige Krankenhaus u. die musterhaft gehaltene Irrenanstalt* sowie ein nach dem *System von Pasteur eingerichtetes Institut für Wuthschutzimpfung* [Tollwut].[29] Außerdem zeigt sie großes Interesse an pädagogischen Institutionen und besucht die Bergbauschule in Ouro Preto, nördlich von Rio de Janeiro bei Belo Horizonte,[30] die nicht nur über ein französisch inspiriertes, vorbildliches Ausbildungskonzept für Bauingenieure verfügt, sondern auch über eine reiche *geologische, paläontologische und mineralogische Sammlung*. Das Spektrum ihrer Besichtigungen von landwirtschaftlichen Produktionsstätten reicht von einer Baumwollwarenfabrik bis zu einer *Käserei* in Petrópolis, in der ein französischer Unternehmer – neben einer *ausgedehnten Orchideenkultur – Rahmkäse* aus *Süßmilch* herstellt.[31] Selbstverständlich werden ebenso Kaffee-, Tee- und Zuckerrohrplantagen unter kundiger Führung besichtigt.[32] Selbst militärische Örtlichkeiten wie Kasernen und Paradeplätze stehen auf dem eiligen Reiseprogramm, nicht zu vergessen alle erreichbaren botanischen Gärten und *Museen mit ethnographischen, botanischen, zoologischen, paläontologischen Abtheilungen,* dazu immer wieder *merkwürdige Baudenkmalen.* – Der Reisemarschall Maximilian von Speidel, der die Organisation der spontanen Wünsche seiner Gebieterin zuverlässig in dem chronisch zeitknappen südamerikanischen Reiseprogramm unterbringen musste, dürfte wahrlich nicht zu beneiden gewesen sein.

Besuch am brasilianischen Kaiserhof

Ein Höhepunkt ihrer Reise ist die Gastfreundschaft des letzten brasilianischen Kaisers Dom Pedro II. (1825–1891, Kaiser 1831–1889) und seiner Ehefrau Kaiserin Teresa von Brasilien (1822–1889), der *intimsten Jugendfreundin* von Thereses Mutter.[33] Allerdings wird durch diesen Besuch das mühsam gehütete Inkognito zerstört: *Die Reporter bemächtigten sich in ihren Berichten unseres Hierseins u. jetzt ist ein Gegaff u. Gefrag, daß mir der ganze Aufenthalt verdorben ist. Glücklicherweise war im Hotel der Preis schon festgesetzt, als das Incognito einen Riß erhielt, u. so komme ich mit einem blauen Auge davon, vielmehr nicht ich, sondern meine Kasse, sofern sie überhaupt ein Auge hat.*[34]

Therese ist fasziniert von der ungezwungenen Atmosphäre des kaiserlichen Hofes, der so ganz ohne *ceremonielle,* ohne *steife Höflichkeit* auskommt – vor dem Hintergrund ihres Unbehagens hinsichtlich Münchner höfischen Gepflogenheiten eine verständliche Reaktion. Vor allem aber schätzt sie den Gedankenaustausch mit dem belesenen Kaiser: *Er ist ein lieber, reizender alter Herr, so gescheidt u. unterrichtet u. dabei so wohlwollend, daß einem das Herz aufgeht. Er gibt mir gelegentlich Unterricht in indianischen Sprachen u. hat mir heute deutsch vorgelesen, indessen ich seine arabische Lectüre in Augenschein nahm.* Therese empfindet eine gewisse Seelenverwandtschaft zu ihm: *Was ich an ihm auch so schätze ist seine Gründlichkeit; er hat die gleiche Leidenschaft wie ich, sich über Alles Rechenschaft ablegen zu wollen.* Und wie

Dom Pedro II. (1825–1891), von Therese wegen seiner Gelehrsamkeit und Gastfreundschaft geschätzter Kaiser von Brasilien. Sie widmet ihr Brasilienbuch «Dem Andenken seiner Majestät des hochverehrten und unvergesslichen Kaisers Dom Pedro II von Brasilien»

selbstbeschwörend fügt sie hinzu: *Aber er ist kein trockener Gelehrter, sondern hat ein ungemein frisches Gemüth u. ist jugendlich heiter.*[35] So scheint es nur konsequent, dass Therese ihr brasilianisches Reisewerk *Dem Andenken seiner Majestät, des hochverehrten und unvergesslichen Kaisers Dom Pedro II von Brasilien* widmet.

Zwischen ihrer Brasilienreise und dem Erscheinen des Buches liegen neun Jahre intensivster Forschungen. In dieser Zeit haben sich in Brasilien *große politische Umwälzungen* ereignet, deren Wurzeln bis in den Mai 1888 zurückreichen: Unmittelbar vor Thereses Aufenthalt in Brasilien hatte Prinzessin Isabella, die Tochter von Dom Pedro II., als stellvertretende Regentin während einer Europareise des Kaisers, das «Lei Áurea», das «Goldene Gesetz» unterzeichnet, das die Sklaverei endgültig abschaffte. Dass dies die auf die Sklavenarbeit angewiesenen *Fazendeiros*, die Großgrundbesitzer der Kautschuk-, Kaffee- und Zuckerplantagen empfindlich traf, hat sie mehr und mehr der Krone entfremdet. Gleichzeitig wächst unter europäischem Einfluss eine starke republikanische Bewegung, die im November 1889 durch Militärputsch zum Sturz von Kaiser Pedro II. führt: Pedro II. muss nach fast sechzigjähriger Regierungszeit mit seiner Familie das Land verlassen. Er stirbt 1891 in Paris. *[Dies] Attentat auf den Kaiser von Brasilien ist recht arg, fast unglaublich in einem Land, in welchem mehr Freiheit als irgendwo in Europa u.*

auch traurig, da es den äußerst gemüthlichen, patriarchalischen Verkehr zwischen Fürsten u. Volk, wie ich ihn dort beobachtet, vielleicht einschränken wird.[36]

Thereses ausführliche, von großer Sympathie getragene Beschreibungen ihrer Besuche am brasilianischen Kaiserhof galten in der zeitgenössischen Presse als letzte wichtige historische Quelle über eine untergegangene Epoche.

Studienreise durch Nordamerika (1893)

Ähnlich wie bei ihrer Russlandreise ist auch 1893 wieder der Besuch einer Weltausstellung – diesmal in Chicago – der äußere Anlass für eine weiträumige Studien- und Sammelreise. Auf dieser viermonatigen Expedition durchquert Therese den nordamerikanischen Kontinent von der Ost- bis zur Westküste, von Kanada bis Südmexiko. In wissenschaftlicher Hinsicht soll sie sowohl der Aufarbeitung ihrer fünf Jahre zurückliegenden Brasilienexpedition für die geplante Buchpublikation dienen als auch zugleich der Vorbereitung auf eine zweiten Forschungsfahrt nach Südamerika.

Über diese Nordamerikareise hat Therese nur in einem 1902 erschienenen kurzen Aufsatz «Einiges über die Puebloindianer» berichtet. Sie stützt sich dabei auf ihre (heute verlorenen) Tagebuchaufzeichnungen, auf die rund zwanzig Briefe, die sie während dieser Reise an den Vater richtete, und auf die Abrechnungen der Reisekosten, die diese gewaltige Parforce-Tour genau dokumentieren.[37]

Anfang Juli 1893 reist die Gruppe mit dem Reisemarschall Baron von Falkenhausen per Bahn von München über Paris und Rouen nach Le Havre. Zur Überquerung des Atlantiks fällt die Wahl auf den *schwimmenden Palast der Tourraine,* einen Luxusdampfer, der so weiträumig ist, dass die *Cabinenräume in Straßen eingetheilt u. numeriert* sind. Allerdings gesteht die an Land und Leuten ebenso wie an *Nautik* interessierte Forschungsreisende, dass ihr ein *gewöhnlicher, kleiner Passagierdampfer,* auf dem sich ein *gemüthliches Zusammensein mit den Mitpassagieren u. der Schiffsbesatzung entwickelt, sympatischer* gewesen wäre.[38] In acht Tagen und Nächten wird das *vielgeschäftige, geldprotzende* New York erreicht. Aus den Reise- und Hotelbelegen ergibt sich, dass Therese diesmal *so häufig wie möglich* in bequemen *sleeping cars reist* und in den besuchten Städten in luxuriösen Grand Hotels der Eisenbahngesellschaft absteigt.[39]

Weltausstellung 1893 in Chicago

Vorbei an den *Wundern des Niagara* [...] mit seinen *feenhaften Überraschungen erreicht sie* Chicago, um dort durch den Besuch der «World's Columbian Exposition» ihren eigentlichen *Reisezweck* zu erfüllen. Sie

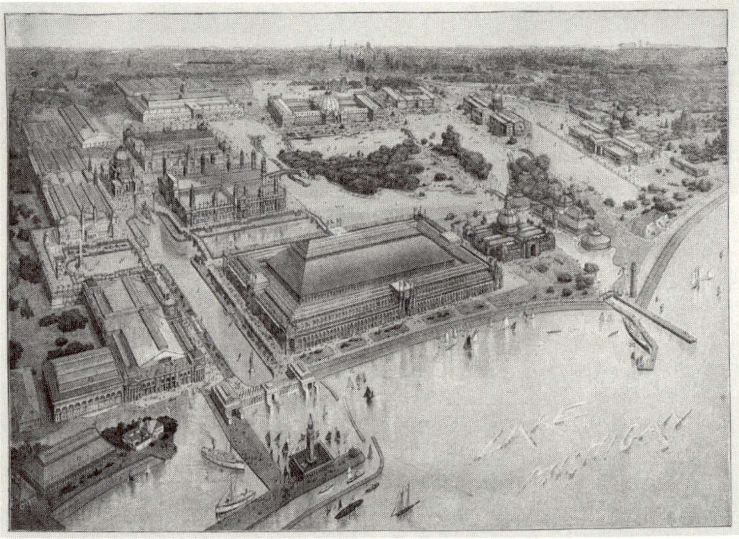

Blick aus der Vogelperspektive auf die Weltausstellung am Michigan-See in Chicago – Thereses wichtiges Reiseziel in Nordamerika. (1893)

ist begeistert von der harmonischen Gesamtanlage der vielseitigen Ausstellung, die aus Anlass der Entdeckung Amerikas vor vierhundert Jahren durch Christoph Kolumbus (1447–1506) stattfindet. Hier kann sie ein Beduinenlager oder ein javanisches Dorf studieren, einen persischen Palast bestaunen oder einen chinesischen Bazar. Ganz in ihrem Element aber fühlt sie sich vor allem bei den ethnographischen Inszenierungen, wie man sie anschaulicher nirgends auf der Welt finden kann. *Mein Reisezweck ist durch den Besuch der hiesigen Ausstellung erfüllt. Man hat eine Übersicht sämtlicher prähistorischer Funde Amerikas, vieler ethnographischer Gegenstände u. einiger Indianerstämme, auch manch zoologischen u. botanischen Aufschluß über die neue Welt gefunden. Ich habe einige werthvolle Gegenstände der Flatheadindianer erstanden, Dinge, die immer seltener werden; auch einen ausgestopften Präriehund, ein Object, welches der bayerischen Staatssammlung fehlt, habe ich endlich aufgetrieben.* – Allerdings stößt ihre vielbeschworene Tierliebe an Grenzen, als Ameisen sich über ihre *entomologische Ausbeute,* die mühsam gesammelten Insekten, hermachen – *scheußliche Biester, welche Alles zerstören.*[40]

Weiter geht die Fahrt durch die Prärie zu den Sioux-Indianern, zu einer Begegnung, die eher enttäuschend ist, denn Thereses Erwartungen an Indianerromantik werden nicht erfüllt. Bei glühender Hitze von 39 Grad Celsius – ein Thermometerstand, von dem Therese behauptet, ihn weder je in Griechenland noch in den Tropen erlebt zu haben – wird die Reise in Richtung Rocky Mountains fortgesetzt. Allerdings kann es nach ihrem patriotisch-kritischen Urteil diese Bergwelt nicht *mit unseren Alpen aufnehmen;* ihrer Meinung nach sind *die Formen uninteressant, und die bedeutende Höhe vieler Gipfel zu 10 000'* [3400m] *... wirkt nicht, da man sich selbst schon 6–8000' hoch befindet.* Dafür bietet die Weiterreise immer wieder die Möglichkeit zum Kennenlernen von weithin noch unbekannten Indianerstämmen. In San Francisco – in jeder Beziehung ein Dorado – wird der Besuch von Chinatown mit seinen Tempeln, Restaurants, Verkaufsläden und Opiumhöhlen zu einem unerwarteten Höhepunkt der Reise. Bei der Einfahrt in den Yosemite-Park, dessen *Mammuthbäume nahezu die Frauenthurmhöhe* erreichen, gelingt es, eine Klapperschlange zu erlegen. Therese ist nicht davon abzuhalten, die rasselnde Giftschlange *als Trophäe u., da erst halbtodt, mit ausgespanntem Arm den Berg hinunter zu schleppen. Das Gewicht ließ nichts zu wünschen übrig.*[41]

Von der *märchenhaften* Kulisse des Grand Canyon in der Coloradoschlucht ist die Gruppe so überwältigt, dass sogar Thereses rasantes Reisetempo vorübergehend zum Stillstand kommt: *Wir saßen stundenlang am Rand des Abgrundes u. konnten uns nicht satt sehen. Wir bewunderten dieses Naturschauspiel bei Mondschein, bei Sonnenaufgang, Sonnenuntergang u. in Gewitterstimmung.*

Eine lange Eisenbahnfahrt durch den Norden Mexikos bringt Therese in die Stadt Mexiko, genauer nach Querétaro, an den Ort, an dem – wie Therese ohne Nennung des Namens schreibt – 1867 der *unglückliche Kaiser erschossen* worden war. Dieser unglückliche Kaiser war Erzherzog Maximilian aus dem Hause Habsburg (1832–1867), der jüngere Bruder von Kaiser Franz-Joseph und Sohn von Thereses Großtante Sophie. Unter Einmischung in die Politik der unter ihrem Präsidenten Juarez finanziell zerrütteten Republik Mexiko, die sich unfähig erklärte, die auswärtigen Gläubiger zu bezahlen, hatte Kaiser Napoleon III. von Frankreich ihn mit Hilfe seiner Truppen 1864 als Kaiser von Mexiko inthronisiert. Als die französischen Truppen abberufen wurden, wurde Maximilian in Querétaro eingeschlossen, gefangen genommen, auf Befehl des Präsidenten Juarez vor ein Militärgericht gestellt und erschossen.

Der Besuch dieses Gedächtnisortes ist für Therese ein *ergreifender Gang*. Denn offensichtlich fühlt sie sich diesem Vorfahren, der seinerseits 1860 eine Brasilienreise unternommen hatte, geistesverwandt und persönlich sehr nah: *Ich hatte in meiner Jugend für ihn geschwärmt. Er schien mir anders gewesen als andere Menschen, mit seltenem geistigen Schwung, von seiner Familie unverstanden u. vom Schicksal in enge geistige Verhältnisse gezwängt. Da bäumte sich seine freiheitsdurstige Seele auf, da war er unbeirrt seine eigenen Wege gegangen. All dies hatte ich durchgefühlt, hatte mich verständnisvoll zu ihm hingezogen, der damals schon todt u. den ich nie gesehen.* Deshalb bedeutet es ihr viel, *als erste unter seinen Angehörigen an der Stelle* zu stehen, *an welcher er fast dreißig Jahre früher sein kurzes Dasein vollendet.*[42]

Wenngleich Therese das Land Mexiko weit besser gefällt als die Vereinigten Staaten von Nordamerika, ist ihr Eindruck von der Stadt Mexiko begreiflicherweise nicht der günstigste, denn *Es ist furchtbar Gesindel in der Stadt*, und als Beweis schildert sie: *Heute hat mir Einer im Gedränge mein Geld nebst Notizbuch gestohlen. Ich erreichte ihn, rang mit ihm, u. als er sah, daß ich ihn nicht loslasse – meine gestählten Muskeln halfen mir –, streifte er die Jacke, an der ich ihn gepackt, über den Kopf u. entfloh ohne derselben. (Es war ein Indianer). Bis meine Begleitung sich umdrehte, war das Unglück geschehen.*[43]

Dennoch ist der Standort der Hauptstadt Mexiko mit seiner Höhenlage von zirka 1800 Metern für zahlreiche Sammelausflüge sehr geeignet: So stoßen sie auf einer Fahrt der Küste zu, in Richtung Orizaba, in 610 Metern über dem Meeresspiegel endlich auf eine üppige *Tropenflora*: *Überall befindet man sich im Gebirg: zu unterst Palmen, Farnbäume, Lianern, Bromeliaceen, Aroideen, hoch darüber die majestätische schneebedeckte Pic von Orizaba, ein packender Gegensatz, die Vollendung von Allem, was die Phantasie sich als zauberhaft vorstellt. Ich träumte mich nach Brasilien zurück, wenn auch der mexikanische Urwald es mit dem des Amazonas nicht aufnehmen kann.* Die Sammelbeute allerdings ist beträchtlich: *über 100 Schmetterlinge, etliche Käfer, Wespen, Zecken, Libellen, drei Vögel u. ganze Stöße von Pflanzen.*[44]

Eine mehrtägige Eisenbahn- und Wagenfahrt bringt sie nach Oaxaca und zu den berühmten präkolumbianischen Steinpalastruinen von Mitla, deren kunstvolle Mosaikornamentik die Reisenden tief beeindruckt: *Wenn man bedenkt, was für Kunstwerke diese alten Indianer geschaffen u. in welchem herabgekommenen Zustand dasselbe Volk sich heute befindet, so könnte man melancholisch werden.*[45]

Das spektakulärste Abenteuer der mexikanischen Reise aber war der Versuch, den Popocatépetl mit seinen 5462 Metern zu bezwingen: *Anfangs in Mengen rosablühende Begonien am Wegesrand begrüßend, machten wir den Ritt bis zum Sattel des Berges, wo wir nahezu in Montblanchöhe in einem Rancho, einer schlechtschließenden Bretterhütte übernachteten. Wir hatten zwar unsere Feldbetten mit, da wir aber zu drei mit neun Indianern in einem Raum beisammen waren, blieben wir natürlich in unseren Kleidern. Die Nachtruhe war gleich Null. Husten, Schnarchen, Herumgehen von 12 Menschen, dazu der Rauch des offenen Feuers u. die kalte Zugluft durch klaffende Lücken in den Wänden, dies waren die Genüsse der Schlafstunden von 8 Uhr Abends bis 3 Uhr früh. Um 4 ½ Uhr ritten wir bei Mondschein weiter bergauf; gespenstisch leuchtete uns die mondbeschienene Eiskuppe des Bergriesen entgegen. Bald hatten wir die Baumgrenze hinter uns, dann folgte die alpine Region, welche durch ganz Nordamerika sehr schmal ist, schmaler als in unserem Gebirg, dann kam eine Zone von Asche u. Lava u. endlich die Region des ewigen Schnees. Hier verließen wir die Pferde. Der Aufstieg zum Gipfel war wegen einer Bronchitis, der ich noch nicht ganz los bin, überhaupt nicht in's Auge gefaßt, u. eine Wanderung auf dem hartgefrorenen Schnee, in welchen Stufen eingehauen werden mußten, konnte nicht lange durchgeführt werden. Herzschmerz verursachte es immerhin, die letzten drei Stunden bis zum Kraterrand nicht erklimmen zu sollen. Doch waren wir über 15 000' hoch u. hatten eine riesige Aussicht. Die Dünne der Luft empfanden wir mehr im Rancho als im Gebiet des ewigen Schnees; Herzklopfen, Athemnoth, Schwächegefühle sagten uns, daß wir eine in Europa kaum zu erreichende, am höchsten Punkt eine in Europa überhaupt nicht existierende Höhe erreicht hatten. In 6 Stunden waren wir wieder im Thal unten mit dem Bewußtsein, ein ungemein großartiges Naturschauspiel genossen zu haben, eine Erhabenheit der Bergnatur, welche sich wohl nicht so leicht wiederfinden dürfte. – Auch in Bezug auf Pflanzen- u. Thierwelt machte ich reichliche Studien, sämtliche blühende Pflanzen, einige Eidechsen u. Käfer wurden gesammelt u. etliche Vögel geschossen.*[46]

Eine fünftägige Eisenbahnfahrt und eine *anschließende mehrstündige Wagenfahrt* bringen die Gruppe zurück in die Vereinigten Staaten nach Colorado an den Fuß der Rocky Mountains: *Den 13ten Oktober, statt wie die anderen Reisenden mittels Bergbahn den über 14 000' hohen Piko Peak zu überwinden, unternahm ich, allem Widerstand zum Trotz, die Besteigung zu Pferd. Ich wollte nämlich die verschiedenen Vegetationszonen einer genaueren Besichtigung unterziehen, als es aus dem Wagenfenster aus möglich gewesen wäre. Der Aufritt dauerte fast 5 Stunden. Der schneidend kalte Wind bei der dünnen Luft war die letzten zwei Stunden schier unerträglich, da man Hände u. Füße nicht mehr fühlte. Der Schnee machte in den höheren Regionen den gewöhnlichen Weg ungangbar, u. so ging es weglos über Geröll aufwärts. Die Leistung einer Dame, auf diese Weise zu dieser Jahreszeit den Gipfel zu erreichen, entzückte einige drollige Amerikaner dermaßen, daß sie mir oben der Reihe nach die Hand schüttelten u. sich erkundigten, wo meine Heimath! Mit Stolz erwiderte ich: Deutschland.*

Von dort aus geht es in vier Nächten und drei Tagen per Bahn quer durch das Land, von Denver bis nach Washington, der *vornehmsten Stadt aller nordamerikanischen Städte.* Am 4. November folgt die Rückreise nach Europa auf dem *Dampfer des norddeutschen Lloyds.*

Trotz grandioser Natureindrücke und interessanter Begegnungen mit Indianerstämmen kann sich Therese aber weder mit den Vereinigten Staaten von Amerika noch mit deren Sprache anfreunden. Sie tut sich schwer mit den wechselvollen kulturellen Gebräuchen dieses Teils des Kontinents: *In keinem anderen Land, welches ich bereist, sind die Sitten so verschieden von den unseren wie hier. Wir kommen uns vor wie kleine Kinder, die erst sprechen u. sich benehmen lernen müssen u. die Negerkellner namentlich nahmen sich unser an wie wahrhaftige Kinderfrauen. Ich denke, sie finden uns recht tölpelhaft!* Dieses Unbehagen mündet in eine Schimpfkanonade auf *dieses entsetzliche Amerikanisch, das kein Christenmensch versteht.* Und Therese, die sich bisher mit ihren vielfältigen Fremdsprachenkenntnissen auf allen Reisen mühelos ohne Dolmetscher verständigen konnte, ist jetzt froh, wenn sie einen *Engländer, Franzosen oder gar Deutschamerikaner erwischen* [kann], der ihr beisteht, sich *verständlich zu machen.*[47]

Belastend für Therese kommt hinzu, dass sie diesmal mit dem von ihrem Vater empfohlenen Reisemarschall Baron von Falkenhausen höchst unzufrieden ist, worüber sie sich bereits nach vierzehn Tagen brieflich unmissverständlich beklagt: *Falkenhausen ist ein durch u. durch kränklicher Mann u. eine Weiterreise mit ihm unmöglich* […]. *Nicht einmal Kalbfleisch oder Spinat ist er im Stand zu vertragen, geschweige denn Bohnen oder schwerverdauliches Fleisch, keine Butter, überhaupt nichts Fettes.* [...] *Abgesehen vom Magen ist er auch noch furchtbar empfindlich für Erkältung.* [...] *Er verträgt keine Hitze, keine Kälte, keinen Zug; nicht einmal das Eisenbahnfahren!!!. – So etwas ist mir in meinem Leben überhaupt noch nicht vorgekommen, nicht einmal bei einer Dame, geschweige denn bei einem Herrn.*[48]

Zweite Südamerikareise (1898)

So setzte ich mit unbeugsamer Willenskraft meinen Plan durch

Fünf Jahre später, 1898, unternimmt Therese ihre größte und aufwendigste Expedition, diesmal – weitgehend den Reisespuren Alexander von Humboldts folgend – in den Westen von Südamerika. (Vgl. die Karte ihrer Reiseroute im Anhang, S. 322) Wieder ist es erklärtes Ziel dieser Expedition, Defizite in den Sammlungsbeständen von Münchner Institutionen zu beheben, wobei diesmal eines ihrer Hauptinteressen *altindianischen und ethnographischen* Objekten gilt. Als Reisemarschall ist diesmal Freiherr Albert von Speidel (1858–1912), der jüngere Bruder des Maximilian von Speidel, engagiert.[49]

Zur gründlichen Vorbereitung der Reise hatte Therese bereits mehr als sechshundert wissenschaftliche Publikationen und Reisebücher studiert, als kurz vor dem für Ende Mai 1898 geplanten Aufbruch die aktuelle politische Situation in Südamerika die Unternehmung zu verhindern droht, *weil ängstliche Gemüther sich gegen die Ausführung dieser Reise stemmten, da gerade der Krieg zwischen den Vereinigten Staaten u. Spanien seinen Lauf nahm, sich zudem vielleicht in den Westindischen Gewässern abspielte u. man auch die neutralen Schiffe, welche sich in jene Seeregionen begeben, wohl mit Recht für gefährdet hielt.*[50] Die kriegerischen Auseinandersetzungen hatten ihre Wurzeln in dem Unabhängigkeitskampf von Kuba. Weil der amerikanische Kongress die Forderungen der karibischen Insel unterstützte, die 1763 wieder an Spanien gekommen war, erklärte Spanien den Vereinigten Staaten von Amerika den Krieg, der – wie zu erwarten – zwischen den beiden ungleichen Gegnern sehr schnell zugunsten der USA, an die Spanien die Insel abtreten mußte (bis 1902), beendet wurde. Da die spanische Pazifikflotte Anfang Mai von der amerikanischen Marine in der Bucht von Manila (Philippinen) vernichtet worden war, wuchsen die Besorgnisse. Doch eine besessene Forscherin lässt sich von solchen Warnungen nicht beirren, geschweige denn aufhalten. Unerschrocken und energisch begründet sie ihren Entschluss: *Jetzt, nach einer fast einjährigen Vorbereitung, nachdem Alles bis auf jede Einzelheit klappte, im letzten Moment die Reise aufzugeben, schien mir eine Unmöglichkeit, ein Verbrechen an meiner kostbaren Zeit. Und so setzte ich mit unbeugsamer Willenskraft meinen Plan durch u. fuhr direkt dem Kriegsschauplatz zu.*[51] Die Reise *sollte diesmal über Westindien nach Venezuela, Columbien, Ecuador, Peru, Bolivien, Chile u. Argentinien gehen. Es war ein Riesenprogramm, aber gut combinierte Verbindungen verhießen dessen Erledigung.*[52]

Mit erstaunlicher Gelassenheit reagiert Therese auch auf die Tatsache, dass die *Labrador,* die die Reisegruppe von Bordeaux nach Guadaloupe bringen soll, als *ungemütliche Beigabe* [...] *eine beträchtliche Menge* für die französischen Antillen bestimmte *Munition geladen hatte, ein Umstand, der bei einem allenfallsigen Brande sehr bedenklich hätte werden können.*[53] Auch dass der französische Dampfer in kritischer Nähe zum Kriegsgeschehen vorbeischiffte, scheint die Reisegruppe nicht irritiert zu haben. Nur ein einziges Mal bekommt sie etwas von den kriegerischen Anspannungen zu spüren, als in Venezuela ihr Reisewagen in eine Polizeikontrolle gerät: *Als wir, unseren Diener auf dem Bock, durch die Straßen von Carácas fuhren, wurde unser Wagen von der Polizei angehalten und mußte – einer vorübergehenden Ordnung gemäß, daß es verboten sei, neben dem Kutscher auf dem Bock zu sitzen – unser Diener zu uns in den geschlossenen Wagen steigen. Vermutlich fürchtete man, dass von einem solch erhöhten Sitze aus leichter ein Attentat verübt werden könne.* Die polizeiliche Nervosität führt zu noch weiteren bürokratischen Maßnahmen: *Und als wir dann nachmittags den Zug besteigen wollten, nach Guairá hinabzufahren, ergab sich, dass niemand ohne Erlaubnis die Stadt verlassen durfte, eine solche Erlaubnis aber hatten wir nicht.* Der Eisenbahnzug mit Anschluss an den Dampfer, auf welchen vorab bereits das gesamte Gepäck geladen worden war, steht abfahrtbereit. *Aus der verzweifelten Lage errettete uns einer unserer Schiffsgenossen. Er jagte nach der nächsten Polizeistation in die Stadt zurück, und es gelang ihm, mit der Abreiseerlaubnis für sich und seine fünfzehn Mitpassagiere gerade noch vor Abgang des Zugs wiederzukehren. Kaum jemals bestiegen wir einen Eisenbahnwagen mit so lebhaftem Empfinden des Befreitseins von einem Alp.*[54]

Von Nord nach Süd – von Ost nach West

Um die Südamerikaexpedition nicht vor den Augen der Münchner Öffentlichkeit anzutreten, wählt Therese einen geschickten, wenngleich organisatorisch aufwendigen Umweg: *Im Mai ging es wie sonst nach Wien, doch ich hatte die Brücken hinter mir schon abgebrochen. Ich sollte nicht mehr nach Bayern zurück, sondern von Wien aus über Tirol, die Schweiz u. Paris direkt nach Bordeaux, den Einschiffungshafen. Es hatte dies den Vortheil, leichter das Incognito zu erzielen, was auch vollständig gelang. So empfahl ich mich den 22ten Mai aus dem Palais meiner Tante* [Adelgunde von Modena] *zu Fuß, nahm auf dem Platz einen Fiaker, u. fort ging es zur Bahn. In Innsbruck traf sich Reisegesellschaft u. persönliches Gepäck zusammen. Zelte u. sonstige Expeditionsstücke erwarteten uns in Bordeaux.*[55]

Nach zwanzigtägiger Seefahrt, auf welcher die französischen Antillen Guadeloupe und Martinique sowie die englische Insel Trinidad flüchtig berührt und der Hauptstadt Venezuelas, Carácas, ein kurzer Besuch abgestattet wurden, landete die *Labrador* am 15. Juni 1898 in dem kolumbianischen Hafenort Cartagena. (Vgl. die Reisekarte S. 322.) Von dort führt die gefahrenreiche Route dann mit einem Liniendampfer den Rio Magdalena hinauf, es folgt ein Abstecher nach Bogotà und Umgebung, später ein Ritt durch die Llanos auf den Qindíopass und die Rückfahrt auf dem Magdalena flußabwärts bis Cartagena, dann auf dem Seeweg westwärts nach Panama und weiter nach Guayaquil in Ecuador. Da es seit Alexander von Humboldt als eine Art Ehrenpflicht gilt, den Chimborazo, diesen «Rey de los Andes» wenigstens von fern in Augenschein zu nehmen, geht die Fahrt per Dampfer nach Babahoyo, dann zu Pferd in einem zweitägigen Ritt von je zehn bis elf Stunden ins Hochland in Richtung des berühmten, seit langer Zeit erloschenen Vulkans, dessen Anblick die Reisegruppe von der *unwirtlichen* Páramo-Steppe aus genießt. Der Reisebericht vermerkt: *Um 8 Uhr ragte das weiße Firnhaupt des Chimborazo, vollständig wolkenlos, gigantisch in die nebelgedämpfte Mondnacht hinein.* Und an den Vater berichtet Therese: *Der plötzliche Anblick des Schneeriesen, wenn man die Paßhöhe erreicht, ist geradezu überwältigend u. ganz unbeschreiblich.*[56]

Anschließend geht es zurück nach Guayaquil, wo die Reisegruppe die Fahrt nach Lima zu den Ruinen von Pachacámac und dem altperuanischen Gräberfeld Ancón antritt. Hier gilt Thereses Interesse nicht mehr ausschließlich botanischen Funden, ihre Sammelleidenschaft wird reichlich belohnt durch eine ansehnliche Ausbeute an *altindianischen* Gegenständen, insbesondere an peruanischen Schädeln aus Frühzeiten, für die Münchner Anthropologische Staatssammlung. Eine Zugfahrt führt von Lima über die Kordilleren mit der *höchsten Bahn der Erde* zum Titicaca-Hochland und nach *La Paz,* wo sie die *Nachkommen der alten Kultur-*

völker der andinen Hochebenen besuchen will. Letzter Reiseabschnitt ist ein Abstecher in die nord- und südbolivianische Puna und in die in Chile gelegene Atacama-Wüste. Auf einem 105 Kilometer langen, nur dreitägigen Fußmarsch über einen noch verschneiten Pass unternimmt die Prinzessin von Valparaíso aus in einem Pferdegespann die zu der Zeit klimatisch gewagte Überquerung des 3970 Meter hohen Upsallata-Passes, um schließlich Argentinien und von La Plata aus in einer dreiunddreißigstündigen Bahnfahrt noch eben rechtzeitig den Dampfer *Portugal* zu erreichen und nach Europa in See zu stechen.

Gesundheitliche Bedrohungen – ungewohntes Klima

Während Therese im Münchner oder Lindauer Alltagsleben vor körperlichen Schwächen keineswegs gefeit ist – man denke nur an die lange Liste ihrer Gebrechen, die sie als Ehehinderungsgrund ins Feld führte, überrascht es, wie widerstandsfähig sie auf Reisen allen gesundheitlichen Bedrohungen standhält. Diese Tatsache ist ganz offensichtlich vor allem einer höchst umsichtigen tropenmedizinischen Vorsorge zuzuschreiben, derzufolge sogar *ein aus Europa mitgebrachter Filtrierapparat über Nacht das nötige, möglichst bazillenfreie Trinkwasser* bereitstellt.[57] Diese recht modern anmutende Vorsorge verdankt sich vermutlich der Aufklärungsarbeit des Münchner Mediziners und Hygienikers Max Pettenkofer und seinen langjährigen Bemühungen um keimfreies Trinkwasser.

Zwar erleidet Therese einmal einen Malariaanfall, ein anderes Mal einen Sonnenstich oder zieht sich eine Lungenentzündung zu, doch das alles übersteht sie mit bewunderungswürdiger Gelassenheit. Ähnliches gilt für zwei Zwischenfälle, die sich Therese selbst, oder besser gesagt ihrer wissenschaftlichen Neugier, zuzuschreiben hat: Als in Babahoyo (Ecuador) in ihrem Zimmer verschiedene Fischsorten auf ihre Begutachtung warten, erregte *eine derselben meine besondere Aufmerksamkeit durch die unliebsame Weise, in welcher ich ihre Bekanntschaft machte. Ahnungslos nahm ich den kleinen Fisch in die Hand; wie ich all die anderen Fische in die Hand genommen hatte. Doch schon im nächsten Augenblick schleuderte ich das Tier weit von mir fort; es hatte mich so heftig gebissen, dass das Blut von meiner Hand herunterströmte. Ich war an eine der wegen ihres ganz fürchterlichen Gebisses mit Recht berüchtigten Macrodon geraten,* deutsch: an einen Langzahn-Kardinalbarsch.[58]

Auch die nächtlichen *Moskito-Attacken* können Therese nicht daran hindern, schlaflos – mit einem Schleier vor dem Gesicht – auf das nächtliche Urwaldkonzert zu lauschen. Und das nicht einmal in der *qualvollsten Nacht* der ganzen Reise, als abends noch immer eine Temperatur von 29 Grad Celsius herrscht: *Wohl infolge der Ufernähe und weil unsere Schlafstätten sich ganz nahe über dem Wasserspiegel befanden, und nicht wie auf den größeren Flußdampfern hoch über demselben, wurden wir von Moskitos geradezu aufgefressen.* [...] *Zu Tausenden drangen die blutdürstigen Tiere auf uns. Da halfen keine Moskitonetze mehr; wenn die entsetzlichen Plagegeister nicht von oben beikommen konnten, so fanden sie von unten ihren Weg zu uns. Niemand hat diese Nacht ein Auge geschlossen. Zwei meiner Reisegefährten flüchteten sich an Land und gingen den Rest der Nacht am Ufer auf und ab. Unseren Diener sah ich hoch oben in seiner Hängematte zappeln. Ich ergab mich geduldig in mein Schicksal und wickelte mich bis auf Mund und Nase in meinen schottischen Plaid, was sich in Anbetracht der großen Hitze jedoch nur schwer ertragen ließ. Als der Morgen graute, waren wir ganz erschöpft und übersät mit Hunderten hochaufgeschwollener Moskitostiche, welche infolge des Tropenklimas nicht so rasch wieder vergehen sollten.*[59]

Einzig die sogenannte Berg- beziehungsweise Höhenkrankheit macht Therese mehr zu schaffen als ihren Reisegefährten, so dass sie beim Anritt auf den Chimborazo diesem Übel, das in Verbindung mit einer heftigen Bronchitis auftritt, zwei Reisetage opfern muss: *Nun hatte sich die Bergkrankheit gründlich meiner bemächtigt. Außer durch Herzklopfen und Kopfweh äußert sie sich im Verein mit dem Bronchialkatarrh durch eine Atemnot, die mich zeitwese verhinderte, auch nur einige Schritte zu gehen. An ein Reiten, überdies in noch weit größere Seehöhen, die den Zustand nur noch steigern mußten, war vorläufig nicht zu denken.* Fast überflüssig scheint es hinzuzufügen, dass *die zwei Tage ungewollter Rast keine verlorenen* [waren]: *es gab an Ort und Stelle genug des Interessanten zu beobachten.*[60] Zum Beispiel einen einheimischen Markt mit Indianern, die sich von Therese willig photographieren lassen (vgl. Abbildung S. 174), außerdem natürlich die üblichen Nebenbei-Jagderfolge von sammlungswürdigem Kleingetier.

Dass man auf einer solchen von unterschiedlichen klimatischen Bedingungen abhängigen Reise nicht in allen Situationen über die angemessene Kleidung verfügen kann, ist verständlich, doch für hilfsbereite Einheimische kein Problem. Einige sind sogar auf rasche Abhilfe eingestellt: Anläßlich der Andenüberquerung ist Therese tief beeindruckt von der Erfindungsgabe und Geschicklichkeit der Helfer in der Not, sie schildert mit fachmännischer Genauigkeit, wie die Reisegruppe in den Besitz der unerlässlichen Fußbekleidung gelangte: *Die Marschbereitschaft erforderte einige Zeit, da wir die für Schneewanderungen landesübliche Fußbekleidung anlegen mußten und dies kein einfaches Verfahren war. Zunächst machten unsere Führer Schaffelle geschmeidig, indem sie den Mund voll Wasser nahmen, dieses im Munde wärmten und dann auf die Lederseite des Felles spuckten. Hierauf wurden diese ihrer Sprödigkeit beraubten Felle, den Pelz nach innen, bis Drittelwade herauf um die stiefellosen Füße geschnürt, je ein Fell für je einen Fuß. Über den unteren Teil dieser, Tamango genannten Fußbekleidung wurde schließlich als Sandale die Gaucha gelegt. Die Gaucha ist ein weiches, ungegerbtes Rindslederstück, das mittels Hanfschnüre um den Fuß gebunden wird.*[61]

Der Kulturmensch ahnt nicht, wie wenig man eigentlich zum Leben braucht

Solche, aufs Primitivste reduzierte Lebensweise ist für die Prinzessin ein willkommener Ausgleich für die oft von ihr beklagte *Hypercivilisation. Der Kulturmensch* [...] *ahnt nicht, wie wenig man eigentlich zum Leben braucht und wie wohl es tut, wieder einmal all die entnervenden Verfeinerungen unserer modernen Überkultur abzustreifen und, auf eigene Kraft angewiesen, unterzutauchen in dem ewig frischen, stählenden Born eines freien Naturlebens,* schrieb Therese schon auf ihrer ersten Südamerikareise.[62] In dieser Hinsicht ist nun eine viertägige Tour den Rio Lebrija aufwärts *das Interessanteste u. Schönste* der ganzen Erlebnisse. *Wir hatten eine kleine Dampflancha ohne Kajüte gemiethet, u. auf dieser campierten wir, kochten uns u. gingen an Land, wo wir wollten, zu Schießen u. zu Sammeln. Während wir bei Mahlzeiten vor Schildkröteneiern, Schildkröten- und Affenbraten saßen, flogen gelb u. blaue Araras (*Ara ararauna*) über unsere Köpfe hinweg u. heulten die Brüllaffen (*Mydetes seniculus*) einen Chor dazu. Krokodile sahen wir massenhaft u. ein solches, unsympathisches Wesen mußte sein Leben für uns lassen. Die Nächte brachten wir einmal an Bord zu, wahrhaft zerfressen von Mosquitos, die anderen Male in einer vollständig un-*

möblierten Hütte am Ufer. Unser Schiff zog an malerischen Indianerhütten vorbei oder es vertiefte sich in menschenleere Waldwildniß, welche an die Äquatorialgegenden Brasiliens gemahnte. Hie u. da unterbrach eine poetische Canoafahrt den prosaischen Dampfschifftransport. Viele Vögel u. sonstiges Gethier vermehrten unsere zoologische Ausbeute. Zwischenhinein wurden Photographien aufgenommen. Es war im Ganzen eine rechte Zigeunerexistenz ohne Spur von Bequemlichkeit, aber unsagbar anziehend in ihrer Ursprünglichkeit. Daß wir salonmäßig ausgesehen hätten, kann Niemand behaupten![63] Was auch nicht erwartet werden kann, mangelt es doch – wegen der *Beschränkung des Gepäcks auf das Allernothwendigste* – an ausreichender Kleidung zum Wechseln, so dass Therese, wie von der Brasilienreise überliefert, nicht davon abzuhalten ist, *an den Fluss zu gehen und, wie es einst die phäakische Königstochter Nausikaa gethan, dem Waschen obzuliegen.*[64] Hätte Therese die Geschichte mit der griechischen Königstochter Nausikaa genauer überprüft, so hätte sie mit Sicherheit einen anderen Vergleich gewählt, denn das zitierte Kleiderwaschen der Nausikaa am Fluss diente der Vorbereitung – ihrer bevorstehenden Vermählung!

Maultierritte im Damensattel und mit Sporen

Wann immer nötig und möglich, werden Pferde oder Maultiere zum Ausritt besorgt, dies besonders in gebirgigen Gegenden, denn nur so können die Reisenden das *Gefühl ungebundener Freiheit* in einer *herrlichen, menschenfernen Gebirgswelt genießen.*[65] Allerdings werden diese Exkursionen nicht selten zu Abenteuern, denn das Reiten in unwegsamem Gelände, bei steilen Auf- oder Abstiegen hat nicht selten schmerzhafte Unfälle zur Folge, die Verzögerungen in der Reiseplanung bedeuten. Wo Therese selbst davon betroffen ist, erweist sie sich als eine Meisterin der Schmerzbeherrschung und zugleich als eine nüchterne Berichterstatterin. So war sie bei einem Reitausflug in den Ostkordilleren in Kolumbien im September 1898 von ihrem Maultier abgesessen, um Schmetterlinge zu fangen. *Ich wollte dann, an einem brückenlosen Wasserlauf angelangt, wieder aufsitzen. Doch der Sattelgurt hatte sich gelockert und beim Schwingen in den Sattel rutschte mir letzterer seitwärts entgegen, und ich kam mit dem rechten Fuß sehr unsanft auf einen Felsblock herunter. Der Fuß war gründlich verstaucht. Halb ohnmächtig aus Schmerz und ganz hilflos saß ich auf dem Boden. Ich war die letzte unserer langgedehnten Karawane, und nur ein glücklicher Zufall wollte, dass es mir noch gelang, meinen Vormann zu errufen, der soeben um die Ecke zu verschwinden drohte. Mit seiner Hilfe gelangte ich in den Sattel, doch bis wir unser Nachtquartier erreichten, hatte die Schwellung des verletzten Gliedes einen solchen Umfang angenommen, dass man den Reitstiefel herunterschneiden mußte. Ein fester Arnicaverband, der aus der mitgeführten Reiseapotheke hergestellt wurde, sollte zunächst lindern. Aber an ein Auftreten ohne Stütze war nicht zu denken und die Schmerzen stellten sich so heftig ein, dass ich dachte, irgendeinen Fußknochen gebrochen zu haben. Mit den trübsten Vorstellungen, einige Wochen in irgendeinem schmutzigen Spital in Bogotá liegen zu müssen oder durch diesen Unfall unsere projektierte Reise ganz in Frage gestellt zu haben, verbrachte ich die endlos scheinende Nacht.*

Zwar konnte Therese sich eine Woche lang nur hinkend fortbewegen, doch spricht es für ihre Besessenheit und Selbstdisziplin, dass sie *den nächsten Morgen mit ihrem kranken, natürlich stiefellosen Fuß wieder hoch zu Maultier* [saß] *und* die *Reise doch um keinen Tag aufgehalten* [wurde] *und sämtliche Projekte geradeso zur Ausführung kamen, als wenn ich alle Glieder gesund gehabt hätte.*[66]

Weniger Glück hatte ihr Diener Max Auer auf dem Ritt nach Guaranda, der Hauptstadt der ecuadorianischen Provinz Bolivar in den Anden: *Wir mochten kaum mehr als eine Stunde geritten sein, als unser Diener an einer steil abwärtsführenden Stelle, über den Kopf seines Tieres hinüber, auf den felsigen Boden flog. Der Sattel war vorgerutscht. Der durch den schweren Sturz fast ohnmächtige Mann saß nun da und weit und breit war keine Hilfe. Die rohen Arriero lachten, und entrüstet verwies ich ihnen ihr Benehmen. Da unterwegs kein Unterkommen war, mußten wir, koste es, was es wolle, trachten, Guaranda zu erreichen. Endlich gelang es, den Verunglückten auf das Reittier zu heben und nun, während er von beiden Seiten gestützt wurde, ging es in langsamstem Tempo zwei qualvolle Stunden bis nach dem in Aussicht genommenen Ziel.*[67] Seine Verletzungen waren so stark, dass er für mehrere Tage ärztliche Hilfe benötigte, schmerzgeplagt daniederlag, ja selbst auf den Besuch des Marktes von Guaranda, vor allem aber auf den Ausflug zum Chimborazo verzichten musste.

Als *Tanzkünste eines Maultiers* umschreibt Therese eine weitere Episode in Ecuador, die selbst von der geübten Reiterin erhebliches Ge-

Von Therese spontan aufgenommene Photos:
Indianer auf dem Markt in Guaranda

schick und Gelassenheit abverlangte: Wir *mußten verschiedene kleinere und größere Bäche und Flüsse durchreiten, denn Brücken gab es keine. Am Wasser drängten sich, wie gewöhnlich, Reit- und Packtiere. Alle wollten trinken, und in der Hast, baldmöglichst zu dem erfrischenden Naß zu gelangen, stießen sie zwangsläufig die verschiedenen Lasten aneinander und an unsere Füße: man durfte schließlich jedesmal froh sein, wenn man diesem Kampfe mit heiler Haut entronnen war. Den durstigen Tieren wurde zum bequemeren Trinken das Zaumzeug meist abgenommen, und da geschah es einmal, dass mein mitten im Wasser stehendes Maultier sich das Kopfgestell nicht mehr auflegen lassen wollte. Jedesmal, wenn der Arriero versuchte, vom Ufer aus dasselbe überzuziehen, machte mein Tier eine halbe Kreisbewegung nach der anderen Seite, und wenn der Arriero auf das jenseitige Ufer hinübersprang, dort sein Glück zu versuchen, machte das Tier die halbe Kreiswendung wieder zurück. Und so ging es fort, etwa sechs- oder achtmal. Von Wasser umringt, saß ich auf dem störrischen Biest, seinen Tanzkünsten machtlos preisgegeben, da infolge mangelnden Zaumzeuges jede Zügelwirkung ausgeschlossen war. Die Lage war wenig gemütlich, und ein unerwünschtes Bad rückte sehr in den Bereich der Möglichkeiten. Doch endlich wurde das Maultier des Spieles müde, es ließ sich zäumen und wir konnten unseren vorangegangenen Trupp wieder einholen.*[68]

Angesichts solcher Beschreibungen darf man nicht außer acht lassen, was Therese als Selbstverständlichkeit nicht eigens erwähnt. Der sittliche Anstand verlangt nämlich, dass weibliche Reisende im Damensitz die Kontrolle über ihr Tier beherrschen müssen, denn offensichtlich provozieren «rittlings reitende Damen einen nicht gerade salonfähigen Anblick, über den die Herren ihre Glossen machten».[69] Therese moniert zwar in einem Brief an den Bruder Arnulf, *daß Damen eigentlich immer in einer Gliederverrenkung zu Pferde sitzen,*[70] sie scheint sich aber dennoch dieser Gewohnheit nicht zu widersetzen.

In einer anderen Situation allerdings bleibt es nicht beim bloßen Erstaunen über den befremdlichen Reisestil der Gruppe. In San José geraten sie mit einem erbosten Wirt in eine hitzige Auseinandersetzung: *Da die an Sporen gewöhnten Maultiere, von uns Damen geritten, manchmal kaum von der Stelle zu bringen waren, hatten wir ein paar Sporen gekauft und angeschnallt. Die Entdeckung, dass wir solche trugen, erregte unseren Gastgeber auf das höchste. Er sagte, in Ecuador sei es völlig unpassend und geradezu unmöglich, dass Damen Sporen anlegten, und wohl um den Ruf seines Hauses besorgt, verlangte er, dass wir die unseren unverzüglich abschnallten. Sein Gemüt zu beruhigen, um so mehr wir dieselben diesen Abend nicht mehr brauchten, gaben wir seinem Verlangen nach. Doch den nächsten Morgen, beim Weiterreiten, klirrten zum Entsetzen des Wirtes die verpönten Instrumente wieder an unseren Füßen.*[71]

Ein Gepäckkarren bricht in zwei Hälften

Unvorhersehbare Risiken machen es notwendig, dass das Gepäck wohlüberlegt und gleichmäßig auf Menschen und Maultiere verteilt wird, wie es Therese anlässlich einer Reittour in Kolumbien anschaulich beschreibt: *Wohlausgerüstet saßen wir zu Maultier. Ich hatte einen kleinen photographischen Apparat, meinen Feldstecher und eine Kartentasche umgehängt. In letzterer befanden sich, außer den nötigen Karten, die Papiertüten und die Zange zum Schmetterlingsfang, die Medizin und die Binden gegen Schlangenbiß. An meiner Sattelgabel war eine Mohila befestigt, eine rechteckige flache Tasche aus Pflanzenfasergeflecht, wie man solche in allen indianischen Ländern antrifft. Sie hatte den Zweck, das kleine Herbarium und unterwegs gesammelte Gegenstände zu bergen. Unser Diener trug den großen photographischen Apparat um die Schultern hängend und hatte außerdem Vogelflinte und Schmetterlingsnetz aufgeschnallt. Die beiden anderen Reisegefährten führten die nötigen, mit Kognak und Tee gefüllten Aluminiumfeldflaschen. Da sich diese Ausrüstung jedoch nicht als genügend erwies, wurden später in Bogotá noch größere lederne Satteltaschen angeschafft. In diesen, welche mein Reittier zu tragen hatte, verwahrten wir fortan das Aneroid* [Barometer], *verschiedene Flaschen zum Aufbewahren von Tieren, endlich einige Konserven, das Konservenmesser, Eßbestecke und Reisebecher.*[73]

Angesichts der unwegsamen Pfade, die die lastentragenden Maultiere zu bewältigen haben, hat die Reisegruppe in mehreren heiklen Situationen unerwartetes Glück, so zum Beispiel auf dem Páramo des Chimborazo: *Regellos, so wie die störrigen Tiere es für gut fanden, ritten wir bald in langer Linie aufgelöst, bald in Trupps beisammen, Pack- und Reitpferde durcheinander. Infolge mangelhaften Aufladens rutschte unerwartet einem der Saumtiere die Ladung vom Rücken unter den Leib, und nun begann das gekitzelte und erschreckte Tier nach allen Seiten auszuschlagen, seiner quälenden Last sich zu entledigen: Ein Gepäckstück nach dem anderen flog krachend zu Boden und wir sahen schon in Gedanken unsere Habseligkeiten im nahen Abgrund verschwinden. Was aber noch schlimmer war: als die Arrieros und die übrigen Tiere vor diesem elementaren Kraftausbruch auseinanderstoben, geriet das Pferd meiner Reisegefährtin mit den Hinterfüßen über den Wegrand hinunter, und hätten es nicht hilfreiche Hände rasch wieder heraufgerissen, wären*

Tier und Reiterin wohl in lebensgefährlichem Sturz die steile Lehne hinabgekollert. Da sich der *Unheilstifter* inzwischen von allen Gepäckstücken befreit hatte, konnte er zum Stehen gebracht und die *umhergestreuten Gepäckstücke* wieder eingesammelt und aufgeladen werden. Und auch hier wieder Thereses entspanntes Fazit: *Wir konnten von Glück sagen, daß die ganze Episode einen so glimpflichen Verlauf genommen hatte.*[74]

Aufregendster Höhepunkt der Reise- und Transportprobleme aber ist der spektakuläre Verlust des Gepäckkarren in Bolivien: Als störrische Tiere eine unvorhergesehen scharfe Wendung machen, kippt der hoch aufgeladene Karren um. Ein Wiederaufrichten erweist sich als unmöglich, das Gepäck muss losgebunden werden, im undurchschaubaren Durcheinander wird ein Fischkasten leck, kurz darauf bricht der Karren endgültig in zwei Hälften und erweist sich als nicht mehr reparierbar. Der drohende Verlust eines ganzen Reisetages scheint unausweichlich mit der Folge, geplante Schiffsanschlüsse zu verpassen, als unvorhergesehene Hilfe von einem entgegenkommenden Postwagen eintrifft, einem wahren deus ex machina, der überraschend – über den Preis schweigt Therese – in einen Tausch der Gepäckwagen einwilligt, und das bedeutet: *Fortsetzung der Reise in etwas gemäßigterem Tempo.* Und da nach Thereses Maxime es nichts gibt, was nicht letztlich doch für etwas gut ist: *Die ungewollte Rast auf freiem Felde ging übrigens nicht unbenützt vorüber. Wir sammelten daselbst die einzigen Tiere, die in dieser Halbwüste zu suchen waren:* einige Ameisen und ein halbes Dutzend schwarzer Mistkäfer.[75]

Abenteuer mit Sitztonnen, Dampfkränen und einem Gewehr

Die Absicht, in Peru auf das Ruinenfeld von Chan Chan vorzustoßen, der einstigen Hauptstadt des großen Reiches der Chimù, um dort nach – damals noch wohlfeilen – Altertümern Ausschau zu halten, erfordert Schwindelfreiheit. Um von Salaverry aus per Eisenbahn in das Landesinnere zu gelangen, muss nämlich der Dampfer wegen der besonders gefährlichen Beschaffenheit der Küste draußen auf dem Meer ankern. Dabei entwickelt sich das Ausbooten der Gäste wegen der *Wucht der Meereswellen* zu einer ziemlich aufregenden Prozedur: *Bald schwebten wir, vom Dampfkran hochgenommen, zu zweien in dem halbtonnen-*

förmigen Fahrstuhl durch die Lüfte und wurden in ein riesiges Ruderboot, eine Lancha, herabgelassen. Doch die Dünung war so heftig, dass unsere Sitztonne, alles vor sich niedermähend, wie toll im Boot hin und herfegte, bis es endlich gelang, sie zum Stehen zu bringen. Doch da auch die Lancha zu großen Tiefgang hatte, muss sie noch vor den Brandungswellen der Flachküste ankern. *Schließlich kamen kräftige, dunkelhäutige Indianer mit einem Tragsessel durch das Wasser geschritten und beförderten die Passagiere zu zwei und zwei, die Stangen des Sessels auf den Schultern aufgelegt, vom Boot nach dem Festland hinüber. Diese letztere Beförderungsart war die ungemütlichste, da man befürchten mußte, dass die heftige Brandung die tragenden Männer umreißen und man, im besten Fall, ein unerwünschtes, kühles Bad nehmen würde.* Und ahnungsvoll fügt Therese hinzu: *War schon das Ausbooten mißlich, das Einbooten sollte es noch mehr werden.*[76] Und sie behält Recht: Zunächst werden die Gäste *von kräftigen Armen auf Tragstühlen über das Wasser nach einem der riesigen, vor Anker liegenden Ruderboote gebracht,* um von dort zu dem Dampfer «Arequipa» hinausgerudert zu werden. Doch die fortgeschrittene Ebbe hat die tiefgehende Lancha fest auf Grund gesetzt. Die Lage wird ungemütlich. Die *braunen Träger* haben sich längst verzogen. *Wir konnten weder an Land noch nach unserem Dampfer zurück und saßen festgebannt inmitten des Wassers. Die Nacht bei dieser empfindlich frischen Temperatur ohne schützende Hülle, ohne erwärmenden Trunk, im offenen Boote zubringen zu müssen, hatte wenig Verlockendes. Es wurden verzweifelte Signale nach dem Strand gegeben, man möge uns wieder abholen. Lange blieben sie ohne Erfolg. Schließlich erschienen die Tasqueros* [so werden die *braunen Träger* genannt], um die verzweifelten Gäste durch das unruhige Meer zu einem noch weiter draußen liegenden anderen Riesenboot hinüberzutragen.

Endlich war alles umgebordet, und nun sollte das neue Boot flottgemacht werden. […] Mit Aufbietung aller an Bord verfügbaren Kräfte gelang es ruckweise nach und nach, das Boot in tieferes Wasser zu bringen […] Die Dünung war mächtig. Überwältigend rollten die Riesenwogen heran, die Leute spannten alle Muskeln ihrer sehnigen Arme, gegen das wilde Element anzukämpfen, und minutenlang erreichten sie weiter nichts, als die schon innegehabte Stelle zu behaupten, minutenlang auch mußte das Boot der Gewalt des anstürmenden Meeres weichen. Die Leute waren erschöpft und ihre Kräfte drohten zu er-

lahmen. [...] Sollte nun unser Boot von den Wogen mit fortgerissen werden, so mußte es unfehlbar an den unfernen Felsen und Klippen zerschellen. [...] Die Sonne tauchte fern im Westen in ihr Wellenbett hinunter und der Himmel flammte blutrot auf. Bedrückend legte sich die Dämmerung rings auf die düstere, wogende Wasserfläche, und im schwindenden Tageslicht wuchs die Dünung zu unheimlicher Höhe an. Noch immer nicht war das rettende Ziel erreicht. Endlich, anderthalb Stunden, nachdem wir den Strand verlassen, und nach einer an Gemütsbewegungen reichen, endlos scheinenden Spanne Zeit trafen einige letzte, kräftige Ruderschläge unsere Lancha längsseit an den Dampfer, und bei tiefschwarzer Nacht hob uns der Kran an Deck der «Arequipa» hinüber. Wir konnten von Glück sprechen, dass die Fahrt ohne Unfall verlaufen war.[77]

Nicht minder tief mag der Schreck gesessen haben, als kurze Zeit zuvor die immer wieder gepriesene Idylle der üppigen Ufervegetation durch eine *Gewehrepisode* auf dem Rio Lebrija eine aufregende Störung erfuhr: *Den 24. Juni waren wir früh 6 Uhr in unserer Canoa auf dem Weg in eine Ciénaga. Mein Reisegefährte und ich, wir saßen, wie man das in Canoas stets zu tun pflegt, auf dem Boden des Fahrzeuges und das geladene Jagdgewehr lag der Quere nach zwischen uns. Gerade durchfuhren wir einen ganz engen Wasserlauf, über welchen die Vegetation dicht hereinhing. Da – plötzlich ertönte ein betäubender Schuß und zugleich flog mir allerhand in die Augen, so daß ich am Sehen gehindert war. Es stockte mir das Blut in den Adern, denn ich dachte sicher, die Jagdflinte sei geplatzt und habe meinem Gegenüber vielleicht die Hand zerrissen. Als endlich die Augen frei wurden, sah ich um mich herum alles unversehrt, jedoch von oben bis unten mit Schmutz beworfen. Was war geschehen? Gelegentlich des Vorbeifahrens der Canoa hatte sich eine herabhängende Liane um den Gewehrhahn gewickelt und durch das Weitergleiten des Bootes das Gewehr losgedrückt. Die Kugel war in nächster Nähe in das lehmige Ufer gefahren, und die losgelösten Erdteile hatten uns überschüttet und mir die Augen verklebt. Das ganze Abenteuer, welches sehr schlimm hätte enden können, war somit möglichst glatt abgelaufen.*[78]

Kulinarische Experimente

An sich isst und trinkt Therese auch auf dieser Reise wieder alles, war ihr aus der gastfreundlich offerierten heimischen Kost aufgetischt wird. Aber einmal ekelt sie sich doch, als sie hört, wie die Chicha, dieses aus alter Zeit stammende, südindianische Nationalgetränk zubereitet wird: *Männer, Weiber und Kinder kauen den unter der Asche leicht gekochten Maiskuchen und spucken hierauf das speicheldurchtränkte Ergebnis ihrer Zähne Arbeit in ein Gefäß, in welchem es, mit Wasser vermischt, den Gärungsprozeß durchzumachen hat.*[79] Mit unerschütterlicher Neugier hingegen lässt sie sich wenig später eine *primitive Art von Mazzamorra* wohlschmecken, *eine gekochte Milch mit darin schwimmenden, ganzen Maiskörnern* – während ihre Reisegefährten es vorziehen, das mitgeführte Münchner *Brot und kalte Mortadellakonserve* zu verzehren.[80]

Bei aller Bewunderung für ihre unerschrockene kulinarische Neugier kann man sich eines gewissen Unbehagens nicht erwehren angesichts der Kaltblütigkeit, mit der Therese es vermag, Tiere zu verzehren, die sie kurz zuvor noch mit Anteilnahme lebend beobachtet hat, wie dies das berührende Beispiel von einer Begegnung mit Brüllaffen auf dem Rio Lebrija beschreibt: *Unser Kapitän, der, des Zweckes unserer Expedition eingedenk, den ganzen Tag nach jagbaren Tieren Ausguck hielt, stoppte die Maschine augenblicklich. Neugierig, der Gefahr unbewußt, augenscheinlich noch nie mit Menschen zusammengetroffen, beugten sich die armen Tiere herab, die seltsame Erscheinung, Dampfer genannt, zu besehen. Auch noch, als schon vier Schüsse gefallen waren, bemächtigte sich ihrer keine Unruhe. Erst als ein langsam aufwärts kletterndes Weibchen, welchem das Junge, sich am Halse festhaltend, auf dem Rücken stand, mitsamt dem Jungen abgestürzt war, machten sich die übrigen Affen durch die Baumkronen hindurch lässig von dannen, nicht ohne einen Rückblick auf das ihnen unbegreifliche Schauspiel zu werfen. Die verwundeten Tiere wurden an Bord gebracht, und was nun folgte, war zu menschlich ergreifend, um nicht einen dauernden Eindruck zu hinterlassen. Das zu Tode getroffene Weibchen lag auf Deck, den Kopf zwischen die Hände gepreßt, und heulte aus Schmerz. Das Junge, ein Männchen, stand aufrecht vor mir, mit der linken Hand seinen zerschossenen rechten Arm haltend, und sah mich mit so vorwurfsvollem Blick an, als wollte es sagen: ‹Warum hast du mir dies angetan?› Das Schreien des*

Kleinen war das eines Kindes. Da die starken Verwundungen ein Am-Leben-Erhalten der zwei Tiere ausschloß, trachteten wir möglichst bald, schließlich mit Chloroform, ihrem Jammer ein Ende zu bereiten. Aber es dauerte doch geraume Zeit, bis uns dies gelang. Als endlich alles vorüber war, faßten wir insgesamt den Entschluß, nie mehr einen Affen zu schießen. Der Ausdruck der Gemütsbewegungen ist bei diesen Tieren so menschenähnlich, daß man sie nicht töten kann, ohne von der geheimen Empfindung beschlichen zu werden, eine Art Mord zu begehen. Übrigens, da nun einmal die zwei Affen nicht mehr zum Leben zurückzurufen waren, ließen wir uns dieselben, der Seltenheit wegen, als Braten zum Abendessen bereiten.[81]

Da die Verpflegung unterwegs mitunter sehr spartanisch ausfällt, führt jeder küchentechnische Unfall zu einer mittleren Katastrophe, wie er sich zum Beispiel beim Andenabstieg ereignete, als ein auf 2760 Meter Höhe gelegenes, von einem englischen Arzt erbautes großes Gasthaus neben einer berühmten Therme seine Saison wider Erwarten noch nicht eröffnet hatte und niemand bereit war, der ausgehungerten Reisegruppe etwas Essbares zu servieren. *Mit innerlicher Auflehnung gegen diese Härte machten wir uns daran, aus unserem Gepäck eine Suppentafel herauszukramen. Indessen meine Reisegefährten den Lockungen der Thermen nicht zu widerstehen vermochten, wurde ich zum Bewachen des Kochtopfes gesetzt.* [...] *Indessen ich auf Küchenwache mich in das Niederschreiben der von mir diesen Morgen angestellten Beobachtungen vertiefte, kochte die Suppe über, und nun war auch noch die Hälfte unseres ohnedies mageren Mahls dahin.*[82] Thereses Fazit: *Kulinarische und wissenschaftliche Tätigkeit vertragen sich schlecht.*

Aber allen Strapazen und Gefahren zum Trotz: Auf diesen aufregenden und abenteuerlichen Reisen quer durch die südamerikanischen Tropen finden für Therese alle langgehegten Sehnsüchte auf überwältigende Weise Erfüllung – ihre Forschungslust, ihre Tropensehnsucht und ihr Freiheitsdrang.

13.

Lücken in den Münchner Museen

Leidenschaftliche Sammlerin und Universalgelehrte

Alles, was in der tropischen Tier- und Pflanzenwelt aus irgendeinem Grund auffällig ist, wird von Therese – je nach Objekt – gejagt, geschossen, eingefangen oder präpariert, etikettiert und botanisiert. Dabei sammelt sie zunächst eher zufällig und spontan, was ihr interessant erscheint – immer im Vertrauen darauf, dass die Funde später einmal ihren Platz im wissenschaftlichen Klassifikationssystem finden werden. Was ja auch in den meisten Fällen gelungen ist, wenn auch häufig erst nach langwierigen wissenschaftlichen Recherchen und im umständlichen Austausch mit fachspezifischen Kollegen im In- und Ausland. Aus der heutigen Perspektive spezialisierter Einzelwissenschaften mag Thereses universalistischer Sammeleifer befremdlich erscheinen – damals war dieses Vorgehen aufs Geratewohl aber durchaus noch üblich. Schließlich hatte sie es nicht auf Jagdtrophäen abgesehen, sondern auf Belegexemplare für die Wissenschaft. Die Museen jener Zeit waren äußerst bedacht auf möglichst vollständige Sammlungen.

Eine vorbereitende Auswertung der Sammelbeute beginnt für Therese bereits unterwegs. So notiert die Nimmermüde zum Beispiel während eines Landaufenthalts in Kolumbien am Rio Magdalena in ihrem sorgfältig gehüteten Reisetagebuch: *Meine Reisegefährten hatten sich schon lange zur Ruhe begeben, als ich, auf mein Feldbett gekauert, beim flackernden Lichte einer von uns mitgebrachten Kerze noch bis in die tiefe Nacht hinein meine Tageseindrücke niederschrieb. Denn grundsätzlich legte ich mich, und mochte es auch noch so spät sein, während unserer ganzen Reise keinen Abend schlafen, ehe ich nicht alle Beobachtungen des Tages gewissenhaft zu Papier gebracht hatte. Nur auf diese Weise war es mir möglich, mich auf die Richtigkeit meiner mannigfaltigen Aufschreibungen zu verlassen.*[1]

Nach der Rückkehr von ihren Expeditionen widmet sich Therese unverzüglich der gründlichen Nachbereitung der Reisen, die sich jeweils über Jahre, im Fall der zweiten Südamerikareise sogar über zehn Jahre

Therese um 1900: Die drei Amerika-Expeditionen liegen hinter ihr; sie arbeitet an ihrem Reisebericht über das westliche Südamerika.

hinzieht. Denn *bei all diesen wissenschaftlichen Arbeiten lief das Familienleben u. das Hofleben wie früher nebenher oder richtiger, die wissenschaftlichen Arbeiten waren wie immer auf die Freistunden beschränkt u. Familien- u. Stellungspflichten nahmen den ersten Rang ein, wie es die Verhältnisse geboten.*[2]

Bevor die eigentliche wissenschaftliche Arbeit beginnt, müssen zunächst die zwölf Kisten, Ausbeute ihrer zweiten Südamerikareise, ausgepackt und die Sammlungsgegenstände geordnet und haltbar gemacht werden: Säugetiere und Vögel werden ausgestopft, andere kleine Tiere in weingeistgefüllte Gläser sortiert, die Insekten genadelt und bei allen Objekten die Fundorte genau angegeben, die Pflanzen nach Arten getrennt und auf Papierbogen befestigt, und die ethnographischen Gegenstände mit Etiketten versehen. – *Bei diesen Anfangsarbeiten flog die Zeit nur so dahin; es galt, die erste Ordnung in das ursprüngliche Chaos zu bringen, u. diese Arbeit unterlag größtentheils mir, konnte nur mir unterliegen.*[3]

Wo bei dieser ersten Sichtung Thereses eigenes Wissen zur exakten Bestimmung nicht ausreicht, sucht sie Hilfe bei Münchner Wissenschaftlern: *Nun brachte ich schon zwei Morgen in der Akademie (der Wissenschaften) zu, die gesammelten Schätze (bei verschiedenen Zoologen) ordentlich zu vertheilen u. unterzubringen.* Wo diese Fachwissenschaftler nicht weiter wussten, *mußten nach allen Weltrichtungen Fäden gesponnen werden, um zu dem gewünschten Ziele zu gelangen.* […] *Es gingen Briefe u. zu bestimmende Objekte* quer durch Deutschland, Europa und Amerika.[4]

Eine Sisyphusarbeit, denn Therese hat von dieser zweiten Südamerikareise 429 Pflanzenarten, 929 Tierarten u. drei Arten von Versteinerungen mitgebracht, mit deren Bestimmung sie insgesamt 70 Gelehrte beschäftigte: *Unter den gesammelten Gegenständen wurden 73 neue Gattungen, Arten u. Varietäten an Pflanzen, Thieren u. Petrefakten festgestellt, ein ganz befriedigendes Ergebniß. Außerdem hatte ich der anthropologischen Staatssammlung werthvolles Material an Schädeln u. Hüftknochen gebracht u. konnte ich 51 Gruppen ethnographischer Gegenstände aufstellen. Ich hatte das befriedigende Bewußtsein, nicht umsonst gereist zu sein.*[5] Wichtigstes Zwischenziel dieser Recherchen ist die frühzeitige, schrittweise Veröffentlichung ihrer Ergebnisse in einschlägigen Fachzeitschriften. Alles mündet dann endlich nach zehn Jahren in die zweibändige Publikation «Reisestudien aus dem westlichen Südamerika».

Die sinnverwirrende Üppigkeit der Pflanzenwelt

Das gesamte auf ihren Reisen in Brasilien, Nordamerika und Mexiko, Westindien und im westlichen Südamerika und in Griechenland gesammelte botanische Material geht wenige Monate nach Thereses Tod als Geschenk an die Botanische Staatssammlung München. Am wichtigsten für die Wissenschaft «war schon zu Thereses Lebzeiten ihr in Brasilien herbarisiertes Material, das sie für die weiterführende Bearbeitung des berühmten, von dem Naturforscher Carl Friedrich Philipp Martius begründeten, bis heute einzigartigen Werkes *Flora Brasiliensis* zur Verfügung stellte. Die Bedeutung der Aufsammlung und die Anerkennung der botanischen Aktivitäten Thereses mag man daran ermessen, dass Therese – neben einer Engländerin – als einzige Frau unter insgesamt 138 Sammlern der *Flora Brasiliensis* im Kapitel ‹Vitae itineraque collectorum botanicorum› ehrenvoll erwähnt wird: Dort ist ihr eine ganze Seite gewidmet, auf der ihr Lebenslauf dargestellt, ihre Reisen und botanischen Werke erläutert sind.[6]

Sechs der von ihr gesammelten Pflanzen sind von zeitgenössischen Botanikern als neue Arten erkannt worden und mit ihrem Namen in die internationale botanische Nomenklatur eingegangen, indem sie zu ihrer lateinischen Gattungsbezeichnung den Zusatz «Theresiae» erhielten. Auf ausdrücklichen Wunsch von Therese wird eine aus Kolumbien stammende Pflanze nach ihrer Mutter benannt: *Hier im Tochetal […] gab es häufig […] epiphytische Ananasgewächse, Tillandsien, welche durch ihre prachtvollen, dunkelgrünen, über und über blutrotgesprenkelten Blätter die Blicke auf sich zogen. […] Ein blühendes Exemplar dieser schönen Bromeliaceen wurde, in Alkohol verwahrt, nach Europa mitgenommen. Es stellte sich als zu einer neuen Art gehörig heraus, welch letztere, als die schönste der von mir entdeckten Pflanzenarten, den Namen Tillandsia Augustae regiae erhielt* – den Namen der verstorbenen Mutter.[7]

Die Fauna von Südamerika

Thereses zoologische Sammellust, die sich nicht auf eine bestimmte Tiergruppe beschränkt, wird von unterschiedlichen Motivationen gespeist: Zunächst einmal geht es ihr vor allem um eine Vervollständigung ihrer persönlichen Kenntnisse der südamerikanischen Fauna. Was die Systematik und die Tiergeographie anbelangt, so ist sie durchaus auf dem Wissensstand ihrer Zeit, zumindest suggeriert das die große Anzahl ihrer Fußnoten sowie das sechsundzwanzig Seitenspalten umfassende Literaturverzeichnis des Brasilienbuches.[8]

Nachtschattengewächs
Solanum theresiae
(Bolivien)

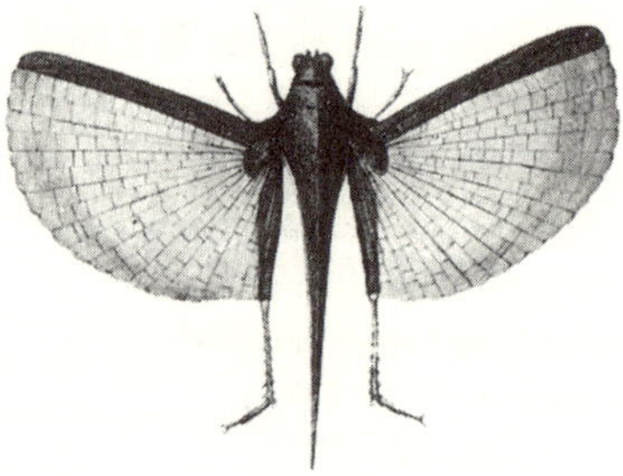

Dornheuschrecke
(Venezuela)

Harnischwels
(Kolumbien)

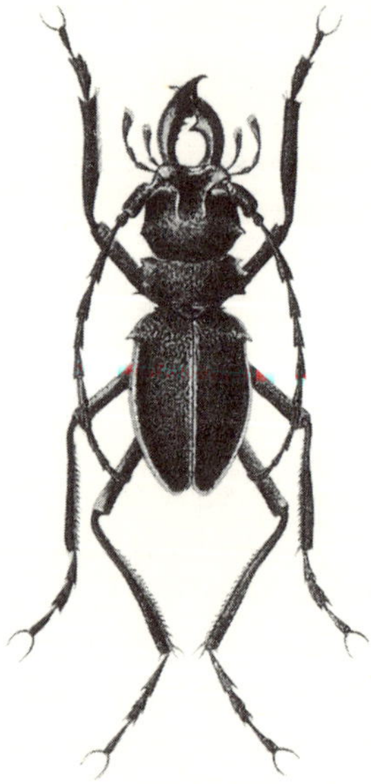

Bockkäfer
(Ecuador)

Gleichzeitig mit diesen theoretischen Vorbereitungen erkundet sie auf ihren regelmäßigen Münchner Museumsgängen die Lücken in den Bayerischen Naturwissenschaftlichen Sammlungen, um in alter Wittelsbacher Tradition *durch mitgebrachte Objekte* dort für größtmögliche Vollständigkeit zu sorgen. In launig-drastischem Ton berichtet sie darüber ihrem Vater: *Unter den zoologischen Objecten meiner letzten Reise sind mehrere im zoologischen Cabinet nicht befindliche, was die Freude letzteren Institutes bei meinem dereinstigen Abkratzen nur erhöhen kann!*[9] So geht der gesamte zoologische Nachlass an die Zoologische Staatssammlung München, unter anderem die reichhaltige Fischausbeute von 228 Fischen aus 91 Arten, darunter acht neue Spezies. Diese Sammlung scheint allerdings im Zweiten Weltkrieg nahezu vollständig zerstört worden zu sein.[10]

Da neuentdeckte Arten erst nach der Rückkehr identifiziert werden, kommt es vor, dass für die Wissenschaft bislang unbekannte Spezies oder Varietäten in den hungrigen Mägen der ahnungslosen Reisegruppe landeten. Solches widerfuhr der Flussschildkröte *Podocnemis, deren schmackhaftes Fleisch wir den folgenden Tag verzehrten, indessen deren äußere Hülle zum Mitnehmen präpariert wurde. Es war eine Art, von welcher bis dahin nur zwei Stück nach Europa verbracht worden waren. Die Eier gehörten sogar zu den in der Zoologie überhaupt noch unbekannten Dingen. Da wir dies damals jedoch nicht wußten, verzehrten wir sie sämtliche bis auf ein für unsere Sammlung gerettetes Exemplar. Sie hatten einen an Butter erinnernden Geschmack und mundeten uns vortrefflich.*[11]

Wo das am Rio Lebrija erlegte Krokodil landete, ist nicht überliefert, vermutlich ist es 1944 dem Bombenhagel zum Opfer gefallen. Da es bis zum *Nachhausegesendetwerden möglichst getrocknet sein sollte, mußte es bei gutem Wetter an die Sonne, bei Feuchtigkeit und Regen in einen Schuppen geschleppt werden. Obwohl das Tier ausgeweidet war, hatte es doch noch ein solches Gewicht, dass wir es zu zwei kaum tragen konnten. Das an der Haut zurückgebliebene Fett, welches in dem heißfeuchten Klima doppelt rasch in Verwesung überging, roch dermaßen, dass die Luft bis in das gemeinsame Wohnzimmer hinein verpestet wurde und es noch heute zu verwundern bleibt, dass uns* [der Hausherr] *Senor Lopez nicht mitsamt unserem Krokodil aus dem Hause geworfen hat.*[12]

Auf diese Weise erhält die Münchner Zoologische Staatssammlung mehrere präparierte Exemplare bislang unbekannter Tiere, die als neue

Art (nov[a] spec[ies]) in die biologische Nomenklatur eingegangen sind. Darunter befindet sich eine Singzirpe (*Fidicina steindachneri*, nov. spec.) aus Trinidad, eine Dornheuschrecke (*Metrodora magistralis*, nov. spec.), ein Harnischwels (*Loricaria aurea*, nov. spec.) aus Kolumbien, verschiedene Reptilienpräparate aus Kolumbien und Peru, ein südamerikanisches Opossum (*Didelphis albiventris*) aus der Familie der Beutelratten, eine bolivianische Raubkatze und eine leuchtend bunte Sammlung von brasilianischen Schmetterlingen, die allerdings auch 1944 durch Bomben auf die Alte Akademie der Wissenschaften (damals noch in der Neuhauser Straße) verlorengegangen sind.

Trotz aller Transport- und Versorgungsprobleme kehrt Therese von ihren Forschungsreisen nicht nur mit getöteten, zur Ausstopfung als Museumsobjekte bestimmten Tieren zurück, sondern nimmt als interessierte Verhaltensforscherin abenteuerliche Risiken mit lebenden Tieren in Kauf, um sie nach geglückter Rückkehr mit großer Geduld in ihr Münchner oder Lindauer Alltagsleben zu integrieren.

In der Haltung ihrer Tiere ist sie entschieden ihrer Zeit voraus. Sie kann sich sicher als eine der ersten Europäerinnen rühmen, einem Krallenaffenpärchen Lebensbedingungen geboten zu haben, die ihm ein Dasein von mehr als elf Jahren bescherten. Sie gibt ihren Affen den Freiraum, den sie zum Gedeihen benötigen.[13] *Es ist gerade eine Tierquälerei, eine Grausamkeit, bei welcher man sich nur wundern kann, daß die armen Geschöpfe sie so lange aushalten. Ich mit meinem Grundsatz, gefangenen Tieren möglichst natürliche Lebensbedingungen zu verschaffen, räumte meinen Affen halbe und ganze Zimmer ein, auf dem Lande einen ehemaligen Hühnerhof, und belebte diese Räume mit hohem Gebüsch. […] Die Affen, welche aus ihrem kleinen Vogelkäfig befreit, anfangs ihren künstlich gekrümmten Rücken kaum in die Höhe strecken konnten, fanden bald die natürliche aufrechte Haltung wieder, und nun ging es an ein Springen und Tollen von Busch zu Busch und in Sprüngen, welche an Länge etwa das Sechsfache der Körperlänge der Tiere übertrafen.*[14]

Thereses zum Teil sehr aufwendiges Zusammenleben mit Tieren verschiedenster Herkunft und Anpassungsfähigkeit leitet sich aus ihrer elementaren Neugier ab, als Verhaltensforscherin in aller Ruhe Charakter, Instinkt und Intelligenz der exotischen Tiere beobachten und beschreiben zu können: *Da ich die von uns aus Brasilien mitgebrachten Thiere längere Zeit hindurch beobachten konnte und über die Charaktereigenschaften und intellektuellen Anlagen der betreffenden Thier-*

arten in den zoologischen Büchern zum Theil gar nicht, zum Theil nur unvollkommen berichtet worden ist, halte ich es für angezeigt, meine Beobachtungen der Oeffentlichkeit zu übergeben.[15] Mit diesem Studium der Tierverhaltensweisen und deren Funktionen und Ursachen kann Therese als eine Vorreiterin der Verhaltensforschung gelten, die bekanntlich erst viel später eine selbständige Wissenschaftsdisziplin wurde.

So bringt sie ein Dutzend Kanarienvögel unterschiedlichster Arten mit, außerdem Lora, ein Amazonenpapagei-Weibchen, von dem sie sich siebenunddreißig Jahre lang hat ärgern lassen, wobei sie niemandem gestattete, dass ihm irgend etwas beigebracht würde, was man Papageien üblicherweise beizubringen pflegt, denn Therese findet: *Die Tiere sind in ihrer Natürlichkeit am interessantesten.*[16] Außerdem überstehen ein Chamäleon aus Spanien die Strapazen der Reise, ein Felsenmeerschweinchen (Mocó) aus Maranguape (Brasilien)[17] und aus Kolumbien ein dreizehiges Faultier. *Den Sommer* [1917] *über machte ich thierpsychologische Studien an ein paar Mungos, indische Mangusten, welche ich aus der Hinterlassenschaft meines Neffen Heinrich übernommen hatte. Sie entpuppten sich als drollige, intelligente Thiere u. hier, wie bei den Hapale jacchus* [den Weißbüscheläffchen], *welche ich 11 Jahre lang hatte, machte ich die Beobachtung, daß das Weibchen weit intelligenter war als das Männchen. Der weibliche Mungo war überdieß ein sympathisches, zutrauliches Thier, welches sich gern auf meinen Schoß legte.*[18]

Das *weitaus interessanteste Individuum der aus Brasilien mitgebrachten Menagerie* aber war ein erwachsener männlicher Rüsselbär (*Nasua rufa*), den Therese *Coatí* tauft, das ist seine aus einer indianischen Sprache stammende umgangssprachliche Bezeichnung.[19] Es ist erstaunlich, dass es Prinzessin Therese vier Jahre lang mit diesem kauzigen Wildfang, einem sehr eigensinnigen und bisweilen unberechenbar wilden Tier ausgehalten hat und nach ihrer Rückkehr aus Brasilien mit ihm sogar, wie sie schreibt, in der Münchner Residenz *seine (sic!)* – nicht ihre – Wohnung mit ihm geteilt hat: *Im Winter hauste er in meinem Vorzimmer, in welchem sich eine freistehende Wendeltreppe befand, die dies an luftige Aufenthalte in Baumkronen gewohnte Tier mit Vorliebe zum Klettern nützte. Im Sommer auf dem Lande hielt es sich in meinem Wohnzimmer oder in der Veranda von letzterem auf. Es betrachtete mein Zimmer als sein Eigentum und ließ nur Leute herein, die ihm sympathisch waren. Namentlich Herren gegenüber war es sehr wählerisch.* […] *Unerträglich war ihm jegliches Handglockenläuten, Schlüssel-*

klirren, Säbelrasseln und ähnliche Laute; da verlor es den Kopf dermaßen, daß es wild um sich biß, und wenn es kein anderes Objekt hatte, an dem seinen Schrecken auszulassen, so diente rücksichtslos der eigene Schweif dazu.

Dieses Raubtier war ein bisweilen gemütvolles, gutmütiges, aber auch sehr eigensinniges Tier, das mit seinen drolligen, phantasievollen Unbotmäßigkeiten seine höfische Umwelt ständig in Atem zu halten wusste: *Mein Bär führte die drolligsten Stücke auf. Einmal erwischte er die Wichsbürste, ein andermal die Fischleimtube, ein drittes Mal kippte er die Petroleumkanne um – die Wirkung war jeweils ziemlich katastrophal, bis hin zu einer Karbolvergiftung. Ein andermal: Der Bär hatte sich als eingebürgerter Bajuwar gefühlt und wollte an unserem Biergenuß teilnehmen, indem er seine Tatze in ein auf dem Nebentisch aufgestelltes Bierglas tauchte und dieses zu Reichhöhe zu sich herabzuneigen trachtete. Natürlich legte sich das Glas aber ganz um, und der Inhalt ergoß sich zwar nicht als Wasser-, aber als Bierfall vom Tisch herunter auf den Zimmerboden, zum größten Erstaunen und Schrecken des ungewohnten Biertrinkers, der schleunigst das Weite suchte.*[20]

Als höchst schwierig erwies sich das Zusammenleben mit dem Papageienweibchen Lora: *Während der Bär das glattpolierte Wendeltreppengeländer mühsam emporkletterte und dann verteidigungslos war, beliebte der freche Vogel, ihn zu hacken; zudem warf er ihm den Teller mit dem Fressen von oben in das Zimmer herunter und ließ mitunter auch die Wolldecke folgen. [...] Eines schönen Tages, als der Papagei ganz frech und siegesbewußt die Wendeltreppe Stufe für Stufe hinaufzuschreiten trachtete, sammelte der Bär Mut und, mich durch seine Blicke und Bewegungen zur Teilnahme an dem Kampf deutlich auffordernd, faßte er den Feind von rückwärts und ließ ihn eine Zeit lang entrüstet an seinen Schwanzfedern zappeln.*[21]

Diese Fähigkeit der Verständigung durch Blicke und Bewegungen gesteht Therese auf Grund ihrer Beobachtungen nur den höheren Säugetieren zu, sie interpretiert *Blicksprechen* als eine Art Verständigung mit dem Menschen, der seinerseits das Sprechen der Blicke durch Worte ersetzt. Gleichzeitig gilt ihr diese Fähigkeit als Beweis für einen überzeugenden Bärenverstand, denn auch Coatís Gedächtnis scheint ausgezeichnet zu funktionieren, *sowohl was Menschen wie was Örtlichkeiten betraf*, denn er zeigte gegen jeden einzelnen *eine besondere Art des Benehmens.*[22]

Weniger dramatisch, dafür aber bestens dokumentarisch bezeugt, ist die Existenz des bolivianischen Gürteltiers, dessen achtjährige gemeinsame Geschichte mit Therese auf einem mit Bleistift vollgekritzelten Tagebuchzettel von ihrer zweiten Südamerikareise beginnt, auf dem unter dem 12. Oktober 1898 ein *Quirchincho-Kauf* verzeichnet ist mit dem Zusatz *Dasypus vellerosus*, also ein Langnasengürteltier.[23] In Bolivien gilt das Gürteltier, dessen Panzer den Colla-Indianern in La Paz als Resonanzboden für ihre Zupfinstrumente, die «Bandurrais» beziehungsweise «Charangos» dient, als Leckerbissen, so dass keiner der Passagiere des Dampfers, auf dessen Zwischendeck Therese das Tier erhandelt hat, sich vorstellen kann, dass sie das *weißbehaarte* Tier nicht für kulinarische, sondern für wissenschaftliche Zwecke erworben hat. Ihre schon lange gehegte Absicht ist es nämlich, *eines dieser niedrigstehenden, für die südamerikanische Fauna höchst charakteristischen Säugetiere lebend zu erwerben, um es auf seine geistigen Fähigkeiten zu prüfen*. Ob sich dieser Kauf für Therese gelohnt hat, ist fraglich, denn *das über alle Maßen dumme Vieh hatte es gut bei mir. Es fraß, was es wollte und in welcher Körperlage es sich gerade befand.* […] *Da ich bemerkte, daß es sich stets zu verkriechen trachtete, ließ ich ihm eine Kiste in seinen Wohnraum stellen, diese mit Erde füllen und mit einem rundbogigen Eingang versehen. Nun war das Gürteltier beglückt: mit freudigem Grunzen bohrte es sich in das weiche Erdreich ein.*

Allerdings: *Es kannte anscheinend seine Umgebung nicht*, und was für Therese noch schlimmer ist: *Es unterschied* [sie] *nicht von seinen späteren Pflegern, kam niemals jemandem zugelaufen, wollte keine Schmeicheleien irgendwelcher Art, noch schmiegte es sich an. Nach einigen Jahren endete es sein ruhmloses Dasein, indem es das Kostbarste, das es besaß, seinen Panzer, meiner zoologischen Sammlung hinterließ.*[24]

Die fündige Ethnographin und Anthropologin

Im Unterschied zum relativ wahllosen, dem Zufall überlassenen Sammeln von Pflanzen und Tieren verfolgt Therese beim Zusammentragen von anthropologischen, ethnographischen, archäologischen und kunstgewerblichen Objekten konkrete Ziele: Sie will durch ihre Funde die Münchner Sammlungen unterstützen, deren Etats in jener Zeit dürftig und die personelle und räumliche Ausstattung weitgehend unzulänglich waren. Schon die jugendliche Prinzessin hatte festgestellt, dass selbst nach den durch Johann Baptist von Spix und Carl Friedrich von Martius von deren Brasilienreise heimgebrachten Schätzen die Münchner Kollektionen noch immer erhebliche Lücken aufwiesen.

Thereses besonderes Interesse gilt Spuren und Überresten der *einst hochkultivierten Indianervölker*, so der *Chibcha in Kolumbien, der Quechuas in Perú, der Aymará oder richtiger Colla in Bolivien, deren ethnographische Gegenstände* sie mit Vorliebe auf Indianermärkten erwirbt. Die folgende Aufzählung aller dort angebotenen Objekte gibt ein beeindruckendes Beispiel von Thereses buchhalterischer Akribie auf Reisen: *Da gab es unter anderem Gewandnadeln aus Messing mit Tiermotiven, weiße Leinenspitzen, bunte, wollene, gestrickte Ärmel und Mützen mit und ohne Ohrklappen, braune, gestrickte Kopfmasken aus Vicuñawolle, welche als Schutz gegen die hautaufreißende Höhenluft dienen, bunte, gewobene Männerhüftgurten aus Wolle und Baumwolle und farbig bestickte, weiße Baumwollstreifen, diese Kleidungsstücke vorwiegend mit allerhand Tiermustern. Ferner gab es braunglasierte Krüge in Stiergestalt, Miniaturtöpfe, welche, mit Coca, Chicha usw. gefüllt, bei abergläubischen Zeremonien Verwendung finden, auch den Colla als Grabbeigaben dienen sollen* [...][25]

Gemessen an heutigen Humanitätsvorstellungen geht Therese beim Erwerb begehrter Objekte ziemlich unbedenklich vor, wie zum Beispiel beim Kauf eines *Halsschmucks*, von dem sie notiert: *Vom Hals eines Kindes herunter gekauft.*[26] Vor allem aber folgt man ihr in Peru nur mit Unbehagen auf das *weitgedehnte Trümmerfeld* von Ancon, *das viele Tausende von Gräbern* birgt. Zwar zeigt Therese bei ihrer Beschreibung der peruanischen Begräbnisplätze eine gewisse Sensibilität, wenn sie schreibt: *Da es bei den alten Peruanern die Sitte wollte, dass man den Toten außer Gebrauchsgegenständen mitunter auch Kostbarkeiten in das Grab mitgab, wurden die Gräber seit Jahrhunderten nach Schätzen durchwühlt.* [Was] *folglich ein solches Totenfeld bietet, ist das einer pietätlosen, grauenhaften Zerstörung. Unzählige aus den Gräbern gerissene Schädel, Mumienhaare, Gewebefetzen, Baumwolle und Topfscherben liegen in wirrem Durcheinander auf dem Sande umher.* Dieser menschenunwürdige Anblick aber hält Therese keineswegs davon ab, mit zwei in aller Eile gedungenen Huakeros – das sind Leute, welche sich gewerbsmäßig mit dem Auffinden und Ausgraben indianischer Altertümer befassen –

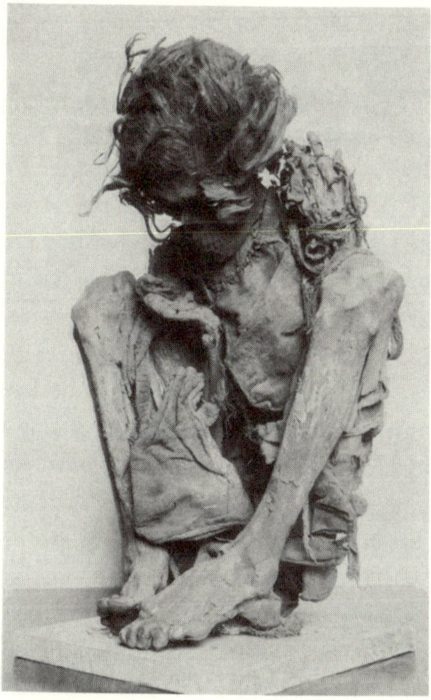

In Peru auf dem Totenfeld von Ancon eingesammelte Indianermumie eines ungefähr 20jährigen jungen Mannes

ihrerseits das Gräberfeld nach Totenschädeln durchsuchen zu lassen. Die noch am besten erhaltenen Exemplare werden zum Versand nach München aussortiert. Krönung des Unternehmens aber ist der Fund einer Indianer-Mumie eines *ungefähr 20jährigen jungen Mannes*, der von den Huakeros – zusammen mit den aufgefundenen Grabbeigaben – rasch in eine Kiste zum Versand nach Europa verpackt wird. *Die folgenden fünf Tage bis zu unserer endgültigen Abreise von Lima wohnte und schlief ich wie in einem Beinhaus, mit 32 Totenschädeln im Zimmer. Die Mumien hingegen mußten, des Geruches wegen, im Hof und auf dem Gange Platz finden.*[27] Unklarheit herrscht heute darüber, ob diese – oder eine zweite Mumie aus Thereses Hinterlassenschaft – identisch ist mit der aus der Münchner Archäologischen Staatssammlung stammenden sogenannten «Dachauer Moorleiche».

Getreu ihrer immer wieder formulierten Absicht, vermacht sie ihre umfangreiche ethnographische Sammlung dem Münchner Völkerkundemuseum – eine ausgewogene Auswahl von Gebrauchsgegenständen aus allen Lebensbereichen.[28]

Thereses Privatsammlung in der Residenz

Die Unterbringung und Betreuung ihrer von Jahr zu Jahr um zahlreiche Objekte aus verschiedenen Kulturen anwachsenden *ethnographischen, zoologischen, botanischen, mineralogischen und paläontologischen* Privatsammlung wird zunehmend zu einem räumlichen Problem, für dessen längerfristige Lösung die Besitzerin von wechselnden politischen und familiären Umständen abhängig ist. Zunächst ist sie glücklich, als ihr der auf die wissenschaftlichen Leistungen seiner Tochter stolze Vater bei Beginn seiner Regentschaft drei Räume in der königlichen Residenz zur Verfügung stellt, so dass sie seit 1886 mit ihren gesammelten Funden dorthin umziehen und von da an mit ihren Schätzen, die die Grundlage ihrer Publikationen bilden, unter einem Dach leben kann. Vor allem aber hat sie so die Möglichkeit, ihre wohlgeordnete Sammlung den zahlreich durchreisenden auswärtigen Gelehrten zeigen zu können. «Drei große, im königlichen Schloss befindliche Räume sind angefüllt mit Vögeln, zum Beispiel Papageien, mit Fischen, Käfern, Schmetterlingen, sonstigen Insekten, Affen, Gürteltieren, Eidechsen, Schlangen, Schildkröten, Spinnen, Eichhörnchen, Präriehunden, Rüsselbären, dann mit Pflanzen, Versteinerungen, Vasen und allerlei Ausgrabungen, ferner mit mumifizierten Menschen und Tieren.»[29] Auch hier ist es wieder ihr alter Diener Max Auer, der mit Hingabe und Kennerschaft die wertvollen, dereinst für die bayerischen Sammlungen bestimmten Objekte betreut: «Jedes Stück und jedes Glas der reichen Sammlung war ihm vertraut. Durch seine Genauigkeit und Sorgfalt schützte er die vielen Vogelbälge, die Pelz- und Federkleidungsstücke der Indianer vor den raubgierigen Motten.»[30]

Der Tod des Vaters im Jahr 1912 zwingt Therese zum Auszug aus der Residenz, und das bedeutet für sie und Max Auer einen strapaziösen Rücktransport ihrer Sammlung in das elterliche Palais Leuchtenberg: *Mein Bruder* [König Ludwig III.] *hatte mir großmüthig einen prachtvollen Saal mit 6 Fenstern, den größten Raum im Hause, zu diesem Zweck überlassen. Hier konnte die Sammlung, das Werk meines Lebens, zum ersten Mal eine würdige Aufstellung finden. Bis die etwa 40 Kisten aufgestellt u. die tausende von werthvollen Gegenständen in diesen eingeräumt waren, vergingen zwei Monate. Ich war sowohl beim Abbau in der Residenz wie beim Aufbau im Palais stets gegenwärtig, jedes einzelne Stück ging durch meine Hand u. wurde von mir persönlich an seinem Bestimmungsort untergebracht.*[31]

Mäzenin des «Peruanischen Ungewitters»

Doch Therese beschränkt sich nicht nur auf die Betreuung ihrer eigenen Sammlung. 1898 hatte sie in Lima den deutschstämmigen Augenarzt Dr. Carl Eduard Gaffron kennengelernt, *einen eifrigen Sammler peruanischer Alterthümer,* und dabei erfahren, dass diesem wegen eines drohenden Ausfuhrverbotes von Antiquitäten daran liege, seine ansehnliche Sammlung peruanischer Altertümer in seine Heimat nach Deutschland zu bringen.

Therese lässt der Gedanke nicht mehr los, diesen Schatz für München, welches außer den von ihr mitgebrachten Gegenständen nichts aus Peru besaß, zu sichern. Sie macht den Präsidenten der Akademie der Wissenschaften, den Historiker Karl Theodor Heigel (1842–1915), der zugleich Generalkonservator der Staatlichen Sammlungen war, auf diese einmalige Gelegenheit aufmerksam; es vergingen Wochen u. Wochen, ohne dass ein Resultat erzielt wurde.[32] Therese hatte sich während der Vorbereitung ihrer Publikation über die zweite Südamerikareise intensiv *in die Bedeutung u. den kulturhistorischen Werth solch peruanischer Alterthümer eingearbeitet* und fühlt sich daher in der Lage, *den Werth dieser Sammlung* [...] *beurteilen zu können.*[33]

Der bei dieser erfolgreichen Transaktion übergangene, nicht ganz zu Unrecht gekränkte Konservator der Ethnographischen Sammlung, der Völkerkundler Max Buchner (1846–1921), der wegen offensichtlicher räumlicher Unzulänglichkeiten andere Prioritäten in seinem Museum setzen wollte, bezeichnet den unwillkommenen Erwerb der Sammlung als «peruanisches Ungewitter, geleitet von einer Prinzessin, die bereits gefeiert war als bairische Pallas Athene».[34] «Und», fährt er fort, «diese bairische Athene war auch schon ein Ehrenmitglied der königlich bairischen Akademie. Im Festsaal dieses Instituts steht ihre Büste auf einem Sockel, [...], ein klassisches Vorbild schwieriger Schönheit.»[35]

Als Max Buchner sich weigert, die kostbaren Exponate aus der Sammlung Gaffron auszustellen, ergreifen Heigel und Therese die Initiative, und im Februar 1907 werden die Neuerwerbungen in einer Sonderausstellung im Festsaal des Wilhelminums der Bayerischen Akademie der Wissenschaften der Öffentlichkeit präsentiert. Für Therese ein verdienter Erfolg, der die mühselige Vermittlung gelohnt hat: *Kiste häufte sich auf Kiste u. es bedurfte tagelanger angestrengter Arbeit, um die keramischen Gegenstände ihrer schützenden Hülle zu entkleiden u. die prachtvollen*

Textilstücke aufzuspannen u. Alles ausstellungswürdig zu gestalten. Ich betrachtete jedes Stück als persönliche Errungenschaft u. betheiligte mich lebhaft am Auspacken u. Aufstellung, beglückt, diesen einzigartigen Schatz meiner Vaterstadt gesichert zu haben.[36] Die ganze Aktion findet 1907 ihren Abschluss in einem Artikel von Therese in der Beilage zur «Allgemeinen Zeitung»: *Zur Aufstellung peruanischer Alterthümer in der Münchner Akademie der Wissenschaften,* zu dem Präsident Heigel die Einleitung verfasst.[37]

Für den widerspenstigen Max Buchner zieht die Affäre einen strengen Verweis des Ministeriums nach sich und führt noch im gleichen Jahr zu seiner unfreiwilligen Versetzung in den vorzeitigen Ruhestand.[38] An den Nachfolgeverhandlungen, aus denen der Indologe und Ethnologe Lucian Scherman als neuer Konservator, später dann als Direktor, hervorgeht, nimmt Therese lebhaften Anteil. Wenngleich Scherman nicht Thereses Wunschkandidat gewesen ist, arbeitet sie in den nächsten Jahren dennoch intensiv mit ihm zusammen, berät ihn fachlich, fördert das Museum durch finanzielle Zuwendungen und Schenkungen von Objekten sowie durch Vermittlung wissenschaftlicher Kontakte.

14.

Damals waren solche Ehrungen etwas Ungeheuerliches
Einlass in die akademische Zunft

Wenn die Prinzessin ein Prinz wäre ...

«Wenn die Prinzessin ein Prinz wäre, so wäre sie wohl längst zum Ehrenmitglied der Akademie vorgeschlagen und gewählt worden» – mit dieser Behauptung begründet im letzten Jahrzehnt des 19. Jahrhunderts Max von Pettenkofer (1818–1901), der damalige Präsident der Bayerischen Akademie der Wissenschaften, seinen Vorschlag, Prinzessin Therese zum Ehrenmitglied zu wählen.[1]

Der greise Professor war einer der wenigen Gelehrten, der offensichtlich die zu seiner Zeit verbreiteten männlichen Berührungsängste vor gelehrten Frauen nicht teilte. Als Nachbar der königlichen Familie – er war über viele Jahre Hofapotheker in der Residenz gewesen – hatte er den Weg der Prinzessin in die Wissenschaft aus nächster Nähe verfolgt. *Der zeitweilige Verkehr mit dem als Mensch sympathischen, berühmten Pettenkofer, der unter einem Dach mit uns wohnte, war immer ein anregender,*[2] nicht zuletzt deshalb auch, weil er bei den Gesprächen an der traditionellen königlichen Mittagstafel *sehr Interessantes erzählte.*[3]

Wohlweislich hat es Pettenkofer vermieden, die Aufnahme der Prinzessin in die Akademie als «ordentliches» Mitglied in die Diskussion zu bringen, war doch im Jahr zuvor der Antrag der Historischen Klasse, Thereses Freundin, die gelehrte Schriftstellerin Lady Charlotte Blennerhassett, zum korrespondierenden Mitglied der Akademie zu wählen, aufgrund eines Gutachtens des Juristen Wilhelm Ritter von Planck (des Vaters von Max Planck), abgelehnt worden, da der Gesetzgeber «gute Gründe gehabt haben kann, seine Berufung auf Männer zu beschränken».[4] Pettenkofer schlägt daher die Prinzessin als «Ehrenmitglied» vor. Doch auch dieser Antrag löst heftige Diskussionen aus, da laut Akademie-Satzung Frauen grundsätzlich nicht in die Akademie aufgenommen werden können – weder als ordentliches noch als außerordentliches, weder als auswärtiges noch als korrespondierendes Mitglied. Die Begrün-

Wilhelminum, die alte Kgl. Bayerische Akademie der Wissenschaften in der Neuhauser Straße. (Stich um 1840)

dung? Männliches Schamgefühl: «Es gibt, namentlich auf dem Gebiete der Naturwissenschaften, Gegenstände wissenschaftlicher Forschung, bei deren eingehender Darstellung und Besprechung die Gegenwart von Frauen störend und beengend wirken müsste.» Dies würde dann zu einer «unerwünschten Beschränkung der Beratungsgegenstände» führen.[5] Glücklicherweise aber enthält die Konstitutionsurkunde der Akademie vom 1. Mai 1807 bezüglich der Aufnahme von «Ehrenmitgliedern» keine Bestimmungen, die die Zuwahl von Frauen explizit ausschließen. Denn in geschlechtsneutraler Formulierung heißt es dort unmissverständlich, dass «inländische und auswärtige Individuen» zu Ehrenmitgliedern gewählt werden können, «welche nach ihren Verhältnissen die Bedingungen zu ordentlichen Mitgliedern nicht erfüllen, aber sonst durch Rang oder andere äußere Verhältnisse, verbunden mit wissenschaftlichen Kenntnissen u. Liebe zu den Wissenschaften, zur Beförderung der Zwecke der Anstalt beitragen können».[6]

Dieses sprachliche Schlupfloch nutzt Pettenkofer als geschickten Schachzug zur Lösung seines Anliegens und folgert: «Auch vor dem strengsten Richterstuhl muss eine Prinzessin ebenso wie ein Prinz als

Ludwig-Maximilians-Universität München. (Stich um 1840)

Individuum angesehen werden!» Gegen dieses Argument erhebt sich kein Widerspruch. Auch die geforderten «wissenschaftlichen Kenntnisse» und die «Liebe zu den Wissenschaften» weiß der Präsident in seinem Antrag geschickt unterzubringen: «Wer diese Reiseberichte liest, erkennt sofort, dass ihre Verfasserin nicht zum Vergnügen reiste, sondern dass ein ernster Wissensdrang sie in ferne Länder trieb, um sich gründlich über Land und Leute zu unterrichten und deren Natur zu erforschen. [...] Ein solcher Reichtum an geographischen, ethnographischen, zoologischen, botanischen und sprachlichen Kenntnissen bei einer Frau muss jedem als eine große Seltenheit erscheinen.»[7] Unter Ankündigung des bevorstehenden Erscheinens des Buches über Brasilien, «an welchem die hohe Dame seit Jahren unausgesetzt und mit seltener Gründlichkeit arbeitet», verweist Pettenkofer auf die umfangreichen Sammlungen, die in den Besitz der staatlichen Institute übergehen werden. Angesichts des ebenso ungewohnten wie heiklen Vorgangs weichen die akademischen Würdenträger von ihrer Gewohnheit ab, Ehrenmitglieder öffentlich *per Acclamation* zu berufen. Statt dessen nehmen sie die Abstimmung per geheimer «Kugelung» vor; dabei stimmen schließlich dreißig der anwesenden vierunddreißig Akademiemitglieder mit weißen Kugeln für die Aufnahme der Prinzessin, eine schwarze Kugel zählt als Gegenstimme, dazu kommen drei Enthaltungen.

Therese braucht eine geraume Zeit, um sich an diese unerwartete Ehrung zu gewöhnen, die sie aus dem Stand einer «gelehrten Dilet-

Marmorbüste von Therese, angefertigt 1887 von Wilhelm von Rümann. Geschenk von Prinzregent Luitpold an die Königlich Bayerische Akademie der Wissenschaften aus Anlass der Verleihung der Ehrenmitgliedschaft an Therese

tantin»[8] in den einer anerkannten Wissenschaftlerin erhebt. Sie *hatte anfangs nur das Gefühl einer Demüthigung, ein Gefühl, das man immer durchkostet, wenn man eine Auszeichnung erhält, die man nicht zu verdienen meint.*[9] Als der Vater anlässlich ihrer Ehrenmitgliedschaft der Akademie eine von dem Bildhauer Wilhelm von Rümann angefertigte weiße Marmorbüste von Therese stiftet, erlaubt ihr *ihre Bescheidenheit nicht,* sie im Bibliothekssaal der Akademie *anzusehen, ist ja schon das bloße Bewußtsein, in diesen heiligen Hallen verewigt zu sein, ein sehr in Verlegenheit setzendes.*[10] Einerseits fühlt sie sich durch diese ungewöhnliche Herausstellung verunsichert, weil sie ihr *gänzlich unverdient* erscheint, zugleich aber gesteht sie, dass diese Ehrung sie doch *im äußersten Maß* beglückt, und fügt hinzu, was als Motto über ihrem bisherigen Leben stehen könnte: *denn der Wissenschaft gilt ja von Jugend auf mein ganzes Interesse.*[11]

Sie werden mich doch nicht zum Ehrendoctor ernennen!

Fünf Jahre nach dieser ersten akademischen Ehrung geschieht noch einmal etwas Außergewöhnliches, als am 22. Dezember 1897 mehrere namhafte Hochschulprofessoren der Ludwig-Maximilians-Universität München vorstellig werden, von Prinzessin Therese in der Münchner Residenz *in corpore* empfangen zu werden. Sie ist ob dieses Ansinnens zunächst höchst befremdet, doch wie ein Blitz fährt es ihr durch den

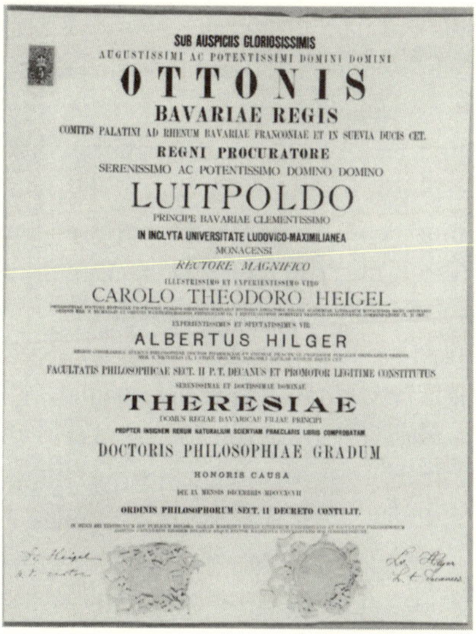

SUB AUSPICIIS GLORIOSISSIMIS
AUGUSTISSIMI AC POTENTISSIMI DOMINI DOMINI
OTTONIS
BAVARIAE REGIS
COMITIS PALATINI AD RHENUM BAVARIAE FRANCONIAE ET IN SUEVIA DUCIS CET.
REGNI PROCURATORE
SERENISSIMO AC POTENTISSIMO DOMINO DOMINO
LUITPOLDO
PRINCIPE BAVARIAE CLEMENTISSIMO
IN INCLYTA UNIVERSITATE LUDOVICO-MAXIMILIANEA
MONACENSI
RECTORE MAGNIFICO
ILLUSTRISSIMO ET EXPERIENTISSIMO VIRO
CAROLO THEODORO HEIGEL
EXPERIENTISSIMUS ET SPECTATISSIMUS VIR
ALBERTUS HILGER
FACULTATIS PHILOSOPHICAE SECT. II P. T. DECANUS ET PROMOTOR LEGITIME CONSTITUTUS
SERENISSIMAE ET DOCTISSIMAE DOMINAE
THERESIAE
DOMUS REGIAE BAVARICAE FILIAE PRINCIPI
PROPTER INSIGNEM RERUM NATURALIUM SCIENTIAM PRAECLARIS LIBRIS COMPROBATAM
DOCTORIS PHILOSOPHIAE GRADUM
HONORIS CAUSA
DIE IX MENSIS DECEMBRIS MDCCCXCVII
ORDINIS PHILOSOPHORUM SECT. II DECRETO CONTULIT.

Urkunde über die Verleihung der Ehrendoktorwürde der Universität München an Prinzessin Therese

Kopf: *Sie werden mich doch nicht zum Ehrendoctor der Universität ernennen,* verwirft aber diesen Gedanken sofort wieder als *Wahnwitz.* Als dann aber die *Herren, noch dazu heimlich in ihren Talaren, aufmarschierten* und ihr – als erster Frau der Universität München – das in Latein abgefasste Ehrendiplom ihrer Ernennung zum *Doctor phil. hon. causa* überreichen, gesteht die ob dieser feierlichen Audienz Verblüffte, sie hätte sich *aus Verlegenheit u. Beschämung am liebsten in den Boden verkrochen.* Denn: *Damals waren solche Ehrungen für Frauen noch etwas ganz Unerhörtes, und es schien mir, als wäre ich vor der ganzen Welt bloß gestellt, als wären gewaltsam Aller Augen auf mich gerichtet worden u. als hätte man mich, ohne zu wollen, lächerlich gemacht.*[12]

Das Ehrendiplom spiegelt deutlich die an Geschlecht und Macht orientierte hierarchische Ordnung der Jahrhundertwende. In köstlich verschrobenem Latein preist das Dokument zunächst über vierundzwanzig Zeilen hinweg vier angesehene männliche Würdenträger: zwei Herrscher (den rechtmäßigen König Otto und den Prinzregenten Luitpold) und zwei akademische Repräsentanten (den amtierenden Rektor Heigel und den Dekan Hilger). Erst dann folgt in kargen drei Zeilen die Würdigung der «durchlauchtigsten und überaus gelehrten Frau Theresia, der wegen glänzender, in vortrefflichen Büchern erwiesener Kenntnis auf dem Gebiet der Naturwissenschaft» die Ehrendoktorwürde der Philosophischen Fakultät verliehen wird.

Neidvoll hatte Therese zusehen müssen, wie selbstverständlich Brüder und Vettern ihren Universitätsstudien nachgehen konnten, während sie sich mit einem mehr oder weniger einsamen Selbststudium begnügen musste. Da mag es ihr eine große Genugtuung gewesen sein, als 1903 ihr Vater als Prinzregent sein «Genehmigt» unter eine ministerielle Entscheidung setzte, die die endliche Öffnung der bayerischen Universitäten für Frauen besiegelte. Unter der Überschrift «Es geht ein geistiger Fortschritt vom Süden aus» feierten die «Süddeutschen Nachrichten» diesen äußerst progressiven Akt, den Preußen erst mehrere Jahre später vollzog. Für Therese kam er dennoch einige Jahrzehnte zu spät. Ob und wie nachdrücklich sie bei ihrem engen Kontakt mit dem Vater auf diese Entscheidung eingewirkt haben mag, darüber schweigen die Quellen.

Im Rückblick urteilt sie ohne Bitterkeit über die Widerstände, die ihrem Bildungsstreben in der Jugend entgegengesetzt worden waren; sie tut das – wie so oft – in der neutralen dritten Person der autobiographischen Zeitzeugin: *Man darf nicht glauben, dass das ernstere Studium der Prinzessin leicht gemacht wurde. Ihre Jugend fiel noch in eine Zeit, in welcher jede über das Herkömmliche hinausgehende geistige Bethätigung junger Damen wie etwas fast Unmögliches angesehen wurde. Als die Prinzessin sich als junges Mädchen ausbat, mit ihrem jüngsten Bruder Latein zu lernen, wurde ihr dies rundweg abgeschlagen, als sie dann, schon erwachsen, z. B. ein Buch über Ästhetik lesen wollte, wurde dies ungern gesehen; als sie über die gewöhnlichen Sprachstudien, nämlich französisch, italienisch, englisch hinausstrebte u. seltener gelernte Sprachen sich anzueignen trachtete, sollte sie möglichst wenig über diese Beschäftigungen verlauten lassen, u. als sie durchsetzte, Mathematik zu lernen, wurde ihr dies nur unter der Bedingung gestattet, dass sie über dieses Studium nicht sprechen würde. Ähnlich erging es mit ihren Reisen. Nicht dass sich diese verheimlichen liessen, aber auch sie wurden ungern gesehen und die Erlaubniss zu denselben musste mühsam erkämpft werden. Es war damals auch etwas Ungewöhnliches, dass junge Damen, u. überdies Prinzessinnen, weitere Reisen ohne elterlichen oder brüderlichen Schutz unternahmen.* […] *Aber gerade die Schwierigkeiten, die sich in damaliger Zeit der Prinzessin in den Weg stellten, spornten ihren Eifer an u. stählten ihren Mut. Das mühsam Errungene wurde als doppelte Errungenschaft betrachtet und mit Zähigkeit daran festgehalten.* Und nicht ohne spürbaren Stolz fügt sie hinzu: *Die Prinzessin hat sich durch alle Schwierigkeiten siegreich durchgekämpft. Denn später wurden ihr Streben und ihre Erfolge gerade auch in jenen Kreisen anerkannt, die ihr anfangs hemmend entgegengestanden waren, u. der Vater war stolz auf die Kenntnisse seiner Tochter.*[13]

Die stille Gelehrte aus dem Fürstenstand

Wenn man [wissenschaftlich] *arbeitet, ist es nothwendig, Fühlung mit den gelehrten Kreisen zu halten.*[14] Deshalb nimmt Therese, so oft es ihr die familiären und offiziellen Pflichten erlauben, an Kongressen im In- und Ausland teil,[15] besucht naturkundliche Museen und in den Münchner Wintermonaten *abendliche wissenschaftliche Vorträge,* die ihr *als Lichtpunkte* in dem ihr so *unsympathischen Stadtleben erscheinen.*[16] Neben den fachlichen Erträgen profitiert sie vor allem von der Begegnung mit vertrauten *alten Bekannten und Freunden* und sucht Gespräche mit den *Koryphäen der Wissenschaft.*[17] Diese über Gelehrte vermittelte indirekte Anbindung an akademische Institutionen ist ihr – da sie selbst als Autodidaktin dort nie selbstverständlichen Zugang hatte – sehr wichtig. Aus ähnlichen Motiven heraus nimmt sie auch *lebhaftesten Antheil an allen Vorgängen an der Universität München,* die mit Neuberufungen oder deren Verhinderungen zusammhängen.[18]

Was die öffentlichen Ehrungen und Auszeichnungen betrifft, so hatte Therese zu ihnen allerdings von jeher ein ambivalentes Verhältnis: Zwar kann sie gelegentlich ihre geheime Freude über offizielle Ehrungen nicht ganz verbergen, doch fällt es ihr in den ihr anerzogenen weiblichen Verhaltensmustern schwer, die jeweils gerühmten Leistungen als persönliche Verdienste zu akzeptieren. So fürchtet sie, ihre wachsende Akzeptanz in der Gelehrtenwelt verdanke sich vor allem ihrem sozialen Stand. Als sie 1908 die französische «Rosette d'officier de l'instruction publique» für wertvolle geographische und naturwissenschaftliche Arbeiten verliehen bekommt – *die höchste Auszeichnung, die man in Frankreich vom Unterrichtsministerium erhalten kann* –, berichtet sie stolz ihrem Vater: *Ich gestehe, daß mich diese Auszeichnung sehr freut u. überhaupt umso mehr, da sie von Frankreich kömt, von wo man sie am wenigsten erwarten sollte.* […] *Ich denke, Du hast nichts dagegen … es ist eine rein wissenschaftliche Auszeichnung,* fügt sie wie entschuldigend hinzu und,

Anthropologen-Kongress in Nürnberg mit Therese, stehend in der Mitte. (1913)

so möchte man ergänzen, hat mit politischen Verflechtungen nichts zu tun. Dennoch kann sie nicht umhin, in einem späteren Kommentar zu diesem Brief ihre Zweifel anzumerken: *Im Grunde genommen war diese Ernennung doch beschämend entweder für mich persönlich oder für Meinesgleichen. Denn wenn ich an all die hervorragenden Gelehrten denke, welche sich auf dem Kongreß befanden, war die Ursache, daß die Wahl auf mich fiel, doch in Rücksicht auf meine soziale Stellung, die kein Verdienst ist, oder wollte man hervorheben, daß in unseren Kreisen eine solch wissenschaftliche Thätigkeit eine Seltenheit ist u. sie deshalb eine Anerkennung verdient?*[19]

15.

Schriftstellers Leiden – Schriftstellers Freuden
Reisen, Recherchieren und Redigieren

Ausarbeitung der Beobachtungen und Eindrücke zu Büchern,
in jahrzehntelanger, alle Kräfte anspannender Tätigkeit

Thereses wissenschaftliche Neugier und ihre an Besessenheit grenzende Lust am systematischen Ordnen drückt sich in der gründlichen Auswertung und Katalogisierung ihrer Reisefunde aus, wie sie uns in den minutiösen Schilderungen ihrer Reiseeindrücke in ausführlichen, mit präzisen Anmerkungen versehenen Reiseberichten überliefert sind. Die Liste ihrer Publikationen zählt an die dreißig Titel, darunter vier umfangreiche, von der zeitgenössischen Gelehrtenwelt mit Anerkennung aufgenommene Auswertungen ihrer Expeditionen zum Polarkreis, nach Russland, Brasilien und in das westliche Südamerika.[1] Deren Gesamtumfang beläuft sich auf mehr als 2000 Seiten: Während das Russlandbuch nach einer erstaunlich kurzen Vorbereitungsphase von drei Jahren erscheint – erstaunlich angesichts seines wissenschaftlich fundierten Charakters –, benötigen die nicht weniger anspruchsvollen Südamerika-Publikationen neun beziehungsweise zehn Jahre.

Vor allem liegt diese mehrjährige Produktionszeit an der überaus perfektionistischen Arbeits- und Forschungsweise der Prinzessin, mit der sie jede Reise intensiv vor- und nachbereitet. Das beginnt mit den praktischen Aufgaben: So gilt es – verfolgt man beispielsweise die Entstehung der Publikation der Brasilienexpedition – nach der von der Reise im *Winter 1888/89* zunächst *die gesammelten Gegenstände Verwandten u. Bekannten zu zeigen, für meine lebenden Thiere die passende Unterkunft zu beschaffen, die Vogelbälge zum Ausstopfen zu geben, die Gläser mit Reptilien, Krebsen, Arachniden u. Anderem zu etiquettieren, Kästen für Insekten zu bestellen, die Conchylien u. Mineralien in Schachteln zu ordnen u. die ethnographischen Schätze mit allen übrigen mitgebrachten naturwissenschaftlichen Objekten regelrecht in großen Kästen aufzustellen.* Gleichzeitig wurden im Winter 1890 *einige Monate neugrie-*

chische Conversationsstunden genommen, durch Lectüre eine Reise auf dem Balkan vorbereitet u. die Reparatur der Reiseausrüstung für künftige Expeditionen [= Nordamerika-Reise] *überwacht. Hand in Hand mit diesen Arbeiten gingen die Studien für mein werdendes Buch über Brasilien, wozu allerhand Literatur, namentlich in portugiesischer Sprache angeschafft u. an 66 Nachschlagbücher über brasilianische Fauna, Flora u. s. w. durchgesehen werden mußten. Auch nahm die Bestimmung der in Brasilien gesammelten Pflanzen u. Thiere, die Correspondenzen mit auswärtigen Gelehrten zu diesem Zweck u. die Beschaffung des Vergleichsmaterials wie im verflossenen Winter eine geraume Zeit in Anspruch.* In ihrer übergroßen Gewissenhaftigkeit aber genügt ihr dies noch nicht: *Wohl hatten Männer von Fach die Güte, die meisten Objekte zu bestimmen, doch liess ich es nicht dabei bewenden, sondern arbeitete selbst jeden einzelnen Gegenstand nochmals durch.*[2]

Besonders hinderlich aber für ein zügiges Fortschreiten der jeweiligen Arbeiten ist das häufige zeitliche Zusammentreffen mehrerer publizistischer Verpflichtungen. Nur selten kann sich Therese ausschließlich einer einzigen Aufgabe widmen: So erwarten sie zum Beispiel 1901 *Correkturbogen aus Berlin von meinen entomologischen Arbeiten,* die sie dann *voraussichtlich an AmSee* fesseln. *Inzwischen kam aber Arbeit aus Wien: es fehlen noch 20–30 Seiten, welche ich durchsehen muß. Sobald diese eintreffen, kann ich meine Abreise* [...] *auf den nächsten oder übernächsten Tag bestimmen, muß dann bis zum 13ten Ungefähr wieder zurück sein. Das sind Schriftstellers Leiden – Schriftstellers Freuden kommen, wenn Alles fein säuberlich gedruckt u. abgebildet ist.* Wie in dieser Momentaufnahme überkreuzt sich zudem häufig die Nachbereitung der einen Reise mit der Planung der folgenden: In die ungewöhnlich lange, achtjährige Abfassungszeit ihres Berichtes über die Polarkreisreise (von 1881 bis 1889) fallen sowohl die Russlandreise, zwei Griechenlandreisen mit Abstechern in osteuropäische Länder (1883,1886), eine dreimonatige Holland- und Englandreise (1885) als auch die fünfmonatige Brasilienreise – mit ihren jeweiligen gründlichen naturwissenschaftlichen und sprachlichen Vorbereitungen. Die neunjährige Arbeit an dem Brasilienbuch wird durch die Nordamerikareise (1893) und drei Griechenlandreisen (1890, 1892, 1896) unterbrochen, und während der langen Vorbereitung der zweibändigen Südamerika-Reisestudien mit ihren 700 Seiten bricht Therese dreimal nach Griechenland auf. Da sie außerdem auf regelmäßige Teilnahme an Fachkongressen in Amerika-

Prinzessin Therese – zwischen Repräsentationsfigur im Prachtgewand und Wissenschaftlerin mit Lorgnon (um 1910)

nistik, Anthropologie, Ethnologie, Geographie und Psychologie nicht verzichten mag, ganz abgesehen von den zahlreichen Besuchen von Industrie- und Weltausstellungen, gerät die Arbeit am Buch immer wieder ins Stocken.

Zudem wird Therese in wachsendem Maß von Kollegen ermuntert, ihre Forschungen – gewissermaßen als Vorboten ihrer umfassenderen Studien – in Vorträgen oder in renommierten Fachzeitschriften zur Diskussion zu stellen. Zwar entstehen diese Aufsätze zum Teil in Zusammenarbeit mit anderen Wissenschaftlern, doch die Hauptarbeit bleibt an Therese hängen: *Ich mußte zum mindesten die Listen der zoologischen u. botanischen Objecte nach Familien, Gattungen u. Arten zusammenstellen mit genauer Angabe der Fundorte u. sonstiger Angaben, wie Lebensbedingungen von Thieren u. Pflanzen, Seehöhe, Klima, Datum u. s. w. Dazu mußte ich die Reproduktion der neuen Arten sorgsam überwachen.*

Unter der Überschrift «Wie die Prinzessin arbeitet» hat Therese in einem maschinenschriftlich überlieferten Text ihre Arbeitsgepflogenheiten und ihre Tageseinteilung beschrieben.[3] Sie schreibt – wiederum in der objektivierenden 3. Person – über sich: *Sie ist von Kindheit an eine Frühaufsteherin u. nach dieser Disposition richtet sich auch ihr Arbeiten. Früh, wenn noch keine andern Eindrücke Ablenkung gebracht, setzt sie sich an den Schreibtisch und kann 6–7 Stunden fortarbeiten. – Dann, Nachmittag, ist die Zeit des geistigen Ausruhens mit Zeitungslesen, Briefschreiben, anderen leichteren Beschäftigungen und körperlicher Bewegung. Ihre Natur sträubt sich gegen nachmittägliche oder gar abendliche schriftstellerische Arbeit. Doch wenn sie Korrekturbogen zu lesen hätte, hat sie auch noch Nachmittag 3–4 Stunden, manchmal bis gegen 7 Uhr Abends gearbeitet.*

Noch aufschlussreicher als dieser äußere Rahmen ihrer Tageseinteilung ist die Schilderung der Strukturierung ihres inneren Schreibprozesses: *Gedanken, wie sie etwas schreiben will, kommen ihr selten unter der Zeit, d. h. wenn sie nicht am Schreibtisch sitzt. Wenn sie hingegen die Feder zur Hand nimmt u. das Manuskriptpapier vor ihr liegt, dann klären sich ihre Gedanken u. geht das geistige Produzieren meist leicht von statten. Ehe die Prinzessin ein Werk beginnt, sammelt sie in jahrelanger Arbeit das Material und legt ganze Bücher von alphabetisch geordneten Auszügen und Notizen an. Zur Zeit des Schreibens schlägt sie in diesen Notizen wie in einem Wörterbuch nach, vergleicht ihre auf*

Reisen gehabten Eindrücke mit denen anderer Forschungsreisender, korrigiert oder ergänzt die ihren nach diesen. Ein Heer von Büchern, von Nachschlagewerken stellt sie sich ausserdem zur Hand. Das Manuskript wird dann mindestens einmal überarbeitet, die Korrekturbögen werden dies 3–4 Mal. – Um die clichés, welche oft nach eigenen Zeichnungen und selbstaufgenommenen Photographien verfertigt werden, kümmert sich die Prinzessin eingehend, sie werden alle von ihr selbst ausgewählt, angeordnet u. oft mit dem Stift zeichnerisch korrigiert.[4]

Von «Th. von Bayer» zu «Therese Prinzessin von Bayern, Dr. ph. h. c.»

Aufschlussreich für ihre Entwicklung von der schüchternen, zaghaft experimentierenden Prinzessin zur selbstbewussten Gelehrten ist der Wandel der von ihr bestimmten Art und Weise, wie sie sich als Autorin der Öffentlichkeit präsentiert. Denn nicht nur ihre abenteuerlichen Reisen, auch das Schreiben und Publizieren von Büchern gelten zu ihrer Zeit als Tätigkeiten, die für Frauen nicht vorgesehen sind. Daher veröffentlicht sie ihre ersten Bücher über Russland (1885) und den Polarkreis (1889) unter dem geschlechtsverhüllenden «gläsernen» Pseudonym «*Th. von Bayer*». Damit war deutlich, «das Pseudonym sollte zwar als Tarnung dienen, konnte (und sollte?) aber vom Publikum leicht dechiffriert werden».[5] Erst nach den 1892 und 1897 erfolgten offiziellen akademischen Ehrungen durch die Akademie der Wissenschaften und die Münchner Universität ändert sie den Autorennamen. Auf dem Titelblatt des Brasilienbuches (1897) gibt sie sich als *Therese Prinzessin von Bayern* zu erkennen, ergänzt mit dem rückbezüglichen Zusatz *Th. von Bayer* – in Klammern. Auf dem zweiten Südamerikabuch (1908) stellt sie sich dann unverhüllt in vollem monarchischen und akademischen *honoris causa*-Ornat vor als *Therese Prinzessin von Bayern, Dr. ph. h. c.*

In die gleiche Richtung weisen auch die Dankesbezeugungen in den Vorworten ihrer späteren Bücher. So dankt sie im Vorwort des Brasilienbuchs für ihren wissenschaftlichen Austausch mit fünfzehn akademischen *Herren* und zehn wissenschaftlichen Institutionen in europäischen Metropolen, die sie bei ihren Recherchen zu Provenienz, Beschaffenheit und Bedeutung einzelner Sammlungsstücke unterstützt haben. Damit macht sie deutlich sichtbar, dass sie sich nunmehr als Mitglied einer übergreifenden akademischen Gelehrtenwelt versteht.

Diese Unabhängigkeit von traditionellen Gebräuchen zeigen auch die Widmungen ihrer Bücher. Sie richten sich an keinen, wie häufig üblich, «hochverehrten Lehrer», sondern beziehen sich jeweils unmittelbar auf Menschen, denen sie persönlich nahesteht. Das Russlandbuch (1885) ist – stellvertretend für Otto? – *Ihrer Majestät der Königinmutter Marie von Bayern in dankbarer Liebe und Verehrung* gewidmet. Das Brasilienbuch (1897) gilt dem 1891 verstorbenen *hochverehrten und unvergesslichen Kaiser Dom Pedro II von Brasilien*, von dem die Autorin in aufrichtiger Zuneigung und Bewunderung ein eindrucksvolles Porträt seiner Persönlichkeit hinterlassen hat. Thereses letztes Buch, «Des Prinzen Arnulf von Bayern Jagdexpedition in den Tian-Schan», ist dem *Andenken meines innigstgeliebten Bruders ARNULF, des unzertrennlichen Genossen meiner Jugend, in schwesterlicher Treue gewidmet.*

Wechselnde Stationen in der deutschen Verlagslandschaft

Thereses wachsendes Selbstverständnis als Forschungsreisende und als Wissenschaftlerin spiegelt sich im Wechsel ihrer Verlage, zu denen die angesehensten außerbayerischen Häuser Cotta, Brockhaus und Reimer zählen. Für ihren ersten Reisebericht «Reiseeindrücke und Skizzen aus Rußland» wählt sie 1885 die traditionsreiche Cotta'sche Verlagsbuchhandlung (Stuttgart), die nicht nur die erste Gesamtausgabe von Goethe herausgegeben hat, sondern vor allem seit fünfzig Jahren die Werke Alexander von Humboldts betreut. Auch die Gedichte von Ludwig I., Thereses Großvater, sind bei Cotta erschienen.

Der Wechsel zum Leipziger Brockhausverlag bei Veröffentlichung ihres Skandinavienberichts «Über den Polarkreis» (1889) mag in dem größeren wissenschaftlichen Anspruch des Werks gelegen haben. Zudem war dieser Verlag für seine internationalen Beziehungen bekannt, hatte doch 1857 der brasilianische Kaiser Pedro II. dem Unternehmen per Dekret den Titel «Buchhändler des Kaiserlichen Hauses» verliehen. Außerdem war das seit 1805 bestehende, vor allem durch sein Konversationslexikon berühmte Verlagshaus schon vor der Gründung der deutschen Kolonien in Afrika (1884/85) auf die Veröffentlichung von Reiseberichten über Afrika spezialisiert. Nachdem dieser *dunkle Erdteil* [...] *nun ganz aufgeschlossen vor den Augen der Welt lag*, stieß die Erforschung der Polarwelt zunehmend auf öffentliches Interesse. Auch kündigte sich ein erster Skandinavien-Tourismus an: «Ueber den Polarkreis» passte somit vorzüglich in das Verlagsprogramm.

Für ihre beiden letzten Publikationen zu Südamerika wechselt Therese zum Berliner Dietrich Verlag, den Dietrich Reimer (1818–1899) 1845 gegründet und sich vor allem auf Geographie und Kartographie spezialisiert hatte. Im Verlag seines Vaters waren zum Beispiel 1817/18 bis 1859 das einundzwanzig Bände umfassende Hauptwerk von Carl Ritters «Erdkunde» erschienen, das mit seinen 30 000 Seiten als das umfangreichste wissenschaftliche Werk galt, das je von einer Einzelperson verfasst worden ist.[6] Mit Ernst Vohsen, der von 1895 bis 1919 den Verlag leitete, wird das Programm durch wissenschaftliche Reiseberichte und Arbeiten zur Ethnologie erweitert. Unter seiner kompetenten Redaktion erscheinen 1897 und 1908 Thereses Bücher über die «Brasilianischen Tropen» sowie die «Reisestudien aus dem westlichen Südamerika». In beiden Fällen beteiligt sie sich intensiv an dem Herstellungsprozess, wie sich aus ihrer Korrespondenz mit dem Verlag verfolgen lässt. Das beginnt bereits mit der Formulierung des Titels: Ernst Vohsen plädiert für den kürzeren Titel «Reisen in Südamerika»,[7] Therese dagegen beharrt mit guten Gründen auf der ausführlicheren Version, weil sie den wissenschaftlichen Charakter des Werkes mit der zusätzlichen Bezeichnung «Studien» programmatisch hervorheben will. Möglicherweise dient ihr dieser Zusatz auch dazu, sich gegen die zeitgenössische Flut von Publikationen unwissenschaftlicher Reiseberichte deutlich abzugrenzen, gegen jene Dutzendwerke der populären Reiseliteratur. Auch die Wahl der zu verwendenden Schrifttypen ist ihr nicht gleichgültig. Der Verleger plädiert für «lateinische Lettern», da diese «in letzter Zeit allgemein üblich geworden» seien und sich vor allem «wissenschaftliche Werke dieser Lettern bedienen, um Ausländern das Studium zu erleichtern».[8] Das Argument überzeugt die Autorin, und nach anfänglich vehementem Widerstand stimmt sie der Wahl der lateinischen Lettern zu.

Auch an der Ausstattung der Bücher wirkt Therese mit: So liefert sie selbst Entwürfe für die Gestaltung des Einbandes und der Titelseite und nimmt auf den Druckfahnen genaueste Farbkorrekturen vor. Während ihre nach der Natur angefertigten Skizzen in den beiden ersten Veröffentlichungen als Stahlstiche erschienen, werden sie jetzt als Aquarelle ausgestaltet. Die photographischen Illustrationen der Südamerikabücher stammen zum Teil aus eigenen Aufnahmen, was unter dem jeweiligen

Titel durch den Zusatz: *Nach einer selbstaufgenommenen Photographie* stolz vermerkt ist.[9]

Dabei profitieren die «Reisestudien» von der um 1885 entwickelten Technik der Autotypie, einem Reproduktionsverfahren, das es ermöglicht, mit geringerem Aufwand und kostengünstiger als je zuvor Bücher und Zeitschriften mit Photos zu illustrieren. Während die Reiseberichte über Russland und Skandinavien lediglich mit einigen wenigen Stichen illustriert sind, finden sich in den Berichten über Südamerika 160 Autotypien, deren Anfertigung von Therese sorgfältig überwacht wird. Außerdem muss sie *die sonstigen Illustrationen corrigieren u. an die betreffende Stelle der Druckbogen einfügen.*[10] Der Verleger, der keinen Druckkostenvorschuss in barer Münze ausgehandelt hat, lässt sich aber den anspruchsvollen Geschmack seiner Autorin durchaus vergüten: «Die Kosten der Herstellung für Satz, Druck und Papier, sowie für die Karten und Einbände werden von der Verlagshandlung getragen. Die Kosten der Autotypien trägt die hohe Verfasserin», so lautet Paragraph 2 des erhaltenen Verlagsvertrags vom 10. Juli 1907.[11] Das Schriftstück erlaubt Einblick in die branchenüblichen Gepflogenheiten jener Zeit. Eine oberflächliche Überschlagsrechnung über die im Vertrag aufgeführten Unkosten und Rabatte, die das Autorenhonorar mindern, lässt keinen Zweifel daran, dass man auch vor hundert Jahren mit wissenschaftlicher Schriftstellerei nicht reich werden konnte.

Zeitgenössische Reaktionen

Therese hat sich nirgends ausdrücklich dazu geäußert, welches Lesepublikum sie mit ihren Büchern erreichen will: männliche und/oder weibliche Vergnügungsreisende, Journalisten, Berufsreisende oder Wissenschaftler? Aber aus dem vorherrschenden wissenschaftlichen Stil ihrer Darstellungsweise ist abzulesen, dass sie vor allem renommierte männliche Gelehrte im Auge hat, denn ihre Funde und Beobachtungen präsentiert sie sachlich, mit akribischer Genauigkeit und «männlicher» Objektivität. Das reicht von Angaben der Breitengrade der bereisten Orte, den Resultaten mehrfacher täglicher Temperaturmessungen über aus reichem Buchwissen geschöpften Prozentangaben zu Besiedlung und Bevölkerungsmischungen bis zu jährlicher Niederschlagshöhe sowie Exportzahlen von Kakao, Kautschuk, Tabak, Kaffee oder Zuckerrohr.

Weibliche, feministisch gestimmte Rezensenten haben die Bücher sowohl unter geschlechtsspezifischen als auch nationalen Blickwinkeln begrüßt, wie zum Beispiel Marie Mellien: «Es ist ihr gelungen, uns an diesen Errungenschaften ihrer Tropenreise lebendig, anschaulich teilnehmen zu lassen, und zugleich im Leser ihres gehaltvollen, fesselnd geschriebenen Buches ernste Hochachtung vor dem Fleiß, der Ausdauer, der unermüdlichen Geduld beim Ertragen aller Strapazen und Entbehrungen, dem frischen Humor, der scharfen Beobachtungsgabe und nicht zum mindesten dem warmen, alles Menschliche verstehenden, mit allem menschlich fühlenden Herzen einer deutschen Frau, zu erwecken.»[12] Und noch einmal: «Das Werk unserer fürstlichen ‹Doktorin› ist eine ernste, tüchtige Leistung, – wie es ihre Reise selbst gewesen ist, und *wir deutschen Frauen* haben alle Ursache, stolz darauf zu sein und uns zu freuen, dass wieder einmal eine Landsmännin in unseren Tagen ehrenvoll den Pfad beschritten hat, den einst Marie Sybilla Merian und Ida Peiffer mit Ruhm gewandelt sind!»[13]

Männliche Rezensenten hingegen heben eher die wissenschaftliche Leistung hervor. So spricht ein Rezensent der «Allgemeinen Zeitung» dem Brasilienbuch in bezug auf die biologischen Erläuterungen den «Charakter eines wissenschaftlichen Handbuches»[14] zu und sieht sich bei den Landschaftsbeschreibungen an «Humboldts berühmte Naturgemälde» erinnert. Siegmund Günther hebt «im Vergleiche mit der bei vielen modernen Reisenden hervortretende Neigung, den Übermenschen zu spielen», die «echt menschenfreundliche Gesinnung» hervor und empfiehlt «manchem Kolonisator», sich die «Art und Weise, wie dem schwarzen und dem rothen Bevölkerungselemente Gerechtigkeit widerfährt», zu Herzen zu nehmen.[15] Am umfassendsten äußert sich Arthur Achleitner, ein süddeutscher Geheimer Hofrat, Journalist und Heimatschriftsteller [1858–1927] in den «Bayerischen Verkehrsblättern» über die Qualitäten des Werkes: «Der umfangreiche Band schildert in fesselndster Weise eine kühne Forschungsreise in die brasilianischen Urwälder, bedeutsam für die Gelehrtenwelt durch die wissenschaftliche Gründlichkeit und Bestimmung der Fauna und Flora jener nahezu unbekannten Tropengegenden, durch die Schilderung der Eingeborenen, Mischlinge und Indianerstämme; hochinteressant aber auch für die Laienwelt, die bewundernd zur hohen Dame aufblicken wird, die ohne jeden Prunk, oft ohne jeden Comfort, unter Entbehrungen mannigfacher Art und selbst mit Lebensgefahr die gewaltigen Forschungsreisen muthig unternommen und bis zur Grenze der Möglichkeit durchgeführt hat. [...] Wie Nansen sein Riesenunternehmen in ‹Nacht und Eis› einfach, mit trockenem Humor, gleichsam als etwas Selbstverständliches, fast möchte man sagen – Gewöhnliches schildert, so streift auch Prinzessin Therese die gefährlichen Lagen, die bitteren Entbehrungen leicht humoristisch und erwähnt nur so beiläufig, wie man, aller Lebensmittel entblößt, den wüthenden Hunger mit rasch geschossenen Papageien und sonstigen Tropen-Delicatessen stillt. Für einen starknervigen Mann wären die Entbehrungen und Gefahren just hinreichend gewesen und mit Fug und Recht hätte ein Forschungsreisender behaupten können, etwas durchgemacht zu haben. Wie anders ist aber die Leistung einer hohen Dame zu beurtheilen, die selbst zur Büchse greift, um aus den Lüften Nahrung für die Begleiter zu beschaffen, die mit den Andern Strapazen der Urwaldreise still erträgt, friert, dürstet und hungert, Nächte ohne Lagerstätte verbringt, tagelang im Sattel bleibt, das Aeusserste, was an Menschenkraft möglich ist, leistet, ohne zu murren oder auch nur im Geringsten zu bedauern, sich so weit in die Tropenwildnis hineingewagt zu haben. Das ist Heroismus für die Wissenschaft, wie ein solcher in der Damenwelt noch nicht verzeichnet worden ist.»[16]

16.

Der gütige Vater ist nicht mehr
Der Tod des Prinzregenten

Ich habe eine musterhafte Tochter

Mit diesem Satz, den Charlotte Blennerhassett von ihrem letzten Besuch bei dem von ihr ganz besonders verehrten Prinzregenten in Erinnerung behalten hat, kondoliert sie der Freundin am Tag seines Todes, am 12. Dezember 1912: «Heute werden diese Worte Ihnen wohlthun, das weiss ich.»[1] Womit Charlotte recht hat, ist es doch das Echo auf eine fast ein halbes Jahrhundert andauernde Nähe und Fürsorge, mit der Therese das *heilige Versprechen an die sterbende Mutter* in selbstloser Hingabe erfüllt hat. Der Tod des Vaters kommt für Therese nicht unerwartet: Seit Jahresbeginn vermeidet sie bereits, soweit es die Umstände erlauben, jegliche längere Trennung vom Vater. Aus diesem Grund verzichtet sie zum Beispiel auch schweren Herzens auf den Londoner Amerikanistenkongress, zu dem sie *von gelehrter englischer Seite auf das Liebenswürdigste eingeladen worden war.*[2] Zudem überträgt ihr der Vater immer häufiger repräsentative Pflichten, wenn deren Wahrnehmungen für ihn mit anstrengenden längeren Reisen verbunden wären. So erhält sie im Februar 1912 *den Auftrag, das Panzerschiff «Prinzregent Luitpold» in Kiel zu taufen,*[3] und im Herbst desselben Jahres legt sie mit einem «ersten Hammerschlag» und den Worten «Der Krankheit zur Wehr, dem Regenten zu Ehr» den Grundstein für eine erste bayerische Heilstätte für lungenkranke Kinder, die noch heute unter dem Namen ihres Gründers als «Fachklinik Prinregent Luitpold» existiert.[4] Solche Anlässe bedeuten ihr nicht nur Last, sie genießt sie ganz offensichtlich und ist dankbar für eine willkommene Ablenkung von dem eher trübsinnigen Münchner Alltag. Zudem nützt sie sie gleichzeitig für ihre eigenen wissenschaftlichen Interessen, indem sie unterwegs ihr noch unbekannte Museen und Sammlungen besucht.[5]

Vor allem aber begleitet sie den Vater auf seinen Fahrten ins süddeutsche Umland: Ich *war im Februar dieses Jahres mit ihm in Berchtes-*

Porträt des Prinzregenten Luitpold, 90jährig. Gemälde von F. A. Kaulbach (1911)

Porträt der Prinzessin Therese – Geschenk zum 90. Geburtstag des Vaters. Kreidezeichnung von F. A. Kaulbach, 1911 (Privatbesitz)

gaden, Ende März u. Anfang April in Aschaffenburg, im Mai in Berchtesgaden, dann wieder Juni auf Juli, dann den Sommer in Hohenschwangau, den Herbst wieder in Berchtesgaden. [...] Er hatte sich so an mich gewöhnt, daß er mich Anfang September gar nicht zur Kur nach Italien fortlassen wollte u. die Äußerung that: ‹Das ist sehr hart für mich, daß meine Tochter fortgeht.› Und im Mai, als ich in Berchtesgaden leicht erkrankte u. er nach München reisen sollte, weil er dort zu thun hatte, da war er durchaus nicht zu bewegen abzureisen: ‹Ich kann doch nicht meine Tochter allein hier lassen.› Ich theilte alle Mahlzeiten mit ihm, ich war, so viel es anging, immer um ihn in diesem letzten Jahre. Langsam nahmen die Kräfte ab, manchmal schien es wieder einen Schritt aufwärts zu machen, dann ging es wieder bergab. Dies Absterben zu sehen war quälend, quälender noch zu sehen, wie mein Vater darunter litt, wie er die Lebensfreude verlor u. sich nach dem Tode sehnte. Mit Sehnsucht ausgesprochene Worte wie ‹Erlösung› oder ‹Lieber Gott, laß mich sterben› oder wenn er von Gestorbenen hörte: ‹Die Glücklichen›. Dies thut einem bis in die Seele hinein weh. Schon im Frühjahr sagte er ‹Ich wünsche Niemandem so alt zu werden.[6]

Krankheit und Sterben des Vaters

Mit starker religiöser Inbrunst bereitet sich der Vater auf den Tod vor. Trotz zunehmender körperlicher Schwäche besteht er darauf, an seinen kirchlichen Gewohnheiten festzuhalten: *An diesem Sonntag hatte ich meinen Vater, wie jetzt gewöhnlich am Sonntag, im Fahrstuhl zur alten Kapelle* [in der Residenz] *gefahren, wo er trotz seiner großen Schwäche sich nicht abhalten ließ, dem ganzen Gottesdienst kniend anzuwohnen. Als wir am Schluß aufbrechen wollten, war er in dieser Stellung, über die Kissen gebeugt, fest eingeschlafen; zum ersten Mal hatte er auch im Gebetbuch der hl. Messe nicht mehr gefolgt.*

Als seine Schwäche noch mehr zunimmt, ruft Therese am 11. Dezember 1912 den Priester: *Als ich diesen zu meinem Vater führte u. der Priester ihn fragte, ob er ihm d. hl Sakramente spenden dürfe, sagte mein Vater eindringlich: ‹Bitte, bitte.› Er hatte schon den ganzen Tag laut für sich gebetet u. setzte dies auch noch weiter fort.* Therese spürt – entgegen den Versicherungen der Ärzte –, dass der Tod nahe bevorsteht und lässt sich nur *widerwillig* für die Nacht *in ihre Räume schicken.* [...] *Schein-*

bar ging Alles ruhig. Doch konnte ich keinen rechten Schlaf finden u. saß schon zwischen 2 u. 3 Uhr an meinem Schreibtisch. Da schlug plötzlich mein Hund an. Von namenloser Angst getrieben sprang ich auf u. an die Thüre. Richtig – man holte mich. Der Arzt hatte bis in das Nebenzimmer gehört, wie mein Vater in die Züge griff[7] *u. hatte nach mir geschickt. Ich beugte mich über den Sterbenden. Zweimal noch öffnete er die Augen, ein seliges Lächeln glitt über seine Züge u. er sah mich an mit dem Blick von Liebe u. Wohlwollen, der nur ihm eigen war u. in dem eine ganze Welt von Güte lag.* […] *Wir Alle kannten diesen Blick, u. jetzt in dem Augenblicke des Scheidens, auf seine einzige Tochter gerichtet, nahm dieser Blick eine womöglich noch größere, ganz unbeschreibliche Innigkeit an. Noch einige tiefe Athemzüge, ein leises Vergehen – u. der beste der Väter hatte vollendet.* […]

Mein Vater saß wie schlafend in seinem Lehnstuhl, in der Jägerjoppe, die er immer so gern getragen, u. es lag eine unsagbare Ruhe auf seinen Zügen, auf seiner ganzen Gestalt. Ich bat mir aus, noch einmal allein, ganz allein mit ihm sein zu dürfen, wie ich es so oft im Leben gewesen war, durch lange 62 Jahre. Man willfahrte meiner Bitte. […] *In all den folgenden Tagen fand ich noch die theure Hülle in der stimmungsvollen* [Theatiner]*Kirche wieder, konnte ich, wenn auch nur aus der Ferne, bei ihr beten und dies that ich von Morgens bis Nachts. Dann kam die Sargschließung, die Beisetzung, der Gottesdienst, Alles für mich herzzerreißende Augenblicke. Ich war die Erste, die an seinem Sarge in der Gruft kniete, nun hatte ich Vater u. Mutter u. den Lieblingsbruder, all das Liebste, da unten vereint. Ich befand mich die erste Zeit wie in einem Traumleben.*[8]

Zur wohltätigen Ablenkung wird sie, wie so oft noch in ihrem Leben, als unverheiratete «Familientante» mit den unausweichlichen Forderungen des Tages konfrontiert, der Betreuung der Hinterlassenschaften des Verstorbenen: *Nur die Dinge, die ihn berührten, rüttelten mich zur Thätigkeit auf, so die Erfüllung seiner letzten Wünsche, das Ordnen seines Schreibtisches, die Durchsicht seiner Papiere. Man hatte mich vom Hausminister aus nach Verschiedenem gefragt, so gut ich konnte gab ich Aufschluß u. man übertrug mir das Ordnen seiner Correspondenzen. Es war dies noch wie ein Fortleben mit dem geliebten Vater.*[9]

In ihrem Tagebuch verabschiedet sich Therese von ihrem Vater mit einem anrührenden Nachruf: *Der gütige Vater, dem ich fast 49 Jahre meines Lebens gewidmet, ist nicht mehr. Nie mehr kann ich seine liebe Stimme hören, nie mehr sein gütiges, mildes Auge schauen. Er war so unglaublich selbstlos für einen Mann, immer an die anderen denkend u. sich zurückstellend. Er war so einfach, so anspruchslos für seine Person. Bequemlichkeiten sagten ihm nichts, die kannte er nicht. Sein Körper war gestählt, fern jeder Verweichlichung, sein Physisches hatte keine Herrschaft über seine Seele, seinen Charakter. Sein Auftreten war ritterlich u. von natürlicher Liebeswürdigkeit. Nie hat man ihm in sittlicher Beziehung einen Vorwurf machen, ihm etwas nachsagen können, das war allgemein bekannt. Dann diese wahre, tiefe Frömmigkeit, abhold jedem Schein u. jeder Pose, voll Duldsamkeit für die Andersdenkenden, mild für den Nächsten, nur streng für sich selbst.*[10]

Dieses Porträt lässt manches anklingen, was sich auf unmittelbare Weise in dem Briefwechsel zwischen Vater und Tochter wiederfindet, der die Zeiten häufiger Trennungen durch einen regen Gedankenaustausch überbrückt hat. Besonders seit er sich damit abgefunden hat, seine Tochter nicht durch eine standesgemäße Ehe versorgt zu wissen, hat er sie, uneigennützig und tatkräftig, auf ihrer wissenschaftlichen Spurensuche in dem für Frauen jener Zeit noch recht unwirtlichen akademischen Umfeld begleitet und unterstützt.

Ende der Prinzregentenzeit oder: Das verunglimpfte Prinzip der Legitimität

Wovor Therese 1886 nach dem Tod ihres Vetters König Ludwig II. so eindringlich gewarnt hatte, das wiederholt sich nach dem Ableben des Vaters und Prinzregenten – diesmal allerdings mit anderem Ausgang. Während Luitpold an der Legitimität des noch lebenden Otto als König festgehalten hat, ist sein Sohn, Prinz Ludwig, nicht gewillt, es bei der stellvertretenden Regentschaft zu belassen. Am 5. November 1913 kommt – gestützt auf ein umstrittenes psychiatrisches Gutachten – eine tags zuvor von den Kammern beschlossene Verfassungsänderung, die bei «dauerhafter Regierungsunfähigkeit eine sofortige Succession» ermöglicht, zur Anwendung: Ludwig vollzieht den von Therese als *verhängnißvoll beurtheilte*[n] *Schritt* und gibt als König Ludwig III. «seine Allerhöchste Erklärung» über die Beendigung der «Regentschaft» ab und erklärt «den Thron als erledigt». Mit diesem Vorgehen übernimmt die Psychiatrie ein weiteres Mal eine zentrale Rolle bei der Lösung politischer Konflikte.[11]

Therese ist entsetzt. Sie hatte geahnt, dass ihr Bruder Ludwig – entgegen früheren Äußerungen – nicht die gleiche Standhaftigkeit besitzen würde wie der Vater und weniger von der Rechtsauffassung durchdrungen war, *die Legitimität in all ihren Erscheinungen als etwas Unantastbares* anzusehen.[12] Und ihre düsteren Ahnungen bestätigen sich. In ihrer Empörung geht sie in einem späteren Kommentar sogar so weit, diese in ihren Augen illegitime Absetzung des rechtmäßigen Königs Otto in unmittelbarem Zusammenhang mit dem Ende der Monarchie zu sehen: *Nachträglich nämlich verübelte man diesen Schritt meinem Bruder sehr u. trug er bei, den Thron zu stürzen. Ich betone, ‹trug er bei›, denn da alle übrigen Throne ohne solche Ursache stürzten, wäre die Katastrophe bei uns vermuthlich auch eingetreten, nur hätte man sich nicht Solches sagen, keinen solchen Vorwurf machen lassen brauchen.*[13]

Sie zieht aus diesen Ereignissen ihre persönlichen Konsequenzen: Als sie kurze Zeit später ihrem «königlichen» Bruder begegnet, begrüßt sie ihn mit den Worten: *Gratulieren kann ich Dir nicht, Du weißt, wie ich denke.*[14] Durch ihren Mut zur Offenheit fühlt sich Therese erleichtert: *Ich werde es meinem Bruder nie vergessen, daß er mir dies freie Wort nicht nachgetragen, nicht verübelt hat u. es stillschweigend verstanden, daß ich wenige Tage vor der voraussichtlichen Königsproklamation, statt in München zu bleiben, nach Lindau zurückkehrte. Ich konnte nicht heucheln u. er hatte Achtung vor meiner Geradheit; dies macht seinem Character alle Ehre. Doch als dann kurzfristig eine Landeshuldigung angesetzt wird,* entschließt sich Therese spontan, *bei derselben nicht zu fehlen, denn jetzt, da der nach meiner Ansicht verhängnisvolle Schritt doch eine vollendete Thatsache war, wollte ich, wenigstens vor der Welt, nicht die Idee einer Meinungsverschiedenheit zwischen uns Geschwistern kommen lassen. So war ich als Statistin stumm anwesend.* [...] *Das Aktive hatte ich auf diese Weise vermieden, das Passive still über mich ergehen lassen.* [...] *Es war ein schwerer Gang für mich zur Feier einer bedeutsamen Handlung, die ich nie u. nimmer billigen konnte.*[15]

Der rechtmäßige König – ein einsamer «Schattenkönig»

Der nach dem Gesetz am unmittelbarsten von den zwiefachen Machenschaften und Kontroversen um die Königswürde betroffene, rechtmäßige – wenngleich entmündigte – bayerische König Otto begreift die Vorgänge nicht mehr. Er reagiert emotionslos auf die verschiedenen offiziellen Verlautbarungen, die ihm in Fürstenried vorgetragen werden.

Therese bleibt über siebenundzwanzig Jahre hindurch bis zu seinem Tod ihrem Versprechen treu, das sie seiner Mutter auf dem Totenbett gegeben hat. Seit 1889 nutzt sie regelmäßig die offizielle Erlaubnis, den von der Welt isolierten, einsamen Patienten jährlich zweimal zu besuchen. Sie tut das entweder in Begleitung ihrer Tante Adelgunde oder ihrer Schwägerin Gisela. Die Besuche, über die Therese ausführlich mit großer emotionaler Anteilnahme in ihren Tagebüchern Rechenschaft abgibt, versetzen sie jedes Mal in größte Anspannung und Erwartung: *Manchmal waren diese Besuche eine schmerzliche Freude u. weckten eine Welt von seligen Erinnerungen. Ich hörte seine tiefe, klangvolle Stimme wie einst, ich hörte, was er mit sich sprach, in dem wir in der Jugend beisammen waren, er erwähnte die Heimath meiner Mutter, wohl durch meinen Anblick daran erinnert, er sprach von meinem jüngsten Bruder. Doch auch weitere Kreise zog sein Erinnerungsvermögen, historische Namen wurden von ihm genannt, politische Ereignisse beschäftigten sein Gedächtniß, König u. Vaterland standen vor* [seinem] *geistigen Auge u. religiöse Fragen tauchten in seiner Ideenwelt auf. Es fielen die Worte ‹Kronen› u. ‹Dornenkronen›. Was er wohl meinte? Wie kam er dazu, gerade diese Worte auszusprechen? Es war ergreifend, trug er ja doch selbst eine irdische Krone u. dazu eine schwere Dornenkrone?* […][16]

Die erregendste Reaktion für Therese aber ist, wenn er sie mit ihrem Namen anspricht. *Dreimal noch im Lauf dieser vielen Jahre kam mein Name über seine Lippen, als er meiner ansichtig wurde. Das zweite Mal sah er mich lang u. immer wieder an, dann lächelte er auch mir zu, u. plötzlich sagte er meinen Namen, so wie einst. Das Blut schoß mir zu Herzen in einer heißen Welle. ‹Thereschen!› Das hatte mir gegolten. Ich war selig zum Vergehen. Er sagte es so nett, so natürlich, ohne Aufregung, ganz so wie einst. Das dritte, das letzte Mal, löste dieses Sehen eine Fülle von Erinnerungen in ihm aus, an seinen Erzieher, seinen*

Bruder, seinen Jugendfreund, an Familie u. Verwandte, an die Stätte, an welcher wir so glücklich gewesen.[17]

Diese wehmütigen, aber auch herzbeglückenden Begegnungen werden im Laufe der Jahre immer seltener, sie wechseln mit solchen, die ihr die ganze entsetzliche Trostlosigkeit seines Zustandes enthüllen. *Wenn er da, alt geworden, müde und abgezehrt vor mir stand u. mich nicht kannte oder richtiger ob seiner Wahngebilde nicht die Zeit fand, mich zu kennen, wenn er stürmisch nach Freiheit verlangte, wenn er gequält wurde von Schemen, die Gesicht u. Gehör krankhaft erregten u. deren er sich erfolglos zu erwehren suchte, wenn sich ein wehmüthiger Schrei des Entsetzens, der Todes Angst seiner Brust entrang, dann lief es mir kalt über den Rücken u. machte mir das Blut in den Adern erstarren. Dann war meine seelische Kraft gebrochen, u. in seiner kleinen, heimlichen Kapelle flehte ich in meinem Jammer zu Gott um Erlösung für ihn, Erlösung aus diesem qualvollen Leiden.* In der Zerrissenheit zwischen ihrer persönlichen Betroffenheit und dem Wohl des Staates brachte sie es über sich, *stammelnd* zu beten: *Herr nimm ihn zu dir, da sein Leben ein Hinderniß dem Gedeihen seines Landes ist, nimm ihn, ehe allenfalls ein Schritt geschieht, der ein Makel auf dem fleckenlosen bayerischen Schilde würde. Wenn auch mein Herz blutet u. verblutet, was liegt daran.*[18]

Ich sollte ein neues Leben beginnen …

Für Therese bedeutet der Tod des Vaters einen tiefgreifenden Einschnitt. Ihr wird bewusst: *Bis in mein 63tes Lebensjahr hatte ich unter der Obhut des Vaters gelebt, hatte mich um nichts gekümmert als um meine Tochterpflichten u. meine wissenschaftliche Thätigkeit, u. nun – ganz plötzlich – in meinem fortgeschrittenen Alter sollte ich an Alles denken, sollte ich einen Haushalt gründen, mein Budget aufstellen, eine eigene Dienerschaft haben, mit allen sich daran knüpfenden Verantwortungen. Es war dies keine leichte Aufgabe.*

Mein ältester Bruder hatte gewünscht, daß mein Bruder Leopold u. ich all die zu vertheilenden Andenken aussuchen u. ferner den ganzen Nachlaß an Gegenständen des unmittelbaren Gebrauches meines Vaters in vier Theile theilen sollten. […] *Dieses Aussuchen u. Vertheilen beschäftigte nun meine Morgen, die Haushaltungsentwürfe füllten meine*

Abende aus. Es war mir ein neuer Schmerz, an die Wohnung meines Vaters rühren zu müssen. [...] Sie erschien mir wie ein Heiligthum, fast täglich schlich ich mich hinüber, saß dort allein u. ungestört u. lebte meinen Erinnerungen. Ich suchte die Vergangenheit zurückzurufen, in die Räume die geliebte Gestalt vor meinem geistigen Auge wieder hervorzuzaubern, ich saß an den Plätzen, wo ich immer gesessen – aber der Stuhl neben mir war leer ... [...] Nun hieß es so bald, dieses Heiligthum zu zerstören, u. ich selbst sollte die Hand dazu anlegen – Das Opfer mußte gebracht werden; doch jeder langgewohnte Gegenstand, der entfernt wurde, zerrte mir am Herzen. Dann ging es an die Vertheilung der hunderte u. hunderte von Bildern, seiner Bilder, die ihm einen so großen Genuß bereitet hatten. Auch diese Vertheilung lag mir ob u. galt es, allen Wünschen gerecht zu werden.

Der Arbeit gab es also nach jeder Richtung hin genug, u. dies war gut, denn es erlaubte mir nicht, meinen trüben Gedanken nachzuhängen. Und ich arbeitete wie eine Maschine. Anderseits knüpfte mich die Zusammenstellung der Sterbebildchen u. die Vertheilung der Haare des Vaters in Medaillons an die Geschwister an die Erinnerungen an den theuren Verstorbenen.[19] Zuletzt sorgt Therese noch dafür, dass die Appartements ihres Vaters unter ihrer Aufsicht photographiert und ein Ölbild von seinem Schreibzimmer angefertigt wird.

Rückkehr ins väterliche Palais Leuchtenberg

Gleichzeitig aber drängt der Umzug zum Odeonsplatz, *in das Palais meines Vaters: Hier war nach väterlicher Bestimmung mein Waisenasyl u. ich dankte es ihm. In der Residenz hatte ich mich nie heimisch gefühlt, war ich mir bloß wie ein Gast vorgekommen. Nun sollte ich wieder in das alte Heim, in das Haus, in dem ich mit Eltern u. Brüder so glücklich gewesen, in dem ich die herrlichen Kinderjahre verlebt, in dem sich an jeden Raum so liebe, unvergeßliche Erinnerungen knüpften, vor Allem an meine angebetete Mutter. Das war wie ein Lichtstrahl u. ich wollte schon wenige Wochen nach dem Hinscheiden meines Vaters hinüber in die geliebte Heimath.*[20]

Aber ich hatte die Arbeit unterschätzt u. es wurde der 24te April 1913, bis ich endlich in die altgewohnten Räume einziehen konnte. Ich hatte nämlich die Bücher aus elf großen Kästen hinüberbringen lassen müssen u. sie selbst unter anderen Raumbedingungen wieder aufgestellt; dann kamen die zahllosen Bilder u. Bildchen, die ich schon besaß, ehe die von meinem Vater geerbten die Zahl noch vermehrten; dann ging es an den Transport der übrigen Kästeninhalte und den Schluß bildeten meine persönlichen Möbel, nach welchen ich selbst schleunigst folgte. Der Umzug ging langsam, aber sicher von statten.[21] (Vgl. S. 194)

Auch die Villa AmSee wird neu gestaltet

Auch ihr heimliches Tusculum fordert Thereses Planungs- und künstlerische Gestaltungskraft. Denn bereits 1906, als sie von ihrem Vater erfährt, dass er ihr die Lindauer Villa AmSee testamentarisch bestimmt hat, beschließt sie, *ihren künftigen Besitz nach u. nach nett herzurichten.*[22] Schon als Fünfundzwanzigjährige hatte sie sich dort ein *kleines gotisches Schreibzimmer* eingerichtet, wobei sie *allerhand Stylstudien* vornahm, *um den Raum möglichst stylgerecht auszugestalten.*[23]

Alle weiteren Renovierungen und Möblierungen, die sich über Jahre hinziehen, haben jeweils mit persönlichen Reiseerfahrungen zu tun: So ist das *griechische Zimmer* dem Einfluss ihrer zahlreichen Aufenthalte in Griechenland bei ihrer Freundin Olga zuzuschreiben: *Das griechische Zimmer in AmSee ist reizend geworden. Theils jetzt mitgebrachtes, theils früher schon gehabte Athener Stoffe fanden in demselben Verwendung. Mein Bruder Arnulf half mir noch aus der Ferne zur Wahl der richtigen Wandfarbe. Die Wände zieren Bilder aus Griechenland, Skandinavien, Brasilien, Rußland, lauter Reiseerinnerungen, Einiges Geschenke von Olga … Ich freue mich jedesmal, wenn ich in dieses u. in das andere Zimmer komme, zu welchem ich die hübschen Athenmöbel gleichfalls zu Weihnachten erhielt. So wird AmSee nach u. nach aufgeputzt.*

Zu diesen Zimmern gesellt sich später das russische, zu dem Therese mit Olgas Unterstützung *die Möbel aus Moskau u. Petersburg kommen läßt, Alles im russischen Styl, z.Th. im Styl früherer Jahrhunderte. Die Stoffe sind kleinrussisch, die Bilder alle von russischen Malern u. russische Sujets darstellend, Architektur- u. Genrebilder. – Als viertes Zimmer entsteht zum Schluß* – in Erinnerung an ihre Mutter – *das italienische. Es wird größtentheils mit Renaissancemöbeln ausgestattet, die ich aus Florenz mitgebracht hatte, mit Genueser Samt u. mit Reproduktionen der bekanntesten florentiner Kunstwerke.*

Bleibt noch die *Renovierung des Kioskes, des türkischen Pavillons* mit Tambourkuppel am Seeufer der Villa: *Ich begann damals* [1910], *Studien über türkischen Styl zu betreiben, um die Restaurierung möglichst ächt u. zugleich einfach durchführen zu können.* [...] *Die Islamische Ausstellung 1910, meine Reise 1911 mit Aufenthalt in Konstantinopel waren gleichfalls eine Vorbereitung zur möglichst stylgerechten Durchführung der Wiederherstellung des anmuthigen Gebäudes.*[24] Als auch dies vollendet ist, stellt Therese stolz und glücklich fest: *Nun waren Griechenland, Rußland, Italien u. der islamische Orient in meinem Heim vertreten.*[25]

17.

Der unselige Krieg 1914/1918
Thereses oppositionelle Haltung

Nach dem Tod des Vaters eröffnet sich für Therese eine völlig neue Lebensform, eine – zunächst beklemmende, weil unbekannte – Selbständigkeit, deren befreiende Perspektiven sie aber schnell zu nutzen weiß. Doch nur eine allzu kurze Zeit kann sie die Möglichkeiten der spät erreichten Eigenverantwortlichkeit genießen: Die Schüsse von Sarajevo und der folgende Ausbruch des *unseligen* «großen Krieges» machen alle Zukunftspläne zunichte.

Anfang und Ende eines privaten Gelehrtenzirkels

So hatte sie erst im Winter 1913/14 nach ihrem Umzug in das elterliche Palais Leuchtenberg einen langgehegten *Traum ihres Lebens* realisieren können und einen kleinen Kreis Gelehrter um sich versammelt, um – im Stil französischer Salons gebildeter Aristokratinnen – auf diese Weise *den bescheidenen Mittelpunkt einer geistig anregenden Gesellschaft zu bilden.*[1] Zu den Diners lädt sie vornehmlich Professoren der verschiedenen naturwissenschaftlichen Disziplinen ein, die alle Mitglieder der Bayerischen Akademie der Wissenschaften und ihr aus langem wissenschaftlichem Umgang vertraut sind. Zu den regelmäßigen Gästen zählen unter anderen der Zoologe und Geheimrath Richard Ritter von Hertwig (1850–1937), außerdem der Botaniker und Gründer des neuen Botanischen Gartens in Nymphenburg, Karl Ritter von Goebel (1855–1921), der Mathematik- und Geographieprofessor an der Technischen Universität München, Geheimrat Siegmund Günther (1848–1923), und natürlich der Direktor der Ethnographischen Sammlungen, Lucian Scherman (1864–1946), mit dem die Gastgeberin seit der Gaffron-Affäre freundschaftliche Kontakte pflegt. *Nach Tisch saß man gemütlich plaudernd und wissenschaftliche Fragen behandelnd noch lange beisammen.*[2] Diesen unbeschwerten Verabredungen setzte der Erste Weltkrieg ein

Therese am Schreibtisch – vermutlich ihre geplante Weltreise vorbereitend (um 1913)

jähes Ende, und Therese notiert resigniert: *Nur diesen einen Winter war es mir vergönnt, in dieser Weise das gesellschaftliche Leben nach meinem Geschmack auszugestalten. Auch hier hat der kommende Weltkrieg auf immer zerstörend eingegriffen.*[3]

Scheitern der geplanten Weltumrundung

Einschneidender für Thereses Zukunftspläne aber ist die durch den Krieg bedingte Verhinderung einer seit zwei Jahren bis in alle Details vorbereiteten, groß angelegten Forschungsreise nach Zentralamerika, die als umfassende Weltumrundung gedacht war. Die Expedition sollte die Reisenden ein ganzes Jahr von München fernhalten, die längste Unternehmung, die Therese je geplant hatte – hatte planen können. Nach den drei vorangegangenen Amerikareisen fehlten der auf Vollständigkeit ihrer Kenntnisse bedachten Unermüdlichen noch die zentralamerikanischen Staaten. Um sich einen *lückenlosen Überblick über die geo-*

graphische Verbreitung von Pflanzen u. Thieren durch 82 Breitengrade hindurch [...] zu verschaffen, hatte Therese *In den letzten Jahren jeden freien Augenblick benützt, durch Studien in der Flora u. Fauna, mit den ethnographischen, geographischen u. klimatischen Verhältnissen dieser Länder heimisch zu werden.* [...] *Die Auswahl der zu berührenden Strecken war geschehen, u. zwar in Rücksicht auf characteristische Vegetationsformen u. Thierarten, sowie Rücksicht auf Indianerstämme u. archäologische Fundstätten. Dazu wirkten die klimatischen Verhältnisse bestimmend, denn die Regenzeiten u. die Zeiten vegetationsbeschränkender Dürre mußten vermieden werden.*[4]

Das wie immer minutiös ausgetüftelte Reiseprojekt zeugt von der ungebrochenen Forschungsleidenschaft der inzwischen Vierundsechzigjährigen, die trotz auftretender gesundheitlicher Beeinträchtigungen (Lungenleiden, Asthma, Rheuma) weder die voraussehbaren enormen Reisestrapazen noch die Unsicherheiten der medizinischen Versorgung abzuschrecken vermögen. Für die Hinreise war bereits ein italienisches Schiff gebucht, das *von Venezuela* [... und schließlich] *über den Stillen Ocean gehen sollte mit Aufenthalt auf den Sandwich-Inseln zum Zweck eines Ausfluges nach dem Feuersee auf Hawaii, dann sollte ein Gesamtüberblick über Japan gewonnen u. schließlich die Heimfahrt über Sibirien angetreten werden, um die Taiga* [...] *kennen zu lernen.*[5]

Der ausschließlich von mir zusammengestellte Reiseplan lag bis in das Einzelnste ausgearbeitet fertig da. Die Beschaffung der Karten, Schifffahrtspläne, der ausländischen Eisenbahnbücher hatte unbeschreiblich viel Mühe u. Schreibereien gekostet. Nun kam noch die complicierte Reiseausrüstung dazu. Ein photographischer Apparat für Teleaufnahmen war zu den schon vorhandenen Apparaten angeschafft, u. hatte ich mich in der complicierten Handhabung eingeübt; hunderte von Platten u. Filmrollen waren gegen Feuchtigkeit in Blechhüllen eingelöthet worden. – Nun ging es an das Verpacken der ganzen Ausrüstung, z. Th. in eigens dazu angefertigten möglichst kleinen, aber festen Kisten, die sich zum Verladen auf Pferde- oder Maulthierrücken eigneten. Von dem Inhalt sämtlicher Pakete, Kisten, Rollen war ein genaues Verzeichniß angefertigt u. alle Stücke waren mit Initialen versehen u. numeriert worden. Eine so umfassende, erschöpfende Vorbereitung wie dieses Mal war keiner meiner bisherigen Reisen vorhergegangen.[6]

Die Reisegruppe war in Anbetracht der langen und vielfältigen Expedition mit noch größerer Sorgfalt ausgewählt worden als bei den bisherigen Unternehmungen: Zur begleitenden Dame war Baronin Gerda von Feilitzsch bestimmt, dazu sollte diesmal professionelle wissenschaftliche Unterstützung gewährleistet sein durch den Botaniker Karl Giesenhagen und durch Peter Rockinger vom Zoologischen Institut, der als persönlicher Diener und zugleich als zoologischer Präparator bereits 1907 Thereses Bruder auf seiner Jagdexpedition in den Tian-Schan begleitet hatte. Wie sehr sich Therese der Reiserisiken und ihrer Verantwortung für ihre Begleiter bewusst war, bezeugt ein Nachtrag zu einem (durch die Ereignisse überholten) Testament, in dem sie festlegt, dass Peter Rockinger bei Unfall oder Krankheit lebenslänglich 150 Mark monatlich, im Falle seines Todes als mögliche Folge der nicht ganz ungefährlichen Reise seiner Frau eine Summe von 15 000 Mark auszuzahlen sei.[7]

Man kann sich die komplizierten, von keiner öffentlichen Institution unterstützten Vorbereitungen kaum strapaziös genug vorstellen, bedenkt man allein die *Beschaffung der Pässe für all die vielen Staaten, die berührt werden sollten, Venezuela, Panamá, Costa-Rica, Nicaragua, Honduras, Salvador, Guatemala, Mexico, die Vereinigten Staaten von Nordamerika, Japan, China, Rußland.*[8] – Um so dankbarer ist Therese für die offensichtlich nicht selbstverständliche Unterstützung durch das (neue) königliche Familienoberhaupt, ihren Bruder Ludwig III.: *Das Interesse u. Verständniß meines ältesten Bruders bezüglich meiner wissenschaftlichen Bestrebungen begleitete mich in die weite Ferne.*[9]

Die ganze wissenschaftliche u. sonstige Reiseausrüstung mit Ausnahme des aus wenig Koffern bestehenden persönlichen Gepäcks war bereits *nach dem Einschiffungshafen Genua expediert,*[10] als der «große Krieg» ausbricht. Der Verzicht auf diese Unternehmung bedeutet für Therese eine maßlose Enttäuschung, denn weder ihre körperlichen noch finanziellen Möglichkeiten lassen erwarten, dass dieser gescheiterte Plan Chancen für eine spätere Realisierung haben könnte.

So eine gehörte eingesperrt – Thereses Opposition gegen die Kriegseuphorie

Aber noch schwerer als an der Bewältigung der durch den Krieg ausgelösten äußeren Beeinträchtigungen trägt Therese die Last ihrer politischen Überzeugungen, mit denen sie sich in krassem Widerspruch zur öffentlichen Meinung befindet. Ihre persönliche Einstellung zu Notwendigkeit und Zielsetzung des *unseligen Krieges* weicht fundamental von der öffentlichen Kriegspropaganda ab, sie ist abgestoßen von der nationalistisch gefärbten Kampfeuphorie ihrer Umgebung. Vor allem die Diffamierung der östlichen Nachbarländer stößt bei ihr auf Empörung, ja, auf tiefe Abscheu. Schließlich hatte sie die Entwicklung der kriegerischen Auseinandersetzungen zwischen den rivalisierenden Balkanstaaten durch ihren vertrauten Umgang mit der griechischen königlichen Familie gewissermaßen als Zeitzeugin über Jahrzehnte aus nächster Nähe miterlebt: *Und so sah ich auch die auf der Balkaninsel ausreifenden Dinge mit ganz anderen Augen an als sie, u. wahres Entsetzen erfüllte mich über die blinde österreichische Politik, welche unfehlbar zum Weltkrieg führen mußte. Wie konnte man in Österreich u. auch bei uns nur einen Moment zweifeln, daß Rußland, wollte es seiner Großmachtstellung nicht entsagen, ruhig zusehen würde, ja überhaupt ruhig zusehen konnte, wie Serbien erdrosselt wurde.*[11]

Diese Überzeugung findet Therese Jahre später bestätigt, als sie *die Veröffentlichungen der im Auswärtigen Amt zu Berlin liegenden Dokumente* über die österreichische Politik studiert.[12] Sie muss sich wie eine vaterländische Kassandra gefühlt haben, die voraussah, wie Deutschland *nach Veröffentlichung des Ultimatums haltlos dem Kriege* zutrieb. *Während sich schließlich bei uns Alles in einem durch die Presse absichtlich geschürten Kriegstaumel erging, habe ich in Erwartung all des der Menschheit bevorstehenden Elendes unbeschreibliche seelische Qualen ausgestanden. Die offiziellen Lügen verfingen nicht bei mir, wie bei den Anderen, weil ich es besser wußte: über den Orient, über die Balkanvölker, auch über Rußland konnte man mir nichts glauben machen, ebensowenig wie die zwei vorhergehenden Jahre. Und so ging es nun über vier Jahre weiter. Lügen u. immer Lügen, die ich als solche erkannte u. die mich empörten, Verheimlichungen u. Vertuschungen, welche sich mit der Zeit nicht aufrecht erhalten ließen u. schließlich im Volk das nothwendige Vertrauen zerstörten, die Anwendung barbarischer Mittel, die mir das Herz im Leibe umdrehten, u. zu all diesem eine Selbstgefälligkeit u. eine Heuchelei, die meinem wahrheitsdurstenden Character das Allerzuwiderste waren. Wir brandmarkten an den Feinden, was wir geradeso thaten, aber wir gestanden letzteres nicht ein, oder wenn wir es nicht läugnen konnten, so fanden wir bei uns erlaubt, was wir bei den Gegnern zu Verbrechen stempelten, mit welcher Logik war mir unverständlich.*

In diesem Pfuhl von Unwahrheiten u. Verdrehungen mußte ich nun mit meinem bekannt übertrieben wahren Wesen aushalten, Tag für Tag moralisch gepeitscht u. moralisch gemartert. Ich zog mich möglichst auf mich selbst zurück u. war mir von Anfang an bewußt, München möglichst meiden zu müssen, denn ich konnte die dortigen Siegesräusche, die dortigen Siegesfeiern u. die Wohlthätigkeitsfeste für unsere sehr fraglichen Bundesgenossen nicht mitmachen, ohne in den Gegensatz zwischen der Maske, die ich hätte zeigen müssen, u. dem, was in meinem oppositionell gestimmten Inneren vorging, langsam aufgerieben zu werden.[13]

So entschloß ich mich, ganz auf dem Lande zu bleiben; aus den beabsichtigten zwei Monaten Aufenthalt in AmSee vor Antritt der Forschungsreise wurden mit der Zeit fünf Jahre. Aber auch in Lindau waren es schwere Tage, denn auch da herrschten in der Bevölkerung dieselben Verhältnisse wie in München, aber es war nicht die Hauptstadt, in der sich Alles concentrierte u. potenzierte, u. ich konnte wenigstens im engsten Kreis meine Ansichten frei aussprechen u. meiner Empörung Luft machen. Im übrigen schwieg ich u. schluckte, schluckte bis zum Ersticken. Wenn aber in den Kreisen, in denen ich verkehren mußte, die Meinungen der Leute mir gar zu verdreht u. widersinnig entgegentraten, dann ließ ich hie u. da ein Wörtchen fallen. Dies genügte jedoch schon unter all den kriegshypnotisch eingestellten Bekannten mich, meinen Patriotismus zu verdächtigen, indessen gerade meine Verzweiflung über die Politik meines Vaterlandes dem reinsten Patriotismus entsprungen war. Bis nach München sickerten diese Verdächtigungen durch, u. es fielen dort wiederholt Äußerungen, wie ‹ich gehörte eingesperrt›. Ja, hätten sie mich nur eingesperrt! Die Militärdiktatur, welche seit Ausbruch des Krieges herrschte, wurde durch die Länge der Dauer unerträglich, immer unerträglicher. Man durfte nicht mehr frei athmen, sogar das vernünftige Denken sollte unterbunden werden, man sollte all die offiziellen Lügen glauben, wenn man auch wußte, daß es Lügen waren – mit kurzen Worten, es war für eine freiheitstrunkene Natur, wie die meine es von Kindheit auf gewesen, geradezu erdrückend! Meine nächste Umgebung flehte mich in wohlerwogener Anhänglichkeit an, mich zusammenzunehmen, noch mehr zu schweigen. Mir erschien es in einigen Fällen aber direkt wie eine verächtliche Falschheit, ganz zu schweigen, wenn Anderen schreiendes Unrecht geschah. […]

Einen Einblick in all diese politischen Machenschaften brachte mir, außer meiner Kenntniß der betreffenden Länder, auch der zufällige Verkehr mit Leuten, welche mir oft unbewußt ein Hölzchen hinwarfen, das mir ein großes Licht anzündete. Lindau war im Süden das Ausfallsthor aus Deutschland u. das Einfallsthor nach Deutschland. Über Lindau kam Alles, was irgendein Interesse bieten konnte, Diplomaten, Beamte u. andere für das Vaterland thätige Persönlichkeiten. Manche suchten mich auf, Andere traf ich durch Zufall, aber ich sammelte u. sammelte Erfahrungen, combinierte u. kam zu Resultaten, die sich später bewahrheiteten. Auch Solche, die nicht die Grenze überschritten, zugereiste Beamte u. Offiziere, hatte ich Gelegenheit zu sprechen u. erfuhr Dinge, die mir weitere Schlüsse erlaubten. Mit den Offizieren verstand ich mich durchschnittlich meist weniger gut, weil sie, wie sich aus ihrem Beruf ergab, den Lauf der Ereignisse mehr mit optimistischen Augen betrachteten. Hingegen mit Diplomaten u. Beamten war mir eine Aussprache oft eine Wohlthat, denn sie sahen die Verhältnisse nüchterner u. mit klarem Blick an wie ich, sei es von einem politisch weltumfassenderen, sei es vom wirtschaftlichen Standpunkt aus.[14] […]

Und gar unter den norddeutschen Generalen, unter den ausschlaggebenden preußischen Herren machte sich von Anfang an eine Überhebung, eine Selbstherrlichkeit geltend, welche direkt komisch wirken würde, wenn ihre Folgen nicht so traurig für uns wären.

Jede paar Monate oder jedes halbe Jahr ungefähr brachten mich verschiedene Veranlassungen auf einige Tage nach München, u. da orientierte ich mich stets an maßgebender militärischer Stelle über die augenblicklichen Verhältnisse. Zuerst glaubte man nicht, daß England im Stande sein würde, ein vollgültiges Heer aufzustellen – u. es that es; dann rechnete man mit der Invasion Egyptens, obwohl die schwierige Bahn durch den Taurus erst gebaut werden sollte – u. Egypten blieb unbehelligt; dann war man überzeugt, Amerika sei nicht zu fürchten u. ich höre noch, wie mir von einem hohen, wohlunterrichteten Militär zugetragen wurde, Amerika könne höchstens zweimal hunderttausend Mann nach Europa bringen – und es brachte deren an zwei Millionen. An all diesen Selbstüberhebungen militärischer Persönlichkeiten, an dem Hineinmischen unberufener Generale in die Politik, sind wir zu Grunde gegangen. – Inzwischen beobachtete ich, in Folge meines jahrelangen Aufenthaltes auf dem Lande, wie die wirtschaftlichen Verhältnisse immer schlimmer wurden, wie die weiblichen Arbeitskräfte u. die der Kinder u. Greise – die einzigen Landarbeiter, die übriggeblieben waren – in der

Landwirtschaft mit jedem Jahr mehr u. mehr zurückgingen u. endlich ganz versagten. Und draußen in Feindesland ging das Morden u. Zerstören weiter, unaufhaltsam weiter, obwohl die Heimath ihrerseits nicht mehr mitthun konnte.

Wenn ich in den letzten Kriegsjahren nach München kam, hieß es immer vertraulich: ‹Wir können nicht mehr. Im Herbst muß Frieden geschlossen werden.› Der Herbst kam, u. der Friede wurde nicht geschlossen. Im Herbst hieß es dann: ‹Länger als bis zum Frühjahr können wir nicht durchhalten.› Und das Frühjahr kam, u. mit ihm kein Ende. So ging es fort, bis Alles vernichtet war u. das Dach lichterloh über uns brannte u. unser Heim zusammenstürzte.[15]

Karitatives Engagement

Wie schon während des Deutsch-Französischen Krieges von 1870, als die damals zwanzigjährige Therese *täglich den Morgen über in den Arbeitssälen des Rothen Kreuzes im Odeon* gearbeitet hatte,[16] ergreift sie auch 1914, sofort nach Kriegsausbruch, die Initiative, ihre Verzweiflung über diesen *unseligen* Krieg in tatkräftige Hilfe umzumünzen und sich durch karitative Aktivitäten gleichzeitig von den *seelischen Kämpfen* abzulenken, die die Schlag auf Schlag einsetzenden kriegerischen Aktionen ihr verursachen. Sie handelt dabei in althergebrachter Wittelsbacher Tradition. Während ihre Schwägerin Marie Therese in München in den Nibelungensälen der Münchner Residenz eine «Kriegsnähstube» einrichtet, in der zeitweise mehrere hundert Näherinnen und Strickerinnen tätig sein sollen, um die ins Feld ziehenden bayerischen Truppen schnell und unbürokratisch mit Wäsche zu versorgen, verzichtet auch Therese von Kriegsbeginn an auf ihre gewohnte Ruhe, ihre Bücher und wissenschaftlichen Studien, um werktätige Hilfe zu leisten und damit zugleich *die Pflichten ihrer Stellung zu erfüllen:* So *widmete ich all diese Jahre dem Rothen Kreuz. Ich hatte mich an die Spitze des Zweigvereins Lindau des Rothen Kreuzes gestellt; ich besuchte regelmäßig die Arbeitslager, abwechselnd die bis zu 10 angediehenen Lazarette, ich nahm an den Wohlthätigkeitsfesten von Lindau u. Umgebung theil, ich ging jedesmal auf die Bahn, wenn Truppen in's Feld zogen, u. theilte Liebesgaben aus, ich schickte Feldgastgeschenke an ausmarschierte Soldaten, ich hielt im Lindauer Rathhaus zum Besten des Rothen Kreuzes vor Mitgliedern des*

Therese richtet im Weltkrieg ein Lazarett in ihrer Lindauer Villa AmSee ein. Vordere Reihe von links nach rechts: Hofdame Grazilla Deym, Therese, ihre Schwägerin Prinzessin Therese (Witwe ihres Bruders Arnulf) und ihre Hofdame Baronin Johanna von Malsen

letzteren den Vortrag über die Reise meines Bruders Arnulf, wobei über 800 Mark eingingen, ich fand mich an den zur Unterhaltung der Verwundeten veranstalteten Abenden ein, ich versorgte französische u. russische Gefangenenlager mit Lektüre in der Sprache der Lagerinsassen, ich wurde von Frankreich aus gebeten um Nachrichten über französische Gefangene, Vermißte, Gefallene, was eine Riesenarbeit verursachte, auch Erkundigungen über deutsche u. österreichische Gefangene in Frankreich, England, Rußland hatte ich einzuziehen; ich hatte endlich in meiner Nebenvilla selbst ein kleines Lazarett eröffnet, welches mit kurzen Unterbrechungen von Anfang September 1914 bis Ende zur endgültigen Schließung aller Privatlazarette in Lindau im Januar 1918 in Betrieb war.[17]

Der tägliche, mehrmalige Verkehr mit den armen Leuten, welche ihr Leben für das Vaterland in die Schanze geschlagen hatten, war interessant u. lehrreich. An hundert Soldaten der verschiedensten Zivilberufe gingen durch meine Hand. In diesem durchschnittlich mehrmonatlichen Aufenthalt der einzelnen Verwundeten in meinem Lazarett, in stundenlangen Gesprächen mit ihnen, kamen allerhand Auffassungen u. An-

sichten frei zum Vorschein, welche einen ungehinderten Einblick in das Seelenleben dieser Leute gestatteten. [...] Unter diesen einfachen Menschen lernte ich herrliche, edle Charactere kennen, u. ich bewahre das Andenken an sie wie einen Schatz, der meine Menschenkenntniß wohlthätig bereicherte.[18]

Heinrich, der einzige Sohn des Lieblingsbruders, fällt in Rumänien

Ihre Abscheu vor dem erbärmlichen Kriegsgeschehen wird dramatisch verstärkt, als sie in der Mitte des Krieges, am 8. November 1916, durch ein Telegramm *aufgeschreckt* wird *mit der niederschmetternden Nachricht,* dass ihr Neffe Heinrich, der zweiunddreißgjährige, einzige Sohn ihres Lieblingsbruders Arnulf, gefallen sei. Im Sommer 1916 war er in Verdun verschüttet worden, hatte sich aber von seinen Verletzungen wieder völlig erholt. Nun hatte *eine rumänische Kugel, tief unten in den Bergen Rumäniens, seinem jungen Leben ein Ende bereitet. Es war entsetzlich! Eine halbe Stunde später saß ich im Zug, zu der armen Mutter zu eilen, die nun ihr Letztes verloren. [...] Das Wiedersehen war herzergreifend. Ihre Worte: ‹Arnulfs Tod war ein großer Schmerz, jetzt ist es die Vernichtung›, erschütterten mich tief. [...]*

Für mich bedeutete es ein Auslöschen des Andenkens meines Bruders für fernere Generationen – Niemand, der seinen Namen, seine Linie fortpflanzte, Niemand, der in den kommenden Geschlechtern die Tradition an ihn pflegen u. hochhalten würde. Es schien mir, als hätte ich ihn nun zum zweiten Mal verloren, denn in seinem Sohne lebte er für mich gleichsam fort.[19]

Es schien mir, als sei eine eiserne Wand zwischen uns herabgelassen

Thereses verzweifelte Antikriegshaltung macht sie inmitten der hysterischen Kriegseuphorie immer einsamer, entfremdet sie auch mehr und mehr von den vom militärischen Endsieg nach wie vor unerschütterlich überzeugten Brüdern. Besonders mag dies für Leopold gelten, der als Generalfeldmarschall seit Frühjahr 1915 den Oberbefehl über die 9. Armee im Osten hat und seit August 1916 als Oberbefehlshaber mit dem Oberkommando Ost betraut ist.

Die ihr Verständnis und Beistand bieten könnten – ihre Freundinnen Olga von Griechenland und Lady Blennerhassett –, sind aus kriegspolitischen Umständen an einem Kontakt mit Therese verhindert, weil ihrer beider Heimatländer, Russland beziehungsweise England, Deutschlands erbittertste Kriegsfeinde sind.

Olga von Griechenland, deren Ehemann König Georg I. 1913 im Ersten Balkankrieg einem heimtückischen Attentat zum Opfer gefallen war, schien lange Zeit wie verschollen. *So ziemlich das Liebste, was ich noch auf dieser Welt habe, meine Jugendfreundin, seit mehr als 50 Jahren ein Herz u. eine Seele mit ihr, ist von mir geschieden, als wenn wir nicht mehr auf ein u. derselben Welt wären. Am 27. Juli noch ein Telegramm von ihr, am 29ten ein Brief von mir, dann – fiel mir ein dichter Vorhang herab u. Keines wußte mehr etwas vom anderen, konnte etwas wissen! Ich ahnte nicht, ob sie noch in Rußland oder ob es ihr gelungen, nach Griechenland abzureisen. Ein offener Brief nach Griechenland blieb unbeantwortet, ein* [durch persönliche Vermittlung besorgter] *geschlossener nach Rußland ist vielleicht angekommen, ich weiß es nicht. Antwort kann ich keine erhalten, da jeder Weg hierzu versperrt. Endlich, erst vor wenigen Tagen hörte ich, sie sei in Petersburg, pardon Petrograd u. pflege in einem großen Spital die Verwundeten wunderbar. Da ist sie wenigstens in ihrem Element – aber persönlicher Verkehr ist ausgeschlossen.*[20]

Erst im Februar 1918 erreicht Therese die Nachricht, dass *Olga Rußland verlassen* [habe] *u. auf dem Weg in die Schweiz* [sei]. *Wir hatten uns vier lange Jahre nicht gesehen u. was lag Alles dazwischen! Ihr Vaterland u. das meine hatten sich in dieser Zeit gegenseitig zerfleischt, sie hatte schlimme Tage in Petersburg durchlebt, Tage der Revolution, der Entbehrung, der Angst um die Ihren. Sie hatte ihren Lieblingsbruder verloren, ihr begabtester Neffe war im Krieg gefallen, wie unser Heinrich. Wir hatten uns im Juni* [1914] *in Liebenstein getrennt, ich wußte sie dann in England, schließlich in Rußland. Als der Krieg ausbrach schien es mir, als sei eine eiserne Wand zwischen uns herabgelassen worden. – Keine Möglichkeit mehr, sich zu verständigen. Ich wußte nicht, was aus ihr geworden, war sie in Rußland geblieben, war sie nach Griechenland heimgekehrt, es schien mir, als sei sie verschollen u. es schnürte mir aus Angst das Herz zusammen. Ohnmächtig bäumte ich mich auf gegen dieses Stieren in's Ungewisse, in's Leere, gegen dieses nicht nur körperliche Geschiedensein von Jemandem, an dem ich mit allen Fasern meines*

Herzens hing. Nach einigen Monaten der qualvollen Ungewißheit schrieb ich nach Griechenland an eine der Schwiegertöchter u. später nach Dänemark an den zweiten Sohn um Nachricht. Ich erfuhr, sie sei in Rußland geblieben u. erfuhr auf welche Weise ich direkt mit ihr verkehren könne. Es war zwar ein mühseliges Verfahren zu correspondieren, u. man mußte die Briefe so fassen, daß Jedermann sie lesen konnte, aber es war doch die Möglichkeit eines Verkehrs u. die gegenseitige beruhigende Gewißheit, daß man am Leben u. wo man sei. Es fiel mir ein Stein vom Herzen![21]

Die unerwünschte Fremde

Ebenso bedrückend ist es für Therese, dass die kriegerischen Auseinandersetzungen zwischen Deutschland und England ihr den freien Umgang mit ihrer Freundin Charlotte unmöglich machen. Aus Rücksichtnahme auf ihren Stand – *Ich bin ja keine Privatperson u. deshalb nicht frei*[22] – ist es ihr seit Kriegsbeginn verwehrt, den Kontakt zu der zunehmend vereinsamten Freundin, die durch ihre Ehe mit einem Engländer zur unerwünschten Fremden abgestempelt worden war, in gewohnter Weise aufrechtzuhalten. Erst im April 1916 *kam ich endlich wieder einmal mit der mir innig befreundeten Lady Blennerhassett zusammen, aber nur unoffiziell. Obwohl geborene Münchnerin, hatte sie während des Krieges als englische Staatsangehörige eine schwierige Stellung in Bayern, u. der Aufenthalt bei uns wurde ihr schwer genug gemacht. Sie war allein, ohne eigentliches Heim und alle ihre Angehörigen fern. Es schmerzte mich tief, daß ich jetzt, da ich selbstständig war, eine Villa besaß, Raum gehabt hätte, sie bei mir aufzunehmen u. nichts sehnlicheres wünschte, als ihr ein trauliches Heim zu bieten, dies in Folge der politischen Verhältnisse nicht durfte. Wie hätten wir das Zusammensein genossen, wie hätte es mich beglückt, der armen, einsamen alten Frau eine seelische Wohlthat zu erweisen u. mir selbst zugleich. Aber es sollte nicht sein, u. die letzten Jahre unseres Lebens, da wir, Beide frei, uns ungestört hätten haben können, trennte uns eine unerforschliche Fügung.*

Diese Behinderung war um so schmerzlicher, als Therese sich mit ihren unangepassten politischen Ansichten ziemlich isoliert fühlte und deshalb den intellektuellen Austausch mit der kritischen Gesprächspartnerin nötig gebraucht hätte: *In den wenigen Monaten, in welchen wir uns sehen konnten, sprachen wir uns aus u. verstanden uns ganz in der Beurtheilung der unverständigen, urtheilslosen, von der Kriegspresse beherrschten Menge.*[23] Charlotte in ihrem Pessimismus reagiert noch verzweifelter: «Zu was führen alle Meinungsaustausche in einem Narrenhaus?» Doch fügt sie gleich zuversichtlich hinzu: «Nur das Herz würde wieder warm in Ihrer Nähe und dafür würde es sich lohnen, zu Fuß von Hohenaschau [wo Charlotte lebt] bis Lindau zu wandern!»[24]

So sind die beiden Unangepassten auf brieflichen Austausch ihrer Ansichten angewiesen, doch auch dieser funktioniert nur über unverdächtige Kontaktadressen. *Denn ich kann Ihnen vorläufig wieder nur auf dem Umweg schreiben. Nicht, daß Sie meinen Brief sonst nicht erhielten (Sie schreiben, daß Sie Alles unter Ihrem Namen erhalten), aber, verstehen Sie, ich kann hier in der kleinen Stadt, wo jeder Brief kontrolliert wird u. man meine Schrift kennt, nicht an Jemanden schreiben, der einen englischen Namen trägt, da ich nicht Jedermann erklären kann, wer Sie sind. Es ist unglaublich, wie extrem die Leute hier sind, u. erst vor ein paar Tagen setzte es wieder Unannehmlichkeiten ab, nicht für mich diesmal. Johanna* [Malsen, die Hofdame] *fragte etwa vor 3–4 Wochen ganz unschuldig, wo die Russen interniert sind, u. dies gab zu den abenteuerlichsten Auslegungen Anlaß. Die Wuth auf die Engländer ist nur noch größer, u. wenn ich nun einer Engländerin schreibe, wenn sie auch hundertmal keine ist – dann ist der Verrath fertig! Man darf keinen Franzosen freundlich ansehen, keinem Verwundeten einen Trunk reichen u. s. w.*[25]

Zumindest was den Krieg angeht, vertritt Charlotte eine patriotischere Position als Therese: «Was in Ihrer Seele vorgeht, verstehe ich vollkommen. Aber die Wahrheit erfordert, hinzuzufügen, dass die Katastrophe auf mich anders gewirkt hat. Vom Augenblick an, wo 7 Kriegserklärungen gegen unser deutsches Vaterland wie eine Meute losgelassen wurden, habe ich nur mehr meinem deutschen Blut gehorcht und nur einen Wunsch, dass wir siegen und siegen müssen, wenn wir nicht untergehen wollen und mit uns, was heilig ist auf Erden, die historische Vergangenheit Europas, die Liebe zu den angestammten Dynastien, der Begriff der Ehrfurcht, der Autorität, der gesetzlichen Einheit. Ich bin Ihrer Meinung, die Gefahr ist ungeheuer, die Lage, in die man uns gedrängt hat, zwingt zu desperaten Maßregeln – gleichviel, an uns ist es, selbst für unsere Gegner die ewigen Grundlagen zu retten, ohne die kein Staat, kein Volk bestehen können. Ihnen kann ich nur wünschen, zu bleiben, wo Sie sind und wo Sie so viel Gutes tun können. München, mit dem unvermeidlichen Rückschlag müßiger Reden u. falscher Gerüchte, ist peinlich für uns, die wir keine Illusionen haben.[26] […] Der Gedanke, einfach dazusitzen und zu nähen und Verwundete zu trösten, während die Andern bluten u. sterben, ist einfach fürchterlich. Und dieser Zustand wird noch lange dauern, das scheint unzweifelhaft.»[27] Dazu Therese: *Auch ich sehe kein Ende des jetzigen Zustandes hier, bis alle Staatsfinanzen zerrüttet, aller Wohlstand vernichtet u. die ganze Bevölkerung dezimiert ist! Es ist heller Wahnsinn in unserer culturell so hoch entwickelten Zeit! Mußte ein Reinigungsgewitter kommen für so vieles, was in langen Friedensjahren ungebührlich sich angehäuft?*[28]

Charlotte ist sich bewusst, dass ihr schriftlicher Gedankenaustausch mit Therese Zeugnisse von dokumentarischem Wert sind: «Ihre Briefe hebe ich sorgfältig auf. Es sind Dokumente einsichtiger und einsamer Betrachtung, denen vor allem Ihr Datum Wichtigkeit verleiht. Schon jetzt denken Einzelne wie Königliche Hoheit. – Später werden sehr Viele, die jetzt das Gegenteil verkünden, sich einbilden, daß sie ebenso gedacht hätten. Dann ist es gut, Dokumente vorweisen zu können, die nicht moutarde après dîner sind.»[29]

Der plötzliche Tod der Freundin trifft Therese schwer: *Den 8ten Februar 1917 erreichte mich die telegraphische Nachricht, meine Freundin Charlotte Blennerhassett liege schwerkrank in München u. sei ganz allein. Die Tochter war in Australien, der Sohn bei der englischen Armee, der Bruder unabkömmlich in der Schweiz. Den 8ten reiste ich bei erster Gelegenheit dahin ab, ihr in ihrer Verlassenheit beizustehen. Ich kam um 5 Stunden zu spät! Meine Schwägerin Therese hatte noch denselben Tag nach ihr geschaut u. ihr mitgetheilt, daß ich käme; sie antwortete noch: ‹Wie lieb von ihr.› Meine Schwägerin verließ sie … Als die Dienerin kurz darauf hineinkam, war sie schon verschieden. Die lieben Worte, die sie mich bezüglich gesagt, waren ihre letzten gewesen. Auch hier wieder eine Tragik: so allein u. verlassen zu sterben … Arme Frau! Es thut mir buchstäblich weh es zu denken, u. die letzten Jahre ihres Lebens waren ohnedieß ernst u. bitter gewesen … Ihr Tod war für mich ein unersetzlicher Verlust. Jahrzehnte des anregendsten geistigen Verkehrs, des Verständnisses, der Liebe hatten ihr Ende gefunden, aber wenigstens war sie sich in ihrer letzten Stunde bewußt geworden, daß ich ihrer in Treue gedacht u. sie in Treue umgeben wollte.*[30]

In einem (unveröffentlichten) Nachruf auf die Verstorbene zeichnet

Therese ein sensibles Charakterbild der Freundin: *Sie war die geistreichste Frau, die mir im Leben begegnet, nie stockten unsere Gespräche, nie ging ich ohne geistige Bereicherung von ihr. Die Lücke, die sich in meinem Leben aufgethan, war unausfüllbar, mein Verstand hungerte fortan, u. mein Herz darbte. Der Kreis der befreundeten Seelen war auf ein Minimum zusammengeschmolzen.*[31]

Nun hat der Todesengel dich geküßt, mein Lieb

Todesfälle und Beerdigungen ziehen sich wie ein schwarzes Band durch Thereses biographische Aufzeichnungen, jedes Mal mit ausführlichen Schilderungen letzter Tage, ohne Scheu vor Beschreibung starker emotionaler Trauerausbrüche. Immer wieder lässt Therese alles stehen und liegen und eilt unverzüglich zu den Sterbenden. Inmitten der Kriegswirren steht sie 1916/17 innerhalb von vier Monaten dreimal am Grab von Menschen, die ihr im Leben besonders nahegestanden: Neben ihrem Neffen Prinz Heinrich und ihrer Freundin Charlotte ist es besonders der Tod des Schattenkönigs Otto, des *Gefährten ihrer Jugend*, der für sie einen tiefgreifenden Lebenseinschnitt bedeutet.

Als sie im Oktober 1916 in Lindau die Nachricht erhält, dass König Otto unerwartet erkrankt sei, bricht sie sofort nach Schloss Fürstenried auf und kommt noch eben rechtzeitig. Man hatte *mit Kampfereinspritzungen das fliehende Leben zurückgehalten, auf daß ich ihn noch lebend träfe.* Er stirbt in der folgenden Nacht – *ohne dass* – zu Thereses maßloser Verzweiflung – die *Sterbestunde die Schleier der Umnachtung gelüftet* hätte.[32]

Therese hält – wie so oft in ihrem Leben – die Totenwache: *In dieser Nacht gingen mir die Gedanken wirr durch den Sinn, Vergangenheit u. Gegenwart, die liebe, schöne Vergangenheit, unsere gemeinsame Jugend u. die tiefschmerzliche Gegenwart. Ich erinnerte mich manch lieben Wortes, das er mir damals gesagt, als wir noch froh in die Zukunft blickten; u. dann kamen die Bilder der späteren Zeit, die herzerwärmenden u. die unsagbar traurigen. Ich hatte erfahren, was Liebe u. Verstehen, was Meiden u. Scheiden heißt, ich hatte gehofft u. gebangt, geglaubt u. mit allen Fasern meines Herzens geliebt, auch ich hatte das himmelhoch Jauchzen und zu Tode Betrübtsein kennen gelernt, und für die wenigen Momente der Seligkeit war ein Leben des Kummers, der Sorge, des verzehrenden Sehnens kein zu hoher Preis gewesen. Ich dünkte mich reich u. glücklich zu nennen – denn Wenige wohl gibt es, die das gehabt, was mir geworden, so rein, so himmlisch schön, so ideal. Dieses Glück, trotz allem Leidens, ließ keine Bitterkeit in mir aufkommen; es erzeugte mir eine unsagbare Dankbarkeit, daß es einmal so war, daß ich ihn finden u. zu ihm hinaufsehen durfte, zu meinem besseren Ich, daß er, mich erhebend u. veredelnd beeinflußen durfte.*[33]

Der Leichnam des entthronten Königs wird mitternächtlich in seine Geburts- und Hauptstadt gebracht, die er lebend als König nie betreten hatte. Er wird in der Gruft der Michaelskirche nahe seinem Bruder Ludwig II. beigesetzt.

Das letzte Gedicht in Thereses Gedichtschatulle ist ihr Abschied von dem toten «Gefährten ihrer Jugend»:

Nun hat der Todesengel dich geküßt, mein Lieb,
Und schlafest Du den ew'gen Schlaf.
Ich knie still bei dir in wehem Schmerz gelöst
Und kann nicht fassen, was mich traf.

Entschlafen ist nunmehr Dein seelenvoller Blick
Verstummt der liebe Stimme Klang!
Was meines Lebens Seligkeit, es ist dahin –
Mir wird um's Herz so öd und sterbensbang.

O, welche Hoheit noch in deinen Zügen liegt,
Und welcher Friede daraus spricht.
O, laß mich glauben nur, daß Du jetzt glücklich bist.
Von Weh befreit – vor Gottes Angesicht.[34]

Noch bleibt ihr genügend zu tun, um mit äußeren Aktivitäten sich über die Trauer der ersten Wochen hinwegzuhelfen. Da sie über die phantasiegeschmückten entstellenden Berichte, die über die Krankheitssymptome des Königs von der Presse immer wieder verbreitet werden, irritiert ist, lässt sie drei Wochen nach seinem Tod ihre vertraute Hofdame Gabriella Deym eine Richtigstellung an die Presse schicken – und hat damit eine subtile Beschreibung von Ottos Symptomen aus eigenem Erleben für die Nachwelt geliefert. Mit der Begründung, dass ihrer Herrin, der Prinzessin Therese, die «Wahrheit stets über Alles geht», stellt Gräfin Deym die im Umlauf befindlichen, sensationslüsternen «Zeitungsfehler» richtig: «Es gab bei dem Höchstseligen keine Verzerrung der Gesichtsmuskeln, keine Krampfanfälle, das weiß ihr. Kl. Hoheit bestimmt. Von Verblödung war keine Rede, der König litt an dem, was die Ärzte als ‹Paranoia› nennen, auf deutsch ‹Verrücktheit›. [...] Das Sprechen machte dem König nie Mühe, im Gegenteil aber sprach er fast fortwährend laut mit sich; nur weil er mit seinen krankhaften Eindrücken zu sehr beschäftigt war, ließ er sich oft nicht die Zeit, die Worte fertig zu sprechen.» Aus eigener Erfahrung wisse die Prinzessin, dass es «absolut nicht wahr [ist], dass er niemand erkannte. Er kannte seinen Hofmarschall sehr gut u. nannte ihn beim Namen, auch seine langjährigen Wärter kannte u. unterschied er.» Allerdings sei es nicht möglich gewesen, mit dem König ein wirkliches Gespräch zu führen, «da er von seinen Sinnestäuschungen nicht loskommen konnte».[35]

Otto, der über den größten Teil seines Lebens testierunfähig war, hat ein Vermögen von zirka 30 Millionen Mark, aber kein Testament hinterlassen. Die höchst komplexe Geschichte der familiären und politischen Wirren um seine reichhaltige Hinterlassenschaft, zu der neben Kapitalvermögen auch Grundbesitz, Immobilien und Mobiliar zählen, ist in jüngster Zeit dank gründlicher Aktenrecherche durchsichtiger geworden.[36] Unzweifelhaft ist nach dem «Königlichen Familienstatus» (1819), dass Prinzessin Therese, obgleich sie die einzige aus der Familie war, die ihren Vetter König Otto regelmäßig in Fürstenried besuchte und in seinen letzten Stunden begleitete, keinen Anspruch auf irgend etwas hatte. Dafür aber wird sie im Oktober 1917 vom Justizminister nach München berufen, um *in der Hinterlassenschaft des Königs Otto auf diejenigen Gegenstände aufmerksam zu machen, welche irgendwelchen Erinnerungswerth für die Familie oder das Land besaßen*. Therese gilt als die einzige, die – nach ihren eigenen Worten – *noch etwas von den Traditionen dieses Zweiges unserer Familie wußte, welche den Affektionswerth der einzelnen Gegenstände kennen konnte. Mit Eifer machte ich mich an diese wehmüthige Arbeit, brachte Stunden u. Stunden in Fürstenried u. der Residenz zu, aussuchend, notierend, Listen verfassend, u. viele mir bekannte Objecte gingen, liebe Erinnerungen an längstvergangene Tage weckend, durch meine suchenden Hände. Nach zwei Wochen angestrengter Arbeit war ich fertig.*[37]

Spät habe ich im Leben erhalten, was ich mir immer gerwünscht

Großen Rückhalt findet Therese in diesen Kriegsjahren angesichts der politischen Verdächtigungen und Isolation, der Trauer um den Verlust nahestehender Menschen, bei zwei ihr freundschaftlich verbundenen Hofdamen, auf deren solidarische Unterstützung sie sich rückhaltlos verlassen kann. Diese beiden Vertrauten sind es, die Thereses Leben seit vielen Jahren – wenn auch auf unterschiedlichen emotionalen Ebenen – begleiten: die seit 1901 in ihren Diensten stehende Baronin Johanna von Malsen (1872–1954) und die ihr seit fünfundzwanzig Jahren in rückhaltloser Freundschaft und Liebe nahestehende Gräfin Gabriella/Graziella Deym.

Therese war der damals achtundzwanzigjährigen Baronin Johanna von Malsen zum ersten Mal im Herbst 1900 anlässlich eines Besuches in der Villa AmSee begegnet und hatte sie sogleich als eine *ganz charmante junge Dame*, als eine *Person voll Herz u. Verstand* erlebt.[38] Daher entscheidet sie sich spontan für sie als Nachfolgerin ihrer gealterten Hofdame Gräfin Oberndorff und genießt diese neue Situation aus vollem Herzen, zumal das Zusammenleben mit Gräfin Oberndorff im Laufe der Jahre ziemlich zermürbend geworden war. *Malsen ist Alles, was ich mir erwartet hatte; sie ist so leicht zu leben; nie einen Anstand, nie einen Wortwechsel; ich finde mich noch gar nicht zu recht in dieser so überaus angenehm veränderten Lage.*[39] Und nach einem Jahr: *Spät freilich habe ich im Leben erhalten, was ich mir immer gewünscht, aber ich habe es doch endlich erhalten!*[40]

Und ganz offensichtlich hat sich Therese in ihrer Wahl nicht getäuscht, denn das Zusammenleben mit Johanna beziehungsweise mit «Janka» (dies die russische Abkürzung für Johanna, wie Therese sie im vertraulichen Umgang nennt), hat im Laufe der gemeinsamen Jahre vielfältigen Belastungen durch persönliche und politische Ereignisse in Thereses Leben standhalten müssen. Viermal steht sie Therese bei schmerzlichen Todesfällen naher Angehöriger zur Seite. Sie durchlebt mit ihr die politischen Umwälzungen durch Krieg und Revolution, schließlich das Ende der Monarchie. Sie begleitet Therese in ihrer Krankheit und in ihrem Sterben und kümmert sich nach deren Tod um ihre schriftlichen Hinterlassenschaften.

Wie bei den meisten weiblichen Bediensteten der höfischen Welt lässt sich auch über den biographischen Hintergrund von Johanna von Malsen

Baronin Johanna von Malsen, die seit 1901 bis zu Thereses Tod ihr als Hofdame und Freundin treulich zur Seite stand.

nur wenig in Erfahrung bringen, da auch hier wie anderswo in den schriftlichen Annalen der Geschichte ausschließlich von den männlichen Vertretern der Hofgesellschaft die Rede ist.[41] Soviel jedoch: Sie wurde 1872 geboren, sie starb am 24. Januar 1954 in Eichstätt, in dessen Benediktinerinnen-Abtei St. Walburg sie nach dem Tod von Therese als «Schwester Helene» eingetreten war. Dort ist sie begraben, dort liegt auch ihr Nachlass. Zahlreiche briefliche Dokumente spiegeln ihre große Vertrautheit mit der Prinzessin, der sie mehr und mehr alle offiziellen schriftlichen Kontakte mit der Umwelt abnimmt. Auf diese Weise entwickelt sich die um zweiundzwanzig Jahre Jüngere für Therese sehr bald zur zuverlässigen, in intime Kenntnisse persönlicher und familiärer Konflikte eingeweihten Vertrauten, die die geschäftlichen Dinge diskret und umsichtig erledigt. Im Laufe der Jahre übernimmt sie weitgehend selbständig die Verwaltung der Finanzen und die Betreuung des Personals. Erhalten sind vereinzelte zufällige Belege der in Thereses Auftrag verfassten Schreiben, aus denen der große Einfluss deutlich wird, den Malsen im Laufe der Jahre unauffällig ausgeübt hat. Nicht nur war sie zuständig für Zu- und Absagen, für Einladungen jeglicher Art, sie reagiert auf Schreiben von Bittstellern, so zum Beispiel als sich Paul Heyse um einen Besuch bei seiner «Gnädigen Gönnerin» bewirbt. Sie beantwortet Dankschreiben auf Gratulationen zu Geburtstagen und Namenstagen, gelegentlich auch nach penibel hilfreicher Anweisung von Therese: *Am 15.* [Thereses Namenstag] *bin ich jedenfalls noch nicht zurück. Bitte die etwaigen Telegramme je nach den Beziehungen mit ‹herzl. Dank›, ‹Innigem Dank› bei der näheren Familie, ‹wärmstem Dank, verbindlichstem Dank› für Bekannte zu beantworten. Telegramme, die Ihnen Kopfzerbrechen verursachen, könnten Sie bitte unter Couvert brieflich senden.* [...] *Tausend Liebes, Therese.*[42] Darüber hinaus obliegt ihr auch die Beaufsichtigung der zahlreichen Handwerkerarbeiten in der Villa AmSee, so auch nach Thereses Anweisungen das 1919 politisch notwendig gewordene Umlackieren der Wagen.

Therese genießt dankbar die diskrete Vertrautheit ihrer Hofdame in heiklen familiären Angelegenheiten am Hof sowie ihre Fähigkeit zum Zuhören und Mitdenken. Malsen unterstützt Therese in den Auseinandersetzungen mit den Ärzten, die Therese am jahrzehntelang gewohnten regelmäßigen Zusammensein mit ihrem Vater hindern wollen, angeblich, weil es der Prinzessin nicht zuzumuten sei, den Verfall der Essenssitten des hochbetagten Vaters mit ansehen zu müssen. Und dann noch einmal 1916, beim Tod von Otto, als Malsen sie zum Sterbebett des Jugendfreundes begleitet, wofür ihr Therese in einem sehr persönlichen Brief dankt: *Sie wissen nicht, wie Ihre ruhige, still mitfühlende Art in München mir wohlgetan hat.*[43]

Es mag daher für Johanna von Malsen nicht leicht gewesen sein, als Therese 1915 ihre langjährige Freundin und Vertraute, Gräfin Gabriella Deym, als zweite Hofdame in ihre Dienste nimmt. Siebenundzwanzig Jahre lang hatte diese als Hofdame der Tante Adelgunde [Witwe Franz' V. von Modena] gedient, die als Lieblingsschwester des verwitweten Vaters Luitpold diesen als graue Eminenz bei familiären und gesellschaftlichen Verpflichtungen unterstützt hat. Auf diese Weise lebten Therese, ihre *Tante Modena* und deren Hofdame Gräfin Deym lange Jahre unter dem gemeinsamen Dach der Residenz, nur die Sommermonate verbrachte Adelgunde in ihrem Schloss Wildenwarth im Chiemgau – einem Ort, an dem sich auch Therese seit Kindertagen gerne und häufig aufhielt.

Die zu Beginn der neunziger Jahre sich anbahnende Freundschaft zwischen ihr und der *Gräfin D.* (nur in dieser abgekürzten Form erwähnt Therese sie in ihrem Tagebuch) scheint Therese zutiefst zu berühren. Die Beziehung beruht offenkundig auf einem starken emotionalen Einvernehmen: *Vor 14 Tagen etwa, es war nicht hier, es war in einer herrlichen Natur, in träumerisch schöner Welt, an einem unvergeßlichen Spät-*

abend, da sagte sie mir wieder einmal so recht, wie sie mich liebe, ja mehr als alles, mehr als andere Freundinnen, bald wie eine Schwester, bald wie eine Mutter […].[44] Allerdings: So beglückend das Zusammensein in vielerlei Hinsicht auch sein mag, für Therese wird die Nähe dieser Zuneigung so bedrängend, dass sie die gewohnte Kontrolle über ihre Gefühle zu verlieren droht. Es kommt zu Missverständnissen, vermeintlichen Kränkungen, einem Chaos widerstreitender Emotionen und Reaktionen. Bis sich Therese durch den Zweifel der Freundin an der Beständigkeit ihrer Liebe zu Otto so tief verletzt fühlt, dass, wie sie schreibt, *diese Kränkung ihren ganzen Stolz aufgerufen*, ihr *ganzes Innere empört* habe. *Und das war gut so,* denn *ich konnte mit kaltem Blut fast verletzende Dinge sagen, die ich in nicht erregter Stimmung aus Gutmüthigkeit nie hätte sagen können. Es war hart, wie ich handeln mußte, es that mir selbst weh,* […] *aber es mußte sein. Und nun wird Ruhe sein*![45]

Und dazu kam es auch: Der Aufruhr ihrer Seele und die harten Worte haben die Verbundenheit mit der Freundin nicht nachhaltig beschädigt, denn wenige Tage später vermerkt Therese in ihrem Tagebuch: *Wir sahen uns viel, Tag für Tag, oft stundenlang u. wurden nie müde, uns zu sehen* […] *Ich habe manchmal das Gefühl, es ist zu schön, um dauern zu können, zu schön für diese Welt*![46] Wenige Jahre später bekennt sie: *Ich bin so glücklich, Gräfin D. wieder zu haben, denn es ist für mich doch nur ein halbes Leben ohne sie.*[47] Dieses Gefühl resultiert im Wesentlichen aus der Erleichterung, in dieser Freundschaft endlich eine vertraute Mitwisserin ihrer Liebe zu Otto gefunden zu haben: *Im ganzen ist die Ruhe nach dem Sturm in mir eingetreten u. ich habe das Freundesherz gefunden, das mir tragen hilft Tag für Tag u. das mit seiner Liebe die Leere des Herzens ausfüllt, die sein schreckliches Loos mir bereitet. Gott segne sie, der ich das Liebste auf der Welt geworden bin, Gott lohne ihr alle ihre seltene Liebe u. Treue*![48]

Als Tante Adelgunde im ersten Kriegsjahr stirbt, ist Gräfin Gabriella Deym *brotlos*. Für Therese ist es eine willkommene Selbstverständlichkeit, sie als zweite Hofdame zu sich *in's Haus* zu nehmen, *um fortan* im Leuchtenbergpalais oder in der Villa AmSee *als treue Freundin* Thereses *stilles, zurückgezogenes Leben aufopferungsvoll zu theilen.*[49] Lange scheint das friedliche Miteinander der beiden Hofdamen ungetrübt verlaufen zu sein: Johanna von Malsen ist zuständig für die pragmatischen Probleme des Alltagslebens (Finanzen, Personal, Handwerker), Gräfin Deym, die sensible, verständnisvolle Partnerin für das innere Leben.

Diese Nähe wird jäh gestört, als Gräfin Deym Anfang Mai 1922 erfährt, dass Therese sich *auf Leben und Tod operieren lassen* muss. Auf diese Nachricht hin wird sie *vom Schlag gerührt* und ist *halbseitig gelähmt.* Ungeachtet ihrer eigenen bevorstehenden Operation betreut Therese die Schwerkranke und sorgt für eine angemessene klinische Pflege für die Zeit ihrer Abwesenheit. Als Therese nach zwei Monaten aus der Klinik entlassen wird, führt sie ihr erster Weg zu der noch immer Schwerkranken.

Diese Erwähnung ist Thereses letzter Eintrag über Gräfin *D.* – danach verlieren sich ihre Spuren.

18.

Die Monarchie ist abgesetzt
Kriegsende und Revolution

Als der *unselige Weltkrieg sein unseliges Ende gefunden,* steigt in Therese noch einmal die ganze angestaute Verzweiflung hoch: *Dieser Krieg, der mit so viel Leichtsinn u. Überhebung begonnen u. mit so viel gegenseitiger Unmenschlichkeit durchgeführt worden war, der so viel Patriotismus, so viel wunderbare Züge von Edelmuth u. Aufopferung, so viel erbauende selbstlose Hingabe an die Ziele einer vermeintlich großen Zeit wachgerufen hatte, dieser Krieg war vorbei. Aber mit welchen Opfern für mein Vaterland; Opfer, die nun alle umsonst gebracht waren. Das Vaterland lag verblutend am Boden u. die Schuld daran trugen die Generäle, welche sich unbefugt u. kenntnißlos in die großen weltpolitischen Fragen hineingemischt hatten.*[1] Als sie am 13. Oktober 1918 von dem unmittelbar bevorstehenden Ende des Krieges erfährt, prophezeit sie: *Nun kömt die Revolution,* und später fügt sie hinzu: *Leider habe ich auch in diesem Falle recht behalten.*[2]

Am Morgen des 8ten November [1918] *telephonierte ein Bekannter aus seiner Villa, ob wir von den Ereignissen in München schon etwas wüßten u. theilte uns mit, welch neue Staatsform dort ausgerufen u. daß der König fort sei, man wisse nicht, wohin. Diese Nachricht traf uns wie ein Donnerschlag … Die nächsten Tage vergingen mir in namenloser Angst um meinen Bruder, ich ahnte nicht, wo er war, ob ihm Leids geschehen, ob er noch am Leben. Und je mehr die Zeit anwuchs, in der man nichts von ihm wußte, um so herzbeklemmender wurde die Sorge um sein Schicksal. Ich wurde in einem Expreßbrief dringend aufgefordert, ihn zu bitten, Offiziere u. Beamte ihres Eides zu entbinden. Ich that es, denn ich dachte, dieser mein Schritt ist nicht bindend für ihn, u. die Entscheidung bleibt immer seinem Ermessen anheimgegeben. Mein Telegramm war nach Wildenwarth* [Ludwigs Besitz im Chiemgau] *gerichtet, es erfolgte die Antwort: ‹Unbestellbar›, man wisse nicht, wo der König sei. Noch verging eine lange Zeit, dann kam, um was ich gebeten hatte, ohne, daß ihn meine Bitte erreicht. Durch ein Handschreiben des*

Königs aus Anif[3] *wurden* [am 13. November 1918] *Militär u. Zivil aus ihrer Gewissenszwangslage erlöst … also, mein Bruder war in Anif! Aber bis diese Eidesentbindung bekannt wurde, war mein Bruder schon wieder von dort fort u. in Bayern zurück. Die Nacht der Revolution [7./8.* November 1918] *war er mit Frau u. den 4 unvermählten Töchtern nach Wildenwarth geflohen; da es da keines sicheren Bleibens, war er die folgende Nacht mit Hinterlassung seiner Töchter nach Hintersee* [Österreich] *u. die dritte Nacht schließlich über die Grenze nach Anif. Hier gab es endlich ein paar Tage des Aufathmens für meine schwerkranke Schwägerin, bis sie u. mein Bruder nach Bayern zurückkehren konnten, wo zunächst Aufenthalt in Bartholomä* [Schloss am Königssee] *u. dann wieder in Wildenwarth genommen wurde. In diesem eigenen Besitz gedachten meine Geschwister, sich vorerst niederzulassen.*[4]

In einem sehr persönlichen Brief an ihre todkranke Schwägerin Marie Therese macht Therese ihrer verzweifelten Stimmung über die politische Situation Luft: *Ich finde keine Worte über die Lage.* […] Es *dreht einem das Herz um, an all das zu denken. Und welcher Undank des Volkes gegen ihn* [den König und Bruder], *der nur für sein Land gearbeitet hat, gegen Dich, die Du Dich all die Jahre geopfert u. ermüdet, vielleicht übermüdet hast in Thätigkeit im Rothen Kreuz, in Sendung für Feldsoldaten, die Töchter, die jede an ihrem Posten in Verwundetenpflege u. sonstiger Kriegsbethätigung ausgeharrt haben, endlich die Söhne, welche tapfer ihrer Soldatenpflicht gefolgt sind. Diese Verwundeten! Wenn sie wenigstens etwas Besseres durch ihren Umsturz eingetauscht hätten, aber so – es ist wirklich haarsträubend. Wenn es nur nicht noch schlimmer kömt.* […] *Wir müssen unschuldig mitbüßen für Fehler, die in Preußen gemacht wurden.*[5]

Das Haus Wittelsbach ist abgesetzt

Auch am Bodensee hatten sich für Therese die persönlichen Umstände verändert: *Wie Gewitterschwüle lag in der Luft, man wußte nicht, was sich entwickeln würde. Die Revolutionäre erließen eine Proklamation mit Erklärung der Republik u. dem Schlußsatz: ‹Das Haus Wittelsbach ist abgesetzt.› Unterschrieben waren außer den Rädelsführern gezwungenerweise auch der Bezirksamtmann u. der Bürgermeister. Letztere Beide, liebe alte Bekannte, hatten in der Überrumpelung durch die Ereig-*

nisse den Kopf verloren u. sich nicht zu helfen gewußt. Wenige Tage später kamen sie, wie alljährlich anlässig meines Geburtstages zu mir, diesmal ziemlich befangen. Ich half ihnen über die ungemüthliche Situation hinweg, indem ich ihnen sagte: In Anbetracht der durch unser Waffenstillstandsbegehren geschaffenen kritischen politischen Lage, in der der Feind einmarschbereit an der Grenze stehe u. es sich um Sein oder Nichtsein des deutschen Vaterlandes handle, wäre es doch das Beste gewesen, sich dem momentanen Zwang zu fügen, um nicht die Staatsmaschine zum Stillstand zu bringen u. ein allgemeines Chaos hervorzurufen. – Die Herren schienen bei meinen Worten sichtlich erleichtert.[6]

Die ersten Tage nach der Erklärung der Republik in Lindau blieben wir in Haus u. Garten, um die Begegnung mit der Bevölkerung u. mögliche Unannehmlichkeiten zu vermeiden. Dann begannen kleinere Spaziergänge in der Nähe, endlich wagte man sich wieder in die Stadt. Einzelne Leute grüßten, aber wenige, u. im Ganzen war eine verlegene Stimmung unter den Lindauern.[7]

Inzwischen hatte ich aber auch meinen Theil erlebt. Bei einer *Rückfahrt von München nach Lindau war der Zug, in dem ich mich befand, bei der Einfahrt in die Inselstadt mit Maschinengewehren beschossen worden zur Abwehr von Spartakisten, die sich vermeintlich im Zug befinden sollten. Die Kugeln prasselten wie Hagelkörner auf das Dach unseres Waggons, u. als ich vom Abtheil hinaus auf den Gang treten wollte, um zu erfahren, was überhaupt los sei, sah ich alle Mitpassagiere in diesem platt auf dem Boden liegen. Der Anblick war derart komisch, daß ich lachen mußte u. erst die barschen Worte eines durchpatroullierenden Unteroffiziers mich vermochten, wieder das sichere Coupé aufzusuchen. Ein ander Mal kam eine Kommission, meine Villa auf versteckte Handgranaten zu untersuchen. Mit gutem Gewissen konnte ich die Leute in alle Winkel herumführen u. wir schieden zuletzt in bestem Einvernehmen. Wieder einige andere Male erschienen Abgesandte der Wohnungskommission, mein schon übervolles Haus auf weitere Belegungsmöglichkeit zu besehen.*[8]

Als sich dann im April 1919 über Nacht die Räterepublik in Lindau bildete, vermeinten die Verfechter dieser neuen Regierungsform, mir meine Pferde ausspannen u. entführen zu müssen, da ich das Wappen auf dem Wagen noch nicht entfernt hatte, ferner dachten sie daran, die Villa zu plündern u. schließlich – was das radikalste Mittel gewesen wäre – die Villa einfach mit Handgranaten in die Luft zu sprengen. Ich blieb ruhig in meinem Heim, u. es geschah nichts von allem dem. Gemüthlich war es freilich nicht immer, aber wenn ich an meine Brüder dachte, kam ich mir im eigenen Heim gegen sie unverdienterweise wie im Himmel vor.[9]

Die im Juli 1919 verabschiedete und am 14. August in Kraft getretene Weimarer Reichsverfassung hob alle Vorrechte ehemals privilegierter Personen und Stände auf , was auch auf die Beziehungen zwischen den Menschen nicht ohne Einfluss blieb. So erhält Therese in München plötzlich Besuch von alten Bekannten *aus anderen Kreisen. Früher mußten wohl die Meisten, gemäß meiner Stellung, zu mir kommen. Wenn sie jetzt kamen, hatte es erst den rechten Werth für mich; denn jetzt geschah es freiwillig u. aus alter Anhänglichkeit. Was hatte man sich Alles zu sagen!*[10]

Auf den Straßen war mir die Bevölkerung fremd geworden. Ich konnte Tage hintereinander ausgehen, ohne ein bekanntes Gesicht zu sehen, u. wenn ich einmal nach monatelanger Anwesenheit einem guten Bekannten begegnete, löste sich oft gegenseitiges Erstaunen über das Begegnen aus. Keiner weiß mehr etwas vom Anderen, die Meisten sind aus der Hauptstadt auf das Land hinaus verzogen, u. was zurückgeblieben ist, verkehrt kaum mehr untereinander. Ein Jedes lebt still für sich. Wie kann man in seiner Geburtsstadt, in der Stadt, in welcher man ein langes Leben verbracht, in kurzer Zeit so fremd werden![11]

Anfangs hieß es vorsichtig zu Werk gehen. Es war ein Testen, wie sich die Leute zu einem neu auftauchenden Mitglied des gewaltsam entfernten Königshauses verhalten würden, wie überhaupt die Stellung dieser Mitglieder seit der Revolution sich gestaltet hätte. Die wenigen Tage, die ich im Winter 1919 in München zubrachte, ließen keine sicheren Schlüsse zu. Es war Alles noch zu wund, zu neu, u. man hatte gegenseitig noch nicht das nöthige Gleichgewicht gefunden. Scheu bewegte man sich in der Menge, zögernd betrat man die Kaufläden. Wurde man erkannt, so wurde man still, mit Achtung, fast möchte ich sagen mit stummem Mitleid begrüßt.

Im Winter 1920 war das Verhältniß schon besser, schon natürlicher. Die Leute kamen einem ungezwungener, oft mit sichtbarer Freude entgegen. Manche grüßten ostentativ u. waren womöglich aufmerksamer als früher. In den Vorträgen war die Stellung so ziemlich unverändert; man nahm nahezu die gleichen Sitzplätze ein wie früher, von den Vorsitzenden wurden uns die Vortragenden vorgestellt wie in vergangenen

Zeiten. Und doch – es gab manches Bittere zu schlucken, in der Hauptstadt mehr als auf dem Lande, und wenn man die ganzen Geschehnisse u. die jetzige Lage überdachte, da wollte einem schon manchmal die Galle steigen.[12]

Anders die Reaktion der Menschen in dem vertrauteren Lindau, *wo sich die Stimmung in der Bevölkerung, welche in der ansäßigen daselbst überhaupt nie schlecht gewesen war, seit dem Anfang der Revolution noch entschieden gebessert. Die Leute – von den Revolutionären abgesehen – hatten auch in den schlimmsten Tagen erklärt, ich könne ruhig sein, es würde mir kein Haar gekrümmt u. sie wollten Alle für mich zum Schutze einstehen. Und als ich im Januar nach München übergesiedelt war u. sie glaubten, ich wolle oder richtiger müßte meine Villa verkaufen u. ganz fortziehen, da sagten sie, sie wollen das nicht dulden u. mir die Villa zurückkaufen, nur damit ich bliebe. Ist das nicht rührend? Und jetzt, jetzt grüßen sie mehr denn je, ju immer ganz besonders freundlich. Das thut wohl u. ist ein Balsam nach manchen Wermuthstropfen.*[13]

Die demokratische Tante – Thereses politische Überzeugungen

Mein persönliches Empfinden zu der Umwälzung ist folgendes: ich habe mein ganzes Leben lang nicht an meiner prinzlichen Stellung gehangen; sie war für mich nicht Freude gewesen wie für manche Andere, im Gegentheil, ich hatte sie immer als Last empfunden, u. nur das Pflichtgefühl veranlaßte mich, diese Bürde gewissenhaft zu tragen. Es war mir eine unbeschreibliche Wohlthat, wenn ich mich dieser Pflicht mitunter entledigen konnte, u. dieses war es, was vornehmlich beitrug, für mich das Reisen zu einem Hochgenuß zu gestalten: ‹Nicht immer auf dem Piedesthal zu stehen, sondern Mensch unter Menschen sein zu können›. Meine Umgebung behauptete stets, ich sei auf Incognitoreisen ein ganz anderer Mensch. ‹Freiheit, Freiheit› war es, wonach ich leidenschaftlich lechzte, Befreiung von den Fesseln der Konvention. Also, um es nochmals festzustellen: Für mein ureigenstes Wesen empfand ich den Verlust meiner bisherigen Stellung eher als Gewinn, als Erlösung. Aber für meine Familie kränkte mich die Umwälzung zutiefst; tausendjährige Bande [sic!]*, die Fürst u. Volk verbinden, können nicht zerrissen werden, ohne schmerzliche Wunden zu hinterlassen. Die meisten meiner Vorfahren hatten nur für Bayern gedacht u. gelebt, es war ihre höchste u.*

schönste Lebensaufgabe, ihr Volk zu beglücken. Und nun ein Federstreich vernichtete Alles, als wenn nichts gewesen wäre. Undank thut weh![14]

Was ist meine politische Stellung zur Republik? Mein Neffe Heinrich hatte mich scherzweise öfters ‹die demokratische Tante› genannt. In der Theorie schien mir die republikanische Staatsform immer die idealste: es ist gedacht, daß der geeignetste u. beste Mann des Volkes durch Wahl an der Spitze stehen soll. Aber da die Menschen nicht vollkommen sind, stellt sich die Sache in der Praxis ganz anders. Nicht der Beste u. Fähigste kömt meist an die Spitze, sondern oft Irgendeiner, den Parteiinteressen oder nichtssagende Combinationen oder gar der pure Zufall aus der Menge herausheben. Und dann geht in einer Republik eine Unzahl erhebender Momente u. edler Gefühle verloren, Gefühle der Anhänglichkeit, Treue u. Liebe gegen das angestammte Fürstenhaus, welches mit dem Volk in gleichen Interessen verwoben u. dessen höchstes Ziel das Glück des Volkes ist. Die Vornehmheit u. eine gewisse Feinheit der Lebensführung ist in einer Republik zu vermissen, das ganze Niveau der menschlichen Existenz wird einerseits herabgedrückt, anderseits vielleicht hinaufgedrückt. Ob dieser Ausgleich für die unteren Klassen ein Glück bedeutet? Wenn es so bleiben soll, wollen wir es hoffen.[15]

Was ich an Auswirkungen der republikanischen Staatsform in Nord- u. Südamerika gesehen, was man aus den europäischen Republiken, die Schweiz abgesehen, hört, hat meine frühere Anerkennung des Idealismusses dieser Staatsform bedeutend abgeschwächt. Und sogar was die Zustände in der Schweiz betrifft, hat mir ein klar u. objectiv denkender Mann, der die dortigen Verhältnisse durch Familienbande genau kennt, versichert, daß, wenn man in diese Verhältnisse tiefer eindringt, einem die monarchische Regierungsform doch immer noch als die beste erscheint.[16]

Nun, sei denn wie ihm wolle, ich verdenke Niemandem seine republikanische Gesinnung, aber das hat mich gelegentlich der politischen Umwälzung in Bayern tief gekränkt u. kränkt mich noch immer, nämlich die schmachvolle, empörende Behandlung meiner zwei im Greisenalter stehenden Brüder, welche ihr ganzes Leben der Pflicht ihrem Lande gegenüber gelebt haben. Das Hinopfern ihres Selbst für das Vaterland war ihr erster, durch die herrliche Mutter ihnen in's Herz gepflanzter Gedanke u. wird auch ihr letzter sein. Mein ältester Bruder war, wie kaum irgend ein anderer Thronanwärter, durch sein allgemeines Interesse u.

seine umfassende Kenntniß, die er sein ganzes langes Leben immer noch zu vertiefen trachtete, geeignet, den Thron zu besteigen u. seine Kenntnisse für sein Volk praktisch zu verwerthen. Mein zweiter Bruder hat seinerseits in seinem Beruf geleistet, was ihm überhaupt zu leisten gegeben war. Und der Dank dafür war, daß Beide fliehen mußten, fliehen vor dem eigenen Volk, um ihr Leben zu retten. So etwas vergißt u. überwindet sich nie, namentlich, wenn es die Liebsten trifft. Und so kann ich zu solch unerhörtem Vorgehen nur sagen: ‹Vater vergib ihnen, denn sie wissen nicht, was sie thun.›[17]

Einbrüche im äußeren Leben

Nicht genug der inneren Auseinandersetzung mit den weltpolitischen Umwälzungen – der persönliche Alltag verlangt Veränderungen, die mehr bedeuten als eine symbolische Camouflage. Weg mit allen monarchischen Spuren, das ist die Devise. Therese bittet daher Johanna von Malsen, ihren *Spazierbrougham*[18]*, nicht de*[n] *große* [n]*, in dem man zu 3–4 fährt, sondern mein alltägliches Stadtcoupé, dunkelblau ohne Wappen* lackieren zu lassen, denn *es ist höchste Zeit, dies zu bestellen. Dann müßte ein Kutschermantel für den Winter dunkelblau gefärbt werden, da ich nicht hellblau in der Stadt fahren kann. Ob ein Livréerock dunkelblau zu färben ist, weiß ich nicht. Im Haus könnte Mugg. auch hellblau gehen, auf der Straße ist doch jede Livrée verpönt. Und der Kutscher fährt im Winter doch im Mantel. So scheint es mir überflüssig. Was denken Sie?*[19]

Auch die finanzielle Situation fordert ein gründliches Umdenken. Bis sich der Staat und das Haus Wittelsbach im März 1923 über die Fürstenabfindung in Bayern einigten, hatten die bereits Ende 1917 eingesetzten Teuerungen zu einem rapiden Wertverfall geführt, der durch die schwere Wirtschaftskrise der Nachkriegsjahre noch verschärft wird und nicht ohne Einfluss auf den Lindauer Alltag bleibt. Therese begegnet den gebotenen Einschränkungen mit Gelassenheit. Als sie sich 1919 in Lausanne mit ihrer Freundin Olga trifft, ist es für sie selbstverständlich, dass sie nicht, wie gewohnt, im selben Hotel wohnen können: *denn dies erlaubte meine geschwächte Kasse nicht, aber doch in nächster Nähe. Es war ein ganz eigenes Empfinden, sie im großen eleganten Hotel mit allem Luxus der Neuzeit, ich unmittelbar daneben – die Gärten stießen aneinander –*

in einer ganz bescheidenen Pension mit sehr beschränktem Comfort. Aber man muß sich nach der Decke strecken u. wenig haben ist keine Schande, nur Schuldenmachen, das ist eine solche.[20]

Nicht so sehr die ungewohnten, bescheideneren Unterkünfte als vielmehr die *schlimme Beigabe der vollgestopften Postautos*, die überfüllt sind mit *geputzten oder schwatzenden Menschen*, schmälern für Therese die Lust zu freiem, selbstbestimmtem Reisen: *Meine Geldmittel sind jetzt zu knapp zu Extrafahrten, zu unabhängigem Reisen, zum Aufsuchen fernerer Gegenden, und der richtige Naturgenuß fehlt mir, wenn ich in dem Strom verständnißloser Reisender untergehe. Gottes herrliche Schöpfung will in Stille u. Ruhe genossen werden.*[21]

Arbeiten mit den Händen, statt mit dem Kopf

Therese, die sich auf Reisen vor keiner körperlichen oder handwerklichen Arbeit gescheut hat, ist jetzt zu praktischer Arbeit in der Villa AmSee gezwungen. *Durch Mangel an Mittel zum Bezahlen* muss sie sich selbst dem *Säubern ihres Bücherschatzes widmen.* […] *Die gleiche Ursache veranlaßte mich, Herbst 1920 sechs Wochen auf das Instandsetzen u. Malen meiner Gartenmöbel zu verwenden u. dann wieder Sommer 1921 geraume Zeit auf das Anstreichen anderer Möbel, von Holztheilen des Hauses, Küche u. endlich meiner zwei Kähne.*[22]

Aber auch diesmal gelingt es Therese, selbst hier die Vorzüge der eher deprimierenden Gesamtsituation zu erkennen: *Doch hat diese neue Lage anderseits den Vortheil, einen praktischen Einblick zu gewähren in die Verhältnisse anderer Lebenspläne u. die Wohlthat des Sonntags, des Tages der Ruhe empfinden zu lassen. Man lernt am eigenen Leib, was es heißt, arbeiten, entsagen, entbehren. Zwar habe ich schon in meiner Kindheit u. Jugend mit meinem jüngsten Bruder gern physisch gearbeitet u. später, auf meinen Expeditionsreisen, keine manuelle Bethätigung gescheut, es ist aber doch noch etwas anderes, aus wissenschaftlichem Interesse Opfer zu bringen, als Tag für Tag um eine nur halbwegs erträgliche leibliche Existenz zu schaffen u. zu ringen. Für uns, die wir unter anderen Verhältnissen groß u. alt geworden sind, ist es immerhin schwerer zu tragen als für Solche, welche bisher keine andere Lebensführung kannten, also nicht wußten, was sie entbehren u. jetzt noch nicht begreifen, was sie nun geistig genießen könnten u. nicht genießen.*

Aber wie gesagt, es heißt jetzt stille halten, nicht an seinen Ketten rütteln, u. sich in das Unabänderliche fügen. Man kann jeder Lebenslage eine gute Seite abgewinnen, u. so auch der jetzigen.[23]

Ihr Leiden an den aufgezwungenen Haushaltsarbeiten entspringt keineswegs einem Widerwillen oder Unvermögen, sich dieser ungewohnten körperlichen Arbeit auszusetzen. *Ich sträube mich grundsätzlich gar nicht der manuellen Arbeit, welche ich nun in Folge meiner pekuniären Lage vornehmen muß, aber ich hungere nach geistiger Nahrung, geistigem Schaffen, zu welchem mir in Folge dessen keine Muße mehr bleibt. So sitze ich inmitten meiner Bücher u. kann sie nicht genießen, so ist mein Gehirn voll von Gedanken, die ich gern verarbeiten u. zu Papier bringen möchte u. die nun ungeboren bleiben, weil ich keine Zeit für sie habe. Dies empfinde ich bitter, denn die geistige Arbeit war das Glück u. der Inhalt meines Daseins u. ich sage mir, das Leben ist nicht werth gelebt zu werden, wenn es ganz in materiellen Sorgen aufgeht. Und ich hätte doch noch eine solch riesige Schaffensfreudigkeit u. Schaffenskraft!*[24]

Um so glücklicher, da gierig nach geistiger Nahrung, ist Therese, als sie Anfang 1920 nach sechs Jahren zum ersten Mal wieder für einige Monate in München jede Woche ein oder zwei langentbehrte wissenschaftliche Vorträge hören kann: *sei es in der Geographischen Gesellschaft, sei es im Verein für Naturkunde, sei es anderswo* […]. *Diese Vorträge gaben mir Gelegenheit, meine alten gelehrten Freunde wiederzusehen,* […] *Vertreter der Naturwissenschaften zu sprechen u. wissenschaftliche Eindrücke auszutauschen bzw. Fragen zu diskutieren.*[25]

Als sie im selben Jahr anlässlich ihres siebzigsten Geburtstages von der Anthropologischen Gesellschaft in München zum Ehrenmitglied ernannt wird, fühlt sie sich – Ironie der Geschichte – erstmals befreit von standespolitischen Verdächtigungen. *Diese Ehrung,* gesteht sie, *freut mich um so mehr, als jetzt, unter der Republik, Stellungsrücksichten auf uns in Wegfall kommen.*[26]

Zu ihrer großen Freude und Genugtuung wurde sie bereits ein Jahr zuvor von *Walter Lehmann* [1878–1939], *derzeit Direktor der Amerikanischen Abtheilung des Museums für Völkerkunde in Berlin, aufgefordert, irgendeine archäologische Arbeit auf amerikanischem Gebiet zu liefern als Beitrag zu der Festschrift zum 70ten Geburtstag des hervorragendsten unter allen lebenden Amerikanisten u. damaligen Direktor*[s] *obig erwähnter Abtheilung, des Universitätsprofessor*[s] *Dr. Seler.* The-

Therese vor dem Garten ihrer Villa AmSee (um 1918?)

rese hatte ihn 1904 anlässlich des Stuttgarter Amerikanistenkongresses persönlich kennengelernt. *Ich wählte eine kritische Beschreibung besonders werthvoller Calchaquìbronzen aus meiner ethnographischen Sammlung. Das Einarbeiten in dieses mir ganz fremde Gebiet erforderte einen tüchtigen Kräfteaufwand. Zwischen 60 u. 70 einzelne einschlägige Artikel, Broschüren u. Werke mußten mit Auszügen durchgearbeitet werden, nicht gezählt die vielen zoologischen Veröffentlichungen, welche zum Vergleich u. Bestimmen der Thiere herangezogen werden mußten. Endlich, nach mehrmaligem Überarbeiten war der Aufsatz fertig, aber gedruckt ist er bis jetzt noch nicht, ebensowenig wie die ganze Festschrift, denn die Drucklegung von Büchern ist heut zu Tage unerschwinglich.* [...][27]

Eines hat mir diese Arbeit neuerdings deutlich zum Bewußtsein gebracht, nämlich daß meine geistigen Interessen u. meine Befähigung nicht auf dem Gebiet der Archäologie, sondern nach wie vor auf dem der Naturwissenschaften liegen. Archäologische Fragen sind weit vielfältiger zu beantworten, bei den Naturwissenschaften bewegt man sich auf weitaus positiverer Grundlage, u. dieses ist es, was mich von jeher besonders angezogen hat.[28]

Der Wittelsbacher Ausgleichsfonds

Inzwischen hatte dieses Frühjahr [1923] *der* finanzielle *Ausgleich mit dem Lande auch seinen Abschluß gefunden.*[29] *Es that mir fast weh, als es so weit war, denn es schien mir, als wäre nun das letzte Band zwischen Land u. Volk u. uns zerrissen. Bisher konnten wir unsere uns gewaltsam genommenen Rechte beanspruchen, nun hatten wir uns, zwar nicht wirklich, aber doch scheinbar derselben begeben u. waren in die Allgemeinheit zurückgetreten, aus der wir vor mehr als tausend Jahren herausgetreten waren, dem angestammten Volk durch viele Jahrhunderte Führer u. Spitze zu sein. Also wieder ein Abschnitt – ein schmerzlicher. Und doch müssen wir Gott danken, daß wir wenigstens im Vaterlande bleiben dürfen u. nicht wie andere Fürstlichkeiten in der Fremde als Flüchtlinge u. Verbannte herumirren müssen.*[30]

Der endliche Abschluß des Ausgleiches brachte mir aber auch eine große Freude. Mein geliebtes Hohenschwangau war mir dadurch wieder zugänglich geworden, nachdem es mir durch die Revolution fünf Jahre versperrt gewesen u. ich mich schon mit dem schmerzlichen Gedanken vertraut gemacht hatte, es nie mehr besuchen zu können. Mit heißer Dankbarkeit über das Wiedergeschenkte, mit wehmüthiger Freude an all den wieder besonders lebendig gewordenen Erinnerungen, betrat ich fast scheu die altgewohnten Räume, die ich vor bald 60 Jahren zum ersten Mal betreten u. die mir ganze Bände erzählten von Freud u. Leid, von Werden u. Vergehen.[31]

Schicksale der Brüder

Während Therese in ihrem Lindauer *Tusculum* einigermaßen unbehelligt bleibt, muss ihr vierundsiebzigjähriger Bruder als ehemaliger König Ludwig III. im Februar 1919 zum zweiten Male fliehen. Bedrohliche Nachrichten aus München zwingen ihn, unmittelbar nach der Trauung seiner jüngsten Tochter Gundelinde sich aus Schloss Wildenwarth fortzustehlen, *zuerst auf wenig sicherem Wege zu Wagen nach einem Bauernhaus. Als die Besitzer erklärten, bei ihnen sei es, wegen des häufigen Betretens ihres Hauses von allerhand Leuten nicht sicher genug, wanderte mein Bruder zu Fuß weiter, und bis sein Begleiter eine neue Unterkunft ausfindig gemacht, mußte der alte Herr in der Nacht ganz allein zwei Stunden im Wald u. Schnee auf einem Baumstumpf sitzend dahinwarten. Den Rest der Nacht brachte er höchst unbequem auf Stühlen etabliert in einem bescheidenen Bauernanwesen zu. Den nächsten Morgen holte ihn ein Automobil u. fuhr ihn nach dem Besitz eines ihm bekannten Industriellen nahe an der tiroler Grenze. Hier wurde die nächste Nacht geruht u. dann der Übergang über die Grenze versucht. Der Grenzposten verweigerte den Übertritt, doch der kommandierende Offizier erklärte: er werde seinen König selbst über die Grenze bringen, und der königstreue Mann lenkte eigenhändig den Kahn zur Durchquerung des Inns. Diese Treue kostete ihm seinen Posten. Am jenseitigen Flußufer wollte man meinen Bruder nicht landen lassen, aber schließlich wurde es doch durchgesetzt u. er konnte zu Fuß nach Kufstein gelangen. Nach einigen Tagen ersuchte die Innsbrucker Regierung meinen Bruder, er möge Kufstein verlassen, da sie wegen der Grenznähe für seine Sicherheit nicht garantieren könnten. Er siedelte nach Ötz über.* [...] *Übrigens auch hier war des Bleibens nicht. Die Socialdemokraten bohrten in Innsbruck bei der Regierung so lange, bis mein Bruder sich gezwungen sah, nach etlichen Wochen auch diese gastliche Unterkunft wieder aufzugeben u. nach dem Jagdschloß in Vaduz als Gast des Fürsten von Liechtenstein überzusiedeln. Hier war es ideal, doch auch hier gab es noch keine Ruhe u. die an Nahrungsmitteln knappe Bevölkerung murrte, daß nun Fremde noch das Wenige, das sie hatten, mit ihnen theilen mußten. Wie ein gehetztes Wild wurde so mein armer, alter Bruder von Ort zu Ort gejagt,* bis er endlich im April in der Schweiz vorübergehend zur Ruhe kam.[32]

Die November-Ereignisse in München und der Verlust seiner Frau Marie Therese am 3. Februar 1919 *hatten seiner Gesundheit so zugesetzt, daß er nun zusammenbrach. Nach dem Tode seiner treuen Lebensgefährtin äußerte er, daß der Verlust der Krone ihn wohl schmerze, daß dies aber nichts sei im Vergleich zum Vermissen seiner Frau.*[33]

Therese, die ihrem Bruder Ludwig seinerzeit nur zögerlich verzeihen konnte, dass er zu Lebzeiten des rechtmäßigen Königs Otto seine Prinzregentenschaft gegen dessen Königswürde ausgetauscht hatte, beschenkt ihn posthum mit einem von Zuneigung und Trauer gezeichneten anrührenden Porträt:

Der Oktober [1921] *brachte einen einschneidenden Verlust: Mein Bruder Ludwig, unser Ältester u. Familienchef, schloß nach schwerem Leiden fern in Ungarn seine Augen für immer.*[34] *Ihm war die Ruhe zu gönnen, denn er hatte nichts mehr vom Leben u. hing nicht mehr an demselben, wie begreiflich. Aber für uns war es ein umwälzendes Ereigniß, dessen Tragweite mir im Lauf der Zeiten immer mehr zum Bewußtsein kam. Er war mir ein guter Bruder gewesen, voll Rücksicht, voll Zuvorkommenheit, voll Verständniß für meine Pläne u. Interessen, voll Anerkennung für meine Bestrebungen. Wir verstanden uns in Vielem sehr gut, so z. B. in der inneren Politik, in der Bedeutung staatlicher Institute zur Erhaltung der vorhandenen Werthe u. s. w. Ein längeres Gespräch mit ihm war mir immer Erholung u. Anregung. All dies, als es aufhörte, hinterließ eine große Lücke in meinem Leben, denn von meinen drei Brüdern war er mir in geistiger Beziehung am nächsten gestanden. Er war ein goldener Kern in rauher Schale, eine durchaus rechtliche Natur, gewissenhaft, gläubig u. in manchen Punkten weitsichtiger u. weitherziger als seine meisten Standesgenossen. Er hatte nicht viel Vorurtheile, doch klebten ihm noch einige Begriffe aus früheren Zeiten an, die er nicht los werden konnte. Aber im Ganzen war er trotz seines hohen Alters ein moderner Mann, der jeden Stand u. jedem einzelnen Menschen Gerechtigkeit widerfahren ließ, u. die Einfachheit seiner Lebensweise übertraf wohl die fast aller zeitgenössischen Monarchen.*[35]

Drei Wochen nach seinem Hinscheiden brachte man wegen Kämpfen im Osten unter ziemlichen Schwierigkeiten seine sterbliche Hülle in die Heimath zurück. Die gemeinsame Beisetzung des königlichen Ehepaares in der Hauptstadt, die sie einst zu schmählicher Flucht gezwungen, war ergreifend u. ein wohl nie gesehenes Schauspiel, ernst die Haltung des Volkes, rührend die allgemeine Theilnahme. Als die Särge in den Dom gebracht wurden, fiel ein versöhnender Sonnenstrahl durch die hohen, gotischen Fenster.[36]

Auch nicht gut erging es ihrem Bruder Leopold. Dieser war *ein Gemüthsmensch u. von seltener Herzensgüte und Bescheidenheit. In den schwersten Stunden meines Lebens war er mir eine treue Stütze, u. dies werde ich ihm nie vergessen. Gott erhalte ihn mir noch lange; er selbst taxiert sich leider nicht mehr so!*[37] *Seine blinde Kriegseuphorie hat er bitter büßen müssen. Er, der als Generalfeldmarschall u. Kommandierender der ganzen riesigen Ostfront, [...] der sein ganzes Leben an eiserne Disciplin gewöhnt war, hatte mit dem eidbrüchigen Soldatenrath arbeiten müssen u. dieser hatte seine militärischen Befehle gegengezeichnet! [...] Das war schon fast unerträglich ... Und statt nach jahrelangem Feldzug als siegreicher Heerführer in der Hauptstadt feier-*

lich begrüßt zu werden, hatte er ganz still u. möglichst unbemerkt in sein Heim zurückkehren müssen.[38]

Dann, *am 19ten Februar* [1919], *da man gelegentlich der Kammereröffnung Unruhen in München befürchtete, war er zur Sicherheit mit Frau u. Sohn nach Tutzing übergesiedelt u. wollte in wenig Tagen nach der Hauptstadt zurückkehren. Doch da kam unerwartet die telegraphische Nachricht aus München, er solle sofort Tutzing verlassen u. sich in Sicherheit bringen. Mein Bruder war mit Familie spazieren gegangen. Bis er heimkam, hatte die Dienerschaft gepackt u. das Gepäck wurde auf einen Dampfer verladen. Doch da stellte sich heraus, daß der Dampfer nicht seeshauptwärts, sondern Kurs nach Norden, also zurück, hatte. Rasch wurden die Gepäckstücke wieder an Land gebracht, aber jetzt war guter Rath theuer. Es ging kein Dampfer in der gewünschten Richtung, kein Zug, es war kein Auto, kein Wagen aufzutreiben. Endlich brachten zu solch ungünstiger Winterszeit einige Kähne die Flüchtlinge in zweistündiger Fahrt nach dem Südende des Sees.* […] *Den nächsten Morgen früh 6 Uhr fuhr er mit den Seinen zu Wagen weiter. Es war höchste Zeit gewesen, denn schon wenige Stunden später kamen die Spartakisten mit einem Auto aus München, ihn im Schloß als Geisel zu haben u. in die Hauptstadt zu bringen. Was dann mit ihm geschehen wäre, weiß der Himmel. Vielleicht hätte er, wie andere Geiseln, unter den Kugeln der Revolutionäre geendet, als empörender Schluß einer siegreichen militärischen Laufbahn. Der Himmel hat es, Gott sei Dank, anders gefügt. Man versicherte den Leuten, mein Bruder sei nicht im Schloß, was der Wahrheit entsprach, u. nachdem sie reichlich traktiert worden waren, gaben sie die weitere Verfolgung ins Ungewisse auf u. kehrten nach München zurück. Mein Bruder aber mit seiner Familie flüchtete nach dem Kloster Ettal, u. einige Tage später mit Hülfe der Klosterherren u. des Erbgrafen Quadt über die tiroler Grenze nach Reutte. Hier blieb er monatelang in sehr bescheidenen Verhältnissen, bis es ihm vergönnt war, im Laufe des Sommers nach dem Allgäu u. erst im Herbst wieder nach München heimkehren zu können.*[39]

Als letzter Nachklang einer vergangenen monarchischen Epoche wird 1923 das Fest der goldenen Hochzeit von Bruder Leopold und seiner Gemahlin Gisela im Palais Leuchtenberg mit anachronistischem Pomp gefeiert: *Am 20. April öffneten sich die Thore unseres Familienpalais, die Säle thaten sich in altem strahlendem Lichterglanze auf, es bewegte sich in denselben eine vornehme perlen- u. diamantengeschmückte*

Damenwelt, Herrn in Zivil u. Uniform, ordenbesät, hatten sich eingefunden. Es war plötzlich wie in alter Zeit, als wäre die Vergangenheit aus ihrem Dornröschenschlaf erwacht. Und es war doch nicht wie in alter Zeit, denn die frühere Generation war fast durchwegs verschwunden u. hatte einer neuen Platz gemacht. Den folgenden Morgen die ergreifende Trauung in unserer alten Kapelle, an die sich für uns Geschwister die Erinnerung an alle hervorragenden religiösen Handlungen unserer Jugend knüpften. Nun waren wir da vereint mit Kindern u. Enkeln, Neffen u. Nichten, Großneffen u. Großnichten – eine stattliche Zahl. Dann noch ein glänzender Abend-Empfang in Leopolds eigenem Heim u. dann – sank wieder Alles zurück in seinen Märchenschlummer, u. das Erlebte erschien wie ein Traum.[40]

19.

Nur in Staatshänden sind die Dinge sicher gewahrt
Hüterin familiärer und eigener Hinterlassenschaften

Familiäre Hinterlassenschaften

Weitgehend unter Verzicht auf ihre wissenschaftliche Arbeit übernimmt Therese seit Ausgang des Krieges ein weiteres Mal die Rolle der traditionsbewussten Familientante und widmet sich der Sichtung und Bewahrung familiärer und persönlicher Hinterlassenschaften: So wird sie im Mai 1918, als sie zu ihrem jährlichen Aufenthalt nach Hohenschwangau aufbricht, vor *die Aufgabe gestellt, aus all den dort aus den Schlössern Neuschwanstein u. Hohenschwangau, aus dem Schweizerhaus in der Bleckenau u. dem Haus in Elbigenalp im Lechthal zusammengebrachten Einrichtungsgegenständen, d. h. Nippsachen, Bilder pp. diejenigen Gegenstände zu bezeichnen, welche, wie die in München, Erinnerungswerth für die Familie besaßen.* Sie notiert: *Ich verbrachte die meisten meiner Morgen mit dieser wehmüthigen Arbeit; an so vielen Dingen klebten freudige oder schmerzliche Gedanken an längstvergangene schöne Zeiten.*

Noch eine andere überfällige und nicht minder schmerzliche Aufgabe wartet noch seit langem auf sie: Im Jahre 1920, sechsundfünfzig Jahre nach dem Tod der Mutter, geht sie endlich an die Auflösung und Verteilung des mütterlichen Nachlasses: *Mein Vater hatte sich nach dem Tode seiner über Alles geliebten Frau nicht entschließen können, an ihre Sachen zu rühren, u. so blieben ihre Zimmer, wie sie sie verlassen, bis* [1868] *die Heirath meines ältesten Bruders, in Folge Platzmangels, eine Änderung erheischte. So wurde der Inhalt ihrer Wohnung in einen unbenutzten Raum gebracht, u. Jahre später erhielt ich von meinem Vater den Auftrag, die Vertheilung der Gegenstände vorzunehmen.* Nach langem Zögern und vielfältigen Aufschüben überwindet sich Therese endlich und macht sich nun 1920 an die wehmütige Aufgabe: *So vertheilte ich endlich. Es schien mir, als dringe ich in ein Heiligthum ein, es kam mir fast wie eine Entweihung vor. Nahezu an jedem Stück klebte eine Kinder- u. Jugenderinnerung, nahezu jedes Stück erzählte mir von der geliebten Mutter u. zauberte Bilder einer schönen, längstvergangenen Zeit hervor.*[1]

Sehr viel aufwendiger aber als diese Verteilung von emotional belasteten Erinnerungsstücken gestaltet sich für Therese die Beschäftigung mit dem schriftlichen Nachlass der Eltern. Im März 1921 – drei Jahre nach dem Ende der Monarchie! – wurde in München *der hundertste Geburtstag meines Vaters begangen durch patriotische Reden, Kranzniederlegen u. militärische Ovation im Armeemuseum. Zu einigen biographischen Artikeln hatte ich aus Briefen u. Tagebüchern das Material geliefert, u. da war mir wieder so recht zum Bewußtsein gekommen, welch herrliche Eltern ich gehabt u. wie ich Gott für die Gnade nicht dankbar genug sein kann. Ich fühlte mich gestärkt u. gehoben. – Dieses Material liefern u. weiteres Material aus dem schriftlichen Nachlaß, namentlich meiner Mutter, zu geschichtlichen Zwecken u. Feststellungen zusammenzusuchen u. maßgebender Stelle einzuhändigen, beschäftigte mich einen Theil des Winters.*[2]

Wohin mit meinem eigenen Lebenswerk?

Nachdem Therese mit der Verwahrung der elterlichen Hinterlassenschaften ein letztes Mal ihrer «Kindespflicht» Genüge getan hat, ist es nun vor allem ihr eigener reichhaltiger Nachlass, dessen Sichtung, Ordnung und Ergänzung bis wenige Wochen vor ihrem Tod ihre ganzen Kräfte fordert. Sie beginnt damit, die Verteilung ihrer Bücher und Sammelobjekte auf die als Erben vorgesehenen Münchner wissenschaftlichen Institutionen so zu organisieren, dass die Übergabe dereinst reibungslos durchgeführt werden kann. Als sie Anfang Januar 1920 nach sechs Jahren Landleben zum ersten Mal wieder für längere Zeit in die Stadt zieht, widmet sie sich als erstes ihrer mächtigen Privatbibliothek: *Es galt, nach so langer Abwesenheit endlich einmal Ordnung in meine Sachen zu bringen u. die Beziehung zu den bekannten Gelehrten wieder enger zu knüpfen. 6 Wochen mußte ich auf das Ordnen der Bibliothek, das Einordnen der von meinem Vater geerbten u. aus den Bücherschätzen meines Bruders Arnulf u. meines Neffen Heinrich erhaltenen Werke verwenden. Als ich nach vollendeter Arbeit stolz auf mein Werk zurückblickte u. Oberbibliothekar Dr. Kößler, anbetracht der späteren Bestim-*

mung meiner Schätze, eingeladen hatte, dasselbe zu besichtigen, äußerte sich derselbe höchst befriedigt. Als erfahrene Bibliotheksbenützerin hatte Therese, *ohne es zu ahnen,* ihre *Bibliothek nahezu nach den für die Staatsbibliothek maßgebenden Prinzipien geordnet.*[3]

Die Beschäftigung mit dem Herzstück ihres Besitzes, mit ihrer in jahrelanger Umsicht zusammengefügten Sammlung, wird in unerwarteter Weise von außen erzwungen. Im Jahr 1923 verlangt plötzlich ihr ältester Neffe, Kronprinz Rupprecht, der nach dem Tod seines Vaters Familienoberhaupt und Besitzer des Palais Leuchtenberg geworden war, die Entfernung ihrer inzwischen immer mehr angewachsenen Kollektion aus dem bisherigen weiträumigen Ausstellungssaal. Der Zeitpunkt dieser Forderung ist denkbar ungünstig: Der bauliche Erhalt ihrer geliebten Lindauer Villa AmSee hatte mangels ausreichender finanzieller Mittel den vollen Einsatz der eigenen, zudem geschwächten Körperkräfte verlangt, so dass ihr Sommeraufenthalt 1923 *in harter Arbeit* vergangen war: *Anstreichen von Kähnen, Thüren u. Verandhen verlangten mitunter ein Stehen von früh bis abends, manchmal auf Leitern oder in den unbequemsten Stellungen. Manchmal war ich todmüde. In diese physische Erschöpfung hinein platzte die Aufforderung, ich möchte meine 50 Schränke umfassende ethnographische u. naturwissenschaftliche Sammlung aus dem großen Saal, in dem sie durch die Güte meines Bruders Ludwig untergebracht war, baldigst räumen. Es war für mich eine Art Todesurtheil. Wohin mit meiner Lebensarbeit?*[4]

Dass dieser unerwarteten Ordre interne Auseinandersetzungen vorausgegangen sein könnten, lässt sich nur vermuten, denn Therese hatte den 1869 geborenen ältesten Sohn ihres Bruders Ludwig stets als ihren *Lieblingsneffen bezeichnet,* [...] *dessen Geburt ich damals unter dem gleichen Dach wie seine Eltern wohnend, miterlebt, den ich einst vorübergehend in den Anfangsgründen der Religion unterrichtet, den ich als Knaben in seinen Freizeiten öfters zu mir genommen, der in späteren Jahren manchmal sein Herz bei mir ausgeschüttet.*[5] Außerdem hatte sie sich einst erfolgreich bei seinem Vater und dem Prinzregenten dafür eingesetzt, seiner beabsichtigten, aber unerwünschten Verbindung mit Marie Gabriele Herzogin in Bayern zuzustimmen.[6]

Therese ist verzagt, verzweifelt. Sie ist mit ihren dreiundsiebzig Jahren von den äußeren Lebensumständen erschöpft und gesundheitlich wegen ihres schwelenden Lungenleidens schon lange nicht mehr so robust wie einst. *Man schlug mir zur Unterbringung* [der Sammlungen] *die verständnislosesten Auswege vor. Ich erklärte, ich müsse wenigstens den Hauptheil im Hause behalten, um ungehindert das Material, nach dem ich arbeiten mußte, zur Hand zu haben. Ginge dies nicht, so wäre es mit meiner geistigen Arbeit, meinem Daseinsinteresse, überhaupt meiner ganzen Existenz vorbei. Ich war dann nur mehr wie ein Lumpen zum Wegwerfen.*[7]

Doch – wie kaum anders zu erwarten – sie gibt nicht auf: *Ich ermannte mich u. kämpfte. Die Riesenarbeit schien in meinem vorgerückten Alter mich direkt zu erdrücken, denn ich konnte Niemandem die Räumung überlassen. Es existierte kein Katalog. Ich hatte jedes der tausend u. aber tausend Gegenstände selbst aufgehängt, aufgestellt, nach Volksstämmen, Horden, Ländern geordnet. Niemand außer mir hatte die Kenntnisse im Kopf, die zu dieser Aufstellung nöthig waren, denn es gehörten meine persönlichen Reiseerfahrungen u. Studien als Basis dazu.*[8]

Aber nachdem die amerikanische, asiatische u. ein Theil der europäischen Sammlung [in meiner großen Küche] *im Palais untergebracht war, war es auch mit meinen Kräften zu Ende, u. ich brach zusammen. Tägliches Fieber, hartnäckiger Husten wollten mich nicht mehr verlassen, u. als endlich der Arzt gerufen wurde, erklärte er mich als tuberkulös.*[9]

Thereses Nachlass im Geheimen Hausarchiv

Es bleibt für Therese die Beschäftigung mit ihrem eigenen schriftlichen Nachlass, einer für die Nachwelt schier unerschöpflichen Quelle autobiographischer Fundstücke. Denn glücklicherweise hat die einst eher schüchterne, gegen ein schwaches Selbstvertrauen ankämpfende Prinzessin im Laufe ihres Lebens so viel Interesse an ihrer eigenen Geschichte entwickelt, dass sie ohne Zögern der Nachwelt einen reichen, biographischen Nachlass aus eigener Feder anvertrauen kann. Im Geheimen Hausarchiv des Bayerischen Hauptstaatsarchivs finden sich schätzungsweise dreitausend handschriftliche Seiten (auto)biographischer Aufzeichnungen der Prinzessin aus über fünfundsechzig Lebensjahren, außerdem umfangreiche Briefwechsel mit Familie, Freunden und Gelehrten, sowie detaillierte, höchst informative Kostenabrechnungen zu fast allen Reisen.

Für die Rekonstruktion ihrer Lebensgeschichte sind mehrere Kon-

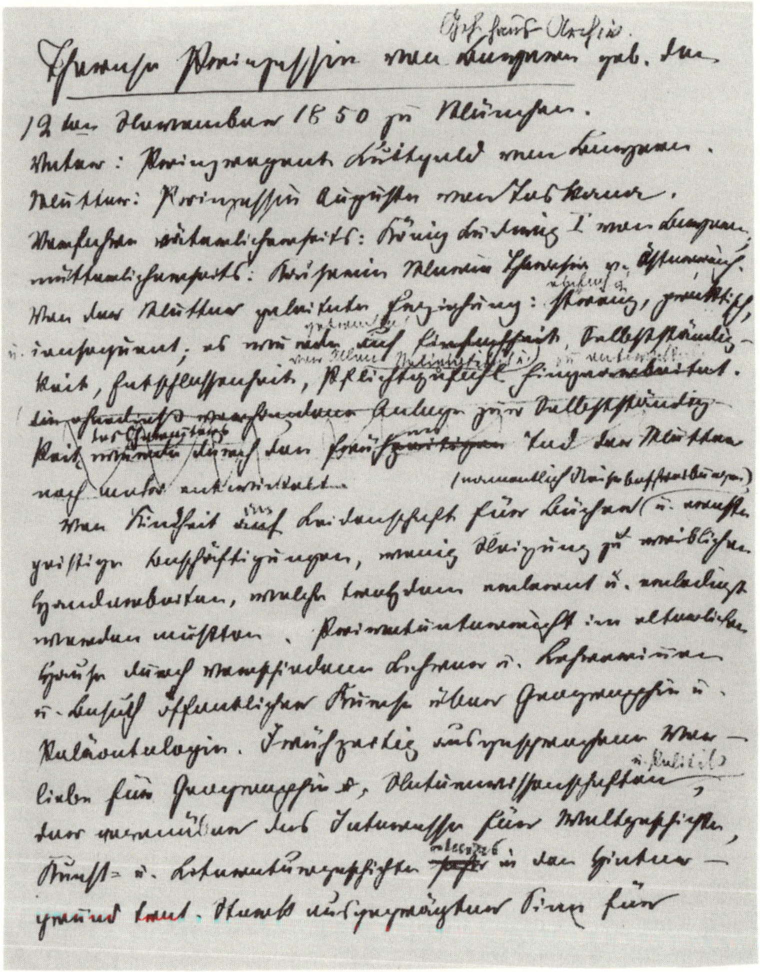
Geh. Haus-Archiv
Therese Prinzessin von Bayern geb. den
12ten November 1850 zu München.
Vater: Prinzregent Luitpold von Bayern.
Mutter: Prinzessin Auguste von Toskana.

Thereses eigenhändiger Entwurf für ein Selbstporträt.
Im Druck erschienen in: W. Zils (Hg.),
Geistiges und Künstlerisches München
in Selbstbiographien. München 1913, S. 367ff.

volute von besonderer Bedeutung, allen voran das sogenannte «Biographische Material»[10]. In diesem Faszikel hat Therese auf über siebenhundert handschriftlichen Blättern mit kalendarischer Genauigkeit ihre äußeren Lebenssituationen aufgezeichnet, Daten, Namen, politische Ereignisse und Reisen in chronologischer Abfolge dokumentiert, und dies aus der Perspektive und mit den Kommentaren der unmittelbaren Zeitzeugin. Von besonderem Interesse sind darin die Spiegelungen ihrer politischen Einstellungen zu den dramatischen politischen Ereignissen ihrer Epoche. Die frühen Kinder- und Jugendjahre sind mit Passagen aus dem mütterlichen Tagebuch belegt, dann lebt der Text durch eine geschickte Montage von Zitaten aus Briefen an ihren Vater und ihren Bruder Arnulf, ergänzt durch Passagen aus ihren (heute verschollenen) Reisetagebüchern, sowie überleitenden oder erläuternden Kommentaren – offensichtlich angefügt aus späterer (Ein)Sicht. Nach dem Tod von Bruder Arnulf (1907) und dem Tod des Vaters (1912) scheinen sich die Schilderungen auf (inzwischen verlorengegangene) tagebuchartige Notizzettel zu stützen. Diese Texte über die letzten dreizehn Lebensjahre sind konsistenter, epischer, mehr aus einem Guss. Das Manuskript ist undatiert, aber auf Grund verschiedener Indizien ist zu vermuten, dass dieser Versuch einer Lebensbilanz in den Kriegs- und Nachkriegsjahren in ihrem Refugium am Bodensee entstanden ist. Besonders berührend ist ein Eintrag im Herbst 1920, als nach einer längeren Phase großer körperlicher Schwäche die siebzigjährige Schreiberin sich zu ihrer Rolle als Autobiographin bekennt: *Da mir Gott noch weiteres Leben geschenkt, will ich noch weiter eintragen, was sich für mich begeben hat u. werde es auch künftig alljährlich thun, so lange mir die nöthige geistige u. körperliche Kraft hiezu bleibt. Den Schluß hat dann einmal Jemand Anderer zu verfassen.*[11]

Im Unterschied zu diesem «Biographischen Material» sind die von 1860–1925 überlieferten «Tagebücher»[12] ein intimer Spiegel des Inneren und Leidens der Schreiberin. Wie ein roter Faden zieht sich die leidenschaftliche *Geschichte ihres Herzens* durch die Aufzeichnungen, ihre aussichtslose, aber unerschütterliche Liebe zu ihrem Vetter Otto, ihre vergeblichen Hoffnungen und Sehnsüchte, ihre vehementen psychischen Abstürze. Daneben gibt sie ein eindrucksvolles Zeugnis ihrer tief verwurzelten Frömmigkeit, scheut sich aber auch nicht vor der Auseinandersetzung mit ihren religiösen Zweifeln und seelischen Krisen. Keiner dieser beiden zentralen Lebensbereiche – Ottoliebe und Gottesliebe – findet in dem «Biographischen Material» auch nur die leiseste Erwähnung.

Diese Diskrepanz zwischen der äußeren und der inneren Welt, wie sie diese beiden parallelen Quellentexte aus ein und derselben Feder dokumentieren, spiegelt ihre häufig beklagte Gespaltenheit wider, die sie von frühester Jugend an bewusst erlebt und durchlitten hat: Auf der einen Seite – davon profitiert das «Biographische Material» – die anerzogene Contenance, die sie ihrer Stellung im höfischen Umfeld schuldet, gleichzeitig aber, verborgen hinter dieser Maske der Beherrschtheit, die heimliche, oft abgrundtiefe Verzweiflung ihrer zerrissenen Seele, wie sie die «Tagebücher» spiegeln. Man könnte meinen, es handele sich um zwei voneinander getrennt schreibende Ichs ein und derselben Person.

Diesem «inneren Ich» der «Tagebücher» ordnen sich zwei weitere biographische Quellen zu, zum einen die 1923, zwei Jahre vor ihrem Tod aufgezeichnete «Geschichte meines Herzens»[13], die noch einmal die Stationen ihrer Liebe zu dem Gefährten ihrer Jugend zusammenfasst, sowie die Sammlung ihrer «Gedichte».[14] In einer schwarzen, leicht ramponierten, verschließbaren Schatulle, die mit einer kleinen goldenen Krone und mit Thereses Initiale «T» verziert und mit tiefblauem Samt ausgefüttert ist, lagern elf in Lackpapier gebundene Schulhefte, angefüllt mit zweihundertunddreißig zwischen 1869 und 1917 entstandenen Gedichten, dazwischen Übersetzungen aus dem Dänischen, Französischen, Neugriechischen, Russischen, Schwedischen, Spanischen und aus ihrer «Muttersprache», dem Italienischen. Die «Edition» dieser Texte zeugt von bewundernswerter Sorgfalt: Die Autorin hat die einzelnen Gedichte in absichtsvoll kalligraphischer Schönschrift mit wechselnder blauer Tinte von einzelnen, schier unlesbaren Entwurfszetteln abgeschrieben und die Hefte sorgfältig mit Seitenzahlen und Inhaltsverzeichnissen versehen. Durch die taggenaue Datierung der Einträge liest sich der Inhalt dieser Gedichtschatulle wie eine in Verse gefasste innere Autobiographie.

Als Motto für ihre Gedichtsammlung, und damit gleichzeitig zur eigenen Rechtfertigung, schlägt Therese im letzten Heft auf einem losen Zettel einen Vers von dem religiösen Lyriker der Spätromantik, Julius Sturm, vor: «So viel ich Lieder sang, / Hab' ich doch nie gesungen, / Wenn nicht tief' innrer Drang / Zum Singen mich gezwungen.» Die Texte beschwören solche sie tief berührenden Anlässe in vielfachen Variationen: Schwermütige Liebesgedanken und Zeugnisse von Todessehnsucht wechseln mit schwärmerischen Naturbeschreibungen – Poesie als Therapie.

Offensichtlich hatte die junge Therese schon 1879 Anlass, sich gegen landläufige, abschätzige Meinungen über das Dichten zur Wehr zu setzen: Es ist *ein Unsinn zu sagen: ‹Jemand posiert in seinem Schmerz›, denn ist es ein wahrer Schmerz, so kann er nie posieren, posiert er dennoch in Schmerzensgefühlen, so können sie ihm nicht ernst sein. Ich z. B. schreibe so u. so viele Gedichte über ein u. das nämliche Thema, über den Schmerz meines Lebens; ist es deshalb ein Posieren, weil ich diesen Schmerz bis in seine feinsten Fasern zerlege? Ich fühle es wirklich so, in den Stunden, in welchen meine verfehlte Existenz mich am meisten drückt u. die Schmerzgefühle um mein verlorenes Glück mit Allgewalt auf mich einstürmen, da kömmt es mir von selbst, daß sich dieser Schmerz in Worten findet, eine dichterische Gestalt annimmt u. auf diese Art objektiviert wird. Es ist ein Aussprechen, ein wohlthuendes Aussprechen für sich, welches nicht für die Augen der Menschen berechnet ist; es ist kein Gedicht, welches zu jeder beliebigen Zeit verfaßt werden könnte, es gibt sich nur in die Feder in solchen Augenblicken tiefsten Leides.*[15]

Ein letzter autobiographischer Rückblick, niedergeschrieben mit zittriger Hand auf dem Krankenlager, gilt ihren Tieren: Wenige Monate vor ihrem Tod hat Therese ihre Erinnerungen an ihren lebenslangen Umgang mit Tieren aller Spezies, Größen und Abstammungen mit einfühlsamer Detailfreude aufgezeichnet. Eingehend schildert sie in «Meine Tiere»[16] auf einundsechzig Seiten ihre kindlichen Erfahrungen mit den heimischen Tieren in ihrem privaten Kinderzoo im Palais Leuchtenberg bis hin zu ihrem späteren Umgang mit exotischen Tieren, die sie lebend von ihren Reisen in Südamerika nach Europa gebracht hatte, um sie in ihren Wohngemächern in der Residenz in Ruhe auf Verhalten, Intelligenz und Emotionalität hin beobachten zu können.

Sie hatte sich gewünscht, diesen Text unter dem Titel «Meine Tiere» in einem bayerischen Verlag als Büchlein veröffentlichen zu können. Als nach ihrem Tod mehrfache Bemühungen ihrer Hofdame Johanna von Mahlsen erfolglos bleiben, bietet der ehemalige Direktor des Römischen Zoos seine Vermittlung für einen Abdruck in der «Freiburger Zeitung» an. Nachdem sich die ehemalige Hofdame bei dem amtierenden Familienvorstand, dem Kronprinzen Rupprecht, vorsorglich vergewissert hatte, dass der fündige Vermittler politisch zuverlässig und die «Freiburger Zeitung» ein angemessener Publikationsort sei, erscheint der Text dort drei Jahre nach Thereses Tod als Fortsetzungsfolge. – Bei der

Niederschrift dieser Erinnerungen hat sich die Autorin auf ältere Aufzeichnungen gestützt, manche der zum Teil höchst humorvoll beschriebenen Vorkommnisse erinnern an frühere Schilderungen aus Briefen und aus ihren Büchern.

Thiere thuen in ihrer selbstlosen Treue einem wehen Menschengemüth oft wohler als Menschen

Die einst kindliche, zutraulich-spielerische Beschäftigung mit heimischen Tieren ist mit fortschreitendem Alter und mit zunehmenden Reiseerfahrungen in exotischen Ländern gezieltem wissenschaftlichen Interesse an tierischem Verhalten gewichen. Vor allem aber wird dieses Zusammenleben mit ihren zum Teil recht originellen Zöglingen mehr und mehr von der Sehnsucht getragen, ein partnerschaftliches Verhältnis zu ihren Mitbewohnern aufzubauen. Dieser Wunsch findet erst spät seine wirkliche Erfüllung, als nämlich 1908 *Tschupi* in Thereses Leben gerät. Die mit großer Empathie und Ausführlichkeit beschriebene Persönlichkeit dieser Hündin und beider außergewöhnliche Beziehung ist das Herzstück in «Meine Tiere».

Das mir liebste Tier unter den vielen, welche ich mein ganzes Leben hindurch um mich hatte, ein Tier, zu dem mich eine Art Seelenverständnis hinzog, war ein [seiner Abstammung nach] *wilder Straßenhund vom asiatischen Ufer des Bosporus. Dieser nahezu kurzhaarige, weiße Hund mit Schäferhundkrause, welcher ein paar mattgelbe Flecken trug, kam drei Wochen nach Ankunft seiner Mutter in München auf die Welt. Zwei Monate später ging er in meinen Besitz über und blieb daselbst bis an sein im vierzehnten Jahr seines Lebens erfolgtes Ende. Dieses Tier, eine Hündin, war ganz, was ich brauchte. Es war kein Hund nach unseren europäischen Begriffen, der seinem Herrn auf dem Fuß folgt und sich unzertrennlich von ihm fühlt. Diese hündische Aufdringlichkeit schien mir immer eine Beengung meiner Freiheit, wenn ich an den Besitz eines Hundes dachte, und ich brachte es bis zu fast sechzig Jahren, ohne ein solches Tier mein eigen zu nennen. Da warf mir ein Zufall meinen weißen Asiaten in den Weg. Tschupi* […] *lebte ihr Leben für sich.* […] *Ich wußte, daß sie an niemandem so hing wie an mir; aber wenn ich aufstand, fortzugehen oder in einem Nebenzimmer etwas zu holen, fiel es ihr nie ein, ebenfalls aufzustehen.* […] *Sie tat, was sie wollte.* […] *Ge-*

horchen lernte sie ihr langes Hundeleben niemals, sie war und blieb ein wilder Hund.[17]

In Tschupi findet Therese endlich ein tierisches Wesen, dessen Eigenschaften und Verhalten ihren ganz persönlichen Bedürfnissen uneingeschränkt entsprechen: Es war klug, neugierig, anregend und geschickt: *Meine Hündin war der intelligenteste Hund, der mir je untergekommen ist. Ihre Ohren befanden sich in fortwährender Bewegung, in ihrem Gehirn arbeitete es unaufhörlich* […] *Sie verlangte nach Unterhaltung und Anregung. In der Stadt saß sie inmitten des riesigen Residenzhofes und beobachtete stundenlang das zu den vier Toren ein- und ausgehende Publikum.* […] *Sie stahl Eier und schlürfte sie aus, ohne einen Tropfen zu verschütten.* Lediglich ihre musikalische Begabung ließ zu wünschen übrig: *Sie heulte, daß es eine Freude war, wenn man ihr Klavier vorspielte, sie heulte herzzerreißend, wenn das Sonntagsglöckchen im Schlosse Hohenschwangau ertönte.* – Im Umgang mit Tierärzten war sie von *beispielhafter Sanftmut*. Als die Ärzte in der Klinik Einspruch gegen den maulkorblosen Hund erhoben, stand Therese *für sie gut, und richtig – sie ließ sich, von so und soviel Ärzten umringt, als vernünftiges Wesen behandeln.* […] *Man hatte tatsächlich den Einruck, es nicht mit einem vernunftlosen Tier zu tun zu haben und daß nur die Sprache fehlte, um sich direkt zu verständigen.*[18] Dreizehn Jahre lang ist Tschupi für Therese eine *unzertrennliche Zimmergenossin*. Und als das Tier am 28. Juli 1921 von einem aussichtslosen Leiden erlöst werden muss, widmet ihr Therese in ihrem «Biographischen Material» einen berührenden Nachruf, der mindestens soviel über die sensible Schreiberin aussagt wie über das Wesen des toten Tieres: *Wir hatten uns ganz ineinander eingelebt u. verstanden uns gut. Ihr Character, ihre Eigenschaften waren mir ungemein sympathisch, sie war gerade, was ich brauchte. Sie, der wilde, asiatische Straßenhund, forderte eine gewisse Freiheit u. Selbstständigkeit, die ich für meine Person auch dem Thier gegenüber haben wollte, entgegen den europäischen Haushunden, welche ihrem Herrn nicht von der Seite weichen, was mir eine Beengung u. eine Quelle der Ungeduld gewesen wäre. So ging Jedes von uns seiner Wege u. doch hatten wir uns u. wußten, daß wir uns gern hatten. Tschupi äußerte ein unbedingtes Vertrauen zu ihrer Herrin, keine Angst, keine Scheu, wie andere Hunde haben. Zu mir flüchtete sie in all ihren Kümmernissen, u. ihr treuer Blick sagte, was in ihrer Seele vorging. Dazu war sie äußerst, ja selten intelligent u. wir sagten oft, es fehlt ihr nur die Sprache. Es war geradezu interessant, ihre Schlußfolgerungen zu beobachten u. zu errathen, was nun ihre Pläne wären. Sie war ein Herrenthier u. doch voll Gemüthes. Ihr reger Kopf gab nie Ruhe, Alles mußte sie wissen, untersuchen, beobachten; ihre stets in Bewegung befindlichen Ohren gaben ihre geistige Regsamkeit kund.*

Und nun mußte ich sie altern sehen, sie, die ich zwei Monate alt zu mir genommen und ganz aufgezogen hatte. Das Altwerden äußerte sich bei ihr genau wie beim Menschen, es war der nämliche traurige, unaufhaltsame Prozeß. Und als ich endlich bemerkte, wie sie litt u. mich in ihren Schmerzen namentlich traurig anblickte, da brachte ich es nicht übers Herz, sie länger hoffnungslos leiden zu sehen, u. unter Thränen gab ich den Auftrag, sie von ihren Leiden zu erlösen. Der letzte Tag wird mir unvergeßlich sein; sie war ruhelos, sie litt wie ein Mensch, sie stöhnte wie ein Mensch, sie blickte wie ein Mensch. Ich wich nicht von ihrer Seite u. erwies ihr die letzten Wohlthaten. Ein Schlaf- u. Betäubungsmittel brachte die erwünschte, endliche Ruhe. Ich hatte einen treuen Hund verloren, eine liebe Gesellschaft, Thiere thuen in ihrer selbstlosen Treue einem wehen Menschengemüth oft wohler als Menschen; dies hatte ich oft empfunden. Nun war es still u. einsam in meinem Zimmer geworden u. ich kann den treuen, verständnisvollen Genossen nicht vergessen u. vermisse ihn mehr, als ich sagen kann.[19]

Nur in Staatshänden sind die Dinge von geschichtlichem oder wissenschaftlichem Werth sicher u. erhaltend gewahrt

Die gründliche Durchsicht sowohl ihrer familiären als auch ihrer persönlichen schriftlichen Hinterlassenschaften und die wohlgeordnete und lückenlose Übergabe an das Geheime Hausarchiv hängt nicht zuletzt mit Thereses verzweifelter Einsicht zusammen, dass die Revolution in weiten Kreisen der jüngeren Generation eine tiefe Entfremdung von überkommenen Werten und ein fatales Misstrauen gegenüber historischem, kulturellem Wissen bewirkt hat – Werte und Wissen, mit denen Therese aufgewachsen ist und für die es keinen Ersatz gibt.

Mit dem Tode meines ältesten Bruders war eine neue Zeit, waren ganz neue Verhältnisse für mich herangebrochen. Eine neue Generation kam obenauf, neue Begriffe wurden bestimmend, mit dem Alten, den Traditionen, den Erinnerungen, den lieben, lieben Familienerinnerungen wurde energisch aufgeräumt, man möchte manchmal fast sagen zu energisch. Es wurde Vieles zerstört, was die vorhergehenden Generationen gepflegt u. hochgeachtet hatten. Es war gleich, ob Eltern oder Großeltern daran gehalten; nur fort, fort mit dem alten Gerümpel! Wir, meine Brüder u. ich, hatten so ganz anders, was sich an unsere nächsten Vorfahren knüpfte, ich möchte sagen, gehalten. Aber hier, in der neuen Generation, fehlte der Familiensinn; er war nie gepflegt worden, u. das rächte sich nun. Unersetzbare Werthe von familiengeschichtlicher, ja von allgemeiner historischer Bedeutung gingen verständnislos unwiederbringlich verloren. Nun – es war ja auch ein Standpunkt, unter der Vergangenheit einen Strich zu machen u. ganz neu, ohne Fundamente, aufzubauen. Ob es richtig, ob klug, möchte ich dahingestellt sein lassen. Jedenfalls that dieses Vorgehen uns wenigen Überlebenden aus früherer Zeit weh, namentlich mir, u. ich hatte die Empfindung, daß wir uns überlebt hatten, daß es Zeit für uns wäre zu gehen. Wir ragten nur mehr wie Trümmer aus der Vergangenheit in die Gegenwart hinein.

Unter solchen Eindrücken, unter immer neuen Gemüthsverletzungen, ungewollte u. ungeahnte, betone ich, verging der Winter [1921/22]. *Und es wurde mir immer klarer, was meines ältesten Bruders u. mein Prinzip u. unsere Überzeugung das ganze Leben hindurch war, nur in Staatshänden sind die Dinge von geschichtlichem oder wissenschaftlichem Werth sicher u. erhaltend gewahrt, u. mehr denn je bemühte ich mich, aus dem allgemeinen Schiffbruch noch zu retten, was zu retten war.*[20]

20.

Ich habe mich vor nichts im Leben gefürchtet
Unerschrockenes Leiden – ergebenes Sterben

Mein guter Humor verließ mich keinen Augenblick

Als Therese 1871 zum ersten Mal mit der Diagnose *lungenleidend* konfrontiert worden war, brachte sie dies – so hält sie in ihrem Tagebuch fest – *Gott näher, weil ich viel an den Tod dachte.*[1] So lakonisch und ergeben notiert die Einundzwanzigjährige den Beginn ihrer von mütterlicher Seite ererbten gesundheitlichen Schwäche, gegen deren schubweise Bedrohungen – Krampfhusten mit asthmatischen Zügen, fiebrige Zustände, Blutspucken, Rippenfell- und Lungenentzündungen – sie sich, solange es ging, mit unerschütterlicher Gelassenheit zur Wehr zu setzen weiß. Und dies mit Erfolg, denn selbst auf ihren strapaziösen Expeditionen in unwirtliche Regionen waren körperliche Gebrechlichkeiten niemals Grund für irgendwelche Rücksichtnahme.

Mit noch größerer Geduld, aber auch Bereitschaft zu therapeutischen Maßnahmen stemmt sie sich gegen eine andere gesundheitliche Bedrohung: Mit zunehmendem Alter nämlich verschärft sich, was Therese ihrer *rheumatisch angelegten* Natur anlastet, ein Gichtleiden, weswegen sie von 1902 bis 1912 jährlich jeweils eine zwei- bis dreiwöchige Kur in der Toskana, in Monsummano, über sich ergehen lässt, ebenso wie 1912 in München eine *mehrwöchige schmerzliche Behandlung ihres nicht normal beweglichen linken Arms.*[2] Diese Einschränkungen ihrer körperlichen Beweglichkeit, die sie zeitweise dazu zwingen, *mit dem Stock gehen* zu müssen,[3] stellen ihre bewegungsfreudige Natur *auf eine unbeschreibliche Geduldsprobe:*[4] *Ich muß im September nochmals nach Monsummano,* schreibt sie 1903 ihrer Freundin Charlotte Blennerhassett, *wer weiß, ob mit Erfolg. Ich würde ja gerne alles thun u. mich schinden lassen soviel man will, wenn es nur irgendeinen Erfolg hätte. Aber So?*[5] Worauf Charlotte tröstend erwidert: «Ich kann gar

Therese im Alter von 50 Jahren

nicht sagen, wie sehr es mich verlangt, von Ihnen – womöglich gute Nachrichten – und nach Monsummano – zu erhalten. Es ist wirklich eine Ironie des Schicksals, wenn man so ungeheure physische Leistungsfähigkeit durch Atavismus, wenn auch nur vorübergehend, so

Gott will, leidet. Denn vernünftiger hat niemand gelebt, energischer auch nicht. Ich bitte und beschwöre Königliche Hoheit, sich ja nicht deprimieren, besonders nicht vom Gedanken beherrschen zu laßen, das Übel sei nicht zu beseitigen. Es hängt mit momentanen Gesundheits- und Alters-Übergängen zusammen. Ich bin ein lebendes Beispiel, dass man solche überwindet, die ich nach allen Regeln der Kunst und Wissenschaft tot sein sollte. Seit sechs Jahren. Man muß Geduld haben und selbst suchen, was frommt.»[6]

Über solche «Geduld» verfügt Therese immer dann ganz besonders, wenn es um Leben und Tod geht. Diese widerspruchslose Ergebenheit in die Umstände, seien sie auch noch so bedrohlich, schöpft Therese aus einer dreifachen Quelle: aus ihrem unerschütterlichen Gottvertrauen, aus ihrer Verantwortung für Otto sowie aus ihrer sich immer wieder Bahn brechenden Schaffenslust, die angestrebten Lebensziele ihrer wissenschaftlichen Arbeit in die Tat umzusetzen.

Aus mehrfachen lebensbedrohlichen Krisen geht sie auf diese Weise jeweils sichtlich gestärkt hervor. So schreibt sie am 1. Januar 1902 in ihr Tagebuch: *Seit ich vorigen Winter* [1901] *so krank gewesen, seit ich von einem unheilbaren Leiden bedroht gewesen war, bin ich viel, viel ernster geworden. Ich habe dem Tod in die Augen gesehen und mit der Möglichkeit gerechnet, binnen wenig Jahren unrettbar verloren zu sein. Das hat mich damals vom Leben losgelöst; in der Krankenstube fühlte ich mich von der Welt geschieden* […]. Doch als nach einiger Zeit die Wende eintritt, ist der alte Lebenswille sofort wieder da: *Ich fand mich wieder wie in früheren Jahren u. ich war still beglückt u. sehnte mich nach oben, nach dem Unvergänglichen.* […] *Es erwachte wieder das Interesse an all dem Schönen u. Edlen, was das Leben bietet, u. ich fing wieder an zu arbeiten u. zu schaffen, rastlos wie früher, vielleicht noch rastloser, denn ich hatte nun mehr denn je die Kürze des Lebens u. das Kostbare der Zeit empfunden, u. ich hatte noch viel zu erledigen.* Und als Erklärung fügt sie beschwörend hinzu: *Wer nie seine Gedanken zu Papier gebracht, sie der Mitwelt mitzutheilen, wer nie mitgebaut hat, wenn auch nur in winzigen Bausteinen, an dem Gebäude der Wissenschaft, wer nie die Wonnen gekostet hat, die Welt von Ideen, welche in seinem Gehirn schlummert, zum Leben zu wecken, zu ordnen u. ein Gebilde daraus herauszumeißeln, wer, mit einem Worte, nie geistig geschaffen hat, der kann auch nie bemessen, was es für ein Gedanke ist, mit dem Leben abschließen zu müssen, wenn man noch für Jahre, für viele Jahre Stoff hätte zu ver-*

arbeiten, wenn man noch Welten von Ideen in's Dasein rufen und verwerthen könnte! Es ist ein unausgelebtes Leben, eine unabgeschlossene Existenz, u. darin liegt eine große Tragik. Nicht daß man vor der Welt glänzen u. sich Lorbeeren erringen möchte, nein, man möchte sich nur ausleben, nur ausschöpfen können. Dann – wenn Alles ausgegeben ist, dann würde man sich ruhig hinlegen zum Sterben.[7]

In den letzten Kriegsjahren häufen sich gesundheitliche Krisen, deren ausführliche Schilderungen immer wieder ein ähnliches emotionales Muster deutlich werden lassen, nämlich Thereses Abgleiten in tiefste Gefährdung und ihr Wiederauftauchen mit einem aus diesen Erfahrungen geläuterten, glücklichen Überlebensgefühl: *In der Oktobertemperatur* [1917] *in München zog ich mir in meiner dortigen Wohnung eine schwere Erkältung zu, welche nach meiner Rückkehr nach Lindau in einer Rippenfell- u. doppelseitigen catarrhalischen Lungenentzündung zum Ausbruch kam. So krank hatte ich mich in meinem ganzen Leben nicht gefühlt, so krank war ich auch noch niemals gewesen. Ich fühlte eine unbeschreibliche Schwäche u. meine Gedanken gingen irre; ich war mir noch bewußt, daß sie irre gingen, jedoch hatte ich nicht mehr die Kraft, sie zusammenzuhalten. In der schlimmsten der schlimmen Nächte schien es mir, als sei ich schon von allem Irdischen abgeschieden, als sei schon eine trennende Mauer zwischen mir u. dem Leben aufgerichtet, als sei ich allein in tiefer Dunkelheit, getrennt von all meinen Lieben, u. als erwarte mich nun die Ewigkeit. Ich schaute nur mehr nach vorwärts, nicht mehr zurück nach der hinter mir versunkenen Welt – u. es lag eine große Ruhe in diesem Zustand.* Da ihr Schützling Otto [1916] gestorben war und ihrer Betreuung nicht mehr bedurfte, kann sie erleichtert feststellen: *Meine letzte Aufgabe in diesem Dasein war ja erfüllt, u. nun sollte ich abberufen werden. Diese Vorstellung beherrschte mich wohlthuend u. überzeugend. Den folgenden Morgen wollte ich den Priester rufen lassen, ehe mir meine Gedanken gar nicht mehr gehorchten. Das Bewußtsein, bald vielleicht mit dem Denken aufzuhören, war ein ganz eigenartiges. Da – gerade in dieser schlimmsten der Nächte, kam der Wendepunkt u. es ging wieder aufwärts, langsam, aber sicher. Noch einige kleine Rückfälle … u. nach zwei langen Monaten konnte ich endlich als genesen betrachtet werden. Es war merkwürdig, dem Leben wiedergegeben zu sein, nachdem ich schon ganz mit demselben abgeschlossen, nachdem es für mich scheinbar kein Interesse u. keinen Werth mehr hatte. Also: von Neuem beginnen!*[8]

Ein Jahr später erkrankt sie an einer Blinddarmentzündung und soll umgehend operiert werden, allerdings – wegen ihres Alters – ohne Narkose: *Letzterer Umstand freute mich zwar wenig, wußte ich doch durch Erfahrung aus meinem Lazarett, daß es keine Kleinigkeit sei, nur unter örtlicher Anästhesie geschnitten zu werden. Aber ich dachte mir: ‹es ist nun einmal nicht zu ändern› u. sah der Operation muthig entgegen. ‹Wenn es mit mir aus sein soll, so soll es aus sein.› Ich ließ noch Abends den Priester rufen u. beglich vertrauensvollst meine Rechnung mit meinem Herrgott. Meine Lage kam mir eher komisch vor: sich nicht schwer krank fühlen wie das Jahr vorher u. doch an sein mögliches, nahes Ende denken sollen, dies konnte ich nicht realisieren, u. so verließ mich mein guter Humor keinen Augenblick. In der Frühe wollten die Ärzte mich zum Operationstisch holen u. ich mußte Nachts, in Folge meiner Schmerzen, immer an diesen Zukunftsausblick denken – da, gegen Morgen, ebbten die Schmerzen ab u. die lebensbedrohende Aussicht gerann wie ein wüster Traum.*[9]

Ihr unbändiger Lebenswille lässt sie auch die bedrohliche Krise im Frühjahr 1922 wie durch ein Wunder überstehen. Der in München *konsultierte Arzt* erklärt seiner überraschten Patientin, sie müsse sich *die folgende Woche auf Leben und Tod operieren lassen.*[10] Jetzt, wie auch 1902 im offensichtlich ähnlich bedrohlichen Fall, als von einem *unheilbaren Leiden* die Rede war, verschweigt Therese auch diesmal der Nachwelt die medizinische Diagnose und bedenkt statt dessen ausführlich die praktischen Folgen: *Nachdem dieses halbe Todesurtheil gefällt, schrieb ich unverzüglich an meine treue, in Lindau zurückgebliebene Deym, sie solle mir mein Testament schleunigst nach München* bringen. Und *so verbrachte ich die letzten, mir verbliebenen Tage zur Neugestaltung meines letzten Willens, welcher unter den jüngsten veränderten politischen Verhältnissen ganz unmodern u. unmöglich geworden war; ferner galt es, die an das Hausarchiv noch nicht abgelieferten Korrespondenzen meiner Eltern zu verpacken u. somit für den Fall meines Ablebens ablieferbar zu gestalten. Durchgearbeitet war ja schon Alles, aber man hatte mich bisher ersucht gehabt, wegen der noch im Fluß befindlichen staatlichen Neugestaltungen mit der Ablieferung zu warten; auch die seit 2 Jahren von mir in Aussicht genommene Umarbeitung meines Testamentes war aus ähnlichen Gründen auf Anrathen bisher verschoben worden. Nun aber gab es kein Zuwarten mehr. In kürzester Zeit waren die 2 Arbeiten erledigt. Nachdem die irdischen Angelegen-*

heiten geordnet, ging es an die seelischen. Den Tag, ehe ich mich an die Klinik auslieferte, legte ich eine Generalbeichte ab. Aber es sollten die letzten sicheren Tage meines Lebens nicht glatt verlaufen. Was in diesen 10 Tagen von der Fällung des ärztlichen Urtheils bis zu dessen Vollstreckung in meiner innersten Seele vorging, das war ein anderes Kapitel.

Es ist ein eigen Ding darum, schmerzlos zu sein, sich wohl zu fühlen u. zu denken: Nächste Woche bist du vielleicht nicht mehr unter den Lebenden. Nicht wie in einer schweren Krankheit, welche die Sinne trübt u. etwa unerträgliche Schmerzen auslöst, von denen man hofft, ja ersehnt, durch den Tod erlöst zu werden, nein, bei vollem klarem Bewußtsein geht man einem Ereigniß entgegen, welches einen tödlichen Ausgang nehmen kann, nach Ansicht des Arztes wahrscheinlich nehmen wird. Da erwacht die Lebenslust, man könnte noch so viel denken u. schaffen u. nun heißt es Schluß machen, ehe die geistigen u. physischen Kräfte aufgezehrt sind. Also ein gewaltsamer, erzwungener Schluß, kein natürlicher. Und was dann? Wie wird es da sein? Wird man noch denken können wie bisher? Wie stellt man sich dann zur Umwelt? Alles, was kömt, ist unbekannt, ist wie eine große Leere, in die man nichts hineinsetzen kann, eben weil Alles unbekannt ist. Und jetzt wandelt man noch unter den Seinen, von denen die Meisten nichts ahnen von dem, was bevorsteht; heute ist man noch lebensfroh unter ihnen, morgen ist man vielleicht auf immer verschwunden; u. sie machen Pläne mit einem für die Zukunft, Pläne, denen man unpersönlich zuhört, da sie ja einem möglicherweise nichts mehr angehen. Man ist wie Einer im Geheimen zum Tode Verurtheilter – morgen vielleicht kömt für die Umgebenden die große Überraschung. Aber es kam mir dies Alles so unnatürlich, so unwahrscheinlich vor, daß ich nicht recht an mein Ende glaubte. Ich konnte es mir einfach nicht vorstellen, wie ich mein ganzes Leben nie etwas mir Bevorstehendes mir deutlich vorstellen konnte. Und in dieser Eigenschaft wurzelte die Ruhe, mit der ich der Operation auf Leben u. Tod entgegenging.

Der Abschied von dem einzig mir verbliebenen Bruder [Leopold] *war schwer, da ich empfand, wie nahe ihn die Sache berührte, ebenso der Abschied von der schwerkrank darniederliegenden Freundin* [Gräfin Deym]. *Dann ging es den 7ten Juni festen Schrittes in die Klinik u. den 9ten von der Kapelle weg auf den Operationstisch. Ich hatte keinen Augenblick ein Gefühl der Angst oder der Unsicherheit, Alles lag so einfach klar und selbstverständlich vor mir, und unerschütterlich hielt mich die felsenfeste Überzeugung aufrecht, daß nach Gottes Willen das für mich Beste geschehen würde, sei es Leben, sei es Tod ... Dreiviertel Stunden später erwachte ich zum Leben. Hell u. sonnig strömte das Tageslicht auf mich ein – es war mir noch nie so hell vorgekommen. Ich trank es förmlich in mich hinein, u. eine bisher ungekannte Lebenslust beherrschte u. beseligte mich ganz. Von den folgenden Tagen, dem wahnsinnigen Durst u. den wahnsinnigen Schmerzen, will ich lieber schweigen. Es kam das Wiedersehen mit meinem Bruder u. all den Übrigen, die mir nahe stehen. Beweise der Liebe verwöhnten mich.*

Und es wäre nicht Therese, die unermüdliche, besessene Wissenschaftlerin, die sich sogar *noch auf dem Krankenbett* eine *Arbeit für den Amerikanistenkongreß in Rio de Janeiro* vornimmt. Bereits *gute 14 Tage nach der Operation ging es nach Lindau wärts; aber die vom Arzte aufgenöthigte Schonung, Bewegungsbeschränkung u. das Faulenzerleben waren mir ein Greul, etwas ganz Ungewohntes, das schien wie keine Existenz. Nach 2 Monaten war ich freigesprochen.*[11]

Eine endgültige Wende zum Bedrohlichen kündigt sich an, als im Herbst 1923 nach der kräftezehrenden Neuaufstellung ihrer Sammlung *tägliches Fieber* und *hartnäckiges Husten* sie nicht mehr verlassen und der endlich herbeigerufene Arzt die Patientin wieder einmal mehr *als tuberkulös* erklärt. *Nach 3 monatlichem Eingesperrtsein u. strengem Verhalten ging es an die Riviera. Dort begann ich mich 6 – 7 Wochen langsam zu erholen. Ich las den ganzen Tag, erfreute mich an der bezaubernden Natur, dem Meer, den Küstengestaltungen, der südlichen Vegetation u. den prachtvollen Färbungen.*[12]

Doch: Dies sollte der Anfang vom Ende sein.

Ich hänge nicht am Leben, fürchte mich nicht vor dem Sterben

Dank dem sensiblen schriftlichen Zeugnis zweier Menschen, die Therese in den letzten Stunden treulich begleitet haben, ist uns ein eindringliches Bild ihrer letzten Tage überliefert. Der folgende Dialog am Vorabend ihres Todes, als Therese vor Schwäche schon kaum mehr zu sprechen vermag, steht in gewisser Weise für ihr ganzes Leben. Sie sagt zu der sie betreuenden Schwester Kolumbina: *Jetzt müssen Sie aufmerken, das ist ein wichtiger Punkt, ich habe mir immer gewünscht, daß ich alles weiß und man mir nichts verheimlicht, wenn es zu Ende geht, nun ist es auch so gekommen, ich bin glücklich.* [...] *Ich hänge nicht am Leben, fürchte mich nicht vor dem Sterben, verstehe nicht, wie manche Leute so Angst haben, es ist gar nicht so schrecklich.* Und als Schwester Kolumbina die Sterbende fragt, ob sie durch ein Geräusch im Hof erschrocken sei, antwortet Therese: *Ich erschrocken, das kenne ich nicht, bin in meinem Leben nie erschrocken und habe mich vor nichts gefürchtet.*[13]

Ausführlicher noch unterrichtet uns Johanna von Malsen über die letzten Lebenswochen der Prinzessin. In einem ebenso diskreten wie fürsorglichen Brief an die Großherzogin *Alix von Toskana*, die Witwe von Thereses Onkel Nando, schreibt sie: «Ihre Hoheit war 10 Wochen lang schwer krank. [...] Unheimlich, zuletzt immer rascher machte der Verfall furchtbare Fortschritte. Man war atemloser Zuschauer eines tieftraurigen Dramas, das aber aller Bitterkeit entbehrte, denn auch in der Krankheit, trotz aller Momente geistiger, delirienhafter Schwächezustände blieb sie sie selbst in den vollkommen klaren Zwischenzeiten, aufmerksam besorgt für die Umgebung, gütig und lieb in jedem Wort, ankämpfend gegen das Elend bis zuletzt mit heroischem Willen. Sie sah es klar vom ersten Augenblick an u. sagte: ‹*Dieses Mal erhole ich mich nicht*› u. ärgerte sich fast, wenn man meinte, es ihr ausreden zu können. Dennoch wäre sie gerne gesund geworden u. litt unsagbar unter der immer schlimmer werdenden Schwäche. [...] Während des hohen Fiebers lebte sie ihr gewöhnliches Leben, stand auf wie sonst, saß im Garten, ging auch herum, arbeitete an ihrem Manuskript.[14] Nachher kam die Schwäche viel mehr zur Geltung. Nach und nach musste sie eines nach dem anderen aufgeben. Das Schreiben ging immer weniger, man sprach nicht darüber, aber sie legte mir Postkarten hin u. sagte ‹*schreiben Sie*›, dann ging auch das Lesen nur mehr für ganz kurz, aber ich durfte ihr noch vorlesen, auch ganz schwere wissenschaftliche Sachen, das ging überhaupt am längsten, besonders Nachts. Man fing an, sie bei den kleinen Gängen im Garten zu unterstützen, mehr u. mehr, dann kam der Tag, an dem sie nicht mehr auf den Füßen stehen konnte. Sie versuchte es immer wieder, wir halfen ihr, die Füsse zu setzen, es ging nicht mehr, [...] ‹*Es geht schon so weit*› – sagte sie u. zeigte zum Knie, später höher, sie wusste es, u. wir wussten es, es war die Lähmung, aber wir sagten es nicht, u. dann ging es mit den Händen an, sie konnte den Bleistift nicht mehr halten. [...] Von jedem Platz im Garten hat sie eigens Abschied genommen. [...] Am Montag vor dem Tod musste man sie Abends noch hinunter an den See bringen, d. h. an die Seemauer, u. da hat sie die Sterne u. die Lichter nochmals gesehen u. war so glücklich darüber. [...] Ohne dass darüber gesprochen wurde, stand sie am Mittwoch vor ihrem Tod nicht mehr auf. Damals sprach sie oft stundenlang nicht, die liebe Königin [Olga] saß an ihrem Bett u. erzählte ihr u. war rührend lieb u. die Hoheit lächelte sie von Zeit zu Zeit an selig. Eines Morgens fing sie dann in unserer Gegenwart an, laut u. deutlich zu beten; Glaube, Hoffnung u. Liebe, dann Reue u. Leid; [...] Sie wollte nichts mehr wissen von der Welt. Schließlich konnte sie den Augenblick der Auflösung kaum mehr erwarten. [...] Der Atem wurde immer schwerer, mehrmals meinte man, es müsse zum Ende führen, der rührende, Ihre K. Hoheit so gut verstehende Pfarrer von Reutin wurde mehrmals immer wieder geholt, in der Nacht von Freitag auf Samstag sprach sie ihre BEREITHEIT, ja man kann sagen FREUDIGKEIT zu sterben so schön u. einfach aus, wie die Schwester es niedergeschrieben hat – aber es wurde noch Samstag Mittag u. das Zimmer war hell erleuchtet von einem glänzenden Sonnenstrahl an einem sonst trüben Tag, als sie ihre liebe Seele ihrem Schöpfer zurückgab. Die Königin Olga hielt die Hand der Freundin bis über die letzten Augenblicke hinaus. *Ich habe alles, was ich gewollt habe, ich sterbe in AmSee u. Olga ist noch gekommen*, so sagte sie einige Tage früher. Ein Ausdruck der Ruhe und Seligkeit lag auf ihrem Antlitz, der uns alle ergriffen hat.

Sie hatte selbst schon lange alle Details angeordnet, das Äbtissinnenkleid, wie der Sarg gerichtet werden sollte, dass sie aufgebahrt werden wollte. Es war im Speisezimmer wunderschön. Ausser einigen der geliebten Gloxinien nur Grün, vom Sarg herunter der Hermelin bis auf den Boden, der schwarze Samt des Kleides, ein weisses Blumenkreuz von der Königin darauf, links vor dem verhangenen Fenster ein schwarzer Altar, an dem die hl. Messe gelesen wurde, die Englischen Fräulein hielten rührend die Totenwache, auch die Barmherzigen u. der Frauenbund. Die Leute strömten scharenweise herbei u. viele schluchzten laut.» [15]

Beisetzungszeremonien in Lindau und in München

«Villa AmSee trauert – und mit ihr die gesamte Bevölkerung der Stadt Lindau»

Welch großes öffentliches Ansehen Therese unter der Lindauer Bevölkerung genoss, sie, die seit Ausbruch des Weltkrieges die letzten Jahre überwiegend zurückgezogen, in stiller Resignation in AmSee gelebt hat, wird deutlich aus dem Echo der lokalen Berichterstattung über ihren Tod: «Villa AmSee trauert – und mit ihr die gesamte Bevölkerung der Stadt Lindau», unter dieser Überschrift schildert das «Lindauer Tagblatt» den Tod der «hohen Frau» und die Trauerfeierlichkeiten in der Stadt, die sich zu einer «erhebenden Kundgebung der Liebe» gestalteten. Die Leiche wurde in der Stadtpfarrkirche zu Unserer Lieben Frau aufgebahrt, Thereses Neffe Prinz Georg von Bayern und Königin Olga von Griechenland knieten am Sarg. «Vier Ritter des Eisernen Kreuzes hielten die Ehrenwache. Durch eine Schutzmannschaft wurde die Ordnung aufrecht gehalten. Neben den Mitgliedern der königlichen Familie nahmen zahlreiche offizielle Persönlichkeiten an den Feierlichkeiten teil, cirka zwei Dutzend Vertretungen der Verwaltung (Bahn, Post, Hauptzollamt, Finanzamt, Amtsgericht, Landespolizei, Schulbehörden, Geistlichkeit) sowie sechs Kriegervereine und mehrere historische, katholische und karitative Gruppen.

Der imposante Trauerzug nahm unter den Klängen der Stadtkapelle und der Kapelle Reutin, sowie gesanglichen Vorträgen des kath. Kirchenchors und beim Geläute beider Kirchen seinen Weg über den Marktplatz, die Cramergasse, Maximiliansstraße am trauerbeflaggten Rathause vorbei zum Bahnhof. In den durchschrittenen Straßen waren die Geschäfte aus pietätvollem Empfinden geschlossen worden, eine große Menschenmenge bildete entblößten Hauptes Spalier. Ein Flugzeug der Bodensee-Aerolloyd kreiste in geringer Höhe über dem Zuge und warf vor dem Bahnhof einen Blumenstrauß auf den Sarg ab.»

Ein Stück bester altbayerischer Tradition geht mit der Prinzessin zu Grabe

«In dunkler Nacht, während draußen am Münchner Bahnhofplatz Tausende lachender und johlender Oktoberfestbesucher vorbeizogen, erwartete die königliche Familie, an ihrer Spitze Kronprinz Rupprecht mit Gemahlin und Erbprinz Albrecht, die irdische Hülle der ältesten, weiblichen Wittelsbacherin, der stillen, weitgereisten Gelehrtin Prinzessin Therese Charlotte.» So berichtete der «Bayerische Kurier» über die Rückkehr der toten Prinzessin in ihre Geburtsstadt München am 24. September 1925.[16]

Während die Anteilnahme der Bevölkerung und die Trauerzeremonien in Lindau von der starken persönlichen Verwurzelung Thereses im dortigen öffentlichen und sozialen Leben geprägt sind, lassen die Münchner Feierlichkeiten vergessen, dass die Wittelsbacher Monarchie seit sieben Jahren aufgehört hat zu existieren. Wie alle Zeitungen in großer Ausführlichkeit berichten, sind es vor allem die «gesamten Mitglieder des Königs- und Herzogshauses» sowie «frühere Hofwürdenträger, zahlreiche Generale und Reichsräte», die die Theatinerkirche zum feierlichen Requiem füllen. Nicht weniger zahlreich sind aber auch die Vertreter der Hochschulen, wissenschaftlichen Gesellschaften, Museen sowie der Bayerischen Akademie der Wissenschaften erschienen, um der Verstorbenen die letzte Ehre zu erweisen.

Der Hochaltar der überfüllten Theatinerkirche ist ganz in Schwarz ausgeschlagen, in der Mitte über einem leuchtenden weißen Kreuz erhebt sich ein mit Lichtern und Wappen besetzter und mit einer Fürstenkrone geschmückter Katafalk, vor dem der Sarg, mit einem prächtigen Bahrtuch in Gold bedeckt, steht. Zwei Leutnants in Friedensuniform halten die Ehrenwache; rechts und links stehen fackeltragende Lakaien. Das feierliche Requiem zelebriert der Kardinalerzbischof Michael von Faulhaber, danach wird der Sarg unter feierlichem Glockengeläut in die unter dem Hochaltar gelegene Fürstengruft überführt.

«Das Haus Wittelsbach verliert in der Toten eines seiner markantesten Mitglieder, die hilfreichste Stütze in all den vielen leiderfüllten Stunden der letzten Jahrzehnte. Ein Stück bester altbayerischer Tradition geht mit der Prinzessin zu Grabe.»[17]

Thereses persönliche und politische Lebensbilanz

Auf den letzten Seiten ihres «Biographischen Materials» hat die betagte, gesundheitlich geschwächte und sich auf ihren Tod vorbereitende Autobiographin Therese mit berührenden Worten das Panorama ihrer Lebensbilanz skizziert:

Leider haben seit 1 ¼ Jahren die Kräfte sehr nachgelassen u. kann ich wenig mehr leisten. Müdigkeit hindert mich bald an diesem, bald an Jenem. Aber meine Gedanken arbeiten. Ich überdenke mein langes Leben, ich stelle Betrachtungen an, Betrachtungen politischer, sozialer, wissenschaftlicher Art. Welche Entwicklungen habe ich erlebt, welche Entdeckungen u. Erfindungen angestaunt. In meiner frühen Jugend schon zeigte ich ungemeines Interesse für die Luftschiffahrt u. studierte hin u. her, wie das Beherrschen der Lüfte zu bewältigen sei. Ich stellte mir vor, daß dies nur zu erreichen sei durch Überwindung der Schwere des Luftfahrzeuges mittelst raschester Bewegung desselben, ähnlich dem Vogelflug. Daß ich thatsächlich die Lösung der Frage, die Jahrhunderte beschäftigte, erleben sollte, hätte ich mir nicht träumen lassen. Eine zweite Erfindung, das Automobil, hatte schon meine Mutter Anfang der 60ger Jahre vorigen Jahrhunderts vorausgesehen. Sie sagte damals: ‹Jedermann wird auch seine eigene Lokomotive zum Fahren haben. Da braucht man keine Pferde mehr einzuspannen. Man heizt nur seine Lokomotiven u. wird sehr unabhängig sein.› Eine dritte Erfindung, die weitverbreitete Anwendung der Elektrizität, hat sich auch Zeit meines Lebens entwickelt u. die ganze Lebensweise umgestaltet.

In politischer Beziehung erlebte ich die Revolution in Toskana u. die Flucht meiner mütterlichen Familie, dann den Bruderkrieg des Jahres 1866, den Haß gegen Preußen, endlich den siegreichen Krieg gegen Frankreich u. das Zusammenschweißen des Deutschen Reiches, den herrlichen Aufstieg Deutschlands u. seine weltbeherrschende Stellung, schließlich nach mehr als 40 Jahren den Zusammenbruch der stolzen Schöpfung u. des Vaterlandes tiefste Schmach. All dies, das Höchste u. das Niedrigste, in ein Menschenalter zusammengedrängt, ein Stück Geschichte mit einem Inhalt, der Jahrhunderte erfüllen könnte, dies ist überwältigend.

In sozialer Beziehung drängten sich die Umwälzungen. Zuerst eine ruhige Jugend in einem monarchischen Staat, dessen Mittelpunkt unsere Familie bildete. Daß wir zum Volke gehörten u. das Volk zu uns, war ganz selbstverständlich; daß wir für unser Vaterland leben u. wirken sollten, daß es unsere Pflicht war, unsere Kräfte dem Lande zu widmen, dies pflanzte uns vier Geschwistern die Mutter schon in zartester Jugend in's Herz, u. der Vater lehrte es uns durch seine selbstlose, pflichttreue Lebensführung. Und dann erlebten wir den Rückschlag – eine mindestens 800, ja tausendjährige Zusammengehörigkeit wurde zertrümmert u. unsere Bestrebungen zum Besten um schnöden Undank vergolten. […]

All diese tief einschneidenden Ereignisse, diese eng zusammengefaßten Ergebnisse einer jahrhundertelangen Entwicklung, diese die Existenz auf den Kopf stellenden Veränderungen, sollten sich in der verhältnißmäßig kurzen Spanne Zeit unseres Daseins abspielen. Ist dies nicht merkwürdig, ist dies nicht eine unerschöpfliche Quelle für Gedankenarbeit?[18]

Epilog

Vergegenwärtigt man sich die außergewöhnliche Persönlichkeit und Lebensgeschichte der Wittelsbacher Prinzessin, die es aus eigener Kraft geschafft hat, zeitbedingte, standespolitische und persönliche Fesseln abzustreifen, um ihr Leben nach selbstgesteckten Maßstäben in den Dienst der Wissenschaft, namentlich der Naturwissenschaften zu stellen, so bleiben uns abschließend zwei Fragen. Die eine bezieht sich auf das Rätsel, warum Therese in der Geschichtsschreibung bis heute keine deutlicheren Spuren hinterlassen hat. Und das, obwohl zahlreiche zeitgenössische Nachrufe bei ihrem Tod ein differenziertes und überzeugendes Bild ihres Lebens und Wirkens geboten haben. Und obwohl Therese selbst mit einem ebenso reichhaltigen wie wohlgeordneten Material diesem persönlichen Wunsch vorgearbeitet hatte. Dass dieses reiche Quellenmaterial fast ungenutzt im Geheimen Hausarchiv des Bayerischen Staatsarchivs ruht, zeugt entweder von mangelndem historischen Interesse oder aber von fortdauernder geschlechtsspezifischer Blindheit gegenüber den wissenschaftlichen Leistungen von Frauen.

Die andere Frage zielt auf Thereses Rolle als mögliches Vorbild für Emanzipation. Obgleich sich bei ihr in dieser Hinsicht kaum programmatische Äußerungen finden, bleibt aber festzuhalten, dass Therese – als Forscherin, Weltreisende und Schriftstellerin, als aktives Mitglied zahlreicher wissenschaftlicher Gesellschaften, erstes Ehrenmitglied der Bayerischen Akademie der Wissenschaften und Ehrendoktorin der Münchner Universität – sehr wohl als eine der beispielgebenden Vorreiterinnen für Frauen in der Wissenschaft gelten muss. Mögen sich die Schwierigkeiten, die sich für sie aufgrund von Herkunft, Vermögen und Zeitumständen ergaben, in mancherlei Hinsicht von den Hindernissen unterscheiden, die auch noch im 21. Jahrhundert der akademischen Karriere von Frauen so häufig den Weg verstellen, so hat Therese jedenfalls den ihr nachfolgenden Generationen jene Haltungen vorgelebt, die für einen akademischen Aufstieg notwendig sind: einen unbezähmbaren Wissensdurst, eine ungeteilte Konzentration auf ein als wichtig erkanntes Lebensziel sowie eine furchtlose Bereitschaft, jedwede Widerstände zu überwinden.

So präsentiert sich uns das Lebenswerk der gelehrten Prinzessin als eine faszinierend vielschichtige, noch längst nicht hinreichend ausgeleuchtete Fundgrube für differenzierte Einblicke in ein außergewöhnliches Frauenleben, in eine vergangene höfische Kulturepoche und in bayerische Wissenschaftsgeschichte.[1]

Dank

Dies Buch hätte nie geschrieben werden können ohne die stimulierende Anteilnahme von Freunden und Kollegen beiderlei Geschlechts, deren Kommentare und vielfältige Verbesserungsvorschläge den Schreibprozess gefördert haben. Dies gilt in besonderem Maße für Evi Neukum-Fichtner, der dieses Buch gewidmet ist. Regina Carstensen und Gisela Haasen haben durch kritische Lektüre den – ursprünglich um ein Drittel umfangreicheren Text – auf sinnvolle Kürzungen und dramaturgische Konsistenz hin überprüft.

Angesichts des breiten wissenschaftlichen Fächerspektrums der Prinzessin war ich auf vielseitige fachspezifische Unterstützung angewiesen. Für Hilfe und Rat danke ich Ehrentraud Bayer (Botanik), Barbara Fruth (Zoologie), Hiltrud Häntzschel (Universitätsgeschichte), Gabriele Herzog-Schröder (Südamerika), Marita Krauss (Bayerische Geschichte), Sylvia Krauss-Meyl (Geschichte der Bayerischen Akademie der Wissenschaften) und Cajetan von Aretin (Bayerische Rechtsgeschichte).

Die nötigen Quellenstudien durfte ich unter freundlicher Anleitung in verschiedenen Archiven und Bibliotheken betreiben, unter anderen im Münchner Stadtarchiv, im Hauptstaatsarchiv Stuttgart, im Stadtarchiv Lindau, sowie in der Inventarverwaltung des Wittelsbacher Ausgleichfonds (Nymphenburg). Vor allem aber gewährte das Haus Wittelsbach mir die Erlaubnis zu uneingeschränkter Nutzung der Quellen des Geheimen Hausarchivs, auf denen diese Biographie beruht; mein Dank dafür gilt zugleich der umsichtigen Unterstützung durch Dr. Gerhard Immler und seinem Mitarbeiterstab.

In persönlicher Hinsicht erhielt ich durch verschiedene Mitglieder des Hauses Wittelsbach, hilfreiche Einblicke in eine vergangene höfische Welt insbesondere durch die vertrauensvolle Unterstützung von Prinzessin Thereses Urgroßneffen, den derzeitigen Chef des Hauses, S.K.H. Herzog Dr. h.c. Franz von Bayern, sowie durch die Familie seines Bruders Herzog Max und Herzogin Elizabeth in Bayern .

Substantielle Unterstützung, die sowohl die zehnjährige Archivarbeit als auch die großzügige Ausstattung des Buches ermöglicht hat, wurde dem Therese-Projekt im Laufe der Jahre zuteil von der Haberland-Stiftung (München), der Heidehofstiftung (Stuttgart) sowie vom Wittelsbacher Ausgleichsfonds (München).

Mein besonderer Dank gilt dem Verleger Wolfgang Beck für seinen Mut, die Biographie der bislang noch weitgehend unbekannten Wittelsbacherin in sein Programm aufgenommen zu haben, sowie meinem engagierten Lektor Stefan von der Lahr und seinem ebenso harmonischen wie kooperativen Arbeitsteam: Andrea Morgan (Gesamtredaktion), Simone Fridrich (Herstellung) und Jennifer Royston (Presse).

Für historische Zuverlässigkeit und einen behutsamen stilistischen Feinschliff danke ich mit besonderem Nachdruck meiner Korrektorin Dr. Franziska Jäger und ihrem Mann Willy Jäger. Ihre ebenso kompetenten wie stets willkommenen Vorschläge haben die Zuverlässigkeit und Lesbarkeit des Textes erheblich verbessert, ihre sensible Einfühlung in die Persönlichkeit und Lebenswelt der Protagonistin hat unsere kreative Zusammenarbeit nachhaltig geprägt.

Ganz gewiss wäre dies Buch nie zu seiner endgültigen Form gelangt, hätte ich mich nicht in den letzten Jahren immer wieder zu konzentriertem Schreiben in die ländliche, wohltuend friedliche Moorlandschaft von Mooseurach zu meinen Freunden Eva und Gero Madelung zurückziehen dürfen.

München, Dezember 2010 *Hadumod Bußmann*

ANHANG

Vorbemerkungen

Abkürzungen

BAdW	Bayerische Akademie der Wissenschaften
BayHStA	Bayerisches Hauptstaatsarchiv
BStB, HA	Handschriften- und Inkunabelabteilung der Bayerischen Staatsbibliothek
GHA	Geheimes Hausarchiv
SMfV	Staatliches Museum für Völkerkunde München
StAM	Stadtarchiv München
WAF	Wittelsbacher Ausgleichsfonds, München
W.B.	Wittelsbacher Bildersammlung

Zitierweisen

Ungedruckte Quellen: Die meisten Therese-Zitate stammen aus zwei handschriftlichen Archivalien, die vom Bayerischen Hauptstaatsarchiv (BayHStA), Abt. III: Geheimes Hausarchiv (GHA), Nachlass Prinzessin Therese verwaltet werden:

(1) «Biographisches Material» (GHA 33–35)

(2) «Tagebuch» (GHA 11–19).

Sie werden zitiert als «Biographisches Material» (mit Seiten- und Jahrezahl) bzw. als «Tagebuch» (mit Datum). Eine vollständige Liste der verwendeten GHA-Dokumente findet sich Seite 324 ff.

Zitate aus gedruckten Therese-Quellen sind nachgewiesen als «Therese (Kurztitel)», z. B. «Therese (Polarreise), S. X». Zu den verwendeten Kurztiteln vgl. die ausführlichen Literaturangaben S. 327 ff.

Zeichensetzung und Rechtschreibung

Die Zeichensetzung der Originalzitate wurde zur besseren Verständlichkeit nach modernen Regeln modifiziert, irreführende Rechtschreibefehler wurden stillschweigend korrigiert.

Anmerkungen

Prolog

1 Einzige Ausnahmen bilden die unveröffentlichte Münchner Magisterarbeit von 1995 der Ethnologin Evi Neukum-Fichtner über Prinzessin Therese als «Forschungsreisende und Sammlerin» sowie die 1998 erschienene Tübinger Dissertation von Ulla Siebert über «Selbstrepräsentationen von Frauen in Reisetexten». Beide Untersuchungen stützten sich zum ersten Mal auf unveröffentlichtes Archivmaterial.

1. Geburt in der Münchner Residenz Seite 14–20

1 Therese (Lebensbild), S. 1 (GHA, Nachlass Prinzessin Therese 35).
2 Reidelbach (1892), S. 49 ff.
3 Therese (Auguste), S. 3.
4 Reidelbach (1892), S. 49.
5 Hojer (1979), S. 112.
6 Ludwig I. an seinen Sohn Otto von Griechenland, 3. Mai 1844. Zitiert nach Reidelbach (1892), S. 53.
7 Reidelbach (1892), S. 91.

2. Von der Mutter geleitete Erziehung Seite 21–28

1 Der einstige Prunkbau des Palais Leuchtenberg, heute im Besitz des Freistaates Bayern, wurde im Zweiten Weltkrieg völlig zerstört. Zwar wurden die Fassaden beim Wiederaufbau von 1963–1967 weitgehend rekonstruiert, der neue Grundriss jedoch ganz auf die Bedürfnisse des heutigen Finanzministeriums als Mieter zugeschnitten.
2 Biographisches Material, S. 93 (1863).
3 Aus dem Tagebuch der Prinzessin Auguste vom 12. November 1857; zitiert in: Therese (Lebensbild), S. 1.
4 Ebd., S. 1. – Baronin Henriette von und zu Palaus war Thereses erste Erzieherin.
5 Leopold Prinz von Bayern (1983), S. 58.
6 Zitiert nach Riedner (1929), S. 318.
7 Therese (Lebensbild), S. 7.
8 Nach dem Tagebuch der Mutter in: Therese (Lebensbild), S. 10.
9 Ebd., S. 15.
10 Ebd., S. 13–14.
11 Tagebuch, 12. November 1860. Die grammatisch auffällige Formulierung «heute habe ich zehn Jahre» ist auf ihre frühe Zweisprachigkeit durch die italienische Mutter zurückzuführen. Therese denkt hier italienisch (Oggi ho dieci anni) und überträgt diese Konstruktion ins Deutsche.

12 Therese (Auguste), S. 5.
13 Therese (Lebensbild), S. 11.
14 Auguste (Mein letzter Wille), 13. April 1864, S. 3.(GHA, Nachlass Prinzessin Auguste 138).
15 Biographisches Material, S. 2 (1855).
16 Dieses und alle folgenden Zitate aus: Leopold Prinz von Bayern (1983), S. 50 ff.

3. Privatunterricht im Palais Leuchtenberg Seite 29–44

1 Therese (Eigene Aufzeichnungen), S. 16 (GHA, Nachlass Prinzessin Therese 38).
2 Tagebuch der Mutter vom 27. Oktober 1857, zitiert in: Therese (Lebensbild), S. 5
3 Malsen (Einleitung zu Thereses «Lebensbild»), S. 1 (GHA 35).
4 Tagebuch, 19. April 1863.
5 Leopold Prinz von Bayern (1883), S. 49.
6 Tagebuch, 27. Dezember 1863.
7 Zeugnis vom 1.1.1865 (GHA, Nachlass Prinzessin Therese 2).
8 Zeugnis vom 4. Januar 1864 von Ludwig Solereder. Ebd.
9 Biographisches Material, S. 9 (1864).
10 Ebd., S. 9b (1864).
11 Ebd., S. 4 (1864).
12 Ebd., S. 54c (1970).
13 Ebd., S. 48 (1876).
14 Schulhefte (GHA, Nachlass Prinzessin Therese 2/2a).
15 Tagebuch, 18. März 1867.
16 Therese (Meine Tiere), Spalte 1.
17 Tagebuch, 1. Januar 1861.
18 Therese (Meine Tiere), Spalte 5.
19 Ebd., Spalte 2.
20 Zils (1913), S. 367 f.
21 Biographisches Material, S. 26c (Januar 1871).
22 Ebd., S. 37b (1875).
23 Ebd., S. 48 (1876).
24 Therese (Lebensbild), S. 5.
25 Biographisches Material, S. 26 (1871).
26 Ebd., S. 28 (1871).
27 Ebd., S. 29c (1872).
28 Zils (1913), S. 368.
29 Biographisches Material, S. 387 (1905).
30 Ebd., S. 163 (1883).
31 Ebd., S. 3b (1861).
32 Ebd., S. 55b (1879).
33 Tagebuch, 14. April 1864.
34 Ebd., 9. Dezember 1866.
35 Biographisches Material, S. 52 (1877).

36 Ebd., S. 371 (1904).
37 Therese an Charlotte, 13. Dezember 1892 (GHA, Nachlass Prinzessin Therese 165).
38 Biographisches Material, S. 74a (1876).
39 Tagebuch, 19. Januar 1867.
40 Tagebuch der Mutter, zitiert in: Biographisches Material, S. 3 (1861).
41 Leopold Prinz von Bayern (1983), S. 51.
42 Biographisches Material, S. 33 (1874).
43 Ebd., S. 107 (1883).
44 Biographisches Material, S. 28a (1871).
45 Ebd., S. 54 (1878).
46 Ebd., S 54a (1878).
47 Ebd., S. 322 (1899).
48 Ebd., S. 37b (1875).

4. Der frühe Tod der Mutter
Seite 45–55

1 Therese (Lebensbild), S. 5.
2 Ebd., S. 6.
3 Biographisches Material, S. 4 (1864).
4 Ebd., S. 6 (1864).
5 Auguste: Mein letzter Wille, S. 10. (GHA, Nachlass Prinzessin Auguste 138).
6 Biographisches Material, S. 6 (1864).
7 Luitpold an Therese, 14. Oktober 1866, ebd., S. 13a.
8 Malsen (1925b), S. 75.
9 Biographisches Material, S. 29b (1871).
10 Ebd., S. 50b (1877).
11 Tagebuch, 10. März 1866.
12 Ebd., 18. November 1860.
13 Ebd., Februar 1864.
14 Ebd., 30. Januar 1883.
15 Ebd., 26. Februar 1869.
16 Biographisches Material, S. 699 (1922).
17 Beide wurden fünfundsiebzig Jahre alt, Therese ist zehn Monate früher geboren, Olga hat sie um neun Monate überlebt.
18 Alle Zitate stammen aus dem Tagebuch vom 6. bis 8. Dezember 1863
19 Tagebuch, 6. September 1890.

5. Thereses unglückliche Liebe zu ihrem Vetter Otto
Seite 56–78

1 Biographisches Material, S. 17 (1868).
2 Tagebuch, 23. Dezember 1867.
3 Ebd., 23. Dezember 1867.
4 Therese: Geschichte meines Herzens, S. 16 (GHA, Nachlass Prinzessin Therese 34).

5 Auguste: Mein letzter Wille. 13. April 1864.
6 Biographisches Material, S. 8a (1864).
7 Tagebuch, Ende 1865, S. 123.
8 Ebd., 21. Mai 1867.
9 Ebd.
10 Therese (Geschichte meines Herzens), S. 79.
11 Ebd., S. 20.
12 Tagebuch, 14. Juli 1868.
13 Ebd., 8. März 1869.
14 Tagebuch, 10. Februar 1871.
15 Brigitte Hamann (1988/2001), S. 268 f.
16 Tagebuch, 3. September 1869.
17 Tagebuch, 24. Dezember 1868.
18 Therese (Geschichte meines Herzens), S. 31.
19 Ebd., S. 31.
20 Ebd., S. 42.
21 Ebd., S. 15.
22 Tagebuch, 7. Juni 1876.
23 Vermutlich handelt es sich bei «Schärfe» um eine Hautkrankheit, vgl. die Übersetzung von Akne u. a. mit ‹Spitze›, ‹Schärfe›.
24 Tagebuch, 10. Februar 1871.
25 Therese (Geschichte meines Herzens), S. 10.
26 GHA, Nachlass Prinzessin Therese 446.
27 Tagebuch, 9. August 1883.
28 Therese (Geschichte meines Herzens), S. 7.
29 Ebd., S. 3.
30 Ebd., S. 6 f.
31 Tagebuch, 10. Mai 1909.
32 Therese (Geschichte meines Herzens), S. 7 f.
33 Burgmair & Weber (2002), S. 28.
34 Häfner (2008), S. 330–346.
35 Vgl. Schweiggert (1992).
36 Tagebuch, 1. Oktober 1865.
37 Der historische Metzgersprung ist ein bis zum Zweiten Weltkrieg am Münchner Marienplatz geübter Handwerksbrauch, bei dem die freigesprochenen Metzgergesellen ein kühles Bad im Fischbrunnen über sich ergehen lassen müssen. Seit 1995 findet der Metzgersprung wieder alle drei Jahre statt.
38 Zitiert nach Schweiggert (1992), S. 39.
39 Es handelt sich um Prinzessin Alexandra Amalie von Bayern. Vgl. hierzu Häfner (2008), S. 347 ff.
40 Tagebuch, 14. Mai 1875.
41 Zitiert nach Schweiggert (1992), S. 62.
42 Biographisches Material, S. 26 (1871).
43 Das Ereignis ist dokumentiert durch einen Brief des preußigen Diplomaten Georg von Werthern an Bismarck. Vgl. von Aretin (2006) S. 12 f., Fußnote 7.
44 Therese (Geschichte meines Herzens), S. 18.

45 Ebd., S. 37 f.
46 Ebd., S. 64.
47 Tagebuch, 7. Oktober 1875.
48 Ebd., 20. Dezember 1890.
49 Ebd., 15. Dezember 1882.
50 Ebd., 27. Juli 1891.
51 Zitiert nach Burgmair und Weber (2002), S. 48.
52 Ebd., S. 36–37.

6. Facetten eines Selbstporträts
Seite 79–83

1 Tagebuch, 12 Mai 1874.
2 Ebd., 14. November 1872.
3 Ebd., 6. September 1874.
4 Ebd., 6. Juni 1876.
5 Ebd., 1. September 1878.
6 Ebd., 14. November 1872.
7 Ebd., 14. November 1872.
8 Biographisches Material, S. 26 (1871).
9 Ebd., S. 34 (1873).
10 Tagebuch, 26. April 1881.
11 Ebd.,14. November 1872.
12 Biographisches Material, S. 57a (1879).
13 Tagebuch, 9. August 1880.
14 Ebd., 27. März 1882.
15 Ebd., 9. August 1883.

7. Von der Brautschau zur Schriftstellerei
Seite 84–91

1 Pytlik (1991): S. 21.
2 Therese an Arnulf, 4. Februar 1873. (GHA, Nachlass Prinz Arnulf Nr. 2). Im «Biographischen Material», S. 31 b (1873) ist «pappe» korrigiert in «klebe».
3 Therese an Arnulf, 1. September 1875.
4 Arnulf an Therese, 6. September 1875. (GHA, Nachlass Prinzessin Therese 79).
5 Therese an Arnulf, 9. September 1875
6 Ebd.
7 Biographisches Material, S. 39 (1875).
8 Ebd., S. 47 (1876).
9 Tagebuch, 16. Oktober 1875.
10 Biographisches Material, S. 38a (1875).
11 Ebd., S. 545 (1880).
12 Therese (Tunis), S. 561.
13 Ebd., S. 561.
14 Ebd., S. 571 (Schlusssatz).
15 Ebd., S. 550.

16 Ebd., S. 546.
17 Ebd., S. 556.
18 Ebd., S. 558.
19 Ebd., S. 552.
20 Ebd., S. 553.
21 Ebd., S. 567.
22 Isabella Braun an Therese, 11. Juni 1880. (GHA, Nachlass Prinzessin Therese 167).
23 Kurt Hüther an Isabella Braun, 11. August 1880.(GHA, Nachlass Prinzessin Therese 167).
24 Biographisches Material, S. 63 (1880).

8. Charlotte Lady Blennerhassett Seite 92–105

1 Charlotte an Therese, 22.5.1880. (GHA, Nachlass Prinzessin Therese 163).
2 Zu ihrer Biographie vgl. den Nachruf von Therese (GHA, Nachlass Prinzessin Therese 164a) sowie Conzemius (1981b), S. 723–788.
3 Biographisches Material, S. 220 (1891).
4 Tagebuch, 11. Juli 1876.
5 Biographisches Material, S. 59 (1880).
6 Ebd., S. 59a (1880).
7 Tagebuch, 14. April 1880.
8 Charlotte an Therese, 13. April 1881.
9 Ebd., 13. April 1886.
10 Nachruf von Therese auf Charlotte (GHA, Nachlass Prinzessin Therese 164a).
11 Ebd., S. 164a.
12 Charlotte von Leyden an Ignaz Döllinger. In: Döllinger/Blennerhassett (1981), Nr. 229.
13 Charlotte von Leyden an Bischof Dupanloup, 29. Juli 1867, zitiert nach Döllinger/ Blennerhassett (1981) S. XI.
14 Zitiert nach Conzemius (1981b), S. 723–788.
15 Ebd., S. 726.
16 Lady Blennerhassett über sich selbst. Aus Briefen a. d. Hrsg. d. Literarischen Echos. In: Literarisches Echo 19, H. 17, 1917, S. 721–724.
17 Döllinger an Blennerhassett, Brief Nr. 90 vom 5. Oktober 1866.
18 Bischoff (1872).
19 Döllinger an Blennerhassett, Brief Nr. 118 vom 13. März 1867.
20 Häntzschel (1997).
21 Charlotte an Therese, 10. Oktober. 1895.
22 Ebd., 6. Oktober. 1907.
23 Ebd., undatiert: Mai 1905 oder 1906.
24 Ebd., 27. Juni. 1880.
25 Therese an Charlotte, 26. Juni 1880. (GHA, Nachlass Prinzessin Therese 165).
26 Charlotte an Therese, 27. Juni 1880.
27 Ebd., August 1898.

28 Ebd., 3. November 1881.
29 Ebd., 27. Juli. 1900.
30 Ebd., 29. Dezember 1907.
31 Ebd., 29. Dezember 1907.
32 Ebd., 8. August 1882.
33 Ebd., 17. Februar 1913.
34 Tagebuch, 11. Juli 1876.
35 Biographisches Material, S. 88 (1880).
36 Charlotte an Therese, 3. Januar 1885.
37 Ebd., 9. März 1886.
38 Ebd., 6. August 1886.
39 Ebd., 10. November 1886.
40 Ebd., undatiert: Winter 1903 oder 1904.
41 Ebd., 23. Dezember 1902.
42 Ebd., 21. September 1897.

9. Reisen in die Selbstbestimmung
Seite 106–122

1 Malsen (1925a), S. 344.
2 Biographisches Material, S. 163 (1887).
3 Leopold Prinz von Bayern (1983), S. 43.
4 Biographisches Material, S. 34a (1873).
5 Tagebuch, 2. Oktober 1883.
6 Ebd., 30. September 1881.
7 Ebd., 1. Dezember 1882.
8 Biographisches Material, S. 567 (1919).
9 Ebd., S. 567 (1919).
10 Über den Polarkreis. Von Th. von Bayer. (Mit fünf Abbildungen und einer Karte). Brockhaus Verlag. Leipzig 1889.
11 Ebd., S. 1.
12 Der Reisemarschall ist Baron Ludwig von Malsen, die begleitende Dame Marie Helene Blanche Freiin von K[illegible]ß [illegible]
13 Biographisches Material, S. 28b (1871).
14 Dank einer Stiftung von Kronprinz Rupprecht von Bayern befindet sich heute eine Kopie davon in der Münchner Residenz, in der Vorhalle des Herkulessaals.
15 Biographisches Material, S. 67 (1881).
16 Therese (Polarkreis), S. 2.
17 Biographisches Material, S. 76 (1881).
18 Therese (Polarkreis), S. 214.
19 Biographisches Material, S. 77 (1881).
20 Therese an Arnulf, 7. September 1881. (GHA, Nachlass Prinz Arnulf, 1.3)
21 Biographisches Material, S. 7 (1881).
22 Therese (Polarkreis), S. 149.
23 Ebd., S. 137.
24 Rezensionen zu «Über den Polarkreis» (BStB, HA, Theresiana 40 a).
25 Biographisches Material, S. 80 (1881/1882).

26 Th. von Bayer: Reiseeindrücke und Skizzen aus Rußland. Mit sechs Illustrationen und zwei Karten. Verlag der Cotta'schen Buchhandlung, Stuttgart 1885.
27 Als klassisches Russlandwerk hat sich das Buch über Thereses Zeit hinaus so bewährt, dass es heute als «eBook» im Internet abrufbar ist.
28 Therese (Rußland), Einleitung, S. V.
29 Biographisches Material, S. 87a (1882).
30 Therese (Rußland), Einleitung, S. VI.
31 Ebd., S. VI.
32 Biographisches Material, S. 94 (1882).
33 Als Reisemarschall begleitet sie ein alter Freund ihres Vaters, Baron von Massenbach, begleitende Dame ist diesmal Gräfin Armansperg.
34 Biographisches Material, S. 88 (1882).
35 Ebd., S. 90 (1882).
36 Ebd., S. 94 (1882).
37 Therese (Rußland), S. 336.
38 Biographisches Material, S. 95 (1882).
39 Ebd., S. 96 (1882).
40 Therese (Rußland), S. 600.
41 Therese (Westliches Südamerika) II, S. 258.
42 Therese (Rußland), S. 141.
43 Ebd., S. 200.
44 Biographisches Material, S. 91 (1882).
45 Therese (Rußland), S. 357.
46 Ebd., S. 361.
47 Ebd., S. 355.
48 Ebd., S. 489.
49 Biographisches Material, S. 119 (1884).
50 Ebd., S. 119 (1884).
51 Ebd., S. 120 (1884).
52 Tagebuch, 20. Januar 1884.
53 Ludwig II. an Therese, 5. Januar 1885 (GHA, Nachlass Prinzessin Therese 67).
54 Biographisches Material, S. 422 (1907).
55 Ebd., S. 439 (1908).

10. Der Tod ihres Vetters Ludwig II.
Seite 123–134

1 Biographisches Material, S. 140 (1896).
2 Ebd., S. 141 (1886).
3 Ebd., S. 143 (1896).
4 Ebd., S. 143 (1896).
5 Therese an Olga Dürckheim, 12. Juli 1886. (GHA, Nachlass Prinzessin Therese 172).
6 Biographisches Material, S. 148 ff. (1886). – Diese zu Thereses Zeiten um 1920 offensichtlich noch nicht öffentlich gewordene Todesversion ist bekanntlich seither ebenso vielfältig wie skeptisch diskutiert worden. Nicht zuletzt durch

Käutners Finale seines Ludwig-Films hat diese Interpretation in breiten Kreisen neue Nahrung gefunden.

7 Tagebuch, 17. Juni 1886.

8 Ebd., 15. Juni 1886.

9 Ebd., 26. Juni 1886.

10 Biographisches Material, S. 165 f. (1887).

11 Vgl. hierzu: Bachmann (1995), S. 96, 97.

12 Biographisches Material, S. 148a (1886).

13 Ebd., S. 148 (1886).

14 Ebd., S. 155 (1886.

15 Ebd., S. 147 (1886).

16 Ebd., S. 155 (1886).

17 Tagebuch, 2. Februar 1887.

18 Adalbert von Bayern (1967), S. 324.

19 Biographisches Material, S. 162 (1886).

20 Ebd., S. 148 (1887).

21 Ebd., S. 150 (1887).

22 Ebd., S. 163 (1887).

23 Tagebuch, 4. März 1887.

24 Redwitz an Therese, 1. Oktober 1909. (Hauptstaatsarchiv Stuttgart, Nachlass Wiltrud, Herzogin von Urach GU 119, Bü 1105).

11. Sehnsucht nach der Tropenwelt
Seite 135–142

1 Meine Reise in den Brasilianischen Tropen. Von Prinzessin Therese von Bayern (Th. von Bayer). (Mit 2 Karten, 4 Tafeln, 18 Vollbildern und 60 Textabbildungen zum Teil nach Photographien der Reisegesellschaft und Zeichnungen der Verfasserin). Dietrich Reimer Verlag, Berlin 1897, S. 492.

2 Reisestudien aus dem Westlichen Südamerika von Therese Prinzessin von Bayern, Dr. ph. h. c., in zwei Bänden. Dietrich Reimer Verlag, Berlin 1908, Bd. II., S. 258.

3 Therese (Brasilianische Tropen), Vorwort o. V.

4 Vgl. hierzu Krauss (1997), S. 38 ff und Pytlik (1991).

5 Vgl. hierzu Müller (1980); Huber (1998).

6 Biographisches Material, S. 171 (1888).

7 Therese (Westliches Südamerika) II, S. 292.

8 Ebd., I, S. 224 f.

9 Reisekostenabrechnungen, zumTeil mit Belegen. (GHA, Nachlass Prinzessin Therese, 386–432 und 417).

10 Therese (Westliches Südamerika) I, S. 140.

11 Ebd., I, S. IX,

12 Ebd., I, S. VIII.

13 Ebd., I, S 46.

14 Essner (1985), S. 16.

15 Die folgenden Angaben verdanken sich vor allem Recherchen von Neukum-Fichtner (1995), S. 47–49.

16 Reisekostenabrechnungen (GHA, Nachlass Prinzessin Therese 478).
17 Zur Umrechnung: 1 Gulden entsprach 1,71 Mark.
18 Verlassenschaft des Königs Ludwig I. (GHA, Nachlass Prinzessin Therese 7).
19 Schwaiger (1890), S. 90.
20 Fehlende Abrechnungen, wie zum Beispiel die der Russlandreise, scheint Therese Nachlassverwalterin, Prinzessin Wiltrud, aus Gründen von Raummangel «verbrannt» zu haben.
21 Die Skandinavienreise im Sommer 1881 wird mit zirka einem Drittel – 2700 Mark der gesamten Reisekosten von rund 8500 Mark – als «Geschenk aus der Abatialkasse zu Reisezwecken» unterstützt. Die im Sommer 1882 unternommene Russlandreise wird ebenfalls mit rund 2700 Mark vom Damenstift zu einem guten Drittel finanziert. Die Kosten für ihre Griechenlandreise im Sommer 1883 werden gar mit 3000 Mark wieder zu ungefähr einem Drittel übernommen (GHA, Nachlass Prinzessin Therese 479: Einnahmen-Ausgabenbuch vom April 1881 bis April 1884).
22 Nachlass Prinzessin Therese: Einnahmen-Ausgabenbuch von April 1887 bis März 1891 (GHA, Nachlass Prinzessin Therese 482).

12. Drei Expeditionen in die Neue Welt
Seite 143–181

1 Das kürzlich erst aufgetauchte Reisetagebuch des Freiherrn Maximilian von Speidel wird derzeit unter dem Titel «Die Prinzessin und ihr ‹Kavalier›» zur Veröffentlichung vorbereitet.
2 Therese (Brasilianische Tropen), S. 8.
3 Ebd., S. 117.
4 Vorbild für diesen letzten Teil der Reise mag die Publikation von Maximilian zu Wied-Neuwied (1782–1867) gewesen sein, der zwischen 1815 und 1817 einen breiten Streifen der brasilianischen Küste zwischen Rio de Janeiro und Bahia (Salvador) bereist hatte.
5 Therese an den Vater, 13. August 1888 (Biographisches Material, S. 13, dort irrtümlich 1885).
6 Therese (Brasilianische Tropen), S. 195.
7 Ebd., S. 261.
8 Ebd., S. 416.
9 Ebd., S. 419.
10 Ebd., S. 374.
11 Ebd., S. 305.
12 Ebd., S. 198.
13 Ebd., S. 362.
14 Ebd., S. 304.
15 Biographisches Material, S. 187 (1888).
16 Therese (Brasilianische Tropen), S. 100.
17 Therese an den Vater, 16. Juli 1888. (Biographisches Material, S. 180).
18 Therese (Brasilianische Tropen), S. 115.
19 Ebd., S. 351.
20 Ebd., S. 97.

21 Biographisches Material, S. 177 (1888).
22 Therese (Brasilianische Tropen), S. 98.
23 Tagebuch, 3. Dezember 1888.
24 Therese (Brasilianische Tropen), S. 99.
25 Ebd., S. 315 f.
26 Ebd., S. 323.
27 Ebd., S. 437.
28 Ebd., S. 442.
29 Biographisches Material, S. 190 (1888).
30 Therese (Brasilianische Tropen), S. 276 ff.
31 Ebd., S. 426.
32 Ebd., S. 280 ff., 291, 462.
33 Biographisches Material, S. 29b (1871).
34 Ebd., S. 186 f. (1888).
35 Ebd., S. 191 (1888).
36 Ebd., S. 204 (1889).
37 Vgl. hierzu den Beitrag von Rousselot (1997).
38 Biographisches Material, S. 236 f. (1893).
39 Amerikareisen: Bleistiftzeichnungen der Prinzessin Therese aus Mexiko u. a. Okto. 1893 (GHA, Nachlass Prinzessin Therese 598) – Reisekostenabrechnung (GHA, Nachlass Prinzessin Therese 413 u. a.).
40 Therese an den Vater, 25. Juli 1893. (Biographisches Material, S. 239).
41 Biographisches Material, S. 246 (1893).
42 Ebd., S. 250 (1893).
43 Ebd., S. 251 (1893).
44 Ebd., S. 252 (1893).
45 Ebd., S. 252 (1893).
46 Ebd., S. 255 f. (1893).
47 Ebd., S. 238 (1893).
48 Therese an den Vater, Chicago 25. Juli 1893 (Biographisches Material, S. 239).
49 Erhalten ist außerdem der Reisepass der «Dame», ausgestellt auf den Namen «Madame la Baronne, Marianne Du Jarry de La Roche»
50 Biographisches Material, S. 292 (1898).
51 Ebd., S. 292 (1898).
52 Ebd., S. 286a (1898).
53 Therese (Westliches Südamerika) I, S. 3.
54 Ebd., S. 32.
55 Biographisches Material, S. 287 (1898).
56 Therese an den Vater. (Biographisches Material, S. 305, 1898).
57 Therese (Westliches Südamerika) I, S. 79.
58 Ebd., I, S. 302.
59 Ebd., I, S. 79 f.
60 Ebd., S. 325 f.
61 Therese (Westliches Südamerika) I, S. 242.
62 Therese (Brasilianische Tropen), S. 350.
63 Therese an den Vater, 26. Juni 1898. (Biographisches Material, S. 296).

64 Therese (Brasilianische Tropen), S. 354.
65 Ebd., S. 268.
66 Therese (Westliches Südamerika) I, S. 143.
67 Ebd., I, S. 324.
68 Ebd., I, S. 320.
69 Sophie Döhner (1895), S. 179 f.
70 Therese an Arnulf, 24.8.1875.
71 Therese (Westliches Südamerika) I, S. 323.
72 Ebd., II, S. 255.
73 Ebd., I, S. 134 f.
74 Ebd., I, S. 335.
75 Ebd., II, S. 169.
76 Ebd., II, S. 38.
77 Ebd., II, S. 38 ff.
78 Ebd., I, S. 83.
79 Ebd., I, S. 43.
80 Ebd., I, S. 191.
81 Ebd., I, S. 81 f.
82 Ebd., II, S. 252 f.

13. Leidenschaftliche Sammlerin und Universalgelehrte
Seite 182–196

1 Therese (Westliches Südamerika) II, S. 21.
2 Biographisches Material, S. 320 (1898).
3 Ebd., S. 318 (1898).
4 Ebd., S. 318 f. (1898).
5 Ebd., S. 318 f. (1898).
6 Bayer (1997), S. 86.
7 Therese (Westliches Südamerika) I, S. 197.
8 Zum Nachteil ihrer späteren neugierigen Leserinnen und Leser hat die Autorin dabei leider noch nicht das Alphabet zu Hilfe genommen, um die Liste der ausgewerteten Publikation in eine benutzbare Ordnung zu bringen. Zudem erscheinen die Autoren ohne Vornamen und die Titel ohne Erscheinungsjahr und Ort.
9 Therese an den Vater, 30. November 1893. (GHA, Nachlass Prinzregent Luitpold [ohne Ziffer], Briefe von Therese an Luitpold).
10 http://www.zsm.mwn.de/ich/coll_therese.htm.
11 Therese (Westliches Südamerika) I, S. 79.
12 Ebd., I, S. 93 f.
13 Vgl. hierzu Fruth (1997).
14 Therese (Meine Tiere), Spalte 26–32.
15 Therese (Brasilianische Tropen), S. 493.
16 Therese (Meine Tiere), Spalte 9.
17 vgl. Therese (Brasilianische Tropen), S. 478 und 494 mit Foto.
18 Biographisches Material, S. 555 (1917).
19 Therese (Brasilianische Tropen), S. 495 f.

20 Alle Zitate aus «Meine Tiere», Spalte 14–18.
21 Ebd., Spalte 16.
22 Ebd., Spalte 15.
23 Reisekostenabrechnungen Südamerika, (GHA, Nachlass Prinzessin Therese 417). – Ausführliche Beschreibung in: Therese (Westliches Südamerika) II, S. 223 f.
24 Therese (Meine Tiere), Spalte 11.
25 Therese (Westliches Südamerika) II, S. 159.
26 Staatliches Museum für Völkerkunde (SMfV): Eingangsbücher Bd. 54, S. 2.
27 Therese (Westliches Südamerika) II, S. 74 ff.
28 Vgl. hierzu den Beitrag von Herzog-Schröder (1997).
29 Vgl. Eugen Wolf: Eine königliche Forschungsreisende. In: Zeitungsausschnitt ohne Quelle, Nummer 30.
30 Malsen (1930), S. 106.
31 Biographisches Material, S. 517 (1913).
32 Buchner (1919), S. 28; vgl. außerdem Gareis (1990), S. 63–85, sowie Smolka (1994).
33 Biographisches Material, S. 391 (1906).
34 Buchner (1919), S. 27.
35 Ebd., S. 31. Vgl. Abbildung S. 200.
36 Biographisches Material, S. 401 (1907).
37 Beilage zur Allgemeinen Zeitung, Nr. 44, 21. Februar 1907.
38 Buchner (1919), S. 28.

14. Einlass in die akademische Zunft
Seite 197–204

1 Archiv der BAdW, Protokolle 14, Bl. 130 f.
2 Biographisches Material, S. 235 (1893).
3 Therese an Luitpold, München 29. November 1892 (GHA, Nachlass Prinzregent Luitpold 81).
4 Archiv der BadW, Protokolle 46, Bl. 36.
5 Ebd., Bl. 35.
6 Protokolle der allgemeinen Vorstandssitzungen der Königlichen Akademie der Wissenschaften vom Jahre 1866–1900. Bd. 13. Protokoll vom Juli 1892.
7 Archiv der BAdW, Mitgliedsakt Prinzessin Therese von Bayern.
8 Vgl. hierzu Häntzschel (1997).
9 Therese an Charlotte: 6. Dezember 1892. (GHA, Nachlass Prinzessin Therese 165).
10 Biographisches Material, S. 259 (1883).
11 Ebd., S. 235 (1892).
12 Ebd., S. 286 (1898).
13 Therese (Eigene Aufzeichnungen), S. 17 (GHA, Nachlass Prinzessin Therese 38).
14 Biographisches Material, S. 374 (1904).
15 Vgl. die Liste im Anhang von Therese (Brasilien) S. 493–499.
16 Biographisches Material, S. 385 (1906).

17 Ebd., S. 274 (1896).
18 Ebd., S. 276 (1896).
19 Ebd., S. 432 (1908).

15. Reisen, Recherchieren und Redigieren
Seite 205–214

1 Vgl. das Verzeichnis der Schriften von Prinzessin Therese im Anhang, S. 330 ff.
2 Therese (Brasilianische Tropen) S. V.
3 Therese (Eigene Aufzeichnungen): Das Typoskript von siebzehn Seiten, das mehrere biographische Einzelaspekte beschreibt, ist überschrieben mit «Abschrift nach eigenen Aufzeichnungen der Pr. Th. ». 1921–22. Die Vermutung liegt nahe, dass Therese damit die Absicht einer (Auto)Biographie unterstützen wollte und ihr ursprünglich handschriftliches Manuskript von ihrer Hofdame Johanna von Malsen abgetippt wurde. Diese trug sich später selbst mit dem Gedanken, eine Biographie über ihre Herrin zu verfassen.(GHA, Nachlass Prinzessin Therese 38).
4 Ebd., S. 12.
5 Siebert (1998), S. 78.
6 Carl Ritter (1822/1859): Die Erdkunde im Verhältnis zur Natur und Geschichte des Menschen, oder allgemeine vergleichende Geographie als sichere Grundlage des Studiums und Unterrichts in physikalischen und historischen Wissenschaften. Berlin.
7 Vohsen an Therese, 25. Januar 1908 (BStB, HA, Theresiana 43).
8 Reimer an Therese, 10. April 1897. (BStB, HA,Theresiana 43): Korrespondenz mit dem Dietrich Reimer Verlag in Berlin bezüglich der Drucklegung des Reiseberichts über Brasilien.
9 Vgl. Siebert (1998) Abb 18: Bilder mit Therese-Anmerkungen für Setzer; Bildoriginale in:Therese (Brasilianische Tropen) S. 96 «Indianerin in Tauapessassú».
10 Biographisches Material, S. 425 (1908).
11 Hauptstaatsarchiv Stuttgart, Nachlass Wiltrud, Herzogin von Urach, GU 119 Bu 1172.
12 Marie Mellien (1898a), S. 669. – Marie Mellien war zehn Jahre als Erzieherin im Ausland tätig, davon zwei Jahre im Hause des Altertumsforschers Heinrich Schliemann. Vgl. Siebert (1998), S. 103.
13 Marie Mellien (1898b): Neues Frauenblatt 2, S. 64.
14 Oberhummer (1908).
15 Günther (1897), S. 5.
16 München, 30. Januar 1898. Prof. Arthur Achleitner (BStB, HA: Theresiana 40b).

16. Tod des Prinzregenten
Seite 215–226

1 Charlotte an Therese, 12. Dezember 1912.
2 Biographisches Material, S. 487 (1912).
3 Ebd., S. 484 (1912).
4 Augsburger Postzeitung vom 27. 11. 1912.

5 Biographisches Material, S. 485 (1912).
6 Tagebuch, 31. Dezember 1912.
7 «in die Züge greifen» bedeutet soviel wie «in den letzten Zügen liegen».
8 Biographisches Material, S. 496 (1912).
9 Ebd., S. 497 (1912).
10 Tagebuch, 7. Januar 1913.
11 Vgl. hierzu ausführlich Burgmair und Weber (2002). – Zum Problem der Beendigung der Regentschaft siehe auch: Albrecht (2003) und Volkert (2005).
12 Biographisches Material, S. 513 (1913).
13 Ebd., S. 284 (1897).
14 Ebd., S. 514 (1913).
15 Ebd., S. 515 (1913).
16 Tagebuch, 8. Juni 1905.
17 Therese (Geschichte meines Herzens), S. 75.
18 Tagebuch, 5. Dezember 1904.
19 Ebd., S. 499 (1913).
20 Ebd., S. 499 (1913).
21 Ebd., S. 499 (1913).
22 Therese an den Vater, 11. August 1907 (Biographisches Material S. 409 f.).
23 Biographisches Material, S. 54c (1878).
24 Ebd., S. 482 (1911).
25 Ebd., S. 512 (1913).

17. Thereses oppositionelle Haltung
Seite 227–248

1 Biographisches Material, S. 518 (1914).
2 Ebd., S. 518 (1914).
3 Ebd., S. 518 (1914).
4 Ebd., S. 520 (1914).
5 Ebd., S. 520 f. (1914).
6 Ebd., S. 522 (1914).
7 Testamentarischer Nachtrag der Prinzessin Therese vom 22. Juni 1914: In: Schriftliche Vorbereitung einer geplanten Forschungsreise nach Lateinamerika. 1914–1916. (GHA, Nachlass Prinzessin Therese 430).
8 Biographisches Material, S. 523 (1914).
9 Ebd., S. 523 (1914).
10 Ebd., S. 523 (1914).
11 Ebd., S. 527 (1914).
12 Ebd., S. 528 (1914).
13 Ebd., S. 529 (1913).
14 Ebd., S. 539 (1914). – Zu Bayern im Ersten Weltkrieg siehe Albrecht (2003).
15 Ebd., S. 537 (1915).
16 Ebd., S. 21 f. (1870).
17 Ebd., S. 531 a (1914).
18 Ebd., S. 531 (1914).
19 Ebd., S. 538 (1916).

20 Therese an Charlotte, 16. Oktober 1914. (GHA, Nachlass Prinzessin Therese 165).
21 Biographisches Material, S. 561 (1918).
22 Ebd., S. 552 (1917).
23 Ebd., S. 541 (1916).
24 Charlotte an Therese, 20. Februar 1916. (GHA, Nachlass Prinzessin Therese 163).
25 Therese an Charlotte, 9. September 1914.
26 Charlotte an Therese, 4. September 1914.
27 Charlotte an Therese, 24. September 1914.
28 Therese an Charlotte, 16. Oktober 1914.
29 Charlotte an Therese, 8. Mai 1916 – Charlotte hat diese Briefe in der Tat separat von der übrigen (im Münchner Geheimen Hausarchiv verwahrten) Korrespondenz aufgehoben. Sie finden sich in ihrem Nachlass in der Cambridge University Library, Manuscripts, Add 7486, in einer weitgehend ungeordneten Kiste Nr. 5. – Mein Dank gilt Laura Pachtner, MA (München), die mir Kopien dieser Briefe zugänglich gemacht hat.
30 Biographisches Material, S. 552 (1917).
31 Ebd., S. 552 (1917).
32 Tagebuch, 14. Oktober 1816.
33 Therese (Geschichte meines Herzens), S. 87.
34 Therese: Gedichte, datiert 27. Mai 1917. (GHA, Nachlass Prinzessin Therese 24).
35 Brief von Gabriella Deym an eine «Verehrte Frau Hofrat» vom 30.10.1916. (GHA, Nachlass Prinzessin Therese 9).
36 Aretin (2006).
37 Biographisches Material, S. 555 (1917).
38 Ebd., S. 336 (1900).
39 Ebd., S. 355 (1901).
40 Ebd., S. 357 (1902).
41 Brunner (1987).
42 Therese an Malsen, 1. Oktober 1919 (GHA, Nachlass Prinzessin Therese 516).
43 Therese an Malsen, 22. Oktober 1916 (GHA, Nachlass Prinzessin Therese 604).
44 Tagebuch, 26. Juni 1892.
45 Ebd., 7. Mai 1892.
46 Ebd., 26. März 1893.
47 Biographisches Material, S. 15 (1896).
48 Tagebuch, 22. Juli 1895.
49 Biographisches Material, S. 539 (1915).

18. Kriegsende und Revolution
Seite 249–263

1 Biographisches Material, S. 561 (1918).
2 Ebd., S. 561 (1918).
3 Jagdschloss des Grafen Holnstein, Oberstallmeister König Ludwigs.
4 Biographisches Material, S. 561 (1918).
5 Therese an ihre Schwägerin Marie Therese, 29. November 1918 (Hauptstaatsarchiv, Stuttgart, Nachlass Wiltrud Herzogin von Urach, GU 119 Bü 1128).
6 Biographisches Material, S. 565 (1918).
7 Ebd., S. 565 (1918).
8 Ebd., S. 575 (1919).
9 Ebd., S. 576 (1919).
10 Ebd., S. 584 (1921).
11 Ebd., S. 586 (1921).
12 Ebd., S. 585 f. (1920).
13 Ebd., S. 586 (1920).
14 Ebd., S. 556 (1918).
15 Ebd., S. 576 (1919).
16 Ebd., S. 578 (1919).
17 Ebd., S. 576–579 (1919).
18 Brougham (ausgesprochen «Bruhm» oder «Brohm») war ursprünglich etwa seit den 1850er Jahren die Bezeichnung für eine leichte, zweisitzige Kutschenbauart.
19 Therese an Malsen, 27. September 1919. Brief aus Lausanne nach Lindau (GHA, Nachlass Prinzessin Therese 518).
20 Biographisches Material, S. 580 (1919).
21 Ebd., S. 598 (1921).
22 Ebd., S. 593 (1921).
23 Ebd., S. 607 (1922).
24 Ebd., S. 593 (1921).
25 Ebd., S. 583 (1920).
26 Ebd., S. 589 (1920).
27 Die Festschrift ist 1922 mit Thereses Beitrag im Druck erschienen.
28 Biographisches Material, S. 579a (1919).
29 Wittelsbacher Ausgleichsfonds vom 9. März 1923.
30 Biographisches Material, S. 611 (1923).
31 Ebd., S. 612 (1923).
32 Ebd., S. 572 (1919).
33 Ebd., S. 579 a (1919).
34 König Ludwig III. starb am 18. Oktober 1921 auf seinem ungarischen Gut Sárvár, – Zu seiner Biographie vgl. Beckenbauer (1987).
35 Biographisches Material, S. 600 (1921).
36 Ebd., S. 600 (1921).
37 Ebd., S. 598 (1921).
38 Ebd., S. 570 (1921).
39 Ebd., S. 574 (1919).
40 Ebd., S. 611 (1923).

19. Hüterin familiärer und eigener Hinterlassenschaften
Seite 264–275

1 Biographisches Material, S. 582 (1920).
2 Ebd., S. 592 f. (1921).
3 Ebd., S. 581 (1920).
4 Ebd., S. 613 (1923).
5 Ebd., S. 489 (1912).
6 von Redwitz (1924), S. 35.
7 Biographisches Material, S. 612 (1923).
8 Ebd., S. 614 (1923).
9 Ebd., S. 614 (1923).
10 Geheimes Hausarchiv, Nachlass Prinzessin Therese 30–33.
11 Biographisches Material, S. 589 (1920).
12 Geheimes Hausarchiv, Nachlass Prinzessin Therese 11–21.
13 «Geschichte meines Herzens»: GHA, Nachlass Prinzessin Therese 34.
14 «Gedichte»: Geheimes Hausarchiv, Nachlass Prinzessin Therese 24.
15 Tagebuch 13. Mai 1879.
16 «Meine Tiere»: Geheimes Hausarchiv, Nachlass Prinzessin Therese 445.
17 Ebd., Spalte 19.
18 Ebd., Spalte 22 ff.
19 Biographisches Material, S. 596 (1921).
20 Ebd., S. 603 (1921).

20. Unerschrockenes Leiden – ergebenes Sterben
Seite 276–287

1 Tagebuch, 31. Dezember 1871.
2 Biographisches Material, S. 486 (1912).
3 Ebd., S. 432 (1908).
4 Ebd., S. 486 (1912).
5 Therese an Charlotte, 14. Juli 1903. (GHA, Nachlass Prinzessin Therese 165).
6 Charlotte an Therese, 5. Oktober 1903.
7 Tagebuch, 1. Januar 1902.
8 Biographisches Material, S. 556 f.(1917).
9 Ebd., S. 562 (1918).
10 Ebd., S. 603 (1922).
11 Ebd., S. 607 (1922).
12 Ebd., S. 615 (1923).
13 Schilderung der letzten Stunden der Pr. Th. von der Barmherzigen Schwester Kolumbina, 23. September 1925, niedergeschrieben auf Wunsch IKH Herzogin von Calabrien (GHA, Nachlass Prinzessin Therese 40).
14 Vermutlich handelt es sich dabei um «Meine Tiere».
15 «Schilderung der letzten Stunden der Prinzessin Therese, geschrieben wohl von der Hofdame Freiin Johanna von Malsen an Ihre Kaiserliche Hoheit Großherzogin Alix von Toskana, vier Schreibmaschinenseiten vom 7.11.1925 (GHA, Nachlass Prinzessin Therese 41).

16 Bayerischer Kurier, Nr. 264 vom 24. September 1925.
17 Aus einem undatierten Zeitungsausschnitt (Stadtarchiv München, ZA Personen – 528).
18 Biographisches Material, S. 618 ff. (Winter 1924/1925).

Epilog

1 Ihrer Wahl zur Namenspatronin einer «Stiftung zur Förderung von Frauen in der Wissenschaft» an der Universität München, die 1997 aus Anlass des hundertjährigen Jubiläums ihrer Ehrendoktorwürde ins Leben gerufen wurde, hätte Prinzessin Therese – trotz ihrer sprichwörtlichen Bescheidenheit – vermutlich aus voller Überzeugung zugestimmt.

Zeittafel

1821 Geburt des Vaters Prinz Luitpold. (*12. März*)
1825 Geburt der Mutter Prinzessin Auguste von Toskana. (*1. April*)
1844 Hochzeit der Eltern im Dom von Florenz. (*15. April*)
1845 Geburt des ältesten Bruders Prinz Ludwig, des späteren Königs Ludwig III. (*7. Januar*)
Geburt des Vetters Ludwig, des späteren Königs Ludwig II. (*25. August*)
1846 Geburt des Bruders Prinz Leopold. (*9. Februar*)
1848 Großvater Ludwig I., König von Bayern, dankt ab, sein Sohn Maximilian II. wird König.
Geburt des Vetters Prinz Otto. (*27. April*)
1850 Geburt von Prinzessin Therese in der Münchner Residenz. (*12. November*)
1852 Umzug der Familie Luitpold von der Residenz in das Wittelsbacher Palais. (*14. Juni*)
Geburt des Bruders Arnulf. (*6. Juli*)
1854 Cholera-Epidemie in München; Tod von Thereses Großmutter und Namenspatin Königin Therese von Bayern
Thereses Vater erwirbt das Palais Leuchtenberg am Odeonsplatz in München. (*Sommer*)
Italienreise und achtmonatiger Aufenthalt mit Mutter und Geschwistern in Florenz. (*Winter 1854/55*)
1862 Thereses erste Kommunion, zusammen mit ihrem Vetter Otto. (*26. April*)
1863 Beginn der Freundschaft mit Olga Konstantinowa Romanowa
1864 Tod von König Maximilian II. Nachfolger wird sein achtzehnjähriger Sohn als König Ludwig II. (*10. März*)
Tod der Mutter Auguste. (*26. April*)
1867 Tod des Onkels, König Otto von Griechenland
1868 Bruder Ludwig heiratet Marie Therese, Erzherzogin von Österreich-Este, Prinzessin von Modena. (*20. Februar*)
Therese wird volljährig. (*12. November*)
1870 Tod des Großvaters Leopold II. von Toskana
1871 1. Griechenlandreise (über Italien)
1873 Bruder Leopold heiratet Gisela, Erzherzogin von Österreich.
1875 Reise durch Tunis, Algerien, Spanien, Portugal und Frankreich unter Obhut von Bruder Leopold

1880	Therese wird Äbtissin des Damenstifts St. Anna, München. Italienreise mit Charlotte Blennerhassett. (*3.-23. April*) Der Aufsatz «Ausflug nach Tunis» erscheint als erste Publikation von Therese.
1881	Reise nach Dänemark, Schweden und Norwegen. (*Ende Juni bis Mitte September*)
1882	Reise nach Russland. (*3. August – Anfang September*)
1883	2. Griechenlandreise (mit Kleinasien, Rumänien). (*Juli/September*)
1885	Reise nach Holland, Belgien, England, Schottland und Irland. (*Juni bis September*) «Reiseeindrücke und Skizzen aus Rußland» erscheint in der Stuttgarter Cotta'schen Buchhandlung.
1886	Tod König Ludwigs II., sein jüngerer Bruder Otto wird König. (*13. Juni*) Thereses Vater übernimmt die Regentschaft für seinen regierungsunfähigen Neffen Otto – Therese zieht mit dem Vater in die Münchner Residenz. 3. Griechenlandreise (über Italien). (*Mitte Oktober bis Anfang Dezember*)
1887	Der Aufsatz über Thereses Mutter «Auguste Ferdinande» erscheint.
1888	Reise über Spanien und Portugal in die brasilianischen Tropen. (*Juni bis September*)
1889	Tod der Königinmutter Tante Marie von Bayern, Witwe von Maximilan II. (*17. Mai*) «Über den Polarkreis» erscheint im Leipziger Brockhaus Verlag.
1890	4. Griechenlandreise (inkl. Montenegro, Albanien, Serbien, Bulgarien) (*September*)
1892	Therese wird als erste (und bis heute einzige) Frau zum Ehrenmitglied der Königlich Bayerischen Akademie der Wissenschaften ernannt. 5. Griechenlandreise (über Türkei). (*September/Oktober*)
1893	Reise durch Nordamerika, von Kanada bis Südmexiko. (*8. Juli bis 4. November*)
1896	6. Griechenlandreise. (*22. September bis Ende Oktober*)
1897	Therese erhält als erste Frau die Ehrendoktorwürde der Ludwig-Maximilians-Universität München. «Meine Reise in den Brasilianischen Tropen» erscheint im Berliner Dietrich Reimer Verlag
1898	Reise durch das westliche Südamerika. (*Mai bis September*)
1899	7. Griechenlandreise (Italien). (*3 Wochen im September*)
1901	8. Griechenlandreise (inkl. Türkei). (*Anfang Oktober bis Mitte November*)
1902	«Von unheilbarem Leiden bedroht»
1907	Tod von Bruder Arnulf in Venedig. (*12. November*) 9. Griechenlandreise (Nordgriechenland). (*5. Mai bis 2. Hälfte Juni*)
1908	«Reisestudien aus dem Westlichen Südamerika» erscheint in zwei Banden im Berliner Dietrich Reimer Verlag

1910	«Des Prinzen Arnulf von Bayern Jagdexpedition in den Tian-Schan» erscheint im Münchner Verlag Oldenbourg.
1911	10. Griechenlandreise (inkl. Türkei, Russland und Kaukasus). (*Mitte Mai bis 6. August*)
1912	Tod des Prinzregenten Luitpold. (*12. Dezember*) Thereses Bruder Ludwig übernimmt die Regentschaft für den nominellen König Otto I.
1913	Prinzregent Ludwig besteigt als Ludwig III. den Königsthron. (*5. November*) Therese zieht von der Residenz ins elterliche Palais Leuchtenberg um. 11. Griechenlandreise (über Sizilien)
1914	Leben am Bodensee in der Villa AmSee bis 1919
1916	Tod König Ottos I. in Fürstenried. (*11. Oktober*)
1917	Tod von Lady Charlotte Blennerhassett. (*11. Februar*)
1918	Feier der goldenen Hochzeit von König Ludwig III. von Bayern und seiner Gemahlin Marie Therese in der Münchner Residenz. (*20. Februar*) Beginn der mehrjährigen Arbeit am «Biographischen Material».
1919	Tod der Schwägerin, Königin Marie Therese. (*3. Februar*)
1921	Tod des Bruders König Ludwig III. in Sárvár (Ungarn). (*18. Oktober*)
1924	Die «Geschichte meines Herzens» entsteht.
1925	Therese stirbt nach langem Leiden in Lindau. Ihr Sarg befindet sich in der Wittelsbacher Gruft unter dem Hochaltar der Münchner Theatinerkirche. (*19. September*)
1928	Die Artikelfolge «Meine Tiere» erscheint in der Freiburger Zeitung.
1997	Gründung der «Therese von Bayern-Stiftung an der Ludwig-Maximilians-Universität zur Förderung von Frauen in der Wissenschaft»
2009	Prinzessin Therese kommt als vierte Frau (neben Lena Christ, Clara Ziegler und Emmy Noether) unter über hundert Männern in die Münchner Ruhmeshalle. (*23. April*)

Die väterliche witte

Ludwig I.
König von Bayern
1786-1868

Maximilian II.
König von Bayern
1811-1864
∞ **Marie v. Preußen**
1825-1889

Mathilde
1813-1862
∞ **Ludwig III.**
Großherzog v. Hessen
u. bei Rhein
1806-1877

Otto
König von Griechenland
1815-1867
∞ **Amalie**
v. Oldenburg
1818-1875

Theodolinde
1816-1817

Ludwig II.
König von Bayern
1845-1886

Otto I.
König von Bayern
1848-1916

Ludwig III.
Prinzregent u.
König von Bayern
1845-1921
∞ **Marie Therese**
Erzherzogin v.
Österreich-Este
Prinzessin v. Modena
1849-1919

Leopold
Prinz von Bayern
1846-1930
∞ **Gisela**
Erzherzogin
v. Österreich
1856-1932
(4 Kinder)
Georg
Domherr, Apostol.Protonotar
1880-1943

Rupprecht
Kronprinz von Bayern
1869-1955
∞ **1. Marie Gabriele**
Herzogin in Bayern
1878-1912
∞ **2. Antonie**
Prinzessin v. Luxemburg
u.v. Nassau
1899-1954
(10 Kinder)
Albrecht
Herzog von Bayern
1905-1996
∞ **1. Marie**
Gräfin Draskovich v. Trakostjan
1904-1969
∞ **2. Maria**
Gräfin Keglevich v. Buzin
1921-1983
(4 Kinder)
Franz
Herzog von Bayern
Chef des Hauses Wittelsbach
geb. 1933

Adelgunde
1870-1958
∞ **Wilhelm**
Fürst v. Hohenzollern
1864-1927

Maria
1872-1954
∞ **Ferdinand**
Hzg. v. Calabrien
Prinz v. Bourbon-Sizilien
1869-1960

Karl
1874-1927

Franz
1875-1957
∞ **Isabella**
Prinzessin v. Croy
1890-1982

Mathi
1877-1
∞ **Ludw**
Prinz v. Sa
Coburg u.
1870-1

che Verwandtschaft

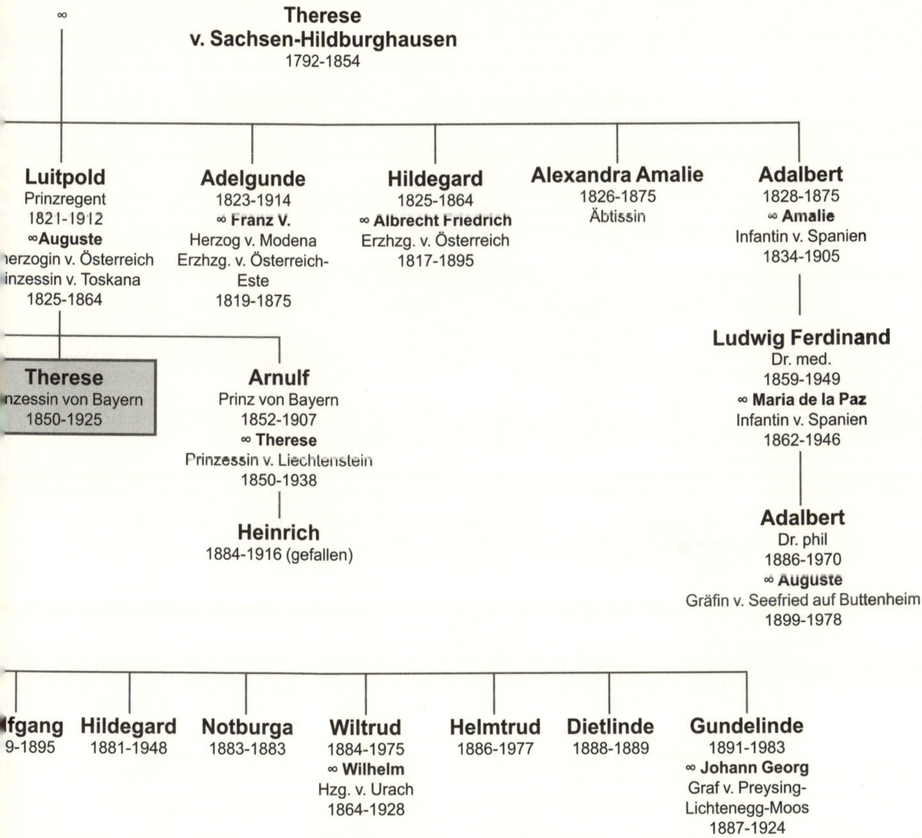

Quelle dieser speziell auf das verwandtschaftliche Umfeld von Prinzessin Therese bezogene Stammtafel: Genealogie des Hauses Wittelsbach Verwaltung des Herzogs von Bayern. München 1992

Die mütterliche habsburgisch-toskanische Verwandtschaft

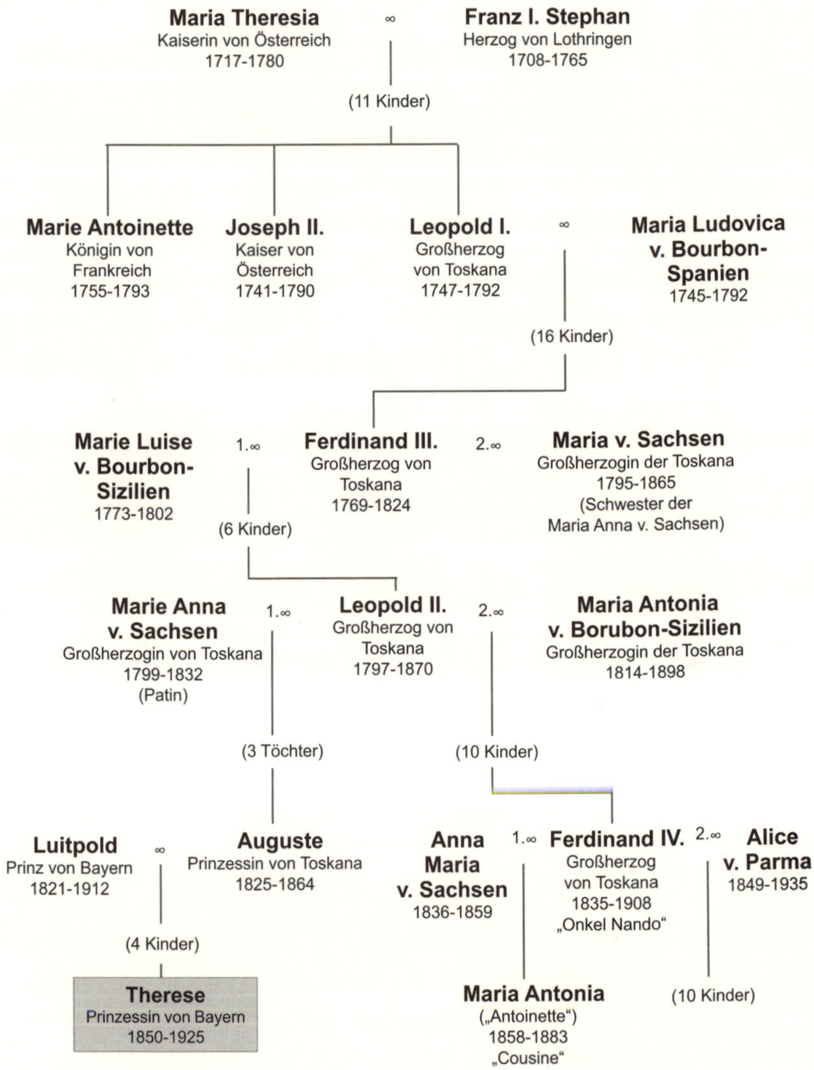

Bearbeitung basierend auf Brigitte Hamann:
Die Habsburger. Ein biographisches Lexikon. Wien 2001

Der Mitternachtssonne entgegen: Skandinavien (1881)

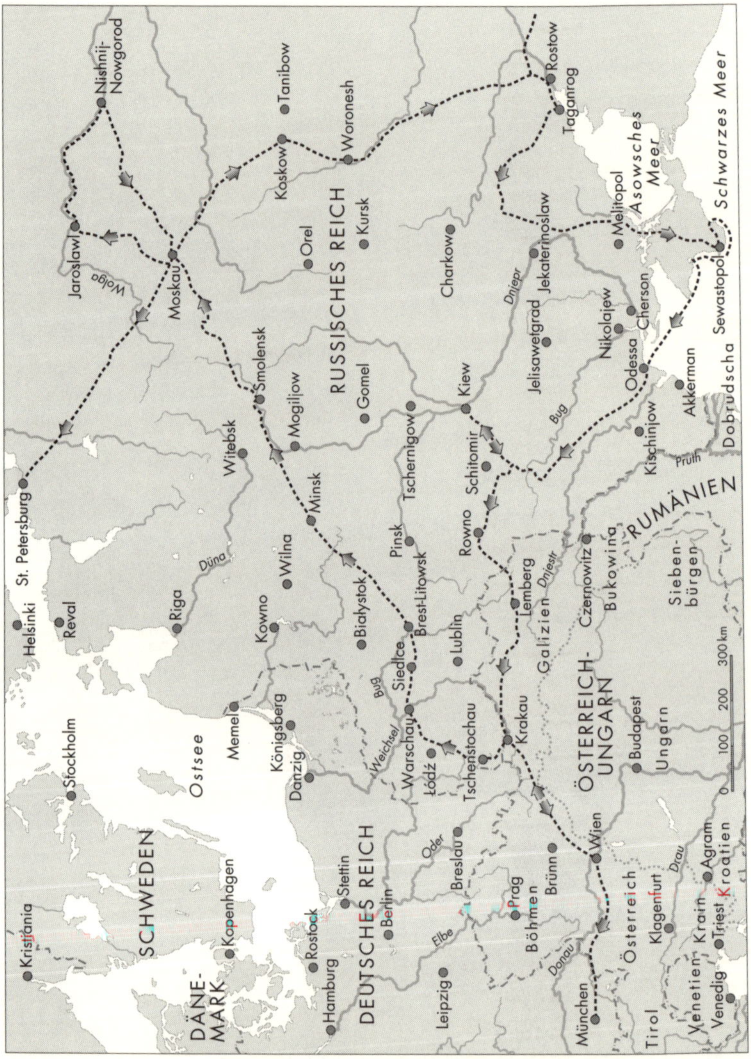

Quer durch das russische Zarenreich (1882)

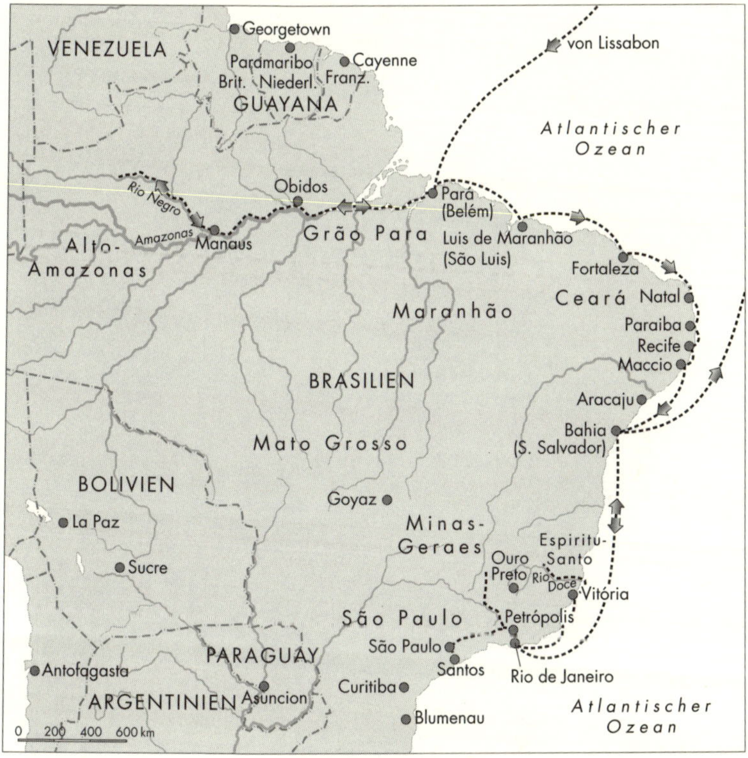

Reise in den brasilianischen Tropen (1888)

Zweite Südamerikareise (1898)

Stellung in der akademischen Zunft: Ehrungen, Mitgliedschaften und wissenschaftliche Kongresse

1884	Deutscher Geographenkongress in München
	Internationaler Amerikanistenkongress in Stuttgart
1890	Ordentliches Mitglied des *Historischen Vereins von und für Oberbayern*
1892	Ehrenmitglied der *Geographischen Gesellschaft* in München
	Ehrenmitglied der *Königlich Bayerischen Akademie der Wissenschaften*
1896	Psychologenkongress in München
1897	Kongress der Deutschen Elektrotechnischen Gesellschaft in München
	Korrespondierendes Mitglied der Geographischen Gesellschaft in Lissabon
	Doctor philosophiae honoris causa der Ludwig-Maximilians-Universität München
1898	Ehrenmitglied der *Geographischen Gesellschaft* in Wien
1899	Versammlung der Wiener und Deutschen Anthropologischen Gesellschaft in Lindau
	Naturforscherkongress in München
	Internationaler Geographenkongress in Berlin
	Erstes Ehrenmitglied des *Vereins für Naturkunde* in München
1900	Korrespondierendes Mitglied des *Entomologischen Vereins* in Berlin
1901	Ehrenmitglied der *Anthropologischen Gesellschaft* in Wien
	Mitglied des *Vereins für Geschichte des Bodensees und seiner Umgebung*
	Ehrenmitglied der *Naturhistorischen Gesellschaft in Nürnberg*
1903	Ehrenmitglied der *Physicalisch-medizinischen Societät in Erlangen*
1904	Internationaler Zoologen-Kongress in Bern
	Internationaler Amerikanisten-Kongress in Wien
1906	Ehrenmitglied der *Ornithologischen Gesellschaft* in Bayern
	Ehrenmitglied der *Königlichen Botanischen Gesellschaft* in Regensburg
1907	Ordentliches Mitglied des *Vereins zum Schutze und zur Pflege der Alpenpflanzen* in Bamberg
1908	Österreich-Ungarisches Ehrenzeichen für Wissenschaft und Kunst
	Ehrenmitglied der *Société des Américanistes* in Paris
1909	Ehrung als *Officier de l'Instruction publique durch das* französische Unterrichtsministerium
1910	Ehrenmitglied des *Bundes deutscher Forscher*
	Deutscher Kolonialkongress in Berlin
1911	Versammlung der Deutschen Meteorologischen Gesellschaft in München
	Versammlung der Deutschen Antropologischen Gesellschaft in Nürnberg
1913	Ehrenmitglied der *Deutschen Gesellschaft für Anthropologie, Ethnologie und Urgeschichte* in Berlin
1920	Ehrenmitglied der *Anthropologischen Gesellschaft* in München

Nachlass in Archiven, Sammlungen und Bibliotheken

Archiv der Bayerischen Akademie der Wissenschaften (BAdW)

Bd. 14:	Protokolle der allgem. Sitzungen der k. Akademie der Wissenschaften vom Jahre 1866–1900
Bd. 15:	Protokolle der allgem. Vorstandssitzungen der Akademie der Wissenschaften von 1866–1900

Bayerisches Hauptstaatsarchiv (BayHStA)

Abt. III: Geheimes Hausarchiv (GHA)

Nachlass Prinzessin Therese

Nr.	
1	Ärztliches Bulletin 12.11.1852
2	Zeugnisse
2a	Schulhefte
4	Diverse Stundenpläne
11–21	Tagebücher
23	Tagebuch des Prinzen Otto (1863)
24	Gedichtschatulle
30–33	Biographisches Material
34	Die Geschichte meines Herzens
35	Therese: «Lebensbild» mit einer «Einleitung» von Johanna von Malsen
38	Therese: «Eigene Aufzeichnungen» (u. a. «Warum Prinzessin Therese niemals über Griechenland geschrieben hat»; «Wie die Prinzessin arbeitet»)
49–51	Nachrufe
54–59	Briefe von Luitpold an Therese (1859–1908)
62	Briefe des Großvaters Ludwig I. an Therese
65	Briefe der Königinmutter Marie an Therese (1862–1889)
66	Briefe von Therese an die Königinmutter Marie (1864–1889)
67	Briefe von Ludwig II. an Therese (1867–1886)
68	Briefe von Otto I. an Therese
79	Briefe von Arnulf an Therese (1856–1907)
114	Briefe der Königin Olga an Therese (1856–1925)
154	Briefe der «Großmama Marie» (Erzherzogin Maria von Toskana) an Therese
163	Briefe von Charlotte Blennerhassett anTherese
164	Nachruf von Therese für Charlotte Blennerhassett
165	Briefe von Therese an Charlotte Blennerhassett
167	Briefe von Isabella Braun an Therese

172	Briefwechsel mit Olga von Dürckheim
185, 516–518, 525, 537, 604	Korrespondenz zwischen Therese und Malsen
386–432	Reisekostenabrechnungen (mit Belegen)
417	Reisekostenabrechnung und Tagebuchnotizen, Südamerika 1898
445	Schriftwechsel über «Meine Tiere»
446–450	Korrespondenz über Kongresse
469	Hofstaat der Prinzessin Therese
472	Gästebuch der Villa AmSee (1849–1910, 1882–1911)
597	Materialien zu «Kindheit und Jugend» der Prinzessin Therese (Mal- und Zeichenhefte, Ausgabebüchlein u. a. m.)

Hausurkunden

HU 6004	Testament Therese von Bayern

Nachlass Prinzessin Auguste

138	«Mein letzter Wille» (13. April 1864)

Nachlass Prinz Arnulf

1, 3	Briefe von Therese an Arnulf

Nachlass Prinzregent Luitpold

	Briefe von Therese an Luitpold

Nachlass Kronprinz Rupprecht

ohne Nr.	Brief Pfeilschifter an Rupprecht

Botanische Staatssammlung München (= Staatsherbar)

Prinzessin Thereses Herbarium (ca. 900 Herbarbögen)

Handschriften- und Inkunabelabteilung der Bayerischen Staatsbibliothek (BStB, HA)

«Theresiana»:	ca. 70 Archivalien: Rezensionen, Tagungsprogramme, Korrespondenzen mit Verlagen und mit Wissenschaftlern sowie Photographien
Nr. 32–34	Notizen, Exzerpte, Illustrationen zu Südamerika-Reisen
Nr. 40 a, b, c	Rezensionen
Nr. 43 a, b, c	Verlagskorrespondenz mit Cotta, Brockhaus und Reimer
Nr. 47–54	Briefe verschiedener Wissenschaftler
Nr. 68	Tagungsprogramme von Kongressen

Staatliches Museum für Völkerkunde München (SMfV)

Unterlagen zur Sammlung der Prinzessin Therese, Photos und Skizzenbücher (Am 2790), Eingangsbücher (Band SMfV 54) sowie ca. 2500 ethnographische Objekte

Stadtarchiv München (StAM)
Zeitungsartikel über Prinzessin Therese sowie Photographien (ZA)

Universitätsarchiv München (UAM)
Antragsschreiben verschiedener Professoren zur Verleihung der Ehrendoktorwürde (Nr. OC I 24 p)

Wittelsbacher Ausgleichsfonds (WAF)
Inventarverwaltung des WAF: Teile der Bibliothek Thereses sowie die Urkunde der Ehrenmitgliedschaft der BAdW

Zoologische Staatssammlung München
Zoologische Sammlung der Prinzessin Therese

Landesarchiv Baden-Württemberg, Hauptstaatsarchiv Stuttgart
Archiv der Herzöge von Urach
Nachlass Wiltrud, Herzogin von Urach GU 119, darin:
Teilnachlass Prinzessin Therese von Bayern
Bü 1148–1152: Briefe des Philipp Freiherrn von Redwitz, Hofmarschall Ottos von Bayern, an Prinzessin Therese (1889–1914)

Cambridge University Library, Manuscripts
CUL MA. Add 7486 Blennerhassett Papers
Nr. 52 «Einige Kriegsbriefe» von Therese an Charlotte Blennerhassett

Schriftenverzeichnis der Prinzessin Therese von Bayern

1880 Ausflug nach Tunis. Von Therese, Prinzessin von Bayern. (Mit fünf Bildern). In: Jugendblätter 26, 1880, S. 545–571. [Tunis]

1885 Reiseeindrücke und Skizzen aus Rußland von Th. von Bayer. (Mit sechs Illustrationen und zwei Karten). Verlag der Cotta'schen Buchhandlung. Stuttgart 1885. [Rußland]

1887 Auguste Ferdinande, Prinzessin Luitpold von Bayern, geborene Prinzessin von Toscana, Erzherzogin von Österreich. Von Therese von Bayer. In: Neues Illustriertes Vaterländisches Ehrenbuch 1887 (2. Auflage 1892, 3. Auflage 1912). [Auguste]

1889 Über den Polarkreis. Von Th. von Bayer. (Mit fünf Abbildungen und einer Karte). Brockhaus Verlag. Leipzig 1889. [Polarkreis]

1891 Cattleya Schilleriana Lind. In: Neuberts deutsches Gartenmagazin. 1891.

1894 Katalog der ethnologischen und naturwissenschaftlichen Sammlungen I.K.H. der Prinzessin Therese von Bayern. München 1894.

1895 Über einige Fischarten Mexico's und die Seen, in denen sie vorkommen. (Zusammen mit F. Steindachner). In: Denkschriften der Mathematisch-Naturwissenschaftlichen Classe der Kaiserlichen Akademie der Wissenschaften Wien, 62 (Sitzung vom 4. Juli 1895), S. 517–530.

Gedichte und Textauszüge. In: Zimmermann, Georg: Fürstliche Schriftsteller des neunzehnten Jahrhunderts. Berlin 1895, S. 136–142.

1897 Meine Reise in den Brasilianischen Tropen. Von Prinzessin Therese von Bayern (Th. von Bayer). (Mit 2 Karten, 4 Tafeln, 18 Vollbildern und 60 Textabbildungen zum Teil nach Photographien der Reisegesellschaft und Zeichnungen der Verfasserin). Dietrich Reimer Verlag. Berlin 1897. [Brasilianische Tropen]

1900 Im Jahre 1898 auf einer Reise in Südamerika gesammelte Mollusken. In: Nachrichtenblatt der deutschen Malakozoologischen Gesellschaft 32, 1900, S. 49–58.

Beschreibung der auf einer Reise nach Südamerika gesammelten Myriapoden und Arachnoiden. In: Zoologischer Anzeiger 23, 1900, S. 279–286.

Liste der von I.K.H. Prinzessin Therese von Bayern auf einer Reise in Südamerika gesammelten Dekapoden-Krebse. In: Sitzungsbericht der Mathematisch-Physikalischen Classe der Königlich Bayerischen Akademie der Wissenschaften 29, 1900, S. 185–195.

I. Hymenopteren (verfaßt von August Forel) in: Berliner Entomologische Zeitschrift 44, 1899 und 45, 1900.

II. Orthopteren. Orthoptera genuina und Pseudoneuroptera. In: Berliner Entomologische Zeitschrift 45, 1900, S. 253–268.

Bericht über eine Reise nach Südamerika 1898, verfaßt von Therese, Prinzessin von Bayern und Albert Freiherrn von Speidel. In: Jahresbericht der Geographischen Gesellschaft in München. München 1900. Darin: Zwecke und Ergebnisse meiner im Jahre 1898 nach Südamerika unternommenen Reise, verfaßt von Therese, Prinzessin von Bayern. S. 1–7. – Bericht über die Reise I. K. H. Prinzessin Therese von Bayern nach Südamerika im Jahre 1898, erstattet von Albert Frhrn. von Speidel. S. 8–38

1901 III. Lepidopteren. In: Berliner Entomologische Zeitschrift 46, 1901, S. 235–308.

IV. Coleopteren. In: Berliner Entomologische Zeitschrift 46, 1901, S. 463–486.

1902 V. Dipteren, Rhynchoten. In: Berliner Entomologische Zeitschrift 47, 1902, S. 243–278.

Nachtrag zu den Pseudoneuropteren. In: Berliner Entomologische Zeitschrift 47, 1902, S. 279–280.

Einleitung zu: Herpetologische und ichthyologische Ergebnisse einer Reise nach Südamerika, bearbeitet von Dr. Franz Steindachner. In: Denkschriften der Kaiserlichen Akademie der Wissenschaften in Wien, Mathematisch-Naturwissenschaftliche Classe 72, 1902, S. 89–95.

Einiges über die Puebloindianer. Dillingen 1902. [Puebloindianer]

1903 Auf einer Reise in Westindien und Südamerika gesammelte Pflanzen. In: Beihefte des Botanischen Centralblatts 13, 1903, Heft 1, S. 1–90.

1905 Auf einer Reise in Südamerika gesammelte Pflanzen. Nachtrag zu dem in den Beiheften zum Botanischen Centralblatt 14, Heft 1, erschienenen Artikel. In: Beihefte des Botanischen Centralblatts 18, 1905, Heft 3, S. 523–526.

1907 Einige Worte über die Kulturentwicklung im vorspanischen Peru. In: Münchner Jahrbuch der Bildenden Kunst, 1. Halbjahresband 1907, S. 1–7.

Zur Ausstellung peruanischer Altertümer in der Münchner Akademie der Wissenschaften (mit einem Auszug aus den *Reisestudien aus dem Westlichen Südamerika*). In: Beilage zur Allgemeinen Zeitung, Nr. 44, 21. Februar 1907.

1908 Reisestudien aus dem Westlichen Südamerika von Therese Prinzessin von Bayern, Dr. ph. h.c., in zwei Bänden. Dietrich Reimer (Ernst Vohsen), Berlin 1908. [Westliches Südamerika]

1910 Des Prinzen Arnulf von Bayern Jagdexpedition in den Tian-Schan. Nach Tagebuch und Briefen zusammengestellt von Therese Prinzessin von Bayern. Verlag Oldenbourg, München/Berlin 1910.

1913 Therese Prinzessin von Bayern. In: W. Zils (Hg.): Geistiges u. Künstlerisches München in Selbstbiographien. München 1913, S. 367–369.

1922 Einige Calchaquíbronzen. In: Walter Lehmann (Hg.): Festschrift Eduard Seler. Stuttgart 1922, S. 569–583.

1928 Meine Tiere. Tierbeobachtungen von Therese Prinzessin von Bayern. In: Freiburger Zeitung, März 1928. [Meine Tiere]

Gedruckte Quellen

Adalbert, Prinz von Bayern (1967): Als die Residenz noch Residenz war. München.

Adalbert, Prinz von Bayern (1991): Erinnerungen 1900–1956. München.

Adalbert, Prinz von Bayern (2005): Die Wittelsbacher. Geschichte unserer Familie. München.

Bischoff, Theodor von (1872): Das Studium und die Ausübung der Medizin durch Frauen. München.

Buchner, Max (1919): Eine Orientalische Reise und ein Königliches Museum. Rücksichtslose Erinnerungen. München.

Döhner, Sophie (1895): Weltreise einer Hamburgerin (1893–1894). Aus einem Reisetagebuch. Hamburg.

Döllinger, Ignaz von und Charlotte Lady Blennerhassett (1981): Briefwechsel 1865–1886. Bearbeitet von Victor Conzemius. München.

Dreyer, A. (Hg.)(1921): Lebenserinnerungen eines 90jährigen Altmünchners. (Professor Dr. H. Holland). München.

Günther, Siegmund (1897): Ein neues Reisewerk über Brasilien. In: Beilage zur Allgemeinen Zeitung, Nr. 295, S. 4–6.

Hacker, Rupert (1972): Ludwig II. von Bayern in Augenzeugenberichten. München.

Kobell, Luise von (1894): Unter den vier ersten Königen Bayerns. 2 Bde. München.

Leopold, Prinz von Bayern (1983): Aus den Lebenserinnerungen. Hg. von Hans-Michael und Ingrid Körner. Regensburg.

Malsen, Johanna von (1925a): Therese, Prinzessin von Bayern. Zu ihrem Tode am 19. September 1925. In: Die christliche Frau 25, Heft 11, S. 342–344.

Malsen, Johanna von (1925b): Therese, Prinzessin von Bayern. Ein Nachruf. In: Bayerisches Frauenland 11, S. 75–76.

Malsen, Johanna von (1925/1926): Prinzessin Therese. In: Walburgis-Blätter. Illustrierte Monatsschrift zur Förderung der weiblichen Jugend 13, Heft 10, S. 117/118 und 133/134.

Malsen, Johanna von (1930): Einem treuen Diener zu ehrender Erinnerung. In: Die Rast 28 vom 2. 4.1930, S. 105/106; 5. April 1930, S. 109/110.

Mellien, Marie (1898): Prinzessin Therese von Bayern. In: Die Frau 5, 1898, S. 663–669.

Merzbacher, Gottfried (1928): Prinzessin Therese von Bayern † (1850–1925). In: Mitteilungen der Geographischen Gesellschaft in München 19, S. 185–194.

Ranke, Johannes von (1900): Ueber altperuanische Schädel von Ancon und Pachamac, gesammelt von I.K.H. der Prinzessin Therese von Bayern. In: Abhandlungen der Mathematisch-Physikalischen Classe der Königlich Bayerischen Akademie der Wissenschaften 20, S. 1–122.

Redwitz, Marie Freiin von (1924): Verfasserin einer Hofchronik 1888–1921.

Reidelbach, Hans (1892): Luitpold Prinzregent von Bayern. Ein vaterländisches Geschichtsbild. München.

Renz, Barbara (1925): Ein dankbares Gedenkblatt auf die Gruft I.K.H. der Prinzessin Therese von Bayern. In: Die christliche Frau 25, Heft 11, S. 344–348.

Schrott, Ludwig (1962): Der Prinzregent. Ein Lebensbild aus Stimmen seiner Zeit. München.

Wolf, Eugen (o. J.): Eine königliche Forschungsreisende. (Ohne genauere Quelle, Stadtarchiv München, ZA Personen).

Schwaiger, Alois (1890): Königlich Bayerischer adeliger Damenkalender. München.

Zimmermann, Georg (Hg.) (1895): Fürstliche Schriftsteller des neunzehnten Jahrhunderts. Berlin.

Forschungsliteratur (Auswahl)

Albrecht, Dieter (2003): Von der Reichsgründung bis zum Ende des Ersten Weltkrieges (1871–1918). In: Max Spindler (Hg): Handbuch der bayerischen Geschichte, Bd. IV,1, 2. Auflage, S. 410 ff. Darin: «Der Regentenwechsel 1912, Die Beendigung der Regentschaft 1913» sowie: «Das bayerische Heer im Krieg».

Aretin, Cajetan von (1906): Die Erbschaft des Königs Otto von Bayern. Höfische Politik und Wittelsbacher Vermögensrechte 1916–1923. München.

Bachmann, Wolf (1995): Die Unabsetzbarkeit des Monarchen. Ein Memorandum Prinzregent Luitpolds über König Otto von Bayern. In: Unser Bayern – Heimatbeilage der Bayerischen Staatszeitung 44, Nr. 12, S. 96, 97.

Bayer, Ehrentraud (1997): «Es war eine sinnberauschende, sinnverwirrende Ueppigkeit an Pflanzen, die uns umgab.» In: Bußmann/Neukum-Fichtner (1997), S. 82–90.

Beckenbauer, Alfons (1987): Ludwig III. von Bayern. Ein König auf der Suche nach seinem Volk. Regensburg.

Böhm, Christiane (2009): Wie lebten Prinzen und Prinzessinnen in Wirklichkeit? Oder: Erbsen ohne Ende! Kinderalltag im bayerischen Königshaus. München.

Brenner, Peter (1989): Der Reisebericht. Die Entwicklung einer Gattung in der deutschen Literatur. Frankfurt am Main.

Brenner, Peter (1991): Reisen in die Neue Welt. Die Erfahrung Nordamerikas in deutschen Reise- und Auswandererberichten des 19. Jahrhunderts. Tübingen.

Brunner, Max (1987): Die Hofgesellschaft. Die führende Gesellschaftsschicht Bayerns während der Regierungszeit König Max II. München.

Burgmair, Wolfgang und Matthias M. Weber (2002) «... daß er selbst mit aller Energie gegen diese Hallucinationen ankämpfen muß ...». König Otto von Bayern und die Münchner Psychiatrie um 1900. In: Sudhoffs Archiv 86, S. 27–53.

Bußmann, Hadumod (Hg.) (1993): Stieftöchter der Alma Mater? 90 Jahre Frauenstudium in Bayern – am Beispiel der Universität München. München. (Ausstellungskatalog).

Bußmann, Hadumod und Eva Neukum-Fichtner (Hg.) (1997): «Ich bleibe ein Wesen eigener Art». Prinzessin Therese von Bayern. Wissenschaftlerin – Forschungsreisende – Mäzenin (1850–1925). München.

Conzemius, Victor (1981a): Charlotte Lady Blennerhassett. Eine bayerische Kosmopolitin. In: Stimmen der Zeit, S. 612–626.

Conzemius, Victor (1981b): Charlotte Lady Blennerhassett: Die Bildungsjahre einer liberalen Katholikin. In: Zeitschrift für bayerische Landesgeschichte 44, S. 723–788.

Essner, Cornelia (1985): Deutsche Afrikareisende im neunzehnten Jahrhundert. Zur Sozialgeschichte des Reisens. Wiesbaden.

Fruth, Barbara (1997): Mit Schmetterlingsnetz, Nikotin und Vogelflinte. Prinzessin Therese als sammelnde Zoologin. In: Bußmann/Neukum-Fichtner (1997), S. 90–99.

Gareis, Sigrid (1990): Exotik in München. Museumsethnologische Konzeptionen im historischen Wandel am Beispiel des Staatlichen Museums für Völkerkunde. München.

Haasen, Gisela (1995): Ludwig II. Briefe an seine Erzieherin. München.

Häfner, Heinz (2008): Ein König wird beseitigt. Ludwig II. von Bayern. München.

Häntzschel, Hiltrud (1997): Vor einem Jahrhundert: Die ersten Ehrenpromotionen von Frauen an der Ludwig-Maximilians-Universität. In: Bußmann/Neukum-Fichtner (1997), S. 10–23.

Hamann, Brigitte (Hg) (1989/2001): Die Habsburger. Ein biographisches Lexikon. Wien.

Hamann, Brigitte (2008): Der Erste Weltkrieg. Wahrheit und Lüge in Bildern und Texten. München.

Herzog-Schröder, Gabriele (1997): Prinzessin Thereses völkerkundliche Reisestudien in Brasilien und dem westlichen Südamerika. In: Bußmann/Neukum-Fichtner (1997), S. 46–71.

Heydenreuter, Reinhard und Sylvia Krauss (Hg.) (2009): Helle Köpfe. Die Geschichte der Bayerischen Akademie der Wissenschaften 1759–2009. Ausstellung des Bayerischen Hauptstaatsarchivs. Regensburg.

Hildebrandt, Irma (1991): Eine Autodidaktin wird Ehrendoktor: Therese Prinzessin von Bayern (1850–1925). In: dies.: Bin halt ein zähes Luder. 15 Münchner Frauenporträts. München, S. 43–54.

Hojer, Gerhard (1979): Die Schönheitsgalerie König Ludwigs I. 5. Auflage 2001.

Huber, Walter (1998): Forschungsreisen nach Südamerika 1888/1898, Dr. h. c. Therese Prinzessin von Bayern. In: Münchner Naturforscher in Südamerika. München, S. 38–64.

Immler, Gerhard (2009): Wittelsbacher (19./20. Jahrhundert). In: Historisches Lexikon Bayerns.
URL: <http://www.historisches-lexikon-bayerns.de/artikel/artikel_44648>

Klinge-Woldt, Susanne (1995/1996): Therese von Bayern. Prinzessin und Naturforscherin. 3 Teile. In: Das katholische Frauenmagazin 127, Nr. 11 (1995), S. 54f, 127; Nr. 12 (1995), S. 46 f., 128, Nr. 1 (1996), S. 42 f.

Krauss, Marita (1997): Reisen in die Selbstbestimmung. Prinzessin Therese als Weltreisende des 19. Jahrhunderts. In: Bußmann/Neukum-Fichtner (1997), S. 38–45.

Krauss, Sylvia (2009): Prinzessin Therese von Bayern. In: Denker, Forscher und Entdecker. Eine Geschichte der Bayerischen Akademie der Wissenschaften in historischen Portraits. Hg. Dietmar Willoweit, München, S. 189–204.

Kullik, Rosemarie (1990): Frauen «gehen fremd»: Eine Wissenschaftsgeschichte der Wegbereiterinnen der deutschen Ethnologie. Bonn.

Mauermayer, Gisela (1979): Ein Indianer lacht auch für eine Prinzessin nicht. In: Charivari, Nr. 5, S. 3–9.

Maurer, Brigitte (1984): Prinzessin Therese von Bayern 1850–1925 im gesellschaftlich-politischen und geistig-kulturellen Leben bis zur Übernahme der Regentschaft durch ihren Vater Prinz Luitpold. Unveröffentlichte (masch.) Magisterarbeit. München.

Mellien, Marie (1898a): Prinzessin Therese von Bayern. In: Die Frau 5, S. 663–669.

Mellien, Marie (1898b): Prinzessin Therese von Bayern. In: Neues Frauenblatt 2.

Möckl, Karl (1972) Die Prinzregentenzeit. Gesellschaft und Politik während der Ära des Prinzregenten Luitpold in Bayern. München.

Müller, Claudius C. (1980): 400 Jahre Sammeln und Reisen der Wittelsbacher. In: Wittelsbach und Bayern. 400 Jahre Sammeln und Reisen. (Ausstellungskatalog). München.

Neukum-Fichtner, Eva (1995): Therese von Bayern (1850–1925) als Forschungsreisende und Sammlerin. Unveröffentlichte (masch.) Magisterarbeit. München.

Neukum-Fichtner, Eva (1997): «Freiheit, Freiheit war es, wonach ich leidenschaftlich lechzte.» In: Bußmann/Neukum-Fichtner (1997), S. 28–37.

Prinz, Friedrich und Marita Krauss (Hg.) (1988): München. Musenstadt mit Hinterhöfen. Die Prinzregentenzeit 1886–1912. München.

Pytlik, Anna (1991): Die schöne Fremde – Frauen entdecken die Welt. Katalog zur Ausstellung in der Württembergischen Landesbibliothek Stuttgart vom 9. Oktober bis 21. Dezember 1991. Stuttgart.

Riedner, Otto (1929): Ludwig III., König von Bayern. In: Deutsches Biographisches Jahrbuch 4, S. 318–341.

Rousselot, Jean-Loup (1997): Weltausstellung, Eisenbahn und Indianer. Prinzessin Therese in Nordamerika. In: Bußmann/Neukum-Fichtner (1997), S. 72–81.

Schad, Martha (1992): Bayerns Königinnen. Regensburg.

Schmid, Alois und Katharina Weigand (Hg.) (2001): Die Herrscher Bayerns. 25 historische Portraits von Tassilo III. bis Ludwig III. München.

Schrott, Ludwig (1962): Der Prinzregent. Ein Lebensbild aus Stimmen seiner Zeit. München.

Schweiggert, Alfons (1992): Schattenkönig. Otto, der Bruder König Ludwig II. von Bayern. Ein Lebensbild. München.

Siebert, Ulla (1998): Grenzlinien. Selbstrepräsentationen von Frauen in Reisetexten 1871–1914. Münster.

Smolka, Wolfgang (1994): Völkerkunde in München. Berlin.

Urban, Ignaz (1906): Therese, Prinzessin von Bayern. In: Vitae itineraque collectorum botanicorum, 1 (1): 1–268. In: C.F.P. Martius und A.W. Eichler und I. Urban: Flora Brasiliensis 1 (1). München.

Volkert, Wilhelm (2005): Das bayerische Zentrum und die Beendigung der Regentschaft in Bayern 1912/13. In: Zeitschrift für bayerische Landesgeschichte 68, S. 965–982.

Weiß, Dieter J. (2007): Kronprinz Rupprecht von Bayern (1869–1955). Eine politische Biografie. Regensburg.

Nachweis der Abbildungen, Karten und Stammtafeln

Vorderer und hinterer Vorsatz: akg-images, Berlin

Frontispiz: Aus Georg Zimmermann, Fürstliche Schriftsteller des neunzehnten Jahrhunderts, Berlin 1895

S. 15: GHA, W.B., Prinzessin Therese 8/9a
S. 16: GHA, Nachlass Prinzregent Luitpold 17/25
S. 17: Aus Gerhard Hojer, Die Schönheitsgalerie König Ludwigs I., 1979, S. 112
S. 21: Wittelsbacher Ausgleichsfonds München, Inv.-Nr. B I a 330
S. 22: Hadumod Bussmann / Eva Neukum-Fichtner (Hg.), Ich bleibe ein Wesen nach eigener Art, München 1997, S. 49
S. 24: Privatbesitz
S. 26: Stadtarchiv München
S. 36: Stadtarchiv München
S. 43: Bussmann / Neukum-Fichtner, S. 35
S. 44: Staatliches Museum für Völkerkunde, Photoarchiv, München
S. 45: Aus Winfried Ranke, Joseph Albert. Hofphotograph der bayerischen Könige, München 1977, S. 115b
S. 50 (im Uhrzeigersinn): Aus Albert, S. 42/129; GHA, W.B., König Ludwig III. 3/3; GHA, W.B., Arnulf Prinz v. Bayern 1/1e; GHA, W.B., Leopold Prinz v. Bayern 2/2
S. 55: Hauptstaatsarchiv Stuttgart, GU 119 Bü 1162
S. 56: GHA, Nachlass Prinzessin Therese 545
S. 57: Aus Hannes Heindl, Marie Königin von Bayern (o. S.). Vermutlich aus dem Atelier von Joseph Albert
S. 58: Aus Gisela Haasen, Hohenschwangau. Vom Zauber eines romantischen Schlosses, München 1989, S. 43 (Collection Hanfstaengl)
S. 59: Aus Haasen, S. 54 (Collection Hanfstaengl)
S. 60: Ludwig II.-Museum Herrenchiemsee, Bayerische Verwaltung der staatlichen Schlösser, Gärten und Seen, Inv. Nr. 224 (Photoatelier Joseph Albert)
S. 77: Stadtarchiv München
S. 94: Aus Ignaz von Döllinger und Charlotte Lady Blennerhassett. Briefwechsel 1865–1886, München 1981, Frontispiz
S. 95: GHA, W.B. Prinzessin Therese 4/5
S. 107: Wittelsbacher Ausgleichsfonds München, B Ia 226
S. 109: Staatliches Museum für Völkerkunde, Photoarchiv, Am 2790
S. 130: Aus Akademie der Wissenschaften: Geist und Gestalt, Biographische Beiträge zur Geschichte der Bayerischen Akademie der Wissenschaften, Band III, Abb. 8 (München, 1959)
S. 144: GHA, Nachlass Prinzessin Therese 405

S. 149: Aus THERESE VON BAYERN, Meine Reise in den Brasilianischen Tropen. Berlin 1897, S. 343
S. 150: Ebd., S. 107
S. 157: Ebd., Frontispiz
S. 160: bpk, Berlin
S. 174: Aus THERESE VON BAYERN, Reisestudien aus dem Westlichen Südamerika, Band I, Berlin 1908, S. 329
S. 183: GHA, Nachlass Prinzessin Therese 540
S. 186: Aus BUSSMANN / NEUKUM-FICHTNER, S. 89, 92, 94, 91
S. 193: Aus THERESE VON BAYERN, Reisestudien aus dem Westlichen Südamerika, Band II, Berlin 1908, S. 79
S. 198: Aus München im Wandel der Jahrhunderte. Sammlung Probst, S. 69
S. 199: Aus BUSSMANN / NEUKUM-FICHTNER, S. 17
S. 200: Wittelsbacher Ausgleichsfonds München, P I 8
S. 201: Wittelsbacher Ausgleichsfonds München
S. 204: GHA, Nachlass Prinzessin Therese 546
S. 207: Hauptstaatsarchiv, Stuttgart, GU 119, Bü 1166
S. 216: GHA, Nachlass Prinzregent Luitpold 52/72
S. 217: Alexander Lockett von Wittelsbach, Privatbesitz
S. 228: Stadtarchiv München
S. 235: GHA, Nachlass Prinzessin Therese 546
S. 245: Abtei St. Walburg/Eichstätt, Nachlass Johanna von Malsen
S. 258: GHA, Nachlass Prinzessin Therese 36
S. 268: GHA, Nachlass Prinzessin Therese 36
S. 277: GHA, Nachlass Prinzessin Therese 541

Sämtliche Karten wurden von Peter Palm, Berlin, gefertigt, die Stammtafeln von Martin Schütz, München.

Personenregister

Aus dem Verlagsprogramm

NORD-AMERICA.
Entworfen u. gezeichnet
von
F. von Stülpnagel.
Maasstab = 1/27.750.000
Engl. Meil. 69-1°
Geogr. Meil. 15-1°
GROSSER OCEAN
BERINGS MEER
Aléuten
Wendekreis des Krebses
ALJASKA
OREGON
NEVADA
UTAH TERR.
COLORADO
ARIZONA T.
NEU MEXICO TERR.
MONTANA TERR.
IDAHO
WYOMING
BRITISCH
SONORA
CALIFORNIEN
Revilla Gigedo I.
Clipperton I.
Guadalupe I.
Cooper
Henderson
San Francisco
Golden Gate
Monterey
C. Conception
Mazatlan
Acapulco